高职高专改革创新示范教材

QICHE WEIXIU
QIYE GUANLI

汽车维修企业管理

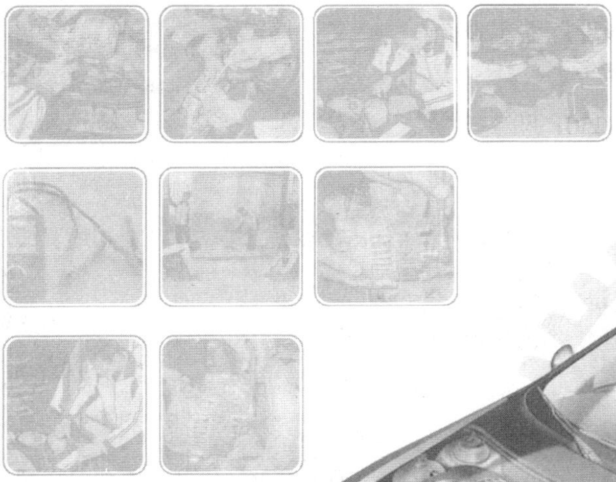

广州合赢教学设备有限公司 组织编写
齐建民 主 编
柳炽伟 魏胜君 王升平 副主编
朱 军 主 审

人民交通出版社
China Communications Press

内 容 提 要

本书是高职高专汽车运用技术专业和汽车检测与维修技术专业改革创新示范教材之一,全书共分七个项目,主要内容包括:企业及汽车维修企业概况和管理机构、汽车维修企业经营运营实务、汽车维修制度和标准、汽车维修企业的质量检验与质量管理、汽车维修企业人力资源管理、汽车维修企业文化建设、汽车维修企业财务管理。

本书可作为高职高专汽车运用技术专业和汽车检测与维修技术专业学生的教材,也可供汽车维修企业管理人员学习参考使用。

图书在版编目(CIP)数据

汽车维修企业管理 / 齐建民主编. --北京 :人民交通出版社, 2012.2

ISBN 978-7-114-09307-4

Ⅰ. ①汽… Ⅱ. ①齐… Ⅲ. ①汽车 - 修理厂 - 工业企业管理 - 高等职业教育 - 教材 Ⅳ. ①F407.471.6

中国版本图书馆 CIP 数据核字(2011)第 152501 号

高职高专改革创新示范教材

书　　名: 汽车维修企业管理
著 作 者: 齐建民
责任编辑: 于志伟
出版发行: 人民交通出版社
地　　址: (100011)北京市朝阳区安定门外外馆斜街 3 号
网　　址: http://www.ccpress.com.cn
销售电话: (010)59757973
总 经 销: 人民交通出版社发行部
经　　销: 各地新华书店
印　　刷: 北京鑫正大印刷有限公司
开　　本: 787×1092　1/16
印　　张: 18.75
字　　数: 428 千
版　　次: 2012 年 2 月 第 1 版
印　　次: 2015 年 12 月 第 3 次印刷
书　　号: ISBN 978-7-114-09307-4
定　　价: 34.00 元

高职高专汽车运用技术专业和汽车检测与维修技术专业改革创新示范教材编委会

（排名不分先后）

前言

QIANYAN

《国家中长期教育改革和发展规划纲要(2010—2020年)》中提出:大力发展职业教育,把职业教育纳入经济社会发展和产业发展规划,把提高质量作为重点;以服务为宗旨,以就业为导向,推进教育教学改革。实行工学结合、校企合作、顶岗实习的人才培养模式;满足人民群众接受职业教育的需求,满足经济社会对高素质劳动者和技能型人才的需要。

高等职业教育的发展是国家当前教育发展的战略重点之一。我们认为,当前我国高等职业教育需要解决"三个改革"和"三个建设"两大问题。三个改革,即课程体系改革、教学模式改革和教学内容改革;三个建设,即师资队伍建设、教学设施建设、教材建设。

目前,高等职业院校汽车运用技术专业所使用的教材普遍存在以下几个方面的问题:

(1)专业定位不明确,受本科教育的影响较大,学生反映难,教师反映不好教;

(2)职业特征不明显,企业反映脱离实际,与他们的需求距离很大;

(3)教学方式落后,不适应新一轮教学改革的需要,不利于长远发展;

(4)立体化程度薄弱,教学资源质量不高,教学方式相对落后。

针对以上问题,结合人民交通出版社汽车类专业教材的出版优势,我们开发了《高等职业教育改革创新示范教材》。本套教材以"积极探索教学改革思路,提升学生职业素质"的指导思想,采用职教专家、行业一线专家、学校教师、出版社编辑、教学设备研发企业"五结合"的编写模式。教材内容的特点是:明确高等职业教育定位,准确体现职业教育特点(以工作岗位所需的知识和技能为出发点);理论内容"必需、够用";实训内容贴合工作一线实际;选图讲究,易懂易学。

该套教材将先进的教学内容、教学方法与教学手段有效地结合起来,形成课本、课件(部分课程配)和习题集(部分课程配)三位一体的立体教学模式。

本书按照"工学结合、情景教学"的理念编写,全书共分为7个项目23个学习任务。其中项目一和项目二由齐建民老师编写,项目三由王升平老师编写，项目四和项目五由柳炽伟老师编写，项目六和项目七由魏胜君老师编写，全书由齐建民老师统稿。在编写的过程中得到了中山职业技术学院汽车教研室的大量帮助，在此表示感谢。

限于编者的经历和水平，书中难免有不妥或错误之处，敬请广大读者批评指正，提出修改意见和建议，以便再版修订时改正。

职业教育改革创新示范教材编委会

2011 年 7 月

目录 CONTENTS

项目一　企业及汽车维修企业概况和管理机构

任务一　企业管理及汽车维修企业概念 …… 1
任务二　汽车维修企业管理机构 …… 11

项目二　汽车维修企业经营运营实务

任务一　现代汽车维修企业的特点及服务流程 …… 47
任务二　汽车维修企业的服务营销 …… 76
任务三　汽车维修企业的配件及精品 …… 93

项目三　汽车维修制度和标准

任务一　汽车维修制度 …… 118
任务二　汽车安全检测与诊断 …… 136

项目四　汽车维修企业的质量检验与质量管理

任务一　二级维护车辆的竣工检验 …… 144
任务二　汽车维修质量检验的管理 …… 160
任务三　汽车维修企业全面质量管理的实施 …… 167

项目五　汽车维修企业人力资源管理

任务一　岗位研究与人力资源规划 …… 190
任务二　人员的招聘与培训 …… 209
任务三　人力资源的绩效考核与激励 …… 222

项目六　汽车维修企业文化建设

任务一　汽车维修企业文化 …… 234
任务二　汽车维修企业精神与形象 …… 243

任务三　汽车维修企业形象的塑造 …… 249

项目七　汽车维修企业财务管理

任务一　汽车维修企业财务管理 …… 256
任务二　汽车维修企业的资产、负债、所有者权益 …… 259
任务三　汽车维修企业营业收入 …… 265
任务四　汽车维修企业成本与费用 …… 268
任务五　汽车维修企业利润分配 …… 271
任务六　汽车维修企业财务报告 …… 274
任务七　汽车维修企业财务分析 …… 281

参考文献

项目一 企业及汽车维修企业概况和管理机构

任务一　企业管理及汽车维修企业概念

经历了粗放型发展，进入20世纪90年代后，我国汽车维修行业逐渐向集约型转变。目前，汽车维修行业正朝着经营规模化、技术先进化、维修专业化、管理现代化的方向发展，并逐渐成为一个新的重要经济增长点，越来越强劲地吸引社会各方面的资金，越来越多地被投资者选择作为经营发展的柱石。

正确理解什么是企业、企业管理、企业管理任务、企业管理者及其素质、汽车维修企业。

一 企业与企业管理

1 企业与企业管理的概念

所谓企业，是指为了满足社会需求，从事商品生产和商品经营（流通或服务）等经济活动，并获取盈利的基本经济组织。在社会主义市场经济条件下，企业也是具有法人资格、享有民事权利并承担民事义务，以及依法自主经营、自负盈亏、自我发展、自我约束的独立经济核算单位。

现代工业企业的生产要素不仅包括人力、财力和物力，而且还包括信息、时间和空间等。由此可知，企业管理不仅是随着人类共同劳动而产生的，而且是随着人类共同劳动的复杂程度而不断发展的。

现代企业管理是企业管理者对企业中人力、财力、物力、信息和时空实施统一管辖和治理的全过程，也是社会化大生产的客观要求和直接产物。

“管理”，一是要管（管辖），二是要理（治理）。其中，“管”是指管辖权限，而“理”是指在管辖权限范围内的管理职能（如计划、组织、指挥、控制、协调、领导等）。企业管理的实质就是企业管理者通过其管理权限、执行其管理职能，从而有效地利用企业中的人力、财力、物力、信息、时间和空间，去实现企业既定生产经营目标的全过程。由于企业管理者直接决定着企业中人力、财力、物力、信息、时间和空间等要素的有机组合，因而企业管理者是有效开展企业生产经营管理活动、最后决定企业生产效率和经济效益的重要保证。企业越大就越需要依靠企业管理，因为企业越大，企业人员的步调一致比企业人员的个人能力更为重要，这就是常说的“三分技术、七分管理”。

虽然企业管理的客体可能是事物或者人，但企业管理的主体则一定是人。因为管理事物或管理人最终离不开人的管理。其中，对于人的管理乃是最重要的管理。企业管理属于必须要有人员参与的人类活动管理，其管理效率直接取决于对人的管理效率。因此，企业管理者的基本职业素质不仅要敢于管辖、敢于治理——这是衡量企业管理者的管理态度，而且也要善于管辖、善于治理——这是衡量企业管理者的管理水平。但企业管理属于软技术，同时它也是一门艺术。它虽然不属于发展企业生产力的具体物质要素，但却是充分发挥企业生产力的重要前提。因此从这个意义上说，企业管理也是生产力，或者说加强企业管理可以使企业产生出新的生产力，因而是间接的生产力。

2 企业管理的两重性

企业的生产过程也是企业生产力和生产关系统一的过程。为了保证企业生产过程的正常进行，企业管理者的两个基本职能是：既要合理地组织企业生产力，也要维护好企业生产关系。

根据上述企业管理的两个基本职能，现代工业企业管理便具有两重性。

（1）自然属性。不管社会制度如何，若要发展企业生产力，所有的企业管理都必须合理组织生产和统一指挥生产，这是企业管理的共性职能或一般职能。

（2）社会属性。对于不同社会制度下的企业管理，还必须要维护和完善与其社会制度相适应的生产关系，这是企业管理的个性职能或特殊职能。

由于企业管理的两重性，我们要善于学习借鉴和消化吸收国内外先进企业的管理模式和管理经验（指企业管理的自然属性）；但由于国情或厂情的不同，决不能照搬国内外先进企业的管理模式和管理经验（指企业管理的社会属性）。只有将先进的资本主义管理技术与优越的社会主义制度相结合，才能以我为主、博采众长、融合提炼、自成一家，从而形成具有社会主义特色的我国工业企业的现代管理方式。

二 企业管理的基本任务

企业是生产和经营的基本单位，也是发展社会生产力和实现技术经济进步的主导力量。

企业管理的基本任务是：根据社会化大生产的客观规律，合理而严密地规范和组织本企业的生产经营管理活动，最充分而有效地利用企业中的人力、物力、财力、信息、时间和空间，在向消费者提供商品和服务的同时，为企业创造最好的经济效益和实现企业预定目标；而且还要承担起企业的社会责任，在为国家积累资金的同时，保护生存环境，改善社会和社区的生活质量，创造最好的社会效益，把企业建设成为具有高度精神文明和物质文明的社会主义现代化企业。

汽车维修企业管理的基本任务是：不仅要为满足汽车制造业和汽车运输业发展的需要，努力提高汽车维修质量，从而高质量、低消耗、短周期地维修好汽车；而且要为企业不断提供更多的盈利，以扩大积累，把汽车维修企业建设成为具有高度物质文明和精神文明的社会主义现代化企业。

评判汽车维修企业管理状况的标准是：

(1)看这个企业是否最充分、有效地利用了企业的人力、物力、财力、信息、时间和空间，而没有闲置的人力、物力、财力、信息、时间和空间。

(2)看这个企业是否能通过活跃的人力资源管理而使企业富有活力。

(3)看这个企业是否取得了最好的经济效益。

(4)看这个企业是否取得了最好的社会效益，为社会的需求和进步做出了贡献。

三 企业管理的基本职能

企业管理的基本职能包括计划、组织、指挥、控制、协调和领导等。

1 计划

计划是企业管理的首要职能。计划的目的是按照企业目标，通过编制作业行动计划，具体确定企业未来活动的目标(干什么)、途径与方法(怎么干)。

企业计划既可按计划时间进行分类，如企业的中长期发展规划、年度或月度阶段性发展计划等；还可按计划项目进行分类，如企业的生产作业计划(销售计划或维修计划)、技术措施计划、产品和服务质量计划、配件供应计划、设备购置计划、职工培训计划、企业财务及成本计划等。

在制订企业计划时，首先应该符合企业生产经营管理活动的实际需要，既不能定得太高，以至于经过努力也不能完成，从而成为空头计划；也不能定得太低，以至于不需要努力就能达到，使之起不到提高企业劳动生产率的作用。其次是在制订企业计划时，要将企业的各

项计划与指标层层地分解和落实，不仅要使各级、各部门、各个人都能明确各自的奋斗目标，而且也要便于企业管理者实施组织、考核和控制，以确保企业计划与目标的全面实现。

企业计划的内容应包括：

(1)为了搞好企业计划，首先要在制定计划之前做好市场调查研究，并预测未来市场或用户的发展变化，从而做出准确的市场预测，确定适合于企业生产经营管理活动发展的计划目标、经营方针和经营政策。

(2)为完成计划目标而编制详尽的生产经营作业计划。企业计划是企业进行生产经营管理活动的行动纲领，它所确定的奋斗目标及计划措施应该贯穿于整个企业的生产经营管理活动全过程中。为此既要保持企业计划的严肃性，企业计划确定后不要朝令夕改；同时也要根据计划实施情况及时地检查和调整计划。倘若实践证明原计划有误，应及时通过修订程序进行计划修改。

2 组织

企业的组织工作，就是将企业生产经营管理活动的各个要素或各个环节，在上下左右的相互关系上，在对内对外的相互往来上，合理地确定管理机构，并有效地组织企业人员，从而有效地实施企业计划目标的全过程。

3 指挥

为了确保企业生产经营管理的顺利进行，以实现企业的既定目标，企业内部必须建立高度集中的生产经营管理指挥系统，通过企业管理有机地组织企业内部的各项业务和各种业务人员，以使企业内部的各部门、各岗位、各工序和各工种相互配合、协调发展。

为了确保企业生产经营管理中指挥的有效性和权威性，需要做好以下工作：

(1)在企业内部建立"逐级负责"的岗位责任制度，严格执行"逐级管理、逐级负责"的原则，使指挥或命令畅通无阻。

(2)加强企业职工的政治思想工作，既要强调执行命令的组织性与纪律性，以确保指挥或命令的实施有效；也要强调在"逐级管理、逐级负责"的原则下相互合作。

(3)指挥者应在指挥之前深入实际、调查研究。既要预见各种可能发生的问题，及时果断地做出判断和决定；也要充分发扬民主，认真听取群众意见和建议，正确地处理民主与集中、自由与纪律的关系，以确保指挥或命令的实施正确性，避免脱离实际情况的瞎指挥。

4 控制

所谓控制，就是根据企业的预定计划目标，监督和检查企业计划的实施情况，并及时发现及消除实际值和标准值的差异或偏差，采取必要措施，以控制计划正确执行，确保计划实施结果符合于原定计划要求的全过程。由此可知，计划是实施控制的依据，控制是实现计划的保证。

要实现严密的计划控制，必须对企业计划的执行情况实施主动而积极的监督。倘若发现偏差，要及时分析原因并立即采取措施及时纠正。

实施控制的基本条件是：

(1)必须相应建立工作标准(例如建立健全岗位责任制度,各种安全技术操作规程、工艺规范和技术标准、技术经济定额和经济核算制度等),这是控制的依据。

(2)必须相应建立计划的监督检查制度,从而对计划实施最有效的监督和检查。

(3)根据计划监督检查的结果,采取相应的控制措施纠正上述偏差,以实现原定计划目标。

5 协调

在企业实际的生产经营管理活动中,要完成各项计划任务,还需要企业内部和外部多方面的联系和配合。但由于种种原因,有时会出现各式各样的人际关系的矛盾,结果使原来的工作程序发生脱节,原有计划的相互协调性遭到破坏,最终影响到企业既定目标的实现,这时就需要进行协调。这种协调既包括企业内部关系的协调(例如上下级之间的纵向关系协调,部门之间的横向关系协调等),也包括企业外部关系的协调。

而协调的常用方法是：

(1)利用"现场办公"在现场揭露矛盾和解决彼此之间存在的矛盾；

(2)当无法协调人际矛盾时,应调整人事结构,并平衡纵横关系；

(3)平时应加强政治思想工作,搞好公共关系等。

6 领导

企业管理有管事和管人之分,其中管事的职能通常称之为管理,而管人的职能通常称之为领导。企业管理者并不都是企业领导。

四 企业管理者的基本素质

1 企业管理者的分类

(1)按照现代企业的管理层次,可分为高层、中层和基层三种。

①高层管理者。位于企业管理机构的最高层(如公司董事会成员和总经理等),其主要职责是制定企业发展规划和经营方针、实施企业重大决策以及选配中层管理者等。

②中层管理者。位于企业管理系统的中层(如各职能部门管理者与车间负责人等),其主要职责是根据企业高层所制定的经营计划和经营方针,在各自分管的部门内分解和执行。

③基层管理者。即现场管理者(如工段长与班组长等)其主要职责是根据中层管理机构的指令,直接指挥和监督现场作业。

(2)按照管理者的素质结构,可分为经验型、知识型和能力型三种。

①经验型管理者(从工人中提拔起来的管理者),尽管他们经验丰富,也善于处理日常问题,但由于知识不足,处理问题常常依赖于经验与习惯。

②知识型管理者(刚从学校毕业,或刚从专业技术岗位走上管理岗位的年轻管理者),尽

管他们有知识和抱负，但由于缺乏实践经验，处理问题常常依赖于书本上的理论。

③能力型管理者。他们不仅具有较扎实的理论基础，而且具有较丰富的实践经验，成功的企业领导者大都属于能力型管理者。

2 企业管理者的基本素质

企业管理者应具有的职业素质，包括品德素质、知识素质、能力素质及生理心理素质等。

❶ 企业管理者的品德素质

企业管理者应对事业具有强烈的责任心和敬业精神，必须对企业资方、企业员工、企业用户和社会负责；必须具有良好的工作作风，尊重科学，重视民主，知人善任；并具有必要的道德品质，包括保护环境、遵守公共卫生和公共秩序等。

❷ 企业管理者的知识素质

企业管理者的知识素质包括文化知识、企业管理基础知识、与企业产品及服务相关的专业知识，以及政治经济学和法律知识等。

❸ 企业管理者的能力素质

企业管理者的能力素质主要是指决策能力、组织能力和控制能力。

(1)决策能力。即要求企业管理者能根据企业外部经营环境和内部经营实力的变化，凭借其观察力、判断力、分析力及决断力，适时正确地做出各种经营决策。决策能力是企业管理者的核心能力，需要在日常工作中不断积累。

(2)组织能力。所谓组织能力，是指企业管理者在一定的内外部环境条件下，能够有效地组织和配置企业内现存的各要素，以相应调整机构、组织人员，控制资源，实现企业的经营目标。

(3)控制能力。是指企业管理者通过各种行政、经济和法律的手段，保证企业经营目标如期实现的能力。包括企业管理者能及时发现企业的实际经营活动与预定目标差距的能力(差异发现能力)，并控制企业经营目标实现的能力(目标监控能力)。

❹ 企业管理者的生理、心理素质

企业管理者的生理、心理素质包括体力、智力、精力、心态和应变能力等。要求企业管理者不仅身体健壮、高智力、精力充沛，而且心态平和、应变能力强，能应付各种突发事件，意志坚强、处事冷静、应变自如、临危不乱，敢于面对困难和挫折，具有良好的心理素质和心理承受能力。

五 汽车维修企业

汽车维修企业是通过对汽车维护和修理来维持和恢复汽车技术状况，延长汽车使用寿命的服务性企业，它是汽车流通领域中的重要组成部分。汽车维护和汽车修理是两种性质不同的技术措施，汽车维修是汽车维护和汽车修理的泛称。

1 汽车维修企业的组织工作

汽车维修企业的目的是要按照企业的计划目标设置合理的组织机构，不仅要按照业务性质进行各部门职责范围的合理分工，配备适当的业务人员，而且要明确各机构、各岗位的业务范围与职责权限，并明确各部门之间的领导和协作关系（包括办事程序和规章制度等）。

2 汽车维修企业具有的特点

汽车维修企业具有“点多、面广、规模小”的特点，在进行机构设置和人员配备时，更要本着精简和高效的原则，因事设人而不要因人设事。为此，在具体组织时，首先要明确其业务性质，并根据其业务性质与业务工作量适当分类，建立必需的业务机构和配备必需的业务人员，并明确其业务范围与职责权限。由于企业的管理组织直接涉及个人利益，因而也是企业管理中最重要而又最难办的事。不仅要用岗位竞聘来真正地选用能人，而且还要用业绩考核进行适时恰当地调配或调整。

3 汽车维护

汽车维护是为了维持汽车完好技术状况或工作能力而进行的作业。其目的是为了保持车容整洁，随时发现和消除故障隐患，防止车辆早期损坏，降低车辆的故障率和小修频率。汽车维护应贯彻预防为主、强制进行的原则。

4 汽车维修

汽车修理是为了恢复汽车完好技术状况或工作能力和寿命而进行的作业。其目的在于及时排除故障、恢复车辆的技术性能、节约运行消耗和延长车辆使用寿命。车辆修理应贯彻定期检测、视情修理的原则。

虽然汽车维护和维修的任务不同、性质不同，但它们都是以保证汽车安全运行、降低使用成本、延长使用寿命、节约能源为目的的。从这一点讲，它们是统一的技术保障整体，两者不可偏废，既不能用维护代替维修，也不能用维修代替维护。

当前我国汽车维护按作业范围的深度，一般分为日常维护、一级维护、二级维护及三级维护。按维修对象和作业范围，维修分为汽车大修、总成大修、汽车小修及零件修理。

一 汽车维修业发展过程及特点

汽车维修是保证汽车正常使用，延长汽车使用寿命，使其发挥最大效益的技术保障。它是为汽车的使用者和社会发展服务的。因此，汽车维修必然伴随着汽车工业的发展、公路的发展和汽车保有量的增加而发展。

1 汽车维修企业形成

汽车维修企业单纯是为了汽车运输行业成立的附属企业，因而其发展受到运输业发展的影响很大。

新中国成立之初，我国汽车运输业已破坏殆尽，全国仅有一百多个汽车维修企业，均处于奄奄一息状态。为尽快抢修国民党时期遗留下来的破旧车辆，恢复公路运输，满足经济建设和人民生活的需要，政府部门帮助私营汽车维修企业克服困难恢复生产。当时，中央成立全国废旧汽车整修委员会，在其统一领导下，通过拆、拼、接、改等工艺方法，共修复汽车5000多辆。通过这项工作，不仅恢复了公路运输，而且增加了汽车维修企业的活力，培训了一批人才，增添了汽车维修设备，建立了新中国汽车维修业的基础。随着国民经济建设的恢复和发展，汽车保有量逐渐增加，汽车维修业的生产能力也有了较大幅度的提高，到1957年，公路运输部门基本上形成了一个多层次的汽车维修网络，年大修能力达到2万多辆，但汽车维修业仍处于手工操作、作坊式生产的落后状态，不仅生产效率低，而且维修质量差，加之路况不好，大修后的车辆只能以40～50km/h速度行驶。

进入20世纪60年代，各汽车维修企业大力开展技术革新和技术改造，开展文明生产活动，建立健全各种规章制度、技术标准，加强质量管理，充实人员和设备。通过几年的努力，汽车维修业的面貌有了较大的变化。除各专业运输部门具备了比较完善的汽车维修体系外，在社会上也相继建立了面向社会车辆服务的专业汽车维修企业。20世纪70年代，交通部根据汽车维修技术进步的需要和现实的可能，提出了汽车生产中实现作业机械化、检验仪表化的发展方针，开展了一次大搞技术革新的群众运动，对汽车维修业的发展作出了很大的贡献。到1979年，我国的汽车大修能力已达到10万余辆。

但是，在汽车维修业发展过程中，除了部分交通部门独家经营的为社会车辆维修服务的企业外，大部分维修企业都依附在运输企业和车辆较多的单位中，主要是为内部车辆维修服务。这种一家独办的垄断经营方式，造成了我国长期存在的“修车难”问题无法解决。单一卖方市场，缺乏竞争机制，不仅使企业失去活力，阻碍汽车维修生产力的发展，而且使用户失去了选择的余地，车辆无法得到及时的维修，影响了运输生产的效率，也从另一个侧面证明了这种依附于运输业的汽车维修企业，已经不能适应公路运输的发展，更不能适应社会发展的需求。

基本特点：原有的交通部门独家经营的专业汽车修理厂，主要是一些规模较大的国营汽车修理专业厂，这些企业技术力量强，设备齐全，管理水平高，是行业的骨干力量；各专业运输企业附属的汽车修理厂或维修车间，主要是为本企业的车辆维修服务，剩余力量为社会车辆维修服务。

2 汽车维修企业发展阶段

党的十一届三中全会制定了“改革开放”的方针，给汽车维修业带来了极大的活力和生机，随着公路运输市场的开放，汽车维修市场也逐渐开放。进入20世纪80年代，全国城乡的汽车维修厂点如雨后春笋，迅猛增长，出现了国营、集体、个体一起上的势头。截至1999年底，全国汽车维修厂点达到22万余个，从业人员增加到350万人，年维修产值近180亿

元，初步形成了一个分布广泛、门类齐全的汽车维修网络，基本上解决了“修车难”的问题。

基本特点：社会上车辆较集中的各企事业单位、机关团体等原为自用车维修服务的汽车维修厂，改革开放后，这些维修厂基本上已脱离原单位，独立注册向社会开放，搞独立核算，或者实行经营承包，发展很快。之后出现了城乡新建的汽车维修厂点和中外合资、外方独资的维修企业，这些企业情况比较复杂，以乡镇企业、第三产业、学校、街道以及个体为主，技术工人以聘用退休工人为主，大多技术力量较弱，厂房、设备简陋，企业稳定性较差。

3 汽车维修企业百花齐放

1998 年广州本田合资汽车生产企业引入品牌专营店服务模式，以 4S 品牌经营管理形式进入行业市场，统一品牌形象，流程化的程序管理，对促进我国汽车维修业的发展发挥了巨大的作用。

汽车维修行业发生了极大的变化，即由原来的封闭式自我服务型，转型为开放式的社会经营型，形成了一个比较稳定的、活跃的维修市场，使汽车维修业在国民经济活动中，逐渐形成了一个相对独立的行业，成为国民经济发展的一个新的经济增长点。

汽车维修市场需求的变化，汽车运输服务的细化，主流客户群的转变，汽车维修连锁经营、汽车用品超市、汽车维修救援、汽车俱乐部、汽车保险、汽车金融等新生事物的不断出现，使汽车维修市场不断完善。

中国汽车维修行业协会的成立和各省市汽车维修行业协会分会的逐步建立，其作用越来越大，行业的自我管理、自我约束、自我发展的自律意识不断提高，并逐步向国际化靠拢。

二 汽车维修业发展趋势

随着改革开放的深入和国民经济的发展，国内汽车保有量成倍地提高，汽车维修业从供不应求发展到现在的供求基本平衡，甚至出现供大于求的市场状况。

目前，伴随着汽车工业的发展，交通道路的发展与改善，汽车维修业在维修观念、维修制度、维修力量、作业方式等方面都发生了巨大的变化。过去汽车报废是个很淡薄的概念，通过总成修理、换件修理、旧件修理等方式，使车辆无限期使用。后来随着车辆供求比例和效益的角度考虑，从汽车尾气排放的治理、降低大气污染的角度出发，人们在车辆更新和车辆维修方面的观念也发生了变化。同时配件供应的变化，维修配件精度要求的变化，也使得从前以旧件修复为主的修理方式，发展成为今天以换件修理为主的修理方式。在维修制度上，也由以前的定期拆解式转变为今天的“定期检测、强制维护、视情修理”。汽车维修行业主体，也由以前的交通部门所属维修企业为主，转变为今天全社会各行业多种所有制形式的维修企业同步发展，同时维修网点也由过去大中城市相对集中，逐渐转变到中小城市、县、乡、郊区，形成了比较合理的汽车维修网络。目前国内汽车维修企业的发展趋势，归纳起来有如下几个方面。

1 汽车维修业朝着规模化的方向发展

改革开放以来，汽车维修业基本呈粗放型发展。按照十五大精神要求，汽车维修业的发

展必须由粗放型向集约型转变。目前,汽车维修业已成为一个新的经济增长点,正在吸引社会各方面资金,上规模、上档次。它将会通过企业兼并、资产重组等形式扩大经营规模,建立企业集团,以不断提高汽车维修业的规模化程度和整体素质,提高市场占有率。

2 汽车维修业依靠提高科技含量,增强竞争能力

伴随着汽车制造技术的发展,新工艺、新结构、新材料、新技术在汽车上的应用,对现代汽车维修业提出了许多更新、更高的要求。我国维修业在跟踪现代维修技术方面领先于制造业。因为,无论多么先进的汽车,一旦进入我国并投入使用,都存在着维修的问题,这样世界汽车工业的发展就带动了维修业技术的发展。特别是在今天,许多高新技术,诸如电子控制燃油喷射技术、混合动力车技术、电动车技术等广泛应用于汽车;代用燃料汽车的发展;人们对汽车安全性能、环保性能的高要求,都对维修业提出了更高的要求。追踪高新技术、掌握高新技术、提供高质量的维修服务,才能在市场竞争中占据有利的地位,已成为汽车维修企业的共识和追求的目标。近年来,汽车维修企业在技术改造、技术进步方面做了许多工作,他们改善了作业条件、购置了先进的设备、引进了技术人才,大量先进的检测维修设备已经进入了维修行业。

3 汽车维修业朝着专业化、工业化的方向发展

随着汽车维修市场逐步完善,通过激烈竞争,使汽车维修市场的分工越来越细化,并朝着专业化、工业化的方向发展。

(1)汽车维修企业承担单一车型或同类车型的汽车维修,或者建立车三位或四位一体及连锁经营站,为汽车制造企业做售后维修服务。

(2)汽车维修业户只承担专项维修,如专门维修汽车电子控制装备、专门维修自动变速器、专门维修转向助力系统、专门维修 ABS 壳、专门从事事故车维修、专门从事喷涂、专门从事动平衡、汽车美容,甚至已经开始有专门从事汽车故障诊断的单位等。

(3)汽车维修已开始朝着工业化流水作业发展,如发动机翻新、变速器翻新等。随着专业化、工业化程度的提高,使维修在厂车减少,维修质量得到了提高。

4 采用先进的管理手段,向管理要效益

汽车维修企业通过采用现代化管理手段,在企业管理上逐步实现规模化、科学化、现代化。主要是在车辆进厂维修管理、客户群管理、出厂记录、材料管理、财务管理、劳动人事管理、技术信息管理等方面实现电脑管理,并在生产现场管理上采用电视监控技术,不断提高企业管理水平。同时,汽车维修企业不断改善服务质量,通过实行四公开,即公开维修项目、公开收费标准、公开修理过程、公开服务承诺,积极创建文明行业等,不断实现以客户需求为导向的企业创新。

5 汽车维修救援

汽车维修救援是为汽车提供紧急救援服务的新作业,是对汽车维业服务功能的延伸。

通过该系统，能够减少运输损失，提高运输效率、保障运输安全。汽车维修救援这一业务在国内已经开展多年，效果并不十分理想。

6 将二手车市场引进汽车维修企业

二手车交易大部分在汽车维修企业进行，同新车一样有展厅。这种形式得到了客户的认可，尤其是二手车在品牌4S店内，以置换形式促进新车销售。目前汽车4S店在进行二手车交易时，需经过政府批准；具有国家承认的持证经纪人与评估师；另外4S店中有维修服务，具有汽车的综合性能检测设备，对二手车进行科学的检测、评估与适当的翻新。这样翻新的二手车在交易后，同新车一样具有保修期。因此，一些大的汽车销售企业纷纷引进二手车业务是符合市场需求的。据美国二手车交易市场调查，每发生一台新车交易，同时会有七台二手车交易。

任务二 汽车维修企业管理机构

应用现代管理理念的企业管理是建立在科学管理基础之上的。汽车维修企业强调逐级负责、执行定额管理的管理体制，同时推行全面的、全员的、全过程的系统管理(包括全面计划管理、全面质量管理、全面人力资源管理、全面财务核算管理等)。为了强化企业管理，必须在企业内部建立相应的组织管理机构，形成企业管理的主体。

学习指引

设置企业管理机构的基本原则，汽车维修企业管理的组织机构，岗位责任。

汽车是一种结构复杂、技术密集的现代化运输机械，也是一种对可靠性、安全性要求较高的行走工具。为了适应社会发展的需要，车辆的品种日益增加，新技术、新工艺、新材料不断被采用，使车辆的机构也越来越复杂，这就决定了汽车维修行业的技术复杂性。从汽车维修涉及的工种看，不仅需要发动机、底盘、电气、钣金、轮胎、喷涂等专业修理工种，而且需要车工、钳工、铆工、焊工等各种机械方面的通用工种。由于生产要求的差异很大，使维修企业的作业内容、作业深度千差万别。因此，汽车维修行业已从一个劳动密集型及以经验为主的行业，演变成强调个人专业技术、综合素质，以设备、技术为主的行业。鉴于这种情况对汽车维修企业组织机构进行合理配置至关重要。

一 设置企业管理机构的基本原则

1 管理跨度原则

管理跨度原则是加强厂长/经理对本企业生产经营管理活动集中统一指挥、搞好企业生产经营管理的基本原则。所谓管理跨度原则，是指一个人能够高效率地组织管理下级的人员数量或范围。例如司令并不直接去指挥士兵，而要通过三三制或四四制的管理体制，逐层分级进行管理。同样，凡是多于 30 人的汽车维修企业，也不可能依靠厂长/经理去直接管理工人，还要在厂长/经理的集中统一领导下，在企业内部设置各级管理机构（如职能部门和车间、班组等），以协助厂长/经理逐层分级地履行整个企业的各种管理职能。

2 精简原则

为适应企业经营目标的要求，在企业内部设置各级管理机构时，要注重实效，要有利于提高企业管理的工作效率和经济效益，因事设岗，因岗设人，且能不设置的尽量不设置，能精简的尽量精简。做到部门少、人员精，确保企业职能管理机构的精干、高效和节约。

3 逐级管理、逐级负责原则

在设置各级管理机构后，企业各项生产经营管理要在厂部统一集中领导下，合理地解决集权与分权的问题，实行“层层抓、抓层层”的逐级管理、逐级负责的管理原则。既不能权力过于集中而独裁专权，也不能权力过于分散而指挥不力。为此，企业内部的各职能机构不仅应合理分工，加强纵向与横向的联系，而且要建立明确的责权关系，实行企业内部管理业务的标准化与程序化。例如相应建立各项管理制度（例如岗位责任制和经济责任制，以及管理程序、管理方法、考核标准、奖惩办法等），以做到“事事有人管，人人有专职，办事有标准，工作有考核”。

二 汽车维修企业组织机构

1 通常的一般汽车维修企业组织机构如图 1-1 所示

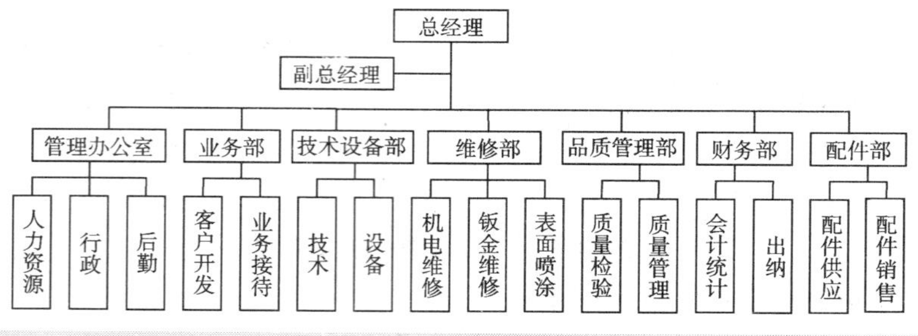

图 1-1　组织机构

2 各职能部门职责概述

汽车维修企业的各职能部门职责概述见表 1-1。

汽车维修企业各职能部门职责概述表　　表 1-1

序号	部门或职位	职责概述
1	总经理	按品牌服务要求，负责对象维修、人事、技术、质量等售后服务经营和管理活动进行全面管理
2	副总经理	协助总经理工作，分管维修、设备、组织生产管理
3	管理办公室	处理日常常务工作，负责人事、行政、文秘、保卫等
4	业务部	市场调研，市场开发，客户接待
5	品质管理部	负责维修项目质量控制，维修三检，配件进货检验，计量。检查维修质量，处理质量事故，统计与报告质量情况等
6	技术设备部	技术：工艺管理，工艺现场服务；研究新工艺，攻克技术难题；参加质量及事故处理，标准化管理，技术资料管理； 设备：负责管理设备，设备的维修，保证设备正常工作，保证劳动安全等
7	维修部	负责安排生产准备工作，编制生产计划，完成维修任务，统计工时，核算工时定额及奖金。 车间： (1)机修车间； (2)钣金车间； (3)喷漆车间； 各车间负责承接下达的生产任务，执行生产计划，组织车间工人保质、保量、保进度完成合同。对设备进行维护，统计上报生产工时等
8	配件部	负责维修所需的配件供应，配件销售，负责组织配件的到货验收及配件的入库检验和保管；负责制定配件位置码等
9	财务部	负责财务分析、财务计划明细账、总账、结账、财务报表、应收应付账款管理、税项核算、固定资产核算、成本费用核算、其他核算、科目间转账、资金结算、付款、现金日记账、银行日记账、银行对账等 统计、统计分析、财务档案管理

3 各职能部门主要职能

1 办公室主要职能

(1)搞好行政管理工作及各部门之间的协助工作，调动全体员工工作积极性，维护公司正常工作秩序，形成高效、高质的工作作风，确保公司的稳步发展。

(2)负责公司各种制度、条例、通知等重要文件的起草、打印等工作，建立健全各项规章管理制度；负责监督检查各部门规章制度的执行情况，及时汇总。出具书面报告，上报公司领导。

(3)协助公司定期或不定期召开各种例会，随时传达公司各项决定。

(4)负责公司人事管理工作，健全公司组织机构编制；负责部门职能及规章制度的起草

制定，建立健全人事管理制度。

(5)负责企业的对外联络，以及其他公关宣传活动。

(6)负责制定并下达公司对各部门任务指标的内容要求，并对其监督实施及定期考核。

(7)负责公司办公设备的添置、维修等日常工作，协助做好固定资产的监督和定期考核。

(8)配合及辅助各职能部门，做好信息搜索汇报、文件起草打印、资料归档管理等工作，完善公司档案管理，规范公司日常运行。

(9)制定各种岗位、人员考核标准，负责员工招聘、技术培训、技术考核等工作；做好公司员工的思想工作，调动员工的工作积极性，维护公司正常的工作秩序。

2 业务部主要职能

(1)使客户得到最佳的服务质量，实现对客户的承诺，维护公司具有的信誉优势。

(2)依据业务计划，制定业务部方针、政策，对业务活动的过程及结果进行管理，负责业务目标、市场占有率与渗透率的完成。

(3)新客户的开发。

(4)业务接待。

(5)售前售后服务，与客户沟通，建立良好的客户关系。

(6)负责对客户方主要负责人的经常沟通联络，建立良好的人际关系。提高客户的忠诚度，进行客户维护工作。

(7)征询客户的意见，倾听客户的需求，记录客户的建议，反馈客户的信息。

(8)市场信息的收集、整理、分析与反馈。

(9)业务报表的收集、整理、分析与反馈。

(10)负责业务人员队伍建设及管理，依据业务发展，与人力资源主管共同制定业务部人力资源规划及员工的招聘、培训、调配、评估与激励。

3 维修部主要职能

管理权限：受总经理委托，行使对维修作业过程中的管理权限，并承担执行公司规章制度、管理规程及工作指令的义务。

管理职能：合理地组织车辆维修过程，综合平衡生产能力，科学地制订和执行生产作业计划，加强安全生产教育，开展积极地调度工作，以实现用最小、最合理的投入达到最大产出的管理目的，对所承担的工作负责。

主要职能：

(1)坚决服从总经理的指挥，认真执行其工作指令，一切管理行为由主管领导负责。

(2)严格执行公司规章制度，认真履行其工作职责。

(3)组织生产、设备、安全、环保等制度的拟订、检查、监督、控制及执行。

(4)负责组织编制年、季、月度计划，设备维修计划，并及时组织实施、检查、协调和考核。

(5)负责工序间的协调。

(6)密切配合业务部门,确保合同的履行。

(7)配合组织审定技术管理标准,编制生产工艺流程。

(8)负责抓好生产安全教育,加强安全生产的控制和实施,严格执行安全法规和生产操作规程,及时监督检查,确保安全生产。

(9)负责组织生产现场管理工作,重视环境保护工作,抓好劳动防护管理和制定环保措施计划。

(10)及时编制年、季、月度生产统计报表。认真做好生产统计核算基础管理工作,重视原始记录、台账和统计报表管理工作,确保统计核算规范化,统计数据的正确性。

(11)抓好生产统计分析报告。定期进行生产统计分析和经济活动分析报告会,总结经验、找出存在的问题,提出改进工作的意见和建议,为公司领导决策提供专题分析报告或综合分析资料。

(12)负责做好维修设备、计量器具的维护检修工作。结合生产任务,合理安排生产设备、计量器具计划,确保设备维护保修所需的正常时间。

(13)负责做好生产调度管理工作。强化调度管理,严肃调度纪律,提高调度人员生产专业知识和业务管理水平,平衡综合生产能力,合理安排生产作业时间,平衡用电,节约能源。

(14)抓好生产管理人员的专业培训工作。负责组织生产调度员、设备管理员、统计员、计划员及车间级管理人员的业务指导和培训工作,并对其业务水平和工作能力定期检查、审核和评比。

(15)负责拟定本部门目标、工作计划,组织实施、检查监督及控制。

4 质量管理部主要职能

(1)对各部门质量策划的实施情况进行监督检查。

(2)负责协助管理者代表对公司质量管理体系运行情况进行监督,保证质量管理体系的正常运转。

(3)对维修、配件、加工品等规格及作业标准,提出改进意见或建议。

(4)制定进料、加工品及维修检验标准,并确实执行。

(5)制定检查标准,并检查相关人员是否认真实施。

(6)质量异常的妥善处理。

(7)检验仪器与量规的管理与校正,及库存品的抽验。

(8)配件供应商、外协加工厂商等交货质量的评价。

(9)督导并协助协作厂商改善质量,建立质量管理制度。

(10)维修作业巡回检验。

(11)维修作业管理与分析,专案研究并作改善、预防等再发防止措施。

(12)客户抱怨案件及返修的分析、检查与改善措施的制定。

(13)负责各项质量指标的统计和考核,并负责编制质量状态分析和质量情况报告,为总经理质量决策提供依据,协助管理者代表制定管理评审计划,组织实施管理评审,对管理评审报告提出改进措施并进行跟踪,对实施效果进行验证。

(14)资料回馈有关单位。

(15)研究制定并执行质量管理教育培训计划。

(16)制定质量管理制度,推行全面质量管理。

(17)其他有关质量管理事宜。

5 设备技术部主要职能

设备管理职能:

(1)负责公司仪器设备的归口管理。负责仪器设备的计划、招标、采购、验收、调配、报损、报废及在用设备和账、卡、证的管理。

(2)制定仪器装配水平的发展规划,编制设备的年度计划。

(3)制定设备的规章管理制度。

(4)负责设备的建账和清查工作。

(5)负责设备的统计和上报工作。

(6)负责全精密仪器设备技术建档和归档管理,以及效益考核评估。

(7)负责设备的调配和报损、报废、报失的审核。

(8)仪器设备和维修的审批。

(9)制定和考核仪器设备利用率。

(10)清产核资。

技术管理职能:

(1)负责制定公司技术管理制度。

(2)组织和编制公司技术发展规划。编制近期技术提高工作计划,编制长远技术发展和技术措施规划,并组织对计划、规划的拟订、修改、补充、实施等一系列技术组织和管理工作。

(3)负责制定和修改技术规程,编制技术规定。

(4)负责公司新技术引进和开发工作的计划、实施。

(5)合理编制技术文件,改进和规范工艺流程。

(6)认真做好各类技术信息和资料收集、整理、分析、研究汇总、归档保管工作。

(7)负责制定公司技术标准,实现规范化管理。

(8)编制公司维修作业标准,按年度审核、补充、修订定额内容。

(9)认真做好技术图样、技术资料的归档工作,负责制定严格的技术资料交接、保管工作制度。

(10)及时指导、处理、协调和解决维修出现的技术问题。

(11)及时搜集整理国内外信息,及时把握趋势。

(12)负责编制公司技术开发计划,抓好技术管理人才培养、技术队伍的管理。有计划的推荐、引进、培养专业技术人员,搞好业务培训和管理工作。

(13)组织技术成果及技术经济效益的评价工作。

(14)负责公司技术管理制度的制定,检查、监督、指导、考核专业管理工作。

关于财务部和配件部的主要职能以后章节中再作介绍。

一 管理办公室各岗位工作职责具体描述

1 办公室主任岗位说明书

职位名称	办公室主任	职位代码		所属部门	办公室
职　　系		职位等级		直属上级	总经理
薪金标准		填写日期		直接下属	
职位概要:负责主持办公室所有的管理工作					
工作内容 1. 在总经理的领导下,负责主持本室的全面工作,组织并督促全室人员全面完成本室职责范围内的各项工作任务; 2. 贯彻落实本室岗位责任制和工作标准,密切联系各部门间的工作关系,加强协作,配合做好衔接协调工作; 3. 组织汇总公司年度综合性资料,草拟公司年度总结、工作计划和其他综合性文稿,及时撰写总经理的发言稿和其他以公司名义发言的文稿审核工作,严格按行文程序办理,保证文稿质量,编制各岗位工作人员任职要求; 4. 公司年度培训计划的制定及监督实施; 5. 负责上岗基础教育; 6. 负责组织对培训效果进行评估; 7. 公司规章制度的归口管理和汇总工作,及员工考勤工作; 8. 组织收集和了解各部门的工作动态,协助总经理及公司领导协调各部门之间有关的业务工作,掌握公司主要活动情况,为公司领导决策提供意见和建议,负责编写公司年度大事记; 9. 负责召集公司办公会议,检查督促办公会议和公司领导布置的主要工作任务的贯彻落实情况; 10. 负责监督公司印章的使用; 11. 参与公司发展规划、年度经营计划的编制和公司重大决策事项的讨论; 12. 负责组织公司通用管理标准及规章制度的拟定、修改和编写工作,参与专用管理标准及管理制度的拟定和修改工作; 13. 负责组织全公司员工大会工作,开展年度总结评比和表彰工作; 14. 负责做好公司来宾的接待安排,统一负责对上级主管部门的联系和有关的法律咨询等工作; 15. 有权向直属领导提议下属人选,并对其工作考核评价; 16. 完成公司领导交办的其他工作任务					
任职资格 教育背景:企业管理类或相关专业大专以上学历 培训经历:受过企业管理、管理能力开发等方面的培训 经验:3 年以上管理工作经验 技能技巧 1. 具有较强的文字组织能力,有较强的工作能力和综合管理协调能力; 2. 熟悉国家的法律法规和地方的政策规章; 3. 积极进取,有较强的工作责任感和事业心 态度 1. 正直、坦诚、成熟、自信、高度敬业,有良好的团队合作精神; 2. 有较强的观察力和应变能力,及较高的领导艺术					
工作条件 工作场所:办公室 环境状况:基本舒适					

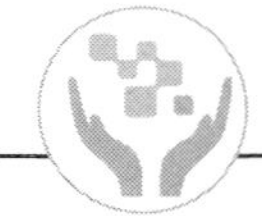

2 办公室内勤岗位说明书

职位名称	内勤	职位代码		所属部门	办公室
职　　系		职位等级		直属上级	办公室主任
薪金标准		填写日期		直接下属	
职位概要:协助办公室主任搞好内勤工作					
工作内容 1. 协助上级起草、打印、分发行政管理规定; 2. 负责办公用品的购买、管理和发放工作,以及办公室传真机、复印机的管理; 3. 公务车辆的使用管理; 4. 负责对公司档案的管理工作; 5. 为其他部门提供及时有效的行政服务; 6. 管理公司非技术资料、计算机磁盘、光盘等资料;配合业务、技术、设备、检验等部门,对公司合同、文件、档案、图书、资料进行识别、标志、管理工作; 7. 人员考勤和各种假期处理; 8. 公司会务的通知和安排; 9. 协助进行财产、后勤和安全管理					
任职资格 教育背景:企业管理类或相关专业中专以上学历 培训经历:受过企业管理等方面的培训 经验:3 年以上工作经验 技能技巧 1. 具有较强的文字组织能力,有较强的工作能力; 2. 熟悉国家的法律法规和地方的政策规章; 3. 积极进取,有较强的工作责任感和事业心 态度 1. 正直、坦诚、自信、敬业,有良好的团队合作精神; 2. 有较强的观察力和应变能力					
工作条件 工作场所:办公室 环境状况:基本舒适					

3 办公室文员岗位说明书

职位名称	文员	职位代码		所属部门	办公室
职　　系		职位等级		直属上级	办公室主任
薪金标准		填写日期		直接下属	
职位概要:协助办公室主任做好文印、接待、对外沟通工作					
工作内容 1. 负责起草部门各类文书、文件、通知、报告、总结和其他材料以及打印工作; 2. 负责各种文件、报告、信息的转呈、催发、即发和归档; 3. 为公司领导人撰写文稿等工作; 4. 对下属的评价、考核和激励; 5. 负责对文件的收、发、存管理工作; 6. 接待来访人员; 7. 负责管理公司的文印工作; 8. 做好对各类文件、资料的鉴定及统计管理工作; 9. 负责对各类会务的安排工作; 10. 负责对公司印章、法人章的监督管理和办公室印章的管理; 11. 公司申办各种业务; 12. 工商联合年审、外商投资协会事务; 13. 与公司业务相关的事务; 14. 公司安全卫生的检查工作; 15. 执行公司的政策及上司所委派的其他工作					
任职资格 教育背景:企业管理类或相关专业中专以上学历 培训经历:受过企业管理等方面的培训 经验:1 年或 1 年以上的文员工作经验 技能技巧 1. 有较强的办事能力,熟悉政府部门的办事程序,擅长与政府部门沟通; 2. 熟悉国家的法律法规和地方的政策规章; 3. 熟悉计算机的基本操作,打字快 态度 1. 正直、坦诚、自信、敬业,有良好的团队合作精神; 2. 有较强的观察力和应变能力					
工作条件 工作场所:办公室 环境状况:基本舒适					

4 办公室总机话务员岗位说明书

职位名称	总机话务员	职位代码		所属部门	办公室
职　　系		职位等级		直属上级	办公室主任
薪金标准		填写日期		直接下属	
职位概要:接答和转接一切来电工作,确保公司电话通信的正常运转					
工作内容 1. 负责公司电话总机的管理工作; 2. 负责公司电话的转接工作; 3. 负责电话总机的正常检查、维护; 4. 负责电话总机日常的维护工作; 5. 公司电话线路的安装、检查; 6. 接电话时要有礼有节,使用礼貌用语; 7. 严禁私自用电话聊天; 8. 出现故障时要及时检修,确保通信畅通; 9. 电话系统维修所需的备件及时申报采购; 10. 负责电话费用的统计; 11. 对所分管的工作全面负责					
任职资格 教育背景:高中以上文化程度 培训经历:受过电话技巧等方面的培训 经验:具有 1 年以上总机接线工作基础 技能技巧 1. 熟悉电话机的使用,具有不怕厌烦的个性,有耐心; 2. 有一定的专业知识和业务能力或经验; 3. 有事业心和工作责任感 态度 1. 正直、坦诚、自信、敬业,良好的团队合作精神; 2. 有较强的观察力和应变能力					
工作条件 工作场所:办公室 环境状况:基本舒适					

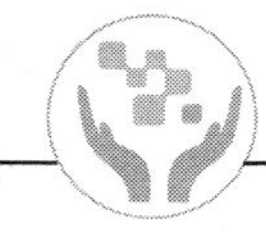

5 办公室人事主管岗位说明书

职位名称	人事主管	职位代码		所属部门	办公室
职　　系		职位等级		直属上级	办公室主任
薪金标准		填写日期		直接下属	
职位概要:搞好公司人事管理工作					
工作内容 1. 依公司人力发展需求,开发中、长期人力资源; 2. 各类管理人员、业务人员和一般员工的招聘工作; 3. 收集人才信息并建立良好关系; 4. 员工考勤、考核、工资、奖金、晋升的管理及作业; 5. 为入职、离职人员办理各种手续; 6. 人事规章制度的规划、制定、征求意见与修订,使员工有章可循; 7. 各类人事表及工作流程的制定、修改及审核; 8. 各种社会保险手续的办理; 9. 负责公司的劳务纠纷,并对重大政策及人事变动作解释工作; 10. 制定培训规划,推动、督导与执行等管理; 11. 根据各部门的培训需求、部门计划及公司的政策方针,汇总拟订公司的年度培训计划; 12. 负责公司年度培训计划的制定与实施; 13. 记录与提供培训记录; 14. 新进员工及公共培训课程的实施与考核; 15. 内部培训讲师的培训与筛选; 16. 培训器材的管理; 17. 上报培训实施成效; 18. 上级领导交办的临时工作					
任职资格 教育背景:人力资源管理类或相关专业中专以上学历 培训经历:受过人力资源等方面的培训 经验:3 年以上人力资源工作经验 技能技巧 1. 具有较强的文字组织能力,有较强的工作能力; 2. 熟悉国家的法律法规和地方的政策规章; 3. 积极进取,有较强的工作责任感和事业心 态度 1. 正直、坦诚、自信、敬业,有良好的团队合作精神; 2. 有较强的观察力和应变能力					
工作条件 工作场所:办公室 环境状况:基本舒适					

6 办公室档案管理员岗位说明书

职位名称	档案管理员	职位代码		所属部门	办公室
职　　系		职位等级		直属上级	办公室主任
薪金标准		填写日期		直接下属	
职位概要:负责公司档案的管理工作					
工作内容 1. 负责收集公司分散在各个部门和个人中的文件、资料,进行整理和立卷后,存档保存; 2. 做好公司立卷档案的鉴定和保存期限; 3. 负责对档案的收进、移交、保管、利用、销毁等情况,随时以表册和数字形式,进行登记和统计; 4. 负责保管档案系统的完整和安全; 5. 负责编集档案文件资料,汇集、编制目录、卡片和索引等; 6. 负责建立档案借阅管理制度; 7. 遵守国家和公司的保密规定及有关规程; 8. 做好公司领导临时交办的事项; 9. 熟悉计算机的使用					
任职资格 教育背景:档案管理类或相关专业中专以上学历 培训经历:受过档案管理等方面的培训 经验:具有档案管理基础知识和工作经验 技能技巧 1. 工作心细,品行端正,原则性强; 2. 熟悉国家的法律法规和地方的政策规章; 3. 积极进取,有较强的工作责任感和事业心 态度 1. 正直、坦诚、自信、敬业,有良好的团队合作精神; 2. 有较强的观察力和应变能力					
工作条件 工作场所:办公室 环境状况:基本舒适					

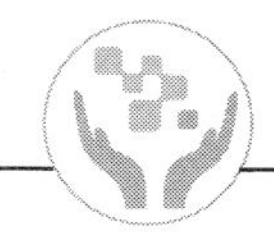

二 业务部各岗位工作职责具体描述

1 业务经理岗位说明书

职位名称	业务经理	职位代码		所属部门	业务部
职　　系		职位等级		直属上级	总经理
薪金标准		填写日期		直接下属	
职位概要:管理业务部门,完成业务指标					
工作内容 1. 在公司领导下,全面负责业务部门的各项工作; 2. 制定部门工作计划,并监督落实; 3. 完成公司下达的任务指标; 4. 负责对业务部门员工接待客户的态度及工作质量提出要求; 5. 每月月末主持召开例会,总结当月工作情况,制定次月工作计划,解决员工提出的问题; 6. 负责制定工作流程并监督执行,定期检查工作结果,发现问题及时解决; 7. 负责汽车品牌公司要求的各项表格的填制和制度的执行; 8. 负责调查客户满意度及对业务人员的考核,帮助解决客户提出的问题; 9. 搞好售后车辆服务工作; 10. 负责监督和检查本部门员工对公司和本部门各项规章制度的执行情况,对违规违纪的员工进行教育,并按照规章制度进行相应的处理; 11. 处理前台的突发紧急事件及客户投诉; 12. 协调相关部门关系,提高客户满意度					
任职资格 教育背景:汽车维修与运用专业、企业管理专业 培训经历:受过企业管理等方面的培训 经验:从事维修管理或者售后服务管理 2 年以上,熟悉服务工作流程 技能技巧 1. 具有较强的沟通和协调能力; 2. 有一定的专业知识和业务能力或经验; 3. 有事业心和工作责任感 态度 1. 正直、坦诚、自信、敬业,有良好的团队合作精神; 2. 有较强的观察力和应变能力					
工作条件 工作场所:办公室 环境状况:基本舒适					

2 市场策划专员岗位说明书

<table>
<tr><td>职位名称</td><td>市场策划专员</td><td>职位代码</td><td></td><td>所属部门</td><td>业务部</td></tr>
<tr><td>职　　系</td><td></td><td>职位等级</td><td></td><td>直属上级</td><td>业务经理</td></tr>
<tr><td>薪金标准</td><td></td><td>填写日期</td><td></td><td>直接下属</td><td></td></tr>
<tr><td colspan="6">职位概要:负责市场策划和执行</td></tr>
<tr><td colspan="6">工作内容
1. 制定和执行市场开拓计划;
2. 编制和执行公司年度广告计划、促销计划;负责媒体广告的投放和跟进工作;进行市场活动的策划和执行;
3. 评估广告投放和促销活动效果;对每次发布的广告、软文报样、票据、合同等进行扫描,分类归档;并分类保管好原件,以便定期向厂家提报;
4. 收集和分析竞争对手的信息,负责随时对报刊、杂志有关品牌相关报道资料的收集、整理和归档工作;负责各类报刊、杂志、资料日常的保管、分类和整理工作,定期进行清点和归档;
5. 参与广告合同的谈判和审核;
6. 收集、汇总和分析客户资料;
7. 配合部门的其他相关工作</td></tr>
<tr><td colspan="6">任职资格
教育背景:大专以上学历
培训经历:受过企业策划等方面的培训
经验:熟悉和热爱汽车行业,有 1 年以上行业经验,有广告制作经验
技能技巧
1. 能独立策划和执行营销方案,具有较好的活动执行能力;
2. 有敏锐的市场洞察力,创新能力突出;
3. 有事业心和工作责任感
态度
1. 正直、坦诚、自信、敬业,有良好的团队合作精神;
2. 有较强的观察力和应变能力</td></tr>
<tr><td colspan="6">工作条件
工作场所:办公室
环境状况:基本舒适</td></tr>
</table>

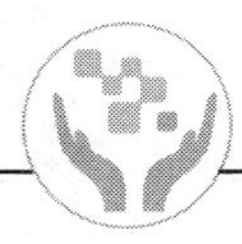

3 业务接待岗位说明书

<table>
<tr><td>职位名称</td><td>业务接待</td><td>职位代码</td><td></td><td>所属部门</td><td>业务部</td></tr>
<tr><td>职　　系</td><td></td><td>职位等级</td><td></td><td>直属上级</td><td>业务经理</td></tr>
<tr><td>薪金标准</td><td></td><td>填写日期</td><td></td><td>直接下属</td><td></td></tr>
<tr><td colspan="6">职位概要:全面负责前台业务接待工作</td></tr>
<tr><td colspan="6">工作内容
1. 全面负责前台业务接待工作,完成经理下达的任务指标;
2. 负责日常接待承修客户车辆,监督车辆登记至出厂的过程,为客户提供周到的服务;
3. 负责对进厂承修车辆进行详细登记,帮助客户保管、记录车辆内部物品,整理有关保险索赔的文件及手续,核对保险手续是否齐备;
4. 认真听取车主讲述车况及故障现象,如果需要,可请车间人员共同判断故障原因,下达工作指令。负责与客户及车间协商制定工期;
5. 需要加项或改动施工方案或发现新故障时,与客户联系沟通,征求客户同意;
6. 对检验合格的竣工车辆及时准确核算料费、工时费及其他费用,办理结算手续,当日出厂车辆必须在当日下班前全部做出结算;
7. 通知结算员办理收款或保险手续,并通知车主办理交款及提车等手续;
8. 负责出厂车辆的跟踪回访;
9. 提高服务理念和客户满意度;
10. 负责处理客户投诉,处理客户抱怨,及时反馈信息;
11. 接待保险理赔车辆,受理保险业务;
12. 受理新车保修</td></tr>
<tr><td colspan="6">任职资格
教育背景:大专以上学历,汽车相关专业
培训经历:受过销售接待等方面的培训
经验:熟悉汽车4S店售后服务模式
技能技巧
1. 具有较强的沟通、协调能力;
2. 计算机操作熟练,有一定的专业知识和业务能力或经验;
3. 有事业心和工作责任感
态度
1. 正直、坦诚、自信、敬业,有良好的团队合作精神;
2. 有较强的观察力和应变能力</td></tr>
<tr><td colspan="6">工作条件
工作场所:办公室
环境状况:基本舒适</td></tr>
</table>

4 车辆诊断岗位说明书

<table>
<tr><td>职位名称</td><td>车辆诊断</td><td>职位代码</td><td></td><td>所属部门</td><td>业务部</td></tr>
<tr><td>职　　系</td><td></td><td>职位等级</td><td></td><td>直属上级</td><td>业务经理</td></tr>
<tr><td>薪金标准</td><td></td><td>填写日期</td><td></td><td>直接下属</td><td></td></tr>
<tr><td colspan="6">职位概要:负责对故障车辆的检查和诊断</td></tr>
<tr><td colspan="6">工作内容
1. 接待客户,听取客户要求,做好书面记录;
2. 正确检查、判断客户车辆的故障;
3. 填写、签订修理和服务委托书;
4. 负责建立客户档案和客户的车辆档案;
5. 为客户提供技术咨询,解答客户的疑问;
6. 收集、反馈有关车辆使用的质量、技术和服务信息</td></tr>
<tr><td colspan="6">任职资格
教育背景:汽车维修专业
培训经历:受过维修检测等方面的培训
经验:具备助理工程师或高级技工以上职称,有汽车维修2年以上的从业经验
技能技巧
1. 熟悉汽车构造,熟悉汽车常见故障及检测、维修方法;
2. 有较强的语言表达能力、较好的服务理念和自觉服务意识;
3. 熟练操作计算机,会使用维修管理软件
态度
1. 正直、坦诚、自信、敬业,有良好的团队合作精神;
2. 有较强的观察力和应变能力</td></tr>
<tr><td colspan="6">工作条件
工作场所:业务部
环境状况:基本舒适</td></tr>
</table>

5 救援部主管岗位说明书

<table>
<tr><td>职位名称</td><td>救援部主管</td><td>职位代码</td><td></td><td>所属部门</td><td>业务部</td></tr>
<tr><td>职　　系</td><td></td><td>职位等级</td><td></td><td>直属上级</td><td>业务经理</td></tr>
<tr><td>薪金标准</td><td></td><td>填写日期</td><td></td><td>直接下属</td><td></td></tr>
<tr><td colspan="6">职位概要:全面负责救援部的各项工作</td></tr>
<tr><td colspan="6">工作内容
1. 全面负责救援部的各项工作;
2. 负责本部门工作的监督执行,定期检查工作结果,发现问题及时解决;
3. 负责对本部门员工节假日的值班和休息安排;
4. 负责监督和检查本部门员工对公司和本部门各项规章制度的执行情况,对违规违纪的员工进行教育,并按照规章制度进行处理;
5. 协调本部门与其他各部门之间的工作关系,确保本部门与企业整体工作的合理配合</td></tr>
</table>

任职资格 教育背景:汽车维修与运用专业、企业管理专业 培训经历:受过企业管理等方面的培训 经验:从事维修管理或售后服务管理2年以上,熟悉服务工作流程 技能技巧 1. 具有较强的沟通、协调能力; 2. 有一定的专业知识和业务能力或经验; 3. 有事业心和工作责任感 态度 1. 正直、坦诚、自信、敬业,有良好的团队合作精神; 2. 有较强的观察力和应变能力
工作条件 工作场所:业务部 环境状况:基本舒适

6 保险理赔岗位说明书

职位名称	保险理赔	职位代码		所属部门	业务部
职　　系		职位等级		直属上级	业务经理
薪金标准		填写日期		直接下属	
职位概要:负责车辆的保险理赔工作					
工作内容 1. 复审拖修车辆的保险手续; 2. 负责核对竣工事故车辆手续; 3. 根据保险公司的要求开具正式发票; 4. 开票准确无误,手续齐备齐全; 5. 对于手续齐全的业务单据,及时到保险公司领取赔款,并与财务准确及时交接					
任职资格 教育背景:汽车保险专业 培训经历:受过保险理赔等方面的培训 经验:从事保险理赔工作2年以上,熟悉服务工作流程 技能技巧 1. 具有较强的沟通、协调能力; 2. 有一定的专业知识和业务能力或经验; 3. 有事业心和工作责任感 态度 1. 正直、坦诚、自信、敬业,有良好的团队合作精神; 2. 有较强的观察力和应变能力					
工作条件 工作场所:业务部 环境状况:基本舒适					

7 美容业务接待岗位说明书

职位名称	美容业务接待	职位代码		所属部门	业务部
职　　系		职位等级		直属上级	业务经理
薪金标准		填写日期		直接下属	
职位概要:负责美容业务接待工作					
工作内容 1. 迎接进店客户; 2. 友好、热情地接待汽车美容和洗车客户,提供关于洗车、汽车美容和装饰方面的咨询; 3. 建立客户档案,并向前台反馈; 4. 启发客户在汽车美容、装饰方面的需求; 5. 获取预约项目,记录预约信息; 6. 听取客户意见,对汽车美容和装饰的服务质量进行改进; 7. 对客户进行回访					
任职资格 教育背景:大专以上学历 培训经历:受过销售接待等方面的培训 经验:具有服务业经验,熟悉服务工作流程 技能技巧 1. 具有较强的沟通、协调能力; 2. 有一定的专业知识和业务能力或经验; 3. 能进行 WORD、EXCEL 等办公软件操作 态度 1. 具有团队精神和工作主动性; 2. 有较强的观察力和应变能力					
工作条件 工作场所:业务部 环境状况:基本舒适					

8 售后信息员岗位说明书

职位名称	售后信息员	职位代码		所属部门	业务部
职　　系		职位等级		直属上级	业务经理
薪金标准		填写日期		直接下属	
职位概要:负责售后信息收集处理工作					
工作内容 1. 负责对客户进行信息跟踪; 2. 负责客户档案的保存和整理; 3. 负责维修后关怀及定期维护提醒工作,提供信息反馈; 4. 负责进行现场满意度调查,并在日常工作中收集客户反馈意见; 5. 接待相关业务客户,处理客户投诉及客户抱怨; 6. 完成公司内部的表格制作; 7. 建立客户资料数据库,并定期对数据库进行维护; 8. 协助主管经理完成日常工作及临时任务					

任职资格 教育背景:高中或相应职业学历 培训经历:受过销售等方面的培训 经验:从事相关行业工作1年以上 技能技巧 1. 有较强的语言组织表达能力; 2. 开朗大方,沟通能力与亲和力强,声音甜美,工作有责任心; 3. 熟练使用办公室常用软件 态度 1. 具有团队精神和工作主动性; 2. 有较强的观察力和应变能力
工作条件 工作场所:业务部 环境状况:基本舒适

9 业务统计岗位说明书

职位名称	业务统计	职位代码		所属部门	业务部
职　　系		职位等级		直属上级	业务经理
薪金标准		填写日期		直接下属	
职位概要:负责业务统计工作					
工作内容 1. 负责车辆信息的计算机录入、计算机结算工作; 2. 负责对未完工车辆的料费、工时费进行汇总统计; 3. 利用计算机管理托修车辆的收款、结算、挂账(保险应收)处理; 4. 对业务员作出的结算进行复核; 5. 统计修竣车辆出厂以后的返修情况; 6. 对各类统计资料收集、整理、汇总和上报; 7. 协助财务月报做好统计工作; 8. 协助解决一些日常事宜					
任职资格 教育背景:具有大专以上的文化程度 培训经历:受过统计等方面的培训 经验:较丰富的实际工作能力 技能技巧 1. 具备计划、统计管理综合专业知识; 2. 具有较强的工作责任感和事业心; 3. 熟练 WORD、EXCEL 等办公软件的操作 态度 1. 具有团队精神和工作主动性; 2. 有较强的观察力和应变能力					
工作条件 工作场所:业务部 环境状况:基本舒适					

10 业务结算岗位说明书

职位名称	业务结算	职位代码		所属部门	业务部
职　　系		职位等级		直属上级	业务经理
薪金标准		填写日期		直接下属	
职位概要:负责业务结算工作					
工作内容 1. 登记拖修车辆进厂情况(台账); 2. 记录拖修车辆收款情况; 3. 拖修车辆结算; 4. 日常修车单据的整理复核; 5. 车辆应收账款明细账; 6. 核对竣工事故车辆手续完备情况,根据保险公司的要求开具正式发票或收据; 7. 严格执行财务制度; 8. 下班前,将当日收取的全部账款随同营业收入日报表交到财务部					
任职资格 教育背景:财务大专以上学历 培训经历:受过企业财务会计等方面的培训 经验:具有财务会计经验,熟悉服务工作流程 技能技巧 1. 熟练财务会计业务; 2. 有一定的专业知识和业务能力或经验; 3. 能进行 WORD、EXCEL 和相关财务软件的操作 态度 1. 具有团队精神和工作主动性; 2. 思维严密					
工作条件 工作场所:业务部 环境状况:基本舒适					

二 维修部各岗位主要职能

1 维修站站长岗位说明书

职位名称	维修站站长	职位代码		所属部门	维修部
职　　系		职位等级		直属上级	总经理
薪金标准		填写日期		直接下属	
职位概要：组织实施公司下达的维修经营计划，保质保量地完成生产任务，确保安全文明生产					
工作内容 1. 负责维修站业务的管理工作，组织业务接待、业务洽谈，负责业务开发，发展新用户； 2. 对市场调研、市场预测和合同评审及签订过程进行控制和管理； 3. 负责组织专人对进厂车辆实行三检（即进厂检验、过程检验和出厂检验）； 4. 对返修车辆进行技术分析，提出处理意见； 5. 贯彻执行公司的安全管理规章制度，确保厂区无安全事故发生，负责定期组织安全检查； 6. 决定组织机构和人员编制，决定员工的招聘、辞退、晋升、奖罚和免职，决定资金的运用、员工奖金、福利和业务费的开支，审批财务开支、配件采购、人员培训、设备更新等重大计划； 7. 督导各部门的日常活动，定期召开有关会议，及时发现问题并分析原因，采取有效措施，确保生产的正常运转； 8. 负责员工留用的定级、技能、技术、测试、评定工作； 9. 加强管理，确保工厂各部门和各类人员职责、权限的规范化，建立质量管理体系； 10. 贯彻、执行公司的成本控制目标，积极减少厂区的各种成本，确保在提高产量、保证质量的前提下不断降低生产成本； 11. 组织下属的职业发展和培训工作，提出培训需求，确保他们不断适应岗位的需要； 12. 切实做好环境保护和劳动保护工作，不断改善劳动条件，负责治安保卫工作； 13. 负责对员工进行安全教育； 14. 负责每周召开员工例会； 15. 及时向公司总经理报告工作					
任职资格 教育背景：企业管理、理工类或相关专业本科以上学历 培训经历：受过企业管理、生产管理、管理能力开发、市场营销、财务管理等方面的培训 经验：2 年以上维修企业管理工作经验 技能技巧 1. 具有通权达变的业务判断能力、出色的分析能力和极强的业务管理能力； 2. 熟悉国家的法律法规和地方的政策规章； 3. 掌握行业和市场的发展动态，了解主要竞争对手的状况； 4. 熟练操作办公软件 态度 1. 正直、坦诚、成熟、豁达、自信、高度敬业，有良好的团队合作精神； 2. 有较强的观察力和应变能力以及较高超的领导艺术					
工作条件 工作场所：办公室以及维修场所 环境状况：基本舒适					

2 维修部经理岗位说明书

职位名称	维修部经理	职位代码		所属部门	维修部
职　　系		职位等级		直属上级	总经理
薪金标准		填写日期		直接下属	
职位概要:负责全面主持本部门的管理工作,管理维修活动中的各种活动和资源,以达到公司对成本控制、数量及质量等方面的要求					
工作内容 1. 贯彻落实本部门岗位责任制和工作标准; 2. 密切与业务、配件、财务、质量等部门的工作联系,加强与有关部门的协作配合工作; 3. 负责组织生产、设备、安全检查、环保、生产统计等管理制度的拟订、修改、检查、监督、控制及执行; 4. 负责组织编制年、季、月度生产作业、设备维修和安全环保计划。定期组织召开公司月度生产计划排产会,及时组织实施、检查、协调和考核; 5. 负责组织召开公司每周一次调度会,与业务部门密切配合,确保合同的履行; 6. 配合技术部参加技术管理标准、工艺流程审定工作,不断提高公司产品的市场竞争力; 7. 负责抓安全生产、现场管理、劳动防护、环境保护专项工作; 8. 负责做好生产统计核算基础管理工作。重视生产用原始记录、台账、报表管理工作,重视及时编制上报的年、季、月度生产和设备等有关统计报表; 9. 负责做好设备、计量器具维护检修工作,合理安排设备检修时间; 10. 强化调度管理。科学地平衡综合生产能力,合理安排生产作业时间,平衡用电、节约能源、节约产品制造费用、降低生产成本; 11. 负责组织生产调度员、统计员、计划员、设备管理员、安全员及车间级管理人员的业务指导和培训工作,并对其工作定期检查、考核和评比; 12. 负责组织拟定本部门工作目标和工作计划,并及时组织实施、指导、协调、检查、监督及控制; 13. 根据维修流程和技术要求确定所需人员的资格条件、工作步骤,分配工作任务; 14. 制定与实施库存计划和维修成本控制计划; 15. 编制部门预算,审批部门工作各个环节的费用; 16. 协调制定维修、改造维修设施和设备的工作制度和工作流程; 17. 按时完成公司领导交办的其他工作任务					
任职资格 教育背景:维修管理或理工科相关专业本科以上学历 培训经历:受过维修作业管理、管理学、管理技能开发、项目管理、产品知识等方面的培训 经验:1 年以上维修作业管理工作经验 技能技巧 1. 熟悉公司维修的工艺工序、工作原理; 2. 熟练掌握公司产品及维修工艺技术应用方面的知识; 3. 系统地掌握管理知识技能; 4. 熟练操作办公软件; 5. 具备较强的口头及书面沟通能力和商务洽谈能力 态度 1. 积极主动、灵活应变、认真负责; 2. 具有较强的管理能力和影响力; 3. 能吃苦耐劳,沟通协调能力强,具有团队精神					
工作条件 工作场所:办公室以及维修场所 环境状况:基本舒适					

3 维修主管岗位说明书

职位名称	维修主管	职位代码		所属部门	维修部
职　　系		职位等级		直属上级	维修部经理
薪金标准		填写日期		直接下属	
职位概要:统一调度送修车辆,对送修车辆进行维修诊断,组织下达维修任务,监督维修任务的完成					
工作内容 1. 规划并完成维修目标; 2. 负责业务接车诊断故障,确定修车项目、价格、日期管理; 3. 统一安排调度送修车辆和驾驶移位,禁止其他人员非工作起动汽车; 4. 对送修车辆进行维修诊断,必要时可以要求技术主管予以协助; 5. 清点及管理随车工具、物品; 6. 按照维修车辆的诊断结果填写《派工单》,及时、合理、均衡地安排班组进行生产作业,按照实际工作需要调度维修人员和技术人员; 7. 检查员工进入车间是否穿着规定的工作服,是否佩戴企业标志,是否保持仪容整洁; 8. 上班期间,负责生产管理,要不间断地进行周期性巡视,检查各个作业工位的工作情况; 9. 负责安排值班和外诊维修人员,并严格检查其完成任务的情况; 10. 与配件部门保持有效联系,了解配件供应情况,编制配件需求计划,督促配件部门及时把配件供应到车间班组; 11. 出现维修增加项目情况时,应立即通知业务部门,以便与客户取得联系。在接到业务部门的增项处理意见后,应及时通知班组进行增项作业; 12. 要认真做好生产作业的调度记录、生产情况的统计和分析,查找生产过程中的问题,总结生产过程中的经验和教训; 13. 出现维修事故的车辆应在第一时间内进行返工维修,要会同技术部门认真分析维修事故的原因,确定相应的事故责任人;要根据维修事故的实际情况,拟订处理报告; 14. 对外出维修、加工协作进行管理,并管理和接待回修、返修车辆; 15. 组织开好生产调度会议,加强与备件部和车间车辆交接手续的管理; 16. 做好本站维修生产统计工作管理,包括大、中、小修车辆统计以及月、季、年度统计报表; 17. 协调维修管理团队的工作; 18. 做好汽车维修合同派工单及维修车辆档案输入管理工作					
任职资格 教育背景:理工类或相关专业本科以上学历 培训经历:受过维修管理、管理学、管理技能开发、项目管理、产品知识等方面的培训 经验:1 年以上维修管理经验 技能技巧 1. 熟悉维修过程,熟悉配件的供应渠道; 2. 熟悉维修规程以及质量标准; 3. 熟练使用办公软件; 4. 有良好的英文基础 态度 1. 具有敬业精神和拼搏精神,能够带领团队,发挥较好的团队合作精神; 2. 具有优秀的表达能力、沟通能力、领导能力,能够承受高强度的工作压力					
工作条件 工作场所:办公室及工作场所 环境状况:舒适					

4 维修调度员岗位说明书

<table>
<tr><td>职位名称</td><td>维修调度员</td><td>职位代码</td><td></td><td>所属部门</td><td>维修部</td></tr>
<tr><td>职　　系</td><td></td><td>职位等级</td><td></td><td>直属上级</td><td>维修主管</td></tr>
<tr><td>薪金标准</td><td></td><td>填写日期</td><td></td><td>直接下属</td><td></td></tr>
<tr><td colspan="6">职位概要:协调维修过程、维修流程,保证维修活动的正常运行。规划、改进生产方法和流程,以提高工作和生产效率</td></tr>
<tr><td colspan="6">工作内容
1. 负责下达生产计划,合理组织好对维修人员的调配管理工作;
2. 安排和控制维修作业进度,按程序变化或其他因素的变化调整维修计划;
3. 对维修作业计划的执行情况进行检查;
4. 根据各类信息对生产过程进行调度、协调和平衡;
5. 负责对产量的统计和物资消耗的统计,认真做好车间各项统计,按时上报各种报表,建立车间业务技术档案;
6. 研究、设计和改进维修作业方法和运营流程;
7. 设计与改进操作方法和现场布置;
8. 设计、改进工位器具等生产辅助手段;
9. 对工作定额、劳动定额进行分析测定,并实施改进;
10. 对物料、能源等消耗定额进行测定、改进,并进行成本控制;
11. 对下属人员的考核、评价和激励;
12. 协调好生产部门与技术部门、开发部门、质量管理部门等的关系;
13. 协助制定操作规程</td></tr>
<tr><td colspan="6">任职资格
教育背景:理工类或相关专业本科以上学历
培训经历:受过维修管理、产品知识等方面的培训
经验:2 年以上维修工艺流程、维修协调等工作经验
技能技巧
1. 熟悉维修过程;
2. 熟悉维修规程以及质量标准;
3. 熟练使用办公软件;
4. 具有良好的英文基础
态度
1. 具有敬业精神和拼搏精神,有较好的团队合作精神;
2. 具有优秀的表达能力、沟通能力、领导能力,能够承受高强度的工作压力</td></tr>
<tr><td colspan="6">工作条件
工作场所:办公室以及维修场所
环境状况:基本舒适</td></tr>
</table>

5 车间主任岗位说明书

<table>
<tr><td>职位名称</td><td>车间主任</td><td>职位代码</td><td></td><td>所属部门</td><td>维修部</td></tr>
<tr><td>职　　系</td><td></td><td>职位等级</td><td></td><td>直属上级</td><td>维修部经理</td></tr>
<tr><td>薪金标准</td><td></td><td>填写日期</td><td></td><td>直接下属</td><td></td></tr>
<tr><td colspan="6">职位概要:在维修部经理的领导下,根据公司下达的维修计划,合理地组织维修,按照优质、高产、低耗和准时的要求,全面完成车辆维修任务及车间各项工作指标</td></tr>
<tr><td colspan="6">工作内容:
1. 负责本车间范围内全面管理工作;
2. 负责车间每月生产作业计划实施过程中的组织、调度和协调工作,确保均衡生产;
3. 规划分配工作;
4. 全面贯彻执行公司有关生产的各项规章制度,结合车间实际情况制定有关细则,并贯彻执行;
5. 负责车间现场管理、安全防火工作的实施,以及相应的监督、检查及奖惩工作;
6. 抓好车间调度及派工工作,合理安排劳动力,协调班组关系,作到均衡生产。监督检查车间工人的工作质量和工作进度;
7. 协调车间各项工作进度,按维修进度安排车间工作进度;抓好车辆维修工期管理,落实到点。积极组织好检测诊断、剖检、配件部等有关部门的关系;
8. 解决工人操作过程中的问题,负责对维修问题进行鉴定,对维修过程中出现的有争议的技术问题实行检验与鉴定;
9. 负责本车间的每个工位、工序的工作质量,完工车辆要及时通知出厂检验;
10. 负责设备的维护、修理和日常管理工作;
11. 按照公司质量管理体系相关要求,完成与车间相关的工作;切实抓好车间质量管理,严格检验;发生质量事故要做出鉴定分析,及时报厂部处理;负责解决本车间工作中出现的一切质量问题,对于重大的质量问题,要及时会同技术人员解决;
12. 在修车过程中要严格执行库房报料、领料管理制度,报料要由维修调度员亲自审批,领料要由维修调度员亲自检查,对配件质量严格把关;
13. 维修中发现新的车辆故障及时通知业务,以其通知用户,征得用户同意后方可在施工单上加项修改;
14. 抓好车间文明生产,抓好劳动纪律和安全生产工作,严格操作规程;
15. 负责组织车间员工的岗位培训、技术考核、绩效考核工作;
16. 抓好车间工具、设备、辅助消耗量的管理,提出改进工艺流程、维修设备、维修环境等方面的建议;
17. 完成上级分配的其他任务;
衡量标准:
1. 生产准备工作充分,生产要素实现了优化组合,能够按照优质、高效、低耗和准时化标准运行,保证生产任务和各项经济指标的全面完成;
2. 及时发现和排除安全、防火方面的隐患,保证生产顺利进行;
3. 日常性设备维修工作有序进行,设备完好率达到规定要求;
4. 现场管理秩序井然,管理符合规范
权限:
1. 对有关生产的规章制度的修改,有建议权;有权根据公司的有关制度和本车间的实际情况,制定实施细则贯彻执行;
2. 有权对班组生产作业计划完成情况进行监督、检查;
3. 有权对生产班组的生产现场管理、安全防火工作进行监督、检查和按照规定进行奖惩;
4. 在保证公司总体进度的前提下,有权为提高经济效益而对局部生产进度进行调整;
5. 对工艺规程的修改有建议权;
6. 有权对车间工艺纪律和劳动纪律进行监督检查,并对违章者进行制止,或令其下岗</td></tr>
</table>

任职资格 教育背景:工业工程或相关专业大专以上学历 培训经历:受过维修作业管理、管理技能、产品知识等方面的培训 经验:3 年以上车间工作管理经验 技能技巧 1. 熟悉车间各项工作流程及操作; 2. 掌握维修作业管理知识技能; 3. 熟练操作办公软件 态度 1. 责任感强、工作自主,有较强的人际沟通能力; 2. 有较强的管理能力,富有团队合作精神
工作条件 工作场所:办公室以及维修场所 环境状况:基本舒适

6 机修车间主任岗位说明书

职位名称	机修车间主任	职位代码		所属部门	维修部
职　　系		职位等级		直属上级	维修部经理
薪金标准		填写日期		直接下属	
职位概要:在维修部经理的领导下,根据公司下达的维修计划,合理地组织维修,按照优质、高产、低耗和准时化的要求,全面完成车辆维修任务及车间各项工作指标					
工作内容 1. 完成进厂车辆的发动机修理与维护工作; 2. 负责发动机维修年度(月度)方针目标及各专项计划的实施; 3. 完成进厂车辆发动机故障的诊断工作,以及自动变速器的维护和调整、故障诊断; 4. 发动机机械系统的维护、诊断、修理和拆装;电控燃油喷射系统、点火控制系统、怠速控制系统、排放控制系统、电控系统的维护和调整以及故障诊断; 5. 严格遵守安全操作条例,保证持证上岗; 6. 接到施工单后,首先进行项目确认、故障确认,如发现与施工单标注不同的项目,立即与前台业务联系,征得确认后,方可施工; 7. 严格按工艺、质量管理程序施工,加强自检、互检; 8. 修车拆吊应按顺序进行。吊发动机应先将地脚螺钉及附件拆下; 9. 修底盘时必须将车架好、垫平,防止翻倒、流动; 10. 修车工作地点需使用易燃品时,应先检查周围是否有安全隐患,保证炉子、焊接等应远离易燃物; 11. 试车须有驾驶证。试车中应根据车辆使用情况适当增减车速。大、中修后的车辆禁止高速行驶或超载拖挂车辆; 12. 拆卸零件要谨慎,加强零件的保管。零件摆放要整齐。工作完毕应擦洗、清点设备工具,并清扫工作场所; 13. 爱护车间的一切设备,并按其技术要求使用,不得超范围使用,不得超负荷使用; 14. 认真作业,准确判断,提高维修质量; 15. 作业时妥善保护待修车辆,施工作业前,首先套好把套、座椅套、叶子板垫及脚垫; 16. 完工后,所有与施工相关的文件必须填写清楚,完整上交,完工后的车辆必须内外清洁干净. 不允许有漏油、漏水现象,不允许有手印、脚印及污迹; 17. 负责发动机维修工艺技术文件的编制,指导车间班组进行日常工艺技术管理; 18. 负责发动机维修的技术培训和质量监督; 19. 负责参加部门及车间的工艺纪律检查、工序质量审核、零部件质量审核; 20. 负责开展发动机维修的工艺攻关及工艺优化; 21. 参与发动机维修的设备管理,提出相关工艺技术要求,并参与相关技术的谈判和验收; 22. 负责生产过程及售后反馈质量问题的处理,负责发动机的维护; 23. 安全生产,文明施工,钻研技术,提高水平; 24. 严格遵守劳动纪律,认真做好每日班后的安全检查,正确使用劳动保护用品及安全装置					

任职资格 教育背景:工业工程或相关专业大专以上学历 培训经历:受过维修作业管理、管理技能、产品知识等方面的培训 经验:3年以上车间工作管理经验 技能技巧 1. 熟悉车间各项工作流程及操作; 2. 掌握维修作业管理知识技能; 3. 熟练操作办公软件 态度 1. 责任感强、工作自主,有较强的人际沟通能力; 2. 有较强的管理能力,富有团队合作精神
工作条件 工作场所:办公室以及维修场所 环境状况:基本舒适

7 喷漆车间主任岗位说明书

职位名称	喷漆车间主任	职位代码		所属部门	维修部
职　　系		职位等级		直属上级	维修部经理
薪金标准		填写日期		直接下属	
职位概要:在维修部经理的领导下,根据公司下达的维修计划,负责本车间范围内的全面管理工作,完成车辆维修任务及车间各项工作指标					
工作内容 1. 执行所分配的工作任务,负责本车间范围内全面管理工作,安排协调班组生产任务,并做好工作记录; 2. 负责本车间的每个工序的工作质量及生产进度,以保证修车质量和进度;与钣金车间和机修车间密切配合,科学合理地安排工序,完工待装配车辆要及时返回钣金(机修)车间; 3. 协助办公室监督检查班组成员执行各项规定情况,保证各项制度的顺利实施; 4. 负责解决喷漆车间工作中出现的质量问题,确保漆膜光泽和硬度符合标准; 5. 负责喷漆车间的过程检验,喷漆检验合格后及时交钣金车间;对无需钣金车间的车辆交检验员验收; 6. 在调漆过程中要严格执行调漆规范; 7. 认真执行有关安全生产的各项规定,遵守安全操作规程及消防安全制度					
任职资格 教育背景:工业工程或相关专业大专以上学历 培训经历:受过维修作业管理、管理技能、产品知识等方面的培训 经验:3年以上车间工作管理经验 技能技巧 1. 熟悉车间各项工作流程及操作; 2. 掌握维修作业管理知识技能; 3. 熟练操作办公软件 态度 1. 责任感强、工作自主,有较强的人际沟通能力; 2. 有较强的管理能力,富有团队合作精神					
工作条件 工作场所:办公室以及维修场所 环境状况:基本舒适					

8 钣金车间主任岗位说明书

职位名称	钣金车间主任	职位代码		所属部门	维修部
职　　系		职位等级		直属上级	维修部经理
薪金标准		填写日期		直接下属	

职位概要:在维修部经理的领导下,根据公司下达的维修计划,负责本车间范围内的全面管理工作,完成车辆维修任务和车间各项工作指标

工作内容

1. 完成进厂车辆的车身维修工作;
2. 负责钣金工序年度(月度)方针目标及各专项计划的实施;
3. 完成进厂车辆的底盘维修工作;
4. 负责钣金工序工艺技术文件的编制,指导车间班组进行日常工艺技术管理;
5. 负责钣金工序的技术培训和质量监督;
6. 负责参加部门及车间工艺纪律检查、工序质量审核、零部件质量审核;
7. 负责开展钣金工序的工艺攻关、工艺优化;
8. 参与钣金工序设备管理,提出相关工艺技术要求,并参与相关技术谈判和验收;
9. 负责生产过程及售后反馈质量问题的处理,负责钣金工序维护;
10. 安全生产,文明施工,钻研技术,提高水平

任职资格

教育背景:工业工程或相关专业大专以上学历

培训经历:受过维修作业管理、管理技能、产品知识等方面的培训

经验:3 年以上车间工作管理经验

技能技巧

1. 熟悉车间各项工作流程及操作;
2. 掌握维修作业管理知识技能;
3. 熟练操作办公软件

态度

1. 责任感强、工作自主,有较强的人际沟通能力;
2. 有较强的管理能力,富有团队合作精神

工作条件

工作场所:办公室以及维修场所

环境状况:基本舒适

9 班组长岗位说明书

<table>
<tr><td>职位名称</td><td>班组长</td><td>职位代码</td><td></td><td>所属部门</td><td>维修部</td></tr>
<tr><td>职　　系</td><td></td><td>职位等级</td><td></td><td>直属上级</td><td>车间主任</td></tr>
<tr><td>薪金标准</td><td></td><td>填写日期</td><td></td><td>直接下属</td><td></td></tr>
<tr><td colspan="6">职位概要:在车间主任的领导下,负责本班组范围内的全面管理工作,根据车间下达的维修计划,完成车辆维修任务和班组各项工作指标</td></tr>
<tr><td colspan="6">工作内容
1. 主持本班组全面工作,对安全生产、文明生产、设备管理、人员分工、劳动纪律和奖惩考核负全面责任;
2. 服从车间领导,执行车间所指派的工作和生产任务,并安排协调好工作和生产任务,确保完成,做好工作和生产记录;
3. 上班前应点名并进行服装仪容检查,下班前需进行安全巡查;
4. 注意仪表、仪容、企业形象,与客户交谈时,注意语言规范,文明用语;
5. 负责对客户车辆进行快速维修,负责本班组各工序的工作质量和生产进度;
6. 在受理车间指派维修车辆时,首先查看施工单、内容项目及业务指示,还要查看车内物品及外观状况,如有异议及时协商解决;
7. 在维修过程中发现与维修项目有关联的故障,需要增项时,要向车间负责人汇报,通知业务人员认可后,由业务人员负责办理是否增项手续;
8. 做好维修过程的自检互检工作,及时办理合格车辆的竣工手续、转下道工序手续或交车间检验复检;
9. 负责本班组生产所需原材料、工器具月计划的申报及领用;
10. 掌握员工的思想动态,做好员工的思想工作,以保证各项制度的顺利实施;
11. 负责解决本班组工作中出现的质量问题,对于重大质量和技术问题,要及时报车间,由技术人员协助解决;
12. 认真执行有关安全生产和使用设备、仪器的操作规定,对小组安全负责,对新来学员进行工作现场安全教育,并指定专人负责其劳动安全,搞好本组范围的设备和场地(工位)环境卫生的管理工作;
13. 班组之间的交接工作,应做到工完场清、生产记录齐全、交接完整有序、正确清晰,并负责原始记录保存工作;
14. 做好与其他班组的工作协作,遇到问题不得相互推诿;
15. 严格遵守工作安全与事故预防规定</td></tr>
<tr><td colspan="6">任职资格
教育背景:工业工程或相关专业中专以上学历
培训经历:受过维修作业管理、管理技能、产品知识等方面的培训
经验:1 年以上班组工作管理经验
技能技巧
1. 熟悉车间各项工作流程及操作;
2. 掌握维修作业管理知识技能;
3. 熟练操作办公软件
态度
1. 责任感强、工作自主,有较强的人际沟通能力;
2. 有较强的管理能力,富有团队合作精神</td></tr>
<tr><td colspan="6">工作条件
工作场所:维修场所
环境状况:比较舒适</td></tr>
</table>

10 车间员工岗位说明书

职位名称	车间员工	职位代码		所属部门	维修部
职　　系		职位等级		直属上级	维修部班组长
薪金标准		填写日期		直接下属	
职位概要:根据班组长下达的维修计划,完成车辆维修任务和工作指标					
工作内容 1. 按照维修工艺要求,负责完成具体的维修任务及其他任务; 2. 严格遵守公司的各项规章制度和国家的法令、法规,努力提高自己的技术水平和生产效率,提高自己的工作责任心和工作热情; 3. 统一着装,保持工作服的整齐、干净; 4. 对于维修质量、维修工序、维修进度要进行自我监督、自我提高。保质、保量地完成班组长下达的维修计划; 5. 严格按照维修规范进行操作,做好劳动保护,杜绝火情、火险、维修事故等的发生; 6. 接到施工单后,应先做初步的项目确认,不明项目应及时与业务联系确定;维修过程中做到不丢项、不漏项;领料要凭施工单到库房领取相应配件;认真完成维修作业后,先自检无误后在班组内互检,没问题后再交检验人员检验,严禁独立完成后交车; 7. 维修过程中发现施工单所列出维修项目以外的故障时,应及时通知业务人员,由其向客户联系说明; 8. 对维修部位的质量负责,维修过程遇到疑难问题时可报告组长; 9. 如在规定时间内完不成维修任务时,应向业务人员事先说明,以便业务人员及时通知用户; 10. 维修过程中,对于维修项目经判断应更换配件时要通知业务,经业务征求用户同意后再予以更换; 11. 完工后,所有与施工相关的文件必须填写清楚,施工单填写完整后经检验交于业务人员; 12. 管理好本工位的工具、本工位维修车辆的车内物品,以防丢失;爱护所使用的仪器、仪表、设备、工具,节约使用消耗材料;负责所使用设备的维护和清洁工作; 13. 负责指定卫生区域的清理、维护工作					
任职资格 教育背景:工业工程或相关专业中专以上学历 培训经历:受过维修作业、产品知识等方面的培训 经验:3 年以上车间工作经验 技能技巧 1. 熟悉车间各项工作流程及操作; 2. 掌握维修作业知识技能; 3. 熟练操作办公软件 态度 1. 责任感强、工作主动,有较强的人际沟通能力; 2. 富有团队合作精神					
工作条件 工作场所:维修场所 环境状况:比较舒适					

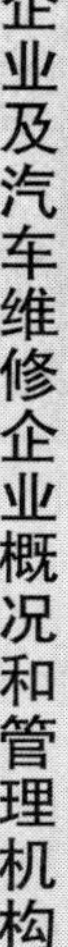

11 汽车电器维修工岗位说明书

职位名称	汽车电器维修工	职位代码		所属部门	维修部
职　　系		职位等级		直属上级	车间主任
薪金标准		填写日期		直接下属	

职位概要:根据公司下达的维修计划,完成汽车电器维修工作

工作内容

1. 严格遵守电工安全工作条例;
2. 严格遵守设备、仪器、仪表技术使用条例;
3. 在进行汽车电气设备维修时,需断电检查,如需带电作业时注意防火;
4. 在汽车上作业时,注意自身搭铁,避免静电引起火花;
5. 在电控汽车上禁止做跳火试验,以免烧坏控制系统元件;
6. 认真按施工单指定项目进行作业,如需增项,需预先请示前台业务并与客户联系,获准后方可实施增项,并予以文字说明;
7. 认真执行工艺质量保证程序,优质完成各项任务

任职资格

教育背景:工业工程或相关专业中专以上学历

培训经历:受过维修作业、产品知识等方面的培训

经验:3 年以上电器车间工作经验

技能技巧

1. 熟悉车间各项工作流程及操作;
2. 掌握维修作业知识技能;
3. 熟练操作办公软件

态度

1. 责任感强、工作主动,有较强的人际沟通能力;
2. 富有团队合作精神

工作条件

工作场所:维修场所

环境状况:比较舒适

四 质量管理部各主要岗位要求

1 质量控制主管岗位说明书

职位名称	质量控制主管	职位代码		所属部门	质管部
职　　系		职位等级		直属上级	质管部经理
薪金标准		填写日期		直接下属	
职位概要：制定并实施维修质量控制方案，实现所管辖的质量目标					
工作内容 1. 监控维修工艺状态； 2. 根据公司整体质量状况，组织质量控制方案，监控维修全程质量（索赔、监控等）； 3. 定期评估解决工艺或控制方案； 4. 制定质量检验标准、维修信息反馈和统计流程； 5. 处理客户反馈，依据客户反馈改善质量控制； 6. 总结质量问题并要求相关部门及时解决； 7. 主持来料检验及出厂评审工作； 8. 协助跟踪车主的使用情况并提供改善意见； 9. 完成上级委派的其他任务					
任职资格 教育背景：理工科专业本科以上学历 培训经历：受过生产管理、品质管理、产品知识等方面的培训 经验：3 年以上的质量管理工作经验 技能技巧 1. 熟悉公司的工艺工序、工作原理与机理，具备亲自动手的操作能力； 2. 熟练掌握公司生产工艺技术应用方面的知识； 3. 熟悉国际质量体系专业知识 态度 1. 具有较强的学习、分析、理解、沟通和协调能力； 2. 工作态度认真，积极负责，具有较强的创新意识					
工作条件 工作场所：办公室及检验场所 环境状况：舒适					

2 质量工程师岗位说明书

<table>
<tr><td>职位名称</td><td>质量工程师</td><td>职位代码</td><td></td><td>所属部门</td><td>质管部</td></tr>
<tr><td>职　　系</td><td></td><td>职位等级</td><td></td><td>直属上级</td><td>质管部经理</td></tr>
<tr><td>薪金标准</td><td></td><td>填写日期</td><td></td><td>直接下属</td><td></td></tr>
<tr><td colspan="6">职位概要：建立、改进并运行质量管理体系，规划实施质量管理方案，实现对维修、工艺的质量控制目标</td></tr>
<tr><td colspan="6">工作内容
1. 建立、维护并持续改善质量管理体系，并确保其有效运行；
2. 推进业务流程标准化；
3. 制定公司的质量管理方案，并有计划地推进和实施；
4. 参与工艺流程的审核工作，以确保其符合品质保证的要求；
5. 分析最终出厂及过程失效的原因，并提出改进方案；
6. 管理与维护内部使用的监视和测量装置</td></tr>
<tr><td colspan="6">任职资格
教育背景：相关专业本科以上学历
培训经历：受过项目管理、质量管理方面的培训
经验：3 年以上质量管理工作经验
技能技巧
1. 熟悉 ISO 体系，具有丰富的现场品质管理经验；
2. 熟悉品质管理方法；
3. 能够编制质量管理系统文件；
4. 有建立质量管理体系的经验
态度
1. 灵活应变的处事能力，有较强的说服、教育、组织能力；
2. 踏实勤恳，执着敬业，富有团队精神</td></tr>
<tr><td colspan="6">工作条件
工作场所：办公室及检验场所
环境状况：舒适</td></tr>
</table>

3 质检员岗位说明书

职位名称	质检员	职位代码		所属部门	质管部
职　　系		职位等级		直属上级	质管部经理
薪金标准		填写日期		直接下属	
职位概要:完成日常质量检验、质量监控及结果上报工作					
工作内容 1. 参与维护、监督质量体系的运行,组织和管理内部质量审核工作; 2. 根据质量主管的检验计划完成当日工作任务; 3. 在质量检验部主管的领导下,严格执行“三检”制度,完成质量检验工作; 4. 负责维修过程检验,协助解决维修过程中的疑难问题,记录维修过程中的有关数据; 5. 负责车辆的竣工检验,按用户要求及车辆进厂维修单逐项检查,各项合格后方可填写合格出厂检验单,严把质量关; 6. 做好接车检验车况及车辆修竣检验出厂工作管理; 7. 搞好不合格品的控制和管理; 8. 帮助有关人员做好相关外修作业的质检工作; 9. 认真做好质量检验的原始记录,并保存完好; 10. 按作业指导书及相应流程对备件进行检验、清理,检验前以及检验过程中认真核对备件编码、名称,填写检验记录,并提交质量主管; 11. 汇总、存档各项质检记录及相关资料; 12. 监控现场质检工作的具体实施情况,包括人员组织、技术实施、质量、进度、安全、保护等;及时上报批量质量问题; 13. 对错检、漏检造成的质量事故和返修负全部责任; 14. 参加产品质量事故分析会,并对纠正和预防措施提出自己的意见; 15. 协助质量主管完成其他质量管理体系方面的工作					
任职资格 教育背景:理工科专业专科以上学历 培训经历:受过生产管理、品质管理、产品知识等方面的培训 经验:2 年以上生产现场与品质管理经验 技能技巧 1. 熟悉公司的工艺工序、工作原理; 2. 熟练掌握公司生产工艺技术应用方面的知识; 3. 熟悉国际质量体系专业知识 态度 1. 诚实、敬业、工作积极主动,有较强的责任心; 2. 能吃苦耐劳,具有团队精神					
工作条件 工作场所:办公室及检验场所 环境状况:基本舒适					

4 出厂检验员岗位说明书

职位名称	出厂检验员	职位代码		所属部门	质管部
职　　系		职位等级		直属上级	质量主管
薪金标准		填写日期		直接下属	
职位概要：对零部件或产品进行测试、分析，以确保质量标准的执行					
工作内容 1. 出厂检验员对修竣后的车辆进行出厂检验； 2. 验收合格后通知业务； 3. 出厂检验员对不合格的车辆有权责令主修人再修，对厂内回修二次以上的主修人，要把回修经过记入职工档案；检验合格后方能出厂； 4. 出厂检验员在检验过程中如发现其他维修项目以外的故障时，有义务向业务人员和客户反映；在得到明确答复后加项维修，同时在施工单上做加、减项处理； 5. 凡在质量保质期内返修的车辆，要由业务员、出厂检验员、车间主任共同查明返修原因，按原因和岗位工种限期给予优先解决，并填写返修记录； 6. 需路试的车辆，要在静态检查合格后在规定的试车路线上试车、验车；如有必要，车上只准乘坐主修人和检验人员； 7. 检验合格后的车辆，车钥匙交业务部保管，把车停在竣工车位上，未经允许不得私自动用； 8. 出厂检验是维修过程的最后一个环节，出厂检验员要严把质量关，严格执行质量标准和所规定的内容条款					
任职资格 教育背景：相关专业职高以上学历 培训经历：受过质量管理、车辆知识等方面的培训 经验：1 年以上工作经验 技能技巧 1. 熟悉测试工具及程序； 2. 熟悉标准及规范； 3. 熟练操作办公软件 态度 1. 有较强的团队协作精神； 2. 善于发现问题，解决问题					
工作条件 工作场所：办公室及检验场所 环境状况：基本舒适					

习题及思考题

1. 什么是企业管理?
2. 企业管理的两重性是什么?
3. 企业管理的基本任务是什么?
4. 企业管理的指挥职能是什么?
5. 汽车维修企业具有哪些特点?
6. 简述汽车维修业发展过程及特点。
7. 企业管理机构的基本原则包括哪些方面?
8. 汽车维修企业办公室主要职能有哪些?
9. 汽车维修企业维修部主要职能有哪些?
10. 简述业务部经理的主要工作内容有哪些?
11. 对售后信息员岗位人员有哪些要求?
12. 维修站站长岗(售后服务部经理)任职条件是什么? 主要工作内容有哪些?
13. 汽车维修喷漆车间主任(主管)的任职条件是什么? 主要工作内容有哪些?

项目二 汽车维修企业经营运营实务

任务一 现代汽车维修企业的特点及服务流程

任务导入

汽车维修行业是为在用车辆服务的，以前服务对象大都是企业或集体，自从汽车大量进入家庭、私人拥有汽车之后，汽车维修行业服务对象和服务理念发生了根本性变化，汽车维修企业的特点随之发生变化。汽车维修行业竞争也异常激烈，各企业不得不以提高服务水平、提高服务满意度立足市场。因此，在整个服务过程形成了标准流程，服务越来越透明化，客户满意度越来越高。

林先生使用广州本田雅阁5年（新车开始使用），最近一次维护时，车辆已经行驶50053km，根据车辆使用情况，下次来厂应该进行55000km维护作业。用广州本田标准服务流程作为现代汽车维修的特点及服务流程的任务导入。

学习指引

理解和掌握维修企业的特点、维修企业服务流程、客户满意度以及服务流程行动要点。

相关知识

一 汽车维修业的特点

汽车维修行业的特点是由它的服务对象和生产特点决定的。汽车维修行业是为在用车

辆服务的，因此，它必然具备技术服务与广义车主服务双重特点。就汽车维修生产技术而言，其工艺复杂，特别是汽车大修、总成大修作业，工艺复杂、技术含量高。归纳起来，主要有以下几个方面。

1 汽车维修作业的对象是在用汽车

汽车是一种结构复杂、技术密集的现代化运输工具，也是一种对可靠性、安全性要求较高的行走机械。为了适应社会发展的需要，车辆的品种日益增加，新技术、新工艺、新材料不断被采用，使车辆的机构也越来越复杂，这就决定了汽车维修行业的技术复杂性。从汽车维修涉及的工种看，不仅需要发动机、底盘、电气、钣金、轮胎、喷涂等专业修理工种，而且需要车工、钳工、铆工、焊工等各种机械方面的通用工种。生产要求差异很大，使维修企业的作业内容、作业深度千差万别。因此，汽车维修行业已从一个劳动密集型及以经验为主，演变成强调个人专业技术、综合素质，及以设备、技术为主的行业。

不同的维修企业都有不同的服务流程，针对各自的客户群体都有一套完整的服务程序，各品牌4S店的服务流程都有不同的要求，但目的都是为提高客户满意度，能够更多吸引客户来厂接受服务。他们的目的只有一个，提高服务运营质量和服务业绩，使企业利益最大化。

2 社会分散性

汽车维修业是为在用车服务的。在用车的特点是流动分散，遍布城乡各地。因而，汽车维修业必然也会分布在社会各个角落，具有很大的分散性。尤其是从事汽车维护、小修和专项维修的业户，这种分散表现得更为突出。同时汽车维修生产的特点也决定了其企业的规模不可能过大。目前，我国汽车维修业是以中小型企业为主。

3 市场的调节性

汽车维修行业是随着公路运输业和汽车销售市场（或者称为汽车后市场）的发展而发展的。加之企业点多、面广及专业服务的特点，决定了该行业具有较强的市场调节属性。这就使一些不能随着市场变化而变化的汽车维修业户的稳定性很差。也就是说，根据市场的需要，维修业户开业、停业在动态变化中自行调节，使汽车维修市场的供求关系逐渐趋于平衡。

4 隶属关系

汽车分布在千家万户，各行各业。在封闭的经济体制下，各自都有为自己服务的汽车维修企业。改革开放后，这些企业都纷纷向社会开放，进入维修市场，形成了一个社会化的行业。但是，这些企业大部分的隶属关系并未改变，仍为各部门和各单位所有。这一情况就决定了我国汽车维修行业的隶属关系错综复杂。

二 客户满意度（CSI）与维修企业效益的关系

正因为汽车维修企业的特点不得不立足企业本身，提高服务意识，视客户为上帝，客户

满意度对企业的生存至关重要。图 2-1 反映了客户满意度与企业效益的重要关系。

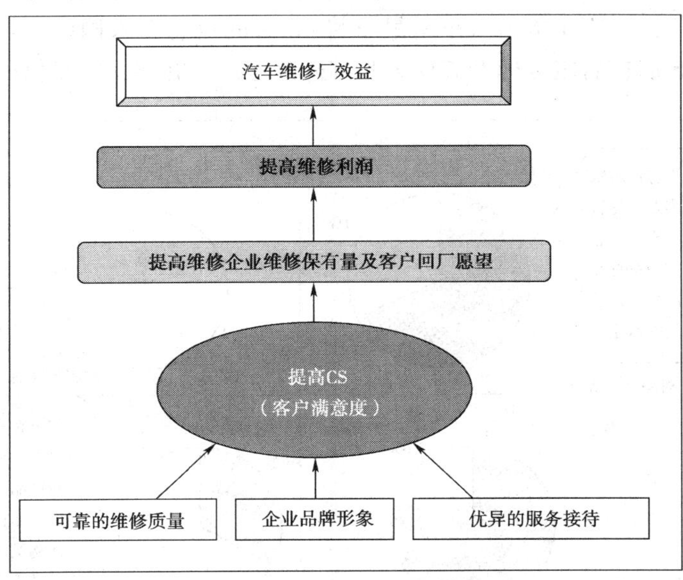

图 2-1　客户满意度与企业效益的关系

提高客户满意度首先要树立良好的企业形象,以优异的服务窗口和高质量的维修质量赢得客户信赖。只有这样才能提高企业的保有量,当客户有需要时首先想到的是这个企业,这样在激烈的竞争下才能生存,才能发展。

三 客户满意度(CSI)与客户再次来厂接受服务的影响

我们对客户提供的维修项目从某种意义上讲,实际上就是给客户提供的一种产品,所以客户对我们的服务满意,也就是对我们的产品满意,尽管我们有好的维修质量,但服务不好,客户也不会接受我们的产品。图 2-2 中反映了客户满意度(CSI)对客户再次来厂接受服务的影响。

图中结果是通过实际统计的结果,非常清晰的反映了如果客户对服务不满意,尽管他们对产品满意,但只有 31% 的人有再次购买同品牌产品的欲望。将失去接近 70% 的客户。而如果客户对服务满意,尽管他们对产品不满意,将有 67% 的人有再次购买同品牌产品的欲望,可见客户满意度是多么重要。

为了提高客户满意度,提高顾客对产品的忠诚度,各汽车生产厂都提出了自己的售后服务承诺,东风日产提出了顾客"五个安心"服务;一汽大众提出的"九个一"服务;广汽本田提出了"提供顾客期待或超过期待"的服务。这些服务都是围绕着客户满意度来开展的。

四 汽车维修企业服务流程

对于汽车维修企业来讲,品牌汽车各 4S 店与通用维修企业的服务流程都有所不同,都是结合各企业自身特点,来编制各自的服务流程,最终目的都是围绕怎样改进服务水平、提高客户满意度进行的。广州本田汽车是最早将4S店的概念引入国内市场的品牌汽车生产厂商,就以本田4S店售后服务标准流程为基础来阐述汽车客户接收维修的服务过程。

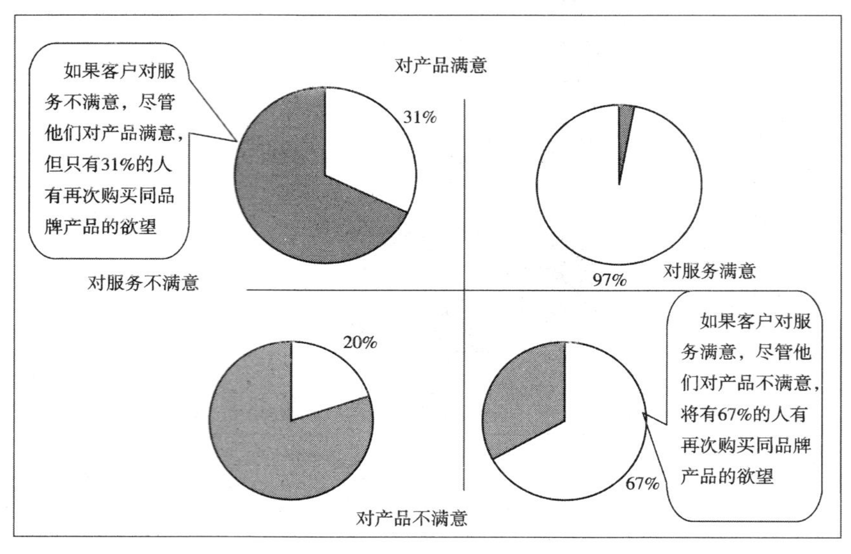

图2-2　客户满意度对客户再次来厂接受服务的影响

广州本田售后服务流程是指导广州本田特约销售服务店开展售后服务工作的标准,严格按照十三步服务流程中的每一步内容,规范地开展工作是获得顾客满意的前提,如图2-3所示。在下面的内容中将对每一步流程的操作方法及实施进行简单介绍。

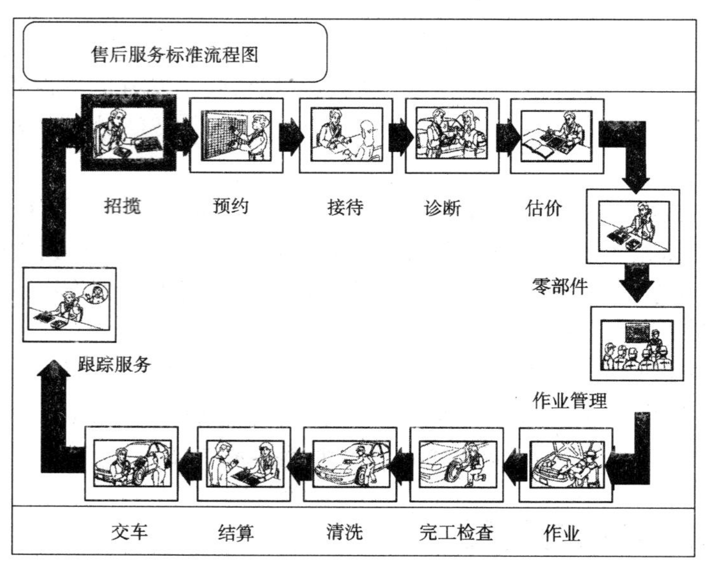

图2-3　广州本田4S店售后服务标准流程

1 招揽客户

特约销售服务店，从运营开始，在整个工作过程中，每天都要主动去招揽客户。为了发展新客户和维护老客户，需要开展多层次的、有针对性的、全员的、持续的招揽工作。

2 预约管理

所谓预约管理，就是在与客户预约或接受客户预约时，根据特约店本身的作业容量安排具体作业时间，以保证作业效率，并均化每日工作量。

3 接待

客户接待是非常繁琐的工作，要求非常高，要求工作人员从出迎开始就要面带笑容，言谈亲切，行动迅速，并对客户的陈述用心倾听、详细记录，清楚地理解客户的要求。接待人员彬彬有礼的举止和迅速敏捷的行动是赢得客户安心和信赖的首要条件。从接待、诊断、估价一直到交车的整个流程中，要求尽可能由同一名接待人员为客户提供服务，对客户的车辆进行跟踪。

4 问诊/诊断（使用问诊表）

当客户表示车辆有故障现象时，为了排除故障，有必要向客户了解故障发生的情况，从而进一步诊断车辆出现故障的原因。

5 估价

客户在特约店维修车辆时越来越着重“透明消费”，也就是说，他们希望在维修前就了解“到底要做什么、如何做、会花多少钱”等信息，估价的意义就在于让客户明确交车时间和费用的范围，所有的维修项目均需取得客户的同意，正确的估价和详细的说明会增加客户的安心感、信赖感和被尊重感。

6 零部件

安顿客户的同时，零部件已经可以做预订和出库了，这样就使得车辆进入车间后，能够第一时间领用到零部件，保证作业的顺利进行和及时完工。

7 作业管理

为了能够遵守与客户约定的交车时间，有效利用特约店的经营资源（工位、维修技师等），必须进行正确有效的作业管理。

8 作业

并非前台接待人员填完修理卡、交给调度员就没事了，实际上，前台接待人员对客户履行的职责还在继续。前台接待人员要确保服务部门遵守与客户所签订的协议，在工作进行

过程中，前台接待要代表客户维护客户的利益。

9 完工检查

质量控制的最佳方法就是在每个环节都有专人负责，并且将质量控制作为服务工作的一部分。将正确诊断所需的场地、设备和人员结合在一起，建立完整的诊断与质量控制体系，这一体系建立后将：避免返修；确保所有要求的工作都已完成；发现附加工作（在质量控制阶段，维修人员及完工检验员要检查所需的附加工作，然后记录在作业卡上，交给前台接待人员）。

为这一岗位配置一名完工检验技术人员，完工检验员（至少）应就所有与安全、性能及排放相关的维修实行质量控制。完工检验是车间作业质量控制的最后一关。

10 清洗车辆

作业完成经完工检验员确认没有问题后，这时要对客户的车辆进行清洗。清洗车辆时，不仅要去除作业过程中产生的脏污，还要对整个车辆实施清洁，确保客户取回的是一部洁净如新的车辆。洗车是一个相对简单但又会影响客户满意度的一个重要环节，客户容易通过车辆的干净与否评价特约店是否认真对待车辆。因此，一定要按照标准的洗车操作流程，对车辆进行全面彻底的清洗。

11 结算

结算清单的制作：前台接待人员根据车间返回的作业卡制作出结算单、会计单和车历卡；如有条件，此步骤和洗车同时进行；确认交车时的结算付款方法。

12 交车

交车时，必须向客户说明作业内容和费用明细。引导客户前往交车车位，出示旧件，详细介绍维修结果，并共同确认。

交车是下次来店的起点，应向客户认真说明易损耗零件的老化情况，以及下次维护的日期和里程，为以后的业务开展打好基础。

13 跟踪服务

作为特约店有两个主要目标：赢利和使客户满意。赢利和客户满意是紧密相连的，为达到赢利目的，必须使客户满意。因此要对客户进行切实的跟踪回访，让客户感觉到特约店很在乎他们是否满意；请客户就特约店工作的改进提出意见，一旦发现要加以改进的地方，立即提出改进计划。

用5W2H（What，Why，Wh0，When，Where，How，How much）的方法确定实际情况，说明采取这一行动的优先顺序、目标及所需人员。跟踪回访的关键因素：维修后跟踪回访约定；跟踪回访前的准备；跟踪回访的时间选择；重点回访的项目；客户的意见处理。

任务实施

一 招揽

1 任务分析

林先生是某4S店的管理内客户，可以采用直接联络的方法：如邮递信件、短信提示、电话联络、E—mail联络。

根据车辆的使用情况，计算出这辆车每个月行驶830km左右，6个月行驶5000km。

2 日常来店促进

在DMs系统和客户服务中心系统中可进行定期维护来店促进工作，可根据林先生来特约店的实际情况、车辆使用情况和习惯选择筛选出王先生雅阁京A-12345于近日到达55000km维护。

3 制作定期维护一览表

定期维护促进表是在DMS系统中选择条件后由系统自动计算生成的。为提高系统自动计算维护日期的准确性，前台人员应保证每次维修、维护记录（特别是里程、日期）的准确性。图2-4中是由DMS系统产生的定期维护一览表。

首保 | 年检保养 定期保养 | 其他类型 | 其他类型设定

按日期 2007-02-10 ～ 2007-02-10　未来厂　促进　车牌号　定位

按周 2007 年 第 6 周（2007-02-04 至 2007-02-10）　高级查询

打印	打印号	驾驶员	联系电话	车牌号	车架号	上次保养里程	上次保养日期	本次保养里程	预计本次保养日期	短信联
□	6	林海伶	[illegible]	粤M309xx	[illegible]	130121	2006-08-22	[illegible]	2007-02-18	2007-02-15
□	13	林荣宏	137098483xx	辽AJ93xx	LHGCG5664220216xx	50053	2006-08-10	55000	2007-02-18	
□	16	陈迅家		辽AH64xx	LHGCG5667120012xx	49121	2006-08-22	55000	2007-02-18	
□	17	陈静钧	139400583xx	辽AP05xx	LHGCG5667120320xx	45210	2006-09-21	50000	2007-02-18	
□	18	赵志刚	139403829xx	空E225xx	LHGCG5667220161xx	77273	2005-11-02	85000	2007-02-18	
□	20	郑志军	139400017xx	辽AV21xx	LHGCM4520620018xx	10981	2006-09-22	15000	2007-02-18	
□	29	赵福田	138401766xx	辽AKF3xx	LHGCM462X520212xx	22114	2006-10-14	30000	2007-02-18	
□	35	沈堇	135040368xx	辽ADY5xx	LHGCM5673620340xx			10000	2007-02-18	
□	38	孙家军	133323583xx	辽MC31xx	LHGCM5678520290xx	7121	2006-08-22	10000	2007-02-18	
□	44	于莉萍	133098889xx	辽ASV0xx	LHGGD1823620033xx	10235	2006-10-09	15000	2007-02-18	
□	55	李跃飞	138423949xx	辽BHG9xx	LHGRA6850220080xx	134224	2006-10-21	140000	2007-02-18	
□	57	陈俊	138049783xx	辽ACY3xx	LHGRA6858420072xx	56774	2006-10-22	60000	2007-02-18	
□	61	吴联	130667021xx	冀B255xx	LHGRB1844520076xx			70000	2007-02-18	
□	3	李丽香	138403953xx	辽AK78xx	JHLRD58403C2005xx	27121	2006-09-23	35000	2007-02-19	
□	7	郑鸿军	139988529xx	辽AS12xx	LHGCF966X220139xx			60000	2007-02-19	
□	8	李菊秀	138400801xx	辽AR59xx	LHGCG1645120026xx	50298	2006-09-04	55000	2007-02-19	
□	23	陈铁柱	139475567xx	蒙G867xx	LHGCM4620620057xx	15028	2006-08-23	20000	2007-02-19	
□	24	席俊光	138040746xx	辽ASC9xx	LHGCM4624420047xx	12983	2006-04-21	20000	2007-02-19	
□	27	侯志平		辽AU86xx	LHGCM4629420143xx	30022	2006-10-04	35000	2007-02-19	
□	28	闫玉明	130667838xx	辽ALM9xx	LHGCM462X520073xx	48264	2006-10-15	55000	2007-02-19	
□	34	张月坤	138892927xx	辽AK97xx	LHGCM5667320503xx	103922	2006-07-01	110000	2007-02-19	
□	48	张秀群		辽ADM0xx	LHGGD3844620176xx			10000	2007-02-19	
□	51	徐海涛	139983699xx	辽HA91xx	LHGGD6521320021xx	65646	2006-09-11	70000	2007-02-19	

客户资料及车历　全选　打印信件　预约　信息导出　短信联络日　关闭

图2-4　DMS系统产生的定期维护一览表

4 定期维护邀请

根据系统生成的一览表，林先生的京×-12345 预计在 2 月 18 号应进行 55000km 维护，应对其实施维护招揽。

提前 14 天发邀请信件并在系统中记录邮寄日期，提前 7 天发短信提醒顾客并记录发送时间，提前 2 天给顾客打电话并在系统中记录联络时间及预约结果，制作定期维护邀请函，以公函形式发出。

二 预约

根据特约店实际工作情况，考虑到停车位和接待人员、来店顾客等因素，约定林先生在下午 4:30 来店对车进行维护。

对林先生预约项目确认所需备件，准备快修服务单或问诊表；每日上班前准备好当日预约顾客名单并公示；预先安排预约接待人员、维修人员及工位。预约列表见表 2-1。

预 约 列 表　　表 2-1

预约序号	预约时间	客户姓名【公司】	联系电话	车型	车牌号	预约项目	受理人	返修或投诉	备注
Y0701 1201	8:30	王先生	13900000001	CM5	京 K00001	5000km 维护	王一	返修	
Y0701 1202	9:30	王女士	13500000001	GD6	京 J88888	10000km 维护	王一	返修投诉	
Y0701 1203	16:30	林先生	13800000001	CG5	京 A-12345	5500km 维护	刘三		

接待大厅展示当日预约名单，见表 2-2。

每日预约公示板　　表 2-2

预 约 序 号	预 约 时 间	客 户 姓 名	接 待 人 员
Y0701 1201	8:30	李先生	王一
Y0701 1202	9:30	王小姐	王一
Y0701 1203	16:30	林先生	刘三

三 接待

1 出迎

下午4:15左右接待员刘三已做好出迎准备,等待林先生到来,4:20左右林先生准时出现在接待位置,刘三迅速出迎、引导林先生停车、问候林先生。

2 确认来意

对于林先生我们已知是来厂进行55000km维护,经确认之后还应加以询问有无其他要求。

3 受理车辆

受理车辆有三项内容:

(1)安装CS三件套。

(2)检查车辆外观及功能确认。

(3)起动发动机。

四 问诊

问诊实施:

对林先生来讲没有什么问诊内容,仅仅是来厂维护,只需确认清楚。

填写接车维修单,要求林先生在维修单上签字确认。

五 估价

一般维护项目估价比较简单,当然可以根据林先生车辆情况提供一些其他深化维护项目,供林先生选择。比如发动机内部清洗,添加机油添加剂等。

计算机打印维修单共六张,交给林先生的维修单必须规范制作,接车维修单上所有的维修项目都要取得林先生同意,在林先生签名确认后方可实施。

完工时间:根据林先生车辆作业内容,需要1h时间完成,打单是5:00,预计取车时间为下午6:00左右。

了解林先生取车时支付费用的方法(支票、现金或其他);明确林先生是在店等候或离店,确认联系方式等,林先生决定留店等候引导顾客到休息室内。

六 零部件

在系统中预订零部件或填写零部件出库通知单—交零部件人员安排出库。

七 作业管理

由于林先生是预约客户,已留有维修技师王五负责完成这部车的维护。指示作业内容及作业时间的要求,并将维修单交维修人员,按照对顾客承诺的交车时间进行确认。在作业看板中加以标记。

在维护作业过程中,发现林先生这部车左前轮半轴防尘套损坏,需更换新件,王五将这一结果及时告知车间主管,由车间主管通过书面记录或对讲机、移动电话等通信方式通知前台人员刘三,及时与林先生取得联系,重新确认作业内容、维修金额和交车时间延迟30min,征得林先生的同意。

八 作业

作业时,接待人员刘三检查完工时间和费用承诺是否存在较大差异;如果有变化立即通知客户,并制定好备选方案;如果需要做任何有必要的附加工作,要与林先生联系,在征得同意后方可进行;了解维修工作的细节,以便清楚地解释维修工作;确保最终的维修单是完整的、准确的;确保交车时车辆干净整洁。

在作业过程中,通过"自检、互检、完检"的过程控制作业质量。

完工检查出厂检验员对维修完工的车辆进行出厂检验,验收合格后,通知业务人员。

九 洗车

(1)外观清洗:把车辆外表清洗干净,应做到车身表面无尘垢、无水痕、无漏擦之处,包括玻璃、轮胎、车身等。

(2)内部清理:内部清理位置包括仪表台、座椅、地板、烟灰缸、车门内侧(储物盒等),应做到车内无灰尘、无异味,坐垫、脚垫整齐有序,最好进行地毯吸尘。

(3)作业部位:作业部位常伴有油渍和脏污的印记,可用一些专业的清洗剂清除,尽量清理,不要留下痕迹。

十 结算

制作结算清单达到三个目标:

(1)准确:最终结算金额在给客户估价金额的(+5% ~ -25%)范围内较为准确。

(2)迅速:当车修好后,结算单也应马上准备好。

(3)清楚:通过结算单,让客户能够很容易了解做了哪些工作,用了什么零件,这些工作所用工时和零件的费用是多少。

十一 交车

根据与林先生约定的交车时间，刘三已经把车辆驶入待交车车位；向林先生简明扼要地说明了维修内容及维修费用；出示了换下的左前轮防尘套，林先生认同作业内容和服务费用。刘三礼貌地请求林先生在车历卡上签字，并引导林先生到收银处。

请客户在会计账票上签字，收银员收取费用并表示感谢；财务人员问候客户后，向客户说明了总体费用情况，林先生付款。

刘三引导刘先生到待交车车位；提醒是否带好东西，当着林先生的面前取下 CS 三件套，请他上车；再次提醒下次维护日期；参照本次来店公里数及所做维修项目，提醒下次维护里程、时间及行驶注意事项；目送客户离去；挥手目送客户离开，待客户行驶一段距离后返回。

十二 跟踪服务

确认作业效果：根据电脑系统生成的跟踪管理一览表，交车一周后打电话给林先生（参照打电话礼仪、方法）；感谢林先生并询问目前车辆状况，对维修时间、费用、服务过程等是否满意。

知识拓展

具体项目实施过程中还要掌握每个环节的标准流程和一些规范动作。

一 招揽

1 针对广泛顾客的招揽方法

常用的招揽方式：

（1）大众宣传：电视广告、电台广告、平面媒体广告（报纸、杂志、户外广告等）、互联网宣传、巡演宣传。

（2）直接联络：邮递信件、短信提示、上门服务、电话联络、E—mail 联络。

（3）其他活动：服务周/服务月活动、“套餐”式活动、系列化的顾客培训、顾客竞技比赛活动、顾客开放日、公益活动、VIP 会员服务、消费换积分、积分换消费、顾客联谊活动、顾客接待日、自驾游。

2 日常来店促进

为了确保顾客车辆始终处于良好的使用状态，同时将顾客的维护需求转变为特约店的收益，我们应该向顾客宣传定期维护的重要性并进行相应的来店促进工作。

目前,在DMs系统和客户服务中心系统中均可进行定期维护来店促进工作,可根据特约店的实际情况和顾客的习惯选择使用。

(1)制作完善的顾客档案。制作顾客档案需要获得尽量准确的信息,通常这是由前台接待人员来完成的。记录顾客档案时,应准确地填写顾客个人资料和车辆信息,并且及时、正确地记录每次维修履历。

为了及时掌握变动信息,每次在顾客来店或信息员对顾客进行招揽、回访联系时,应当核对和更新档案信息,同时,为了减少顾客信息和维修记录存在的错误,应根据管理的顾客数量定期整理、统计和完善顾客档案。顾客档案更新流程如图2-5所示。

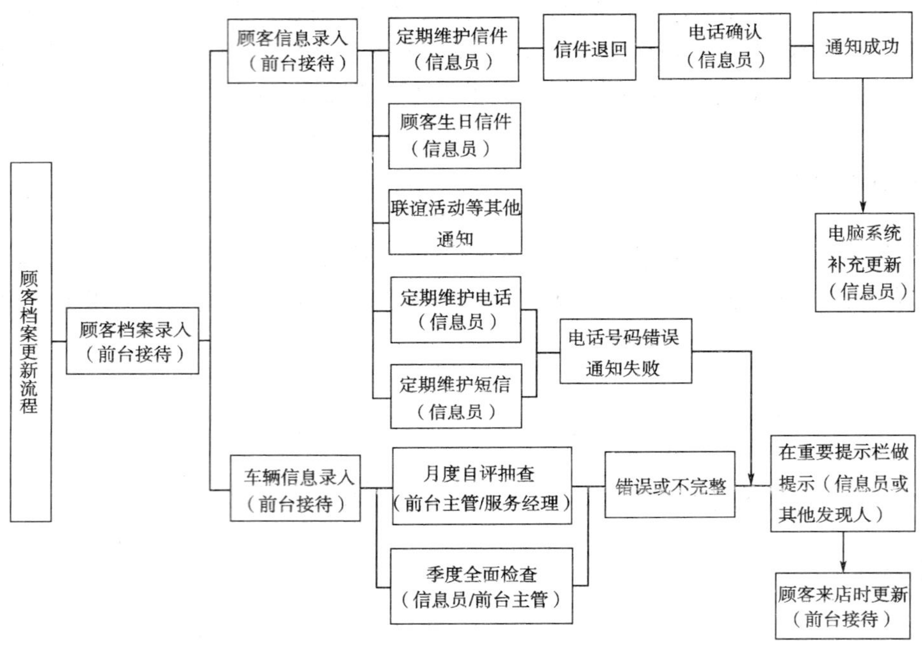

图2-5　顾客档案更新流程

(2)统计分析及改善措施制定。核对维护实施车辆,每月统计招揽成功率,进行未来店原因分析统计并制定改善措施。

预约

1 预约的意义

(1)顾客将会在预约中受益:顾客能够方便地在自己的日程表中安排车辆维修的时间;可以减少顾客等候的时间;顾客能够受到更多个别的关照;使顾客的车辆维修工作尽量能够在一天内完成;由于有更充分的时间用于车辆诊断,因而顾客可以得到更好的服务;对于车辆返修和投诉的顾客能在第一时间被接待和受理。

(2)服务部门也会通过预约受益:无论是服务人员,还是设备都不会由于高峰期而过度劳损;前台接待员能够充分地、高质量地完成所有接待工作;在整个营业时间内,车间能获得更高的作业效率;预约系统让服务部门能够提前预计第二天的工作,预先做出安排。

2 预约分类

对特约店而言,根据提出预约的主体不同,预约分为主动预约和被动预约。特约店工作人员主动向顾客推广的预约服务称为主动预约,往往在定期维护招揽、返回保修等时工作人员会进行主动预约。顾客主动和特约店联系,要求享受预约优先服务称为被动预约。

主动预约和被动预约虽然主体不同,但预约实施的步骤是基本一致的。

3 预约实施步骤

预约步骤为三步:第一步预约受理;第二部预约确认;第三部预约准备。

(1)预约受理。接受顾客预约后,应及时填写预约登记表,记录预约时间、序号、顾客姓名、电话、车型、车牌号、预约项目等信息,对于返修或投诉的顾客要特别标记。

对于非维护项目或使用到非常用零部件的预约项目,如能够确认所需备件的,需提前确认是否有库存,以便合理安排预约时间。

(2)预约确认。提前两天与顾客联系,以确认预约,并提醒顾客携带相关资料和预约的保留时间。

(3)预约实施注意要点。参考特约店日流量,尽可能将预约定在早上和傍晚等相对空闲时间,避开来店高峰;提前告知顾客预约的保留时间(建议为半小时),防止因为顾客没有遵守时间而不能享受预约服务产生纠纷;每日预约维修的数量需根据特约店服务能力及人员的实际情况等因素确定。

二 接待

1 出迎

出迎要点:迅速出迎、引导顾客停车、问候顾客。

(1)出迎准备。行动要点:

①从大门到停车场再至接待前台,以及前台周围要保持清洁。

②指示牌(顾客停车位、接待区域)要保持整洁,让顾客一目了然。

③维修价目表、重要通知、宣传海报等也要保持整洁、规范、及时更新。

④接待前台放置问诊表、CS 三件套时,要从能够迅速出迎的角度进行合理摆放。

⑤前台接待台只需放置必要的物品,并要保持整洁。

⑥前台及休息区的桌椅要保持整齐有序,顾客用过的茶杯等物品应及时清理。

⑦要为雨天等特殊情况做准备(雨伞、擦鞋布、毛巾、外观确认场所的遮挡等)。

⑧要保持良好的心态去工作,勿受到不良情绪的影响。

⑨每日工作前按照仪容仪表规范整理穿戴，与顾客特别是新顾客接触时要注意礼节，给顾客良好的第一印象。

（2）出迎。顾客满意度调查显示，中国用户十分关心的是"到店多长时间可以接受服务"，可见顾客是十分不愿意等候的，另外前台是与顾客接触的第一个"真实瞬间"，这极大地左右了顾客对特约店及品牌的印象。如果当顾客进入特约店而又无人接待时，就会感到不安和不知所措，等待时间过长一定会产生不满。

让顾客产生这种不安、不满的情绪是很简单的事情，而要消除它却要花费很多时间及人力、物力。因此，最好是不要让顾客产生这种不安、不满的情绪，尽量做到快速出迎，及时接待，体现出特约店对每一位来店顾客的重视。

行动要点：

①保持仪容整齐。

②快步走向顾客。

③保持明快的表情。

④以标准的姿势积极地引导顾客停车。

⑤热情地为顾客打开车门并礼貌地问候。

在来厂高峰时段，设置一名专门迎接人员（使用兼职人员、一般行政人员、信息员、销售及零部件员工均可），迎接人员可以对顾客稍加安顿（致以问候、主动为顾客提供饮料等），以有效缩短接待响应时间。

在特约店的大门守候一名保安人员，对来店车辆进行引导，也可以有效缩短顾客的接待响应。但请注意要以售后服务接待人员标准开展工作。

确认来意。在问诊表上记录顾客陈述，明确顾客需要，定期维护（PM）、一般修理（GR）、钣金、喷漆（B/P）及其他。

确认顾客来意，记录顾客需求的方法：①积极倾听并记录，不要打断顾客；②根据5W2H方法提问，直到你确信你已经理解了顾客的需求，然后向顾客确认你的理解是否正确。

与来店顾客最先接触的是前台接待人员，在顾客看来，接待人员的形象就是特约店及广州本田的形象，此时如果不能以一种积极的态度接待顾客的话，顾客会怎么想呢？这时，顾客肯定不希望将自己的爱车交给特约店来维修，因此须注意应给顾客良好的第一印象。

行动要点：

①主动问候顾客，微笑要自然，表情要明快。

②使用礼貌的语言询问顾客来意。

③通过眼神、表情、姿势对顾客的陈述表示关注，为顾客营造轻松愉快的谈话氛围。

④记录顾客陈述内容，即使是一般维护问题。

⑤注意引导顾客叙述故障发生的情况。

⑥如果需要技术问诊，请交技术顾问应对，并向其介绍情况。

倾听过程的注意事项：

①避免不注重说话的内容只注重方式批评说话者和说话方法，避免不注重说话者所说的内容，只注重其说话方式。避免只注意到说话人的咬舌、口吃、地方口音、语法错误、“嗯”、“啊”等习惯用语使用，而不注重说话人的思想和感情。

②避免只听事实，不听情感，例如，顾客可能不会说他很恼火，但他大声的说话清楚地表达出了他的愤怒。因此，除倾听顾客的陈述之外，也要认真地观察顾客的情绪。

③避免不作记录或试图记录一切，如果不做笔记，那么当事后试图回想起顾客所说的话时，就可能会比较困难；相反，如果试图记下顾客所说的一切，则会无法与顾客进行眼神交流，并观察顾客。比较恰当的做法是做一些简要的笔记，只记重要的细节，如日期、时间、数目、故障现象、发生频率等。

④表现出对顾客的关注，顾客能够从你的目光、表情、语言等反应迅速地发现他自己是否受到关注。如果顾客此前还没有感到很愤怒，那么不专注于他，就会使他怒火燃烧。当给顾客提供帮助时，尤其是不满的顾客，请给予及时或者特别的关注。

⑤不要省去难理解的内容，顾客在不满时并不总是能够清楚地表达自己的看法，遇到这种情况时，不应习惯性地省去没有立即理解的内容，而应当试着亲切地请求说话者放慢语速。一次只讲一条信息可以使你更好地理解，做笔记可以帮助你把各条信息梳理清楚。

⑥不要被情绪化的语言激怒，不满的顾客可能会进行谩骂、诅咒或指责。要避免让这些“刺激你的神经”，因为当我们不满时就会丧失客观性，如果想要找到解决问题的办法，就需要控制自己的情绪。

⑦避免打断或补充别人的话，这是一种使人恼火的习惯，往往会引起不满或者是让一个已经不满的人火上浇油。

⑧避免偏好和偏见，不管我们愿不愿意承认，我们都有偏好和偏见。也许不喜欢这个顾客的穿戴风格，或者不喜欢那个顾客的说话方式等，当被这些偏见烦扰时，就很难去倾听。努力摆脱偏见，可以使你成为一个更好的倾听者。

⑨不确定是否已经理解时，对顾客陈述的内容要进行重复。可以这样说“让我们来看一看我是否理解了……”或者“您看我是不是可以这样理解……”作为开头，然后用自己的话概括他(她)所说的内容。

2 受理车辆

受理车辆有三项内容：①安装 CS 三件套；②检查车辆外观及功能确认；③起动发动机。

为了不使顾客产生“汽车送店维修时受损”的误解，对不必要的纠纷“防范于未然”，在受理顾客车辆时进行外观检查和功能确认就显得非常必要。

(1)安装 CS 三件套。

①尽可能当着顾客面安装 CS 件(座椅套、转向盘套、地板纸)。

②迅速铺装，减少顾客站在店外的等候时间。

③铺装时应时刻为顾客的车辆考虑，不要随意将问诊表夹板、笔等硬物放在车内仪表台或座椅上，避免划花。

(2)检查车辆外观及功能确认。

①尽可能在顾客的陪同下进行。

②记录车辆里程数、油量、车牌号、用户名、电话等基本信息。

③进行外观检查前要告知顾客，因为部分顾客可能不知道下一步该做些什么，即使之前对顾客照顾得很周到，此时将其冷落在一旁的话，可能会使其无所适从。

④从驾驶位附近开始，环绕车辆一周，发现有损伤的部位时与顾客共同确认并记录，确保没有遗漏的项目。

重点检查部位：

a. 车身：确认车身有凹痕、划伤部位，前后保险杠、翼子板、车门下部等。

b. 玻璃、车灯：前后风窗玻璃、车窗玻璃、前灯、转向灯、尾灯、轮胎、车轮、轮胎刮痕、磨损、轮毂的损伤。

c. 驾驶室、行李舱：有无工具、贵重物品、千斤顶、备胎、灭火器、其他等。

d. 天线及其他配件：天线有无折断、弯曲等损伤，有无加装防盗器等。

e. 功能件：音响、点烟器、后视镜、天窗、四门升降器等，并注意油表记录。

⑤对外观有划伤的车辆进行说明时要注意措辞。

⑥根据车身表面情况向顾客征询是否需要洗车。

⑦进入车辆前先跟顾客确认车内有无贵重物品，如现金、眼镜、高级香烟等，并提醒其妥善保管，如顾客不愿带走，应在单据上做相应记录并妥善保管。

(3)起动发动机。

①打开点火开关确认发动机是否能够正常起动。

②起动后检查有无异响，怠速是否正常。

为提高接待效率，减少顾客等待时间，对于定期维护的顾客可参照以下快修流程进行接待受理，如图2-6所示。

四 问诊

1 问诊实施

(1)询问故障现象：针对顾客的陈述可采取开放式和封闭式提问相结合的方法，运用有效的沟通技巧有针对性地提出相应的问题，然后帮助顾客做出判断，提问时要给顾客认同地感觉。

(2)倾听并记录顾客陈述：在倾听顾客陈述时，应在清楚理解顾客谈话重点的基础上，适时地表达自己的意见，但切记不要有意打断顾客。将顾客陈述的车辆相关故障内容清楚地记录于问诊表上(参照问诊表使用方法)，以便维修人员掌握故障现象。

(3)故障再现确认：必要的话和顾客一起试车确认故障现象，如异响等。

(4)推测故障原因：接待人员根据顾客的陈述进行初步诊断并提出维修建议。当车辆故障原因难以判断时，请一位经验丰富的技术人员或车辆进入车间由技师来分析原因。故障原因找到后再与顾客联系，任何必要的工作都必须取得顾客的同意。必要时请顾客购买诊

断服务。

(5)填写诊断结果及维修建议：在问诊表或修理卡中填写诊断结果及维修建议(参考问诊表、修理卡的使用方法)。

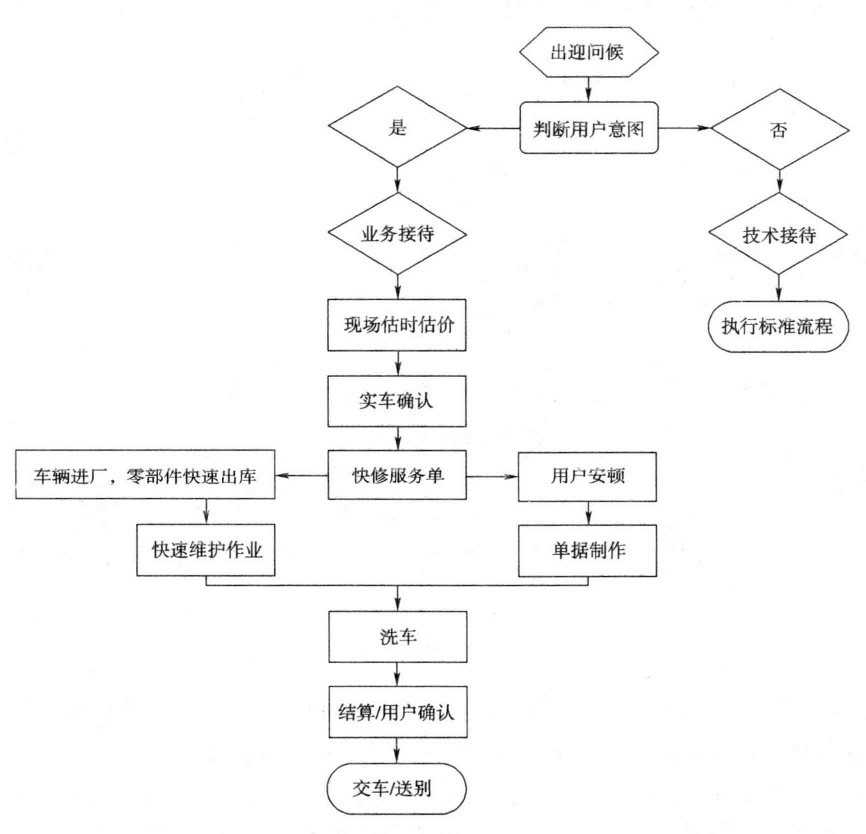

图2-6　快修流程

2 问诊表的使用

为了帮助车间技术人员能更好地检测推断、提高工作效率,方便顾客了解故障原因及修理建议,前台接待人员和车间协助诊断人员按要求正确填写问诊表。

问诊表一式两联,分别给顾客留存和特约店存档。

接车问诊标准流程如图 2-7 所示。

五 估价

估价工作主要内容包括:制作接车维修单、预计完工时间、估价解释说明、顾客签字确认、交车程序说明等。

1 制作接车维修单

(1)制作估价单、作业卡:确认车种名、车架号、发动机号、款别等信息。

(2)确定的作业项目:清楚列出作业所需零部件、油脂类、工时费、确认所需零部件库存状况。

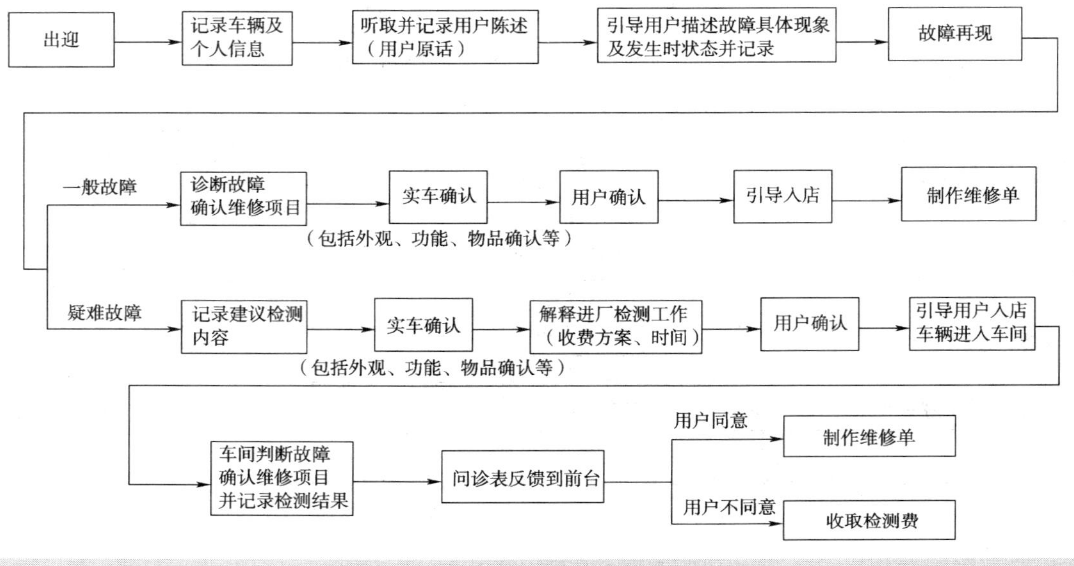

图2-7　接车问诊标准流程

(3)预计总体估价金额及交车时间:为了能够更准确地估计项目费用,前台接待人员应该同时熟记维修项目工时表(工时及费用)和所需零部件(名称及价格)。

(4)确认作业内容的原则:越准确越好,维修单是估算收费、所需时间、进度安排及向车间技术人员分配工作的基础。不正确、不完整或草率的书面指示可能会在工作过程中引发问题,反之,清晰、完整的维修单可使工作人员轻松准确地与顾客进行沟通。

2 接车维修单

接车维修单是顾客来店对车辆进行维修时生成的各种单据的总称,有手工填写和计算机打印两种,除计算机系统故障等特殊原因外,一般都使用计算机打印维修单。

(1)手写接车维修单共五联(图2-8)

①取车单:顾客→前台留存。

②估价单:顾客。

③修理卡:车间→前台留存。

④请求书:顾客。

⑤结算单:财务留存。

(2)电脑打印维修单据共六张(图2-9)

①估价单:两张,一张给顾客,一张顾客签字后前台留存。

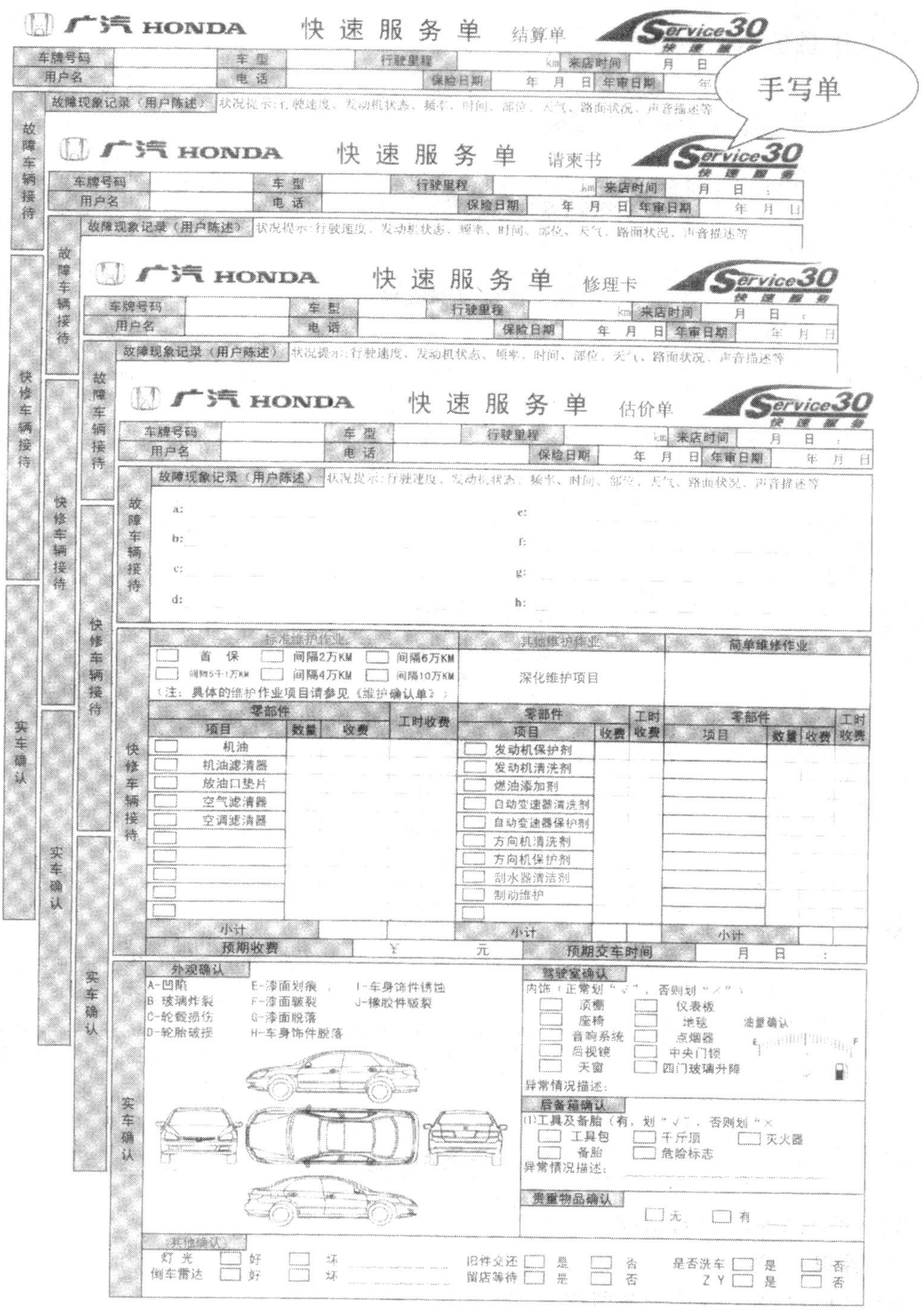

手写单

广汽 HONDA 快速服务单 结算单 Service30 快速服务

车牌号码		车型		行驶里程	km	来店时间	月 日
用户名		电话		保险日期	年 月 日	年审日期	年

故障现象记录（用户陈述） 状况提示：行驶速度、发动机状态、频率、时间、部位、天气、路面状况、声音描述等

广汽 HONDA 快速服务单 请款书 Service30 快速服务

广汽 HONDA 快速服务单 修理卡 Service30 快速服务

广汽 HONDA 快速服务单 估价单 Service30 快速服务

车牌号码		车型		行驶里程	km	来店时间	月 日 ：
用户名		电话		保险日期	年 月 日	年审日期	年 月 日

故障车辆接待

故障现象记录（用户陈述） 状况提示：行驶速度、发动机状态、频率、时间、部位、天气、路面状况、声音描述等

a: e:

b: f:

c: g:

d: h:

快修车辆接待

标准维护作业	其他维护作业	简单维修作业
□首保 □间隔2万KM □间隔6万KM □间隔5千-1万KM □间隔4万KM □间隔10万KM （注：具体的维护作业项目请参见《维护确认单》）	深化维护项目	

零部件 项目	数量	收费	工时收费	零部件 项目	收费	工时收费	零部件 项目	数量	收费	工时收费
□机油				□发动机保护剂						
□机油滤清器				□发动机清洗剂						
□放油口垫片				□燃油添加剂						
□空气滤清器				□自动变速器清洗剂						
□空调滤清器				□自动变速器保护剂						
□				□方向机清洗剂						
□				□方向机保护剂						
□				□刮水器清洁剂						
□				□制动维护						
□				□						
小计				小计			小计			

预期收费 ￥ 元 预期交车时间 月 日 ：

实车确认

外观确认

A-凹陷 E-漆面划痕 I-车身饰件锈蚀

B-玻璃炸裂 F-漆面皱裂 J-橡胶件皱裂

C-轮毂损伤 G-漆面脱落

D-轮胎破损 H-车身饰件脱落

驾驶室确认

内饰（正常划“√”，否则划“×”）

□顶棚 □仪表板

□座椅 □地毯 油量确认 E F

□音响系统 □点烟器

□后视镜 □中央门锁

□天窗 □四门玻璃升降

异常情况描述：

后备箱确认

(1)工具及备胎（有，划“√”，否则划“×”）

□工具包 □千斤顶 □灭火器

□备胎 □危险标志

异常情况描述：

贵重物品确认

□无 □有

其他确认

灯光 □好 □坏 旧件交还 □是 □否 是否洗车 □是 □否

倒车雷达 □好 □坏 留店等待 □是 □否 Z Y □是 □否

图2-8 手写接车维修单

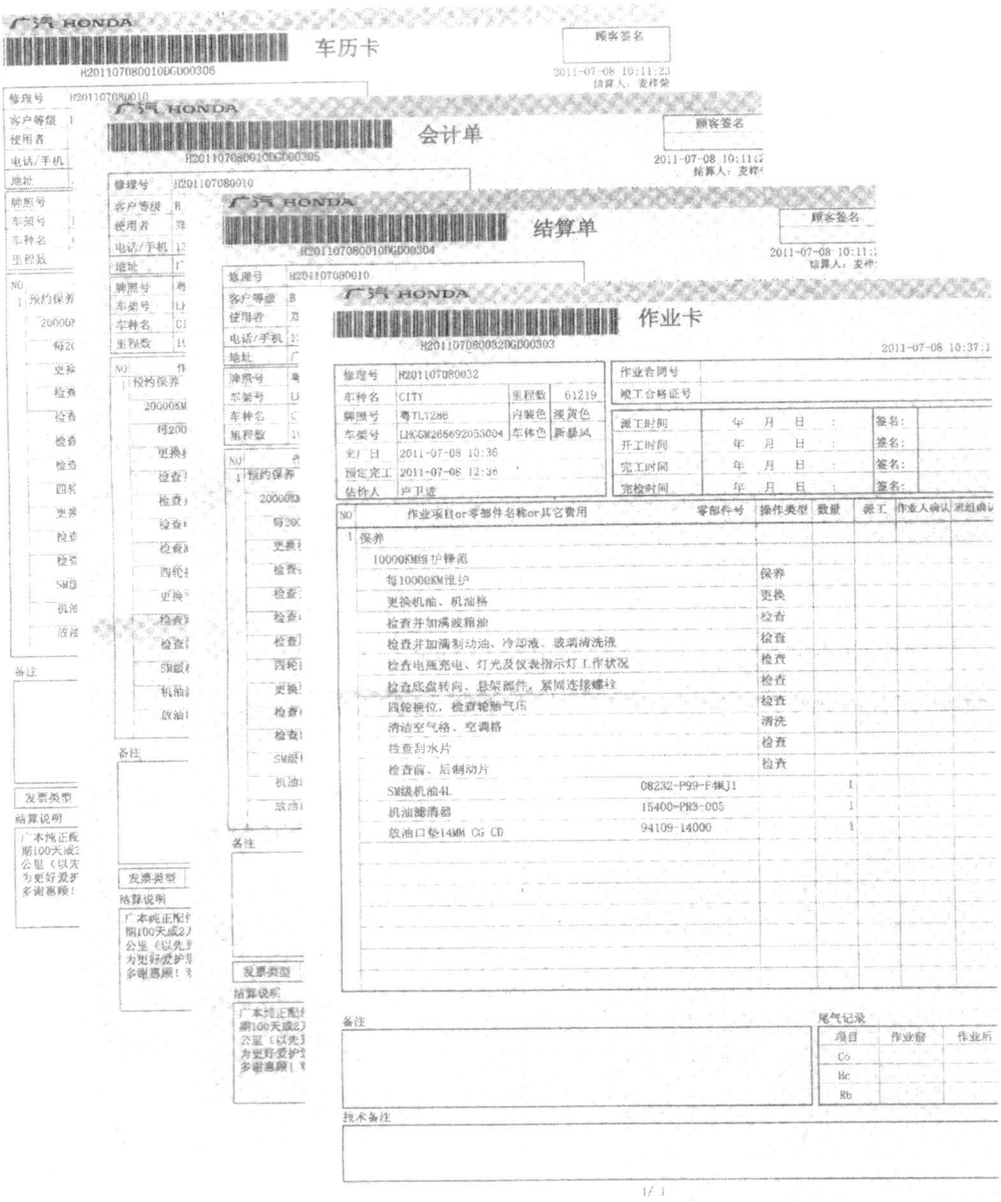

车历卡

会计单

结算单

作业卡

H201107080032DGD00303　　2011-07-08 10:37:1

修理号	H201107080032		
车种名	CITY	里程数	61219
牌照号	粤TLT286	内装色	淡黄色
车架号	LHGGM265692053004	车体色	新暴风
来厂日	2011-07-08 10:36		
预定完工	2011-07-08 12:36		
估价人	卢卫进		

作业合同号	
竣工合格证号	

派工时间	年	月	日	:	签名:
开工时间	年	月	日	:	签名:
完工时间	年	月	日	:	签名:
完检时间	年	月	日	:	签名:

NO	作业项目or零部件名称or其它费用	零部件号	操作类型	数量	派工	作业人确认	班组确认
1	保养						
	10000KM维护锋范						
	每10000KM维护		保养				
	更换机油、机油格		更换				
	检查并加满波箱油		检查				
	检查并加满制动油、冷却液、玻璃清洗液		检查				
	检查电瓶充电、灯光及仪表指示灯工作状况		检查				
	检查底盘转向、悬架部件，紧固连接螺栓		检查				
	四轮换位，检查轮胎气压		检查				
	清洁空气格、空调格		清洗				
	检查刮水片		检查				
	检查前、后制动片		检查				
	SM级机油4L	08232-P99-F4MJ1		1			
	机油滤清器	15400-PR3-005		1			
	放油口垫14MM CG CD	94109-14000		1			

备注

尾气记录

项目	作业前	作业后
Co		
Hc		
Rb		

技术备注

1/1

图 2-9　计算机打印维修单

②作业卡:车间→前台留存。

③结算单:顾客。

④会计单:顾客签字后财务留存。

⑤车历卡:顾客签字后前台留存。

接车维修单相当于维修合同,交给顾客的维修单必须规范制作,接车维修单上所有的维修项目都要取得顾客的同意,顾客签名确认后方可实施。

3 预计完工时间

完工时间并不仅仅是所有作业项目工时的叠加,而是需要根据工时、人员、设备的情况,综合考虑车辆移动、到货、高峰期作业等待时间等,预计一个合理的、可以达到的完工时间,在估价单上记录,最好是考虑到特约店的实际情况,预计一个可能的时间范围,向顾客说明。

行动要点:

(1)参照作业管理显示板,了解当前车间维修量及维修能力,根据本次作业所需时间预计完工时间,必要时和车间联系共同确认预计完工时间。

(2)征求顾客的提车时间要求后,最终确定交车的具体时间。

(3)根据顾客要求的取车时间,调整作业计划。

(4)仔细分析,以便设定交车预定时间。

4 估价单解释说明、顾客签名确认

对于顾客提出的要求,一定要将时间、维修项目、估算的费用以及交车时间等项目说明清楚。说明时要用通俗易懂的语言,同时要确认顾客是否理解。

行动要点:

(1)仔细检查估价单、作业卡是否规范和填写完整。

(2)向顾客说明作业内容,估算费用、交车时间。

复述并说明问诊表上所记录的内容,对顾客要求的事项再次进行确认;将估价单置于顾客容易看到的位置,并朝向顾客,以便于顾客进行审阅,用手指着估价单的相应部分进行说明,同时借助眼神、表情、姿势进行交流;说明各维修项目所需零部件名称、油脂类及零件价格、工时费用等,并告知总金额;使用通俗易懂的语言进行说明,避免使用专业术语。

(3)针对估价和交车时间,征求顾客同意。注意观察顾客的表情和提问等反应,确认对方是否理解;询问作业项目变更时的联系方式。

(4)请顾客签字确认。顾客签字确认递交笔时注意笔尖不要朝向顾客;将估价单和取车单双手交给顾客;将自己的名片递给顾客,请顾客有需要时与你联系。

(5)对顾客的光临表示感谢。

5 交车程序说明

询问顾客取车时支付费用的方法(支票、现金或其他);明确顾客是在店等候或离店,确认顾客的联系方式;向等候的顾客说明休息室的位置并引导顾客到休息室内;向要离店的顾客介绍店周围的道路及交通情况;顾客在估价单上签名确认后并不代表接待的结束。

将估价单交给顾客后前台接待就走开的话,顾客将会不知道接待业务是否完成、是否还要在休息室等候,特别是繁忙的顾客因为不知道自己可不可以回去,也不知道是否必须在特约店等候时将会焦躁不安,产生不满。因此要确认顾客的去向,维修开始前就安顿好顾客,

为其寻找最佳的等候方式并提供相应的建议。

行动要点：

（1）询问顾客在特约店等候还是离开。

（2）顾客决定离开时给予适当的安顿"车辆维修（维护）好后，我一定会及时通知您"。

（3）顾客决定在特约店等候时，引导其进入休息室的同时介绍休息室内可提供娱乐休闲的设施，离开前要和顾客打招呼"您如果有什么事请给我电话，随时与我联系"。

当车辆进入维修车间实施维修时，这时顾客处于"漫长的等待"状态，为使顾客能轻松愉快地度过这段时间，接待人员可以在此期间对顾客进行作业进度确认及安抚、关怀服务，消除顾客的焦虑，使顾客更加安心。

六 零部件

在系统中预订零部件或填写零部件出库通知单——交零部件人员安排出库；如零部件无库存实施订货管理。

行动要点：

（1）对无库存的零部件必须向零部件部门及时确认到货日期。

（2）对待修车辆应根据预定到货时间安排作业。

（3）对将更换的零部件无库存而顾客又需要用车时。

（4）零部件到货日期不确定、不能保证交车时间。

（5）必须每日核查，及时掌握零部件到货情况。

请顾客按预定到货日期预约来店维修时，必须事先与顾客联系，征得顾客同意。

七 作业管理

1 作业指示

挑选合适的维修人员应根据故障维修难易程度和维修人员能力选择；根据故障种类和维修人员能力选择；根据维修人员工作量选择。

指示作业内容及作业时间的要求，并将维修单交维修人员，按照对顾客承诺的交车时间分配维修单（作业卡），前台人员必须把握已来店车辆的维修情况，正确地估计完工时间。当分配维修单时，主要考虑三个因素：即时间、人员、设备。

正确地分配工作包括记录与跟踪每一个维修单，另外为提高作业效率，需要合理搭配维修技师和充分利用维修工位。

2 作业进度确认

（1）每日早、中、晚三次确认作业进度。

（2）调整维修管理显示板。

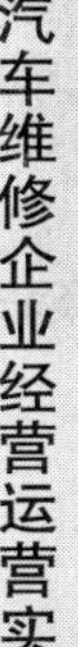

(3)必要时调整完工时间。

(4)效率确认。

(5)参照作业管理板准确跟踪维修技师在每项工作上所用的时间,以确定维修车间的运行状况,包括维修技师的效率与整体的作业效率,如图2-10所示。

(6)前台接待对每台维修车辆的作业进度跟进。

每位接待人员要对自己所接待顾客及车辆准确把握:

(1)你所接待的顾客现在在哪里。

(2)你的顾客有什么需求。

(3)受理车辆的维修情况(进度、车况)。

(4)及时、准确地向你的顾客汇报维修进度、车辆状况。

例行进度跟踪还有很多益处:

(1)确保每位顾客的车都按时完工。

(2)车辆处在维修过程中,可以出售附加服务。

(3)顾客得到更多的安心感,同时也提高了对特约店的信任。

广州本田汽车□□特约销售服务店

钣、喷管理板

______年　月___日　星期______

等待调度	技术工人		钣、喷完工预定时间(小时)										钣、喷预定完工日(星期)							
			8	9	10	11	12	13	14	15	16	17	一	二	三	四	五	六	日	下周
	钣																			
	金																			
	喷																			
	漆																			

待　料	等待顾客答复	等待完工检查

图2-10　作业管理板

3 作业时间控制

当某些作业项目发生变化时,维修技师应及时告知车间主管,由车间主管通过书面记录或对讲机、移动电话等通信方式通知前台人员,及时与顾客取得联系,重新确认作业内容、维

修金额和交车时间。

前台接待人员应记住自己所接待的每台车辆的交车时间,提前向车间维修人员了解是否能正常完工。

为了能更好地控制完工时间,车间维修技师在作业时,可先实施检查项目,再实施常规维护更换项目,这样即使有追加维修项目,也可以给前台接待留有充分的时间征求用户同意,同时,也避免了维修技师等待时间过长。

八 作业

作业时,前台接待人员应该在下列几个要点上检查作业的进程,这需要花一些时间,但毫无疑问,这样做是值得的。作业过程中的检查使前台接待人员能够:

①检查完工时间和费用承诺是否存在较大差异;②如果有变化立即通知顾客,并制订好备选方案;③如果需要做任何有必要的附加工作,要与顾客联系,在征得顾客同意后方可进行;④了解维修工作的细节,以便给顾客清楚地解释维修工作;⑤确保最终的维修单是完整的、准确的;⑥确保交车时车辆干净整洁。

1 作业前准备

工具、设备的准备;安装车身保护件(翼子板保护罩);其他必要物品的准备(清洗剂、清洁布……)。

2 作业实施

(1)依照问诊表、作业卡对故障及车辆情况进行核实;明确作业内容;依照作业指示单领取零部件;实施作业,按照技术维修手册要求进行操作。

(2)规范进行操作,正确使用工具,做到工具、污物、零件“三不落地”。

(3)在作业卡或问诊表上记录故障原因、作业内容、开始时间、完成时间并签名确认;有增加项目或完工延迟的应及时通知主管让前台人员与顾客沟通,征得顾客同意后,进行追加项目的维修;确保车辆维修部位的清洁。

3 作业质量

(1)通过“自检、互检、完检”的过程控制作业质量。

①自检:操作人员根据问诊表、作业卡完成作业;项目完成后自行检查,并签名确认。

②互检:班组内相互检查。

③完检:即完工后检查,由专门的完检人员负责检查。

(2)作业质量管理,质量信息报告。新产品上市后首次发生、频繁发生、涉及安全、招致顾客很大意见或维修费用很高的故障要填写质量信息报告。

(3)故障实例集。本店首次出现或维修难度大的项目要编写《故障实例集》并在技术培训时讲解。

故障实例		编号	
现象		车型	
		年款	
症状			
图示：			
诊断方法：			
修理方法：			

九 完工检查

1 完工检查

完检人员根据问诊表、接车维修单逐项核实确认；必要时试车；检查有无遗留物品（工具、资料）；完检后签名。

作业完成后需进行完检，以保证所有的作业项目均已实施完成，并达到预期的作业效果：故障成功排除，维护状况良好，车辆可以正常使用。确认签名时要注明时间，如有其他维修建议填写在作业卡备注栏，有行驶注意事项等填写在技术备注栏。

2 返修处理

返修分为内返和外返，车间维修技师或完检人员发现问题造成的返修为内返，交车时顾客发现问题或出店后造成的返修为外返，对出现的返修，特别是外返要引起重视，制定改善措施和跟踪顾客意见，管理人员应该控制每月车辆返修率。

完检过程中若发现作业项目有误或遗漏时要立即安排返修，返修后务必要重新全面检查。若返修作业时间（内返）超过与顾客约定的完工时间，要及时告知前台，并由前台接待人员通知顾客，并获得顾客的谅解。

当推迟完工而需要向顾客说明时，为了使顾安心，可以告之车辆有一些问题需要认真检查、仔细确认，如“不好意思，发现您的车……存在隐患，为了保证车辆状况的良好，需要进一

步检查确认,可能需要一段时间,请您稍等”。

十 洗车

1 洗车操作流程

(1)冲车:用高压清洗机从头至尾始终由一个方向,向另一边的斜下方冲洗,冲掉车身泥沙和污垢,避免在擦洗时划伤漆面。

(2)擦洗:持海绵用专业洗车清洗剂按照从上到下的顺序擦洗车身。

(3)冲洗:主要针对顶部、上部及中部这三个部位按冲车顺序冲洗干净。

(4)擦车:用毛巾将车身水分吸干、擦净,倒掉烟灰缸杂物,吸净车内尘土,垫好脚垫。

2 洗车要点及标准

(1)外观清洗:把车辆外表清洗干净,应做到车身表面无尘垢、无水痕、无漏擦之处,包括玻璃、轮胎、车身等。

(2)内部清理:内部清理位置包括仪表台、座椅、地板、烟灰缸、车门内侧(储物盒等),应做到车内无灰尘、无异味,坐垫、脚垫整齐有序,最好进行地毯吸尘。

(3)作业部位:作业部位常伴有油渍和脏污的印记,可用一些专业的清洗剂清除,尽量清理,不要留下痕迹。

十一 结算

在服务部门中,制作结算清单就是确定收费的过程,良好的计费应达到三个目标:

(1)准确:最终结算金额在给顾客估价金额的(+5% ~ -25%)范围内较为准确。

(2)迅速:当车修好后,结算单也应马上准备好。

(3)清楚:通过结算单让顾客能够很容易了解做了哪些工作,用了什么零件,这些工作所用工时和零件的费用是多少。

十二 交车

1 说明作业内容

根据与顾客约定的交车时间及时把车辆驶入待交车车位;按照顾客的要求,向其简明扼要地说明维修内容及维修费用;除接车维修单所列内容外,还须向顾客说明:作业中发现的问题及对策建议、行车时注意事项、下次维护日期及维护项目等;请顾客亲自检查维修部位,对维修结果进行确认;顾客理解并认可作业内容的话,也就会愿意支付维修费用。对作业内容说明敷衍了事的话,顾客就会很难理解并接受,也就不情愿付款。

行动要点：

(1)结算单要朝向顾客方向，置于顾客容易看到的地方。用手指着结算单的对应部分进行说明，同时借助眼神、表情、姿势进行说明。

(2)说明时使用通俗易懂的语言，避免使用专业术语，并通过提问、观察顾客的表情等确认顾客是否理解。

(3)就维修中发现的问题提出建议。

(4)在顾客理解接受的前提下有礼貌地请求顾客在车历卡上签字。

(5)引导顾客到收银处。

2 费用收取

引导顾客至收银台；费用收取；请顾客在会计账票上签字；收银人员收取费用并表示感谢；财务人员问候顾客后，应向顾客说明总体费用情况，作为标准操作，在下午高峰期快开始时，适当地请人协助收银员，而且无论何时，只要有顾客等待，请给予收款员特别帮助。当顾客付款时，财务人员应该：

(1)不要试图解释维修工作或收费；

(2)除了付款方式或计算方面，将所有其他问题转交给前台接待人员；

(3)如果顾客表现有些不安，立即通知前台接待，并由前台接待与顾客进行沟通；

(4)在服务的整个过程中，要表现得有礼貌、乐于助人、友好；

(5)对顾客的惠顾表示感谢。

3 送别顾客

引导顾客到待交车车位；引导顾客至其车前，确认是否有东西遗忘在前台；取下车内CS件；为顾客开车门，在顾客面前取下CS三件套，请顾客上车；再次提醒下次维护日期；参照本次来店公里数及所做维修项目提醒下次维护里程、时间及行驶注意事项；道别并欢迎再度光临；对来店的顾客表示感谢，确认顾客上车坐好后为顾客关上车门，用关心顾客的言辞，如“您路上小心”等；目送顾客离去；挥手目送顾客离开，待顾客行驶一段距离后返回。

为顾客服务、为顾客着想，即使到了最后环节都要始终如一，否则前期的努力将会功亏一篑、效果递减。最后的印象往往是非常深刻的，所以最终的环节要给顾客留下良好的印象。

对来店的顾客表示感谢，同时营造一个顾客下次还想光临我们特约店的环境；顾客在以苛刻的眼光观察我们的行动，即使车辆已经起动，自己的身影也会出现在车辆的后视镜内，所以要意识到这一点，真心实意地送别顾客。

十三 跟踪服务

1 确认作业后使用情况

确认作业效果：根据计算机系统生成的跟踪管理一览表，交车一周后打电话给顾客（参

照打电话礼仪、方法）；感谢顾客并询问目前车辆状况，对维修时间、费用、服务过程等是否满意；记录顾客不满意的具体原因。

2 跟踪意见处理

跟踪服务发现问题时，必须及时反馈给接待人员、前台主管或服务经理并进行处理；因作业有误而发生返修时必须优先处理；记录跟踪服务发生问题的处理过程，如图 2-11 所示。

返修及跟踪意见处理记录。

特约店名：　　月份

<table>
<tr><th colspan="3">用户资料</th><th colspan="3">车辆资料</th></tr>
<tr><td>顾客姓名</td><td colspan="2"></td><td>车型</td><td colspan="2"></td></tr>
<tr><td>联系地址</td><td colspan="2"></td><td>车架号码</td><td colspan="2"></td></tr>
<tr><td>联系电话</td><td colspan="2"></td><td>发动机号</td><td colspan="2"></td></tr>
<tr><td>传真号码</td><td colspan="2"></td><td>变速器号</td><td colspan="2"></td></tr>
<tr><td>维修单号</td><td colspan="2"></td><td>车牌号码</td><td colspan="2"></td></tr>
<tr><td>维修内容</td><td colspan="2"></td><td>行驶里程</td><td colspan="2"></td></tr>
<tr><td colspan="6">不满意内容：</td></tr>
<tr><td colspan="3" rowspan="2">未修好原因：
维修者：</td><td rowspan="2">是否已返修？</td><td>是</td><td>否</td></tr>
<tr><td></td><td></td></tr>
<tr><td colspan="6">处理过程：</td></tr>
<tr><td rowspan="2">用户意见</td><td>满意</td><td>不满意</td><td colspan="3" rowspan="2">实施者：　　年　月　日</td></tr>
<tr><td></td><td></td></tr>
<tr><td colspan="6">跟踪记录：</td></tr>
</table>

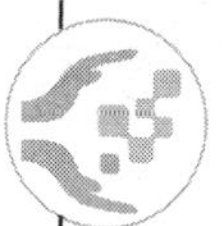

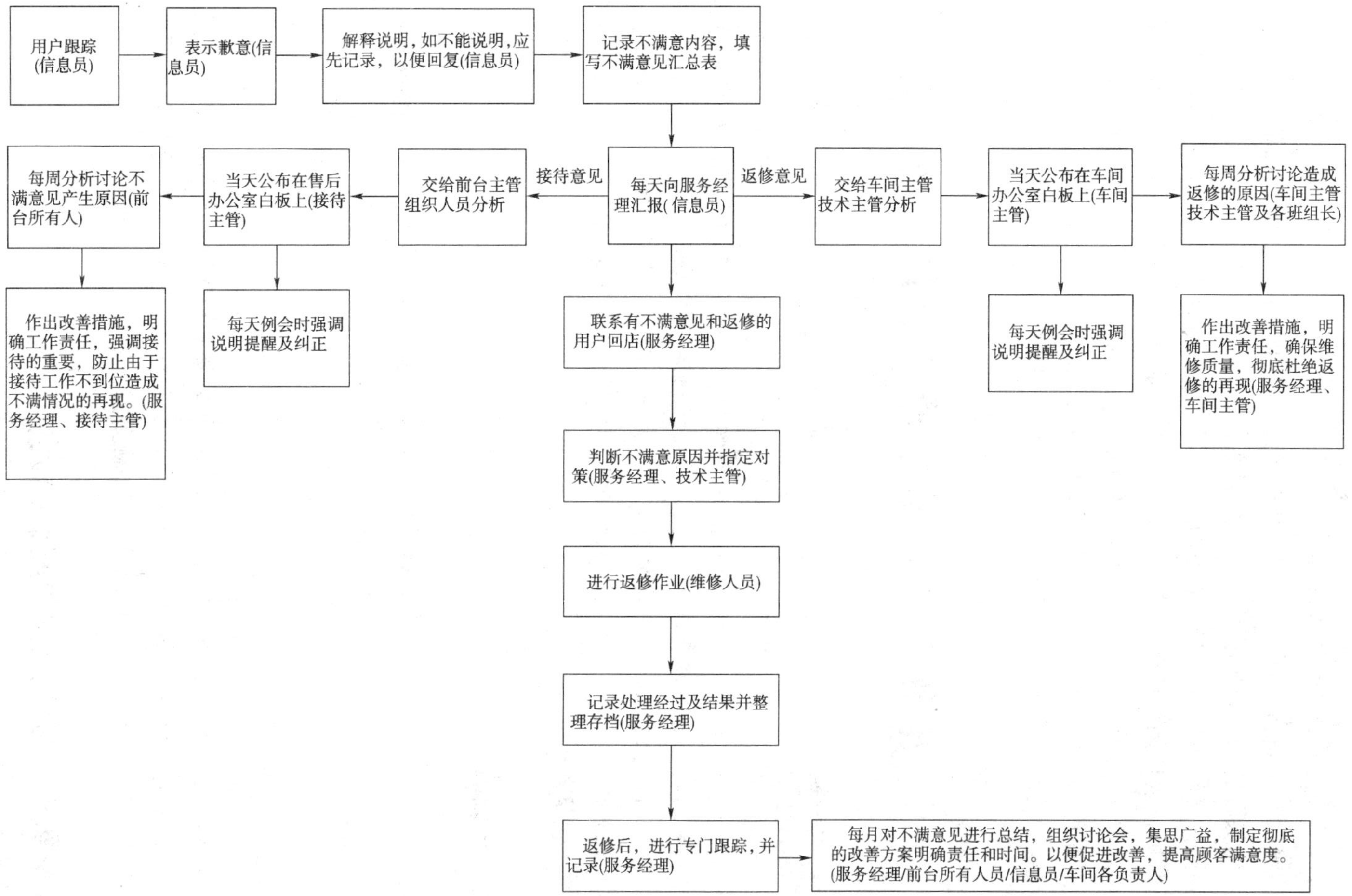

用户跟踪(信息员) → 表示歉意(信息员) → 解释说明，如不能说明，应先记录，以便回复(信息员) → 记录不满意内容，填写不满意见汇总表 → 每天向服务经理汇报(信息员)

接待意见 → 交给前台主管组织人员分析 → 当天公布在售后办公室白板上(接待主管)
- → 每天例会时强调说明提醒及纠正
- → 每周分析讨论不满意见产生原因(前台所有人) → 作出改善措施，明确工作责任，强调接待的重要，防止由于接待工作不到位造成不满情况的再现。(服务经理、接待主管)

返修意见 → 交给车间主管技术主管分析 → 当天公布在车间办公室白板上(车间主管)
- → 每天例会时强调说明提醒及纠正
- → 每周分析讨论造成返修的原因(车间主管技术主管及各班组长) → 作出改善措施，明确工作责任，确保维修质量，彻底杜绝返修的再现(服务经理、车间主管)

每天向服务经理汇报(信息员) → 联系有不满意见和返修的用户回店(服务经理) → 判断不满意原因并指定对策(服务经理、技术主管) → 进行返修作业(维修人员) → 记录处理经过及结果并整理存档(服务经理) → 返修后，进行专门跟踪，并记录(服务经理) → 每月对不满意见进行总结，组织讨论会，集思广益，制定彻底的改善方案明确责任和时间。以便促进改善，提高顾客满意度。(服务经理/前台所有人员/信息员/车间各负责人)

图 2-11　跟踪及返修意见处理流程

3 改善措施

制订改善措施并建立相应制度。

整理跟踪管理表,并上报售后服务经理,针对存在的不足之处查找,研究改善方案并进行实施。确保顾客的意见能够得到及时的处理。

如果回访过程中发现顾客不满意时,要针对顾客不满意的地方,仔细分析可能产生的原因.必要时进行现场的再调研。确认不满意产生的原因后,以积极的态度做出改善,制订合理的改善方案,确保此顾客下次来店及其他顾客来店时不会遇到同样的问题。随着汽车服务行业的发展,顾客的期望也在不断提高,因此特约店服务的改善是无止境的,只有不断地进行行之有效的改善活动,促进特约店的服务水平的提高,才能满足顾客的期待,提高顾客满意度。

任务二 汽车维修企业的服务营销

汽车维修企业是服务性质的单位,把服务作为一种商品,怎样向服务对象展示,让更多的客户了解和认识服务内容和经营特色,就需要像商品一样推销服务,尤其一些新的汽车维修厂更需要把自己推销出去。各品牌汽车厂商以专业服务和技术、纯正零部件营销、优质的售后服务,在中国市场取得了成功。东风日产专营服务中心在服务营销上有独到之处,以东风日产服务营销作为任务导入。

掌握汽车维修企业的经营理念和特色,理解汽车维修企业形象、汽车维修企业的服务的重要性。

汽车维修企业没有自己真正意义上的产品,只是将客户送来的车修好,在这一过程中欲要获得客户的满意和认可,争取更多客户来厂接受服务,就必须要有良好的服务理念和服务特色,而服务理念和特色让广大民众都知道,就要去营销。

一 汽车维修企业的经营理念和特色

一个汽车维修企业的经营理念和特色不是随便想出来的,也不是照搬其他成功企业的模式，而是要根据当地实际情况，结合企业自身特点，吸收成功企业经验制定出来的。最后，汽车维修企业按照确定的经营理念，遵循自身特色努力经营才能成功。

1 车源分析（含车型保有量）

车源是汽车维修企业首先要考虑的问题，它关系到企业的生存与发展。如果企业单纯想依靠实力（宣传、硬件、软件等）拉来车源，或者对某种车型的销售情况缺乏冷静的预测，如果没有强大的资金支持，企业经营会很艰难的。由于汽车维修行业可以说是一拥而上，市场竞争非常激烈，客户群体非常不稳定，客户修车看的是服务，看的是实惠。因而车源是一个非常复杂、不稳定而且是最主要的影响因素。它不是单纯依靠某一方面的优势就能解决的问题。企业不可能同时具备各方面的优势，因此，为了保证企业的生存，就必须对车源作详细的分析及预测。

根据经验与调查分析，首先至少要对厂址周围5～10km（经验数字）以内企业、个人的车型和数量作出大概的数字统计报告；对某种车型的销售情况作出较科学的预测。这些是日后企业业务范围拓展的对象。它们的经济、经营状况，以及对维修费用的偿付能力，将影响日后经营风险的比率。其次，投资方自身所带的车源数量，以及这些车辆的车型、使用年限、日常使用及维修，要有一个准确的书面记录，这些车源将是企业建业初期的主要支柱。另外，如果根据调研找出市场的切入点，比如建立特约维修站（必须有销售权，前期依靠卖车赚取利润），或者创办与之相关的俱乐部、汽车租赁、救援、汽车旅馆等也不失为一种潜在的车源。

2 周边维修企业状况分析

在对车源状况进行了可行性分析之后，务必对周边维修企业分布状况进行周密分析。经营者投资之后制定经营战略的实质，就是要获取相对于竞争对手的持久的竞争实力地位和竞争优势。要达到这一目的，就必须对竞争对手进行分析，做到“知己知彼，百战不殆”。对于维修行业内竞争对象，尤其是周边维修企业，了解其优势，找出市场缺口，开发创造自身潜力，才能保证投资顺利回收，资金的价值才能得到最大限度的发挥。周边维修企业状况，应当作为经营者投资时的最重要参考依据。对这方面的分析，主要包括以下五个方面。

（1）周边维修企业的长期目标和战略分析：主要分析周边维修企业的业务结构、主要客户群体、市场地位和组织结构，以便从中掌握竞争对手的战略方向、市场布局、竞争地位，以及组织结构体现出的战略重点。

（2）技术经济实力和能力的分析：主要是对周边维修企业的维修质量、最新业务开发项目、技术储备、设备先进程度、技术人员的素质和数量、业务开发人员的素质和经验、营销组织和跟踪服务体系等进行分析，以掌握竞争对手的维修技术水平、经营能力、营销能力及生产效益。

（3）经营状况分析：主要是对周边维修企业的投资状况、经营规模、经营特色、生产效益、维修车型及潜在的经营危机进行分析，从而找到经营的差异性，找到市场突破口，确定自身经营策略。

（4）领导者和管理背景的分析：主要分析周边维修企业的最高主管人员的素质和能力，

以及其社会关系、管理阶层的素质和能力、管理方式和竞争方式。

(5)社会资源、土地、建筑成本分析:投资兴办企业,尤其是汽车维修企业,“社会资源”的合理利用与开发,是新建企业的前期运作必不可少的有利条件。所谓“社会资源”,实际上是企业投资者、管理者与方方面面的关系及与职能部门的上通下达。

对土地的购置、租赁费、基建成本或是整体租赁完整企业,其成本值必须放在首位考虑,因为这部分费用是成本的重要组成部分,直接影响到经营风险。当然,进行综合分析后,费用越低越好。

这里需要说明的是,并不是企业场地面积越大越好。合理利用场地,让最小的场地发挥最大的经济效益,这才是企业选择方向。目前我国维修企业大部分在进行经济效益分析时,经常用的评定标准是人均年产值。人均年产值高的企业就是效益好的企业。但我认为这并不完全体现该企业经济效益的真实性。土地是一个巨大的资产,如果将每平方米的产值,每个工位的产值与之人均产值三者相比,才是评定企业效益的最佳标准。在我国,土地资源的浪费是个巨大资源的浪费。国外一些汽车维修企业规模都很小,场地小、停车位少,但效益非常好。重要的是采取各种措施,提高在厂进行维修作业的汽车在工位上的循环速度,即减少在修周期。待修车进厂即上工位,修竣后即刻通知客户提车,充分发挥维修工位及停车位的效益。

3 企业自身经营理念和特色的建立

汽车维修企业,如果采用通用策略进行一般化经营,在饱和的维修市场中,面对激烈的市场竞争,必将是步履维艰,处处碰壁,再雄厚的经济实力也会消耗殆尽。要想在市场中挤出一个位置,找到立足点,找到自己的生存空间,必须具备独一无二的经营特色。

汽车维修企业究竟如何去塑造自己的经营特色,才能在汽车维修市场创造良好的经济效益,从而保证投资能够顺利回收?这就要采用经营特色战略法。

经营特色战略法是通过使企业的维修或服务具有与众不同的特点来吸引客户,从而获得市场竞争中的主动地位的经营战略。采用经营特色战略法的好处是:这种经营特色一旦建立起来,就具有很强的竞争力。因为它能博得客户的信任,满足客户需要,所以就能比较长远地树立其优势地位而不被其他企业所代替。尤其是这些经营特色,往往与企业的大小没有直接关系,小企业可以在市场上同大企业展开竞争。

经营特色的塑造可以从维修质量、技术素质、检修速度、服务水平、生产管理、品牌维修、专项维修等多方位、多角度开发,而使其在行业中独树一帜,成为与众不同的、能够满足客户需求的专业典型。塑造经营特色一般要以成本提高为代价,如品牌专业维修、高级设备购置、特种经营服务、配件高效供应、客户附加服务、专业人才聘用等,都需要比同行业竞争对手付出更大的成本。对于采用经营特色战略法的新建汽车维修企业来说,处理好经营特色与成本之间的关系是投资成功的关键。

正确处理好经营特色与成本之间的关系必须以下面三个因素为基础。

(1)企业的经营能力:这是指企业能否在激烈的竞争中长期保持住自己的经营特色。市场是不停变化的,汽车维修企业付出巨大代价塑造的经营特色往往会成为多家行业对手仿效的对象。新建汽车维修企业务必做到人无我有,人有我新,人新我变。

(2)成本差距:在与其他企业相比成本差距太大时,客户就有可能放弃特色因素而重视价格。

(3)市场的发展状况:一般来说,当维修技术或服务水平达到成熟阶段,客户对企业的经营特色兴趣降低而转向低价的维修服务。目前,价格竞争是谁也绕不过去的一个结,它是决定客户取舍的重要因素。

投资经营者在对行业发展状况、周边维修企业分布状况、车源分布、经营档次进行了认真调研和科学分析之后,必须制定切实有效的经营特色战略。经营特色战略的制定,是投资经营的核心问题,这是一件极其重要而又非常困难的管理任务,应当遵循一定的程序,下面对制定经营特色战略的主要环节进行简要说明:

(1)问题的提出和目标的确定。

①投资兴建的是一个什么样的维修企业。

②尽量找出我们能够做到而没有做到的地方(找差距)。

③分析自己企业的客户群的特点(私车与公车比例、车种、档次等)。

④客户需要的是什么。

⑤分析主要竞争对手的优劣势。

⑥哪个细分市场是最有发展前途的、是适合塑造经营特色的市场。对这些进行系统分析,摆脱行业发展现状的束缚,充分发挥创造能力。

(2)战略分析。市场细分根据车源状况、客户需求特点,结合企业优势,确定目标特色。

对市场进行细分,将企业有限的资源集中于一个确定的目标市场,作为进一步发展的跳板,这是企业营销战略的明智之举,也是希望所在。如果把力量分散,则无力与其他企业抗衡,更不能与其他企业竞争。因此,大营销的观念主张集中优势力量,找准市场切入点,找到企业进入大市场的突破口。可以说,找准了市场切入点,企业就迈出了成功的关键第一步。

对市场进行细分的作用如下:

①有利于企业分析、发现新的市场机遇。通过市场细分,企业可以对每个细分市场进行了解,掌握在不同市场中客户的需要,从中发现各细分市场的消费者的满足程度,即哪些客户需要已获得满足,哪些需要未满足。同时,分析和比较在不同细分市场中,竞争者的营销状况,着眼于未满足的需要,而竞争对手又较弱的细分市场,寻找有利的市场营销时机,开拓新市场。

②有利于提高企业的应变能力。通过市场细分,明确了企业的服务对象,这样就比较容易了解客户的需要的变化情况。一旦市场情况发生变化,其情报就可以及时地反馈到企业的有关部门,便于企业及时调整生产和经营策略。

③有利于小企业集中资源,取得较大经济效益。因为企业面临的市场是非常广泛的,这个大市场的需要是形形色色的,而企业的人、财、物等资源却是有限的。企业若想发挥这有限资源的作用,必须在大市场中选定一个适合于本企业优势的目标市场,这样才能发挥资源的作用。

④有利于企业深入研究潜在需要,不断开发新服务产品。细分市场的结果使企业的目

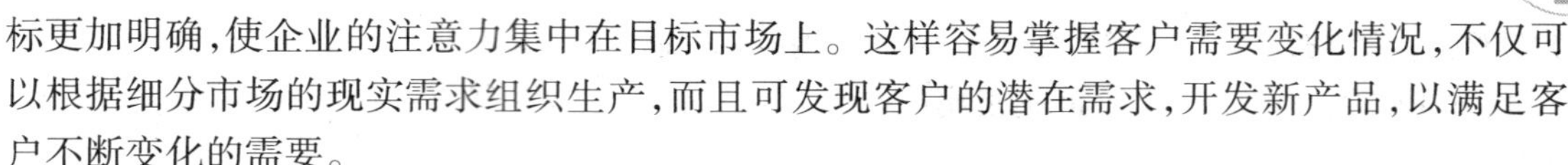

标更加明确，使企业的注意力集中在目标市场上。这样容易掌握客户需要变化情况，不仅可以根据细分市场的现实需求组织生产，而且可发现客户的潜在需求，开发新产品，以满足客户不断变化的需要。

行业组织分析对维修行业集中度、企业之间的差别、行业壁垒进行深入分析。

同行竞争对手分析包括竞争对手的长期目标和战略、技术经济实力和经营能力、领导者和管理背景。

（3）战略选择。

①专一化战略：主攻某个特殊的细分市场，如品牌特约维修，或某一专业、专项修理。这一战略依据的前提是：企业经营业务的专一化能够以更高的效率、更好的效果为某一狭窄的战略对象服务，从而在某一方面或某一点上超过那些有较宽业务范围的竞争对手。某汽车维修企业初期的市场定位是高新技术的维修，但是由于技术实力不够，经济实力也不雄厚，附近一些厂家也都是维修高级汽车的。该厂在修过几次自动变速器后，发现在自动变速器的维修方面，比附近汽车维修企业略有优势。经过市场调研、科学分析，该企业决定集中技术力量和资金搞自动变速器维修技术攻关，并以此作为经营特色。此举满足了客户需要，提高了服务质量，优化配置了技术资源和流动资金，经济效益迅速得到提高。

②差别化战略：这种战略就是使企业在维修行业中别具一格，具有独特性。并且利用有意识形成的差别化，建立起差别竞争优势。实现差别化战略可以有多种方式，如树立企业形象，设计最优化的修理工艺，在对客户服务上别具一格，采用“四位一体”甚至连锁经营服务模式等。尽管追求差别化需要增加成本，但是可以通过利用差别化带来的边际利润来补偿。某私营企业，技术人员中85%是大学生，他们组织了共青团支部，创造了富有生机的群体动力。他们将板报办在厂区的客户通道附近，展现了很高的思想素质和专业素质，给来厂修车的每一位客户留下了良好的企业形象。同时，该企业为急于用车的客户提供费用很低的代用车，并设置了客户自修车间。在客户自助车间的高新技术工位上，那些对高科技维修感兴趣的客户可以自己动手，过一过汽车医生的瘾。该企业的欣欣向荣，与这种差别化优势是分不开的。

经营特色是维修企业经营发展的方向，是企业强大活力的因素。经营特色的塑造是规划企业经营的方法，是企业生存的命脉。新建汽车维修企业，投资前，对市场行情、车源分布、经营档次务必进行科学考察，作出经营特色战略的准确决策，企业才能有可持续发展的源动力。

（4）经营档次（经营模式）的确立。经营档次、经营模式，实际上是企业的经营定位。经营定位有两方面的含义：一是企业在汽车流通领域中的定位；二是将企业办成一个什么样的企业，或是说将来想办成一个什么样的企业，现在先办成什么样的企业。第一方面是已经客观存在的，那是经济学家研究的问题；第二方面才是经营者考虑的问题。目前国内汽车维修企业大约有这么几种形式：四位一体、三位一体、单一特约维修（品牌专修）、多品牌特约、品牌专修（非特约）、专项修理（事故车、自动变速器专修）、杂款车修理、路边店（快修、急修）、连锁店。以上这些形式各有所长，哪种类型更适合，要具体情况具体分析，很难说哪种类型能生存，哪种类型有发展。因为决定生存与发展不在于形式，而在于其内涵是否与市场经济

发展相适应。

中国市场的广度、地域差异、车型多样化等具体要素,决定了需要多元的经营模式,这就是我国汽车维修行业的现状。在这里需要提醒大家的是:随着改革开放的进一步深化,国外的一些新的经营模式也传入我国,如品牌店、三位/四位一体店、连锁店等这些新的经营模式,给我国维修企业带来了先进经营管理模式,是非常值得借鉴的,但千万不能照搬,一定要结合我国的国情,结合本企业能力,结合本地区市场特点及需求。

二 企业形象规划

在市场经济不断发展,市场竞争日趋激烈的条件下,良好的企业形象是企业的最佳资产,具有极高的经济价值。树立良好的企业形象对于企业的发展具有非常重要的意义。它可以给企业带来极高的商誉,使企业与其他企业在相同的经营条件下,以无形的竞争能力取得更多社会公众的支持,赢得更多的客户,创造更多的"级差利益"。它可以使企业增强商业信用,提高筹资能力,可以使企业吸引大量高素质人才,提高企业的创造力。同时,它对于美化社会环境、净化社会风气、加强社会主义精神文明建设也是必不可少的。可以说,树立良好的企业形象,是企业谋求长期快速发展的整体性战略。

1 企业形象的主要特征

(1)客观性。企业形象不是由自我感觉好坏决定的,而是客观存在的现实。企业的形象是以其自身的理念、职业道德及具体经营活动中的表现为基础的,最终要由职工,尤其是客户进行客观评价和鉴定。

(2)整体性。企业形象是在人们心目中形成的综合的、全面的印象,评价一个企业形象的好坏不能只看企业某一方面要素,或某一方面工作的好坏,而要整体考察。既要看它是否有装饰华丽的外观,更要看它内在经营管理素质的好坏;既要看它的产品质量优劣,还要看它的服务水平高低。好的企业形象是外在表现与内在质量的完美统一。

(3)稳定性。良好的企业形象一旦树立起来,就会形成企业特有的知名度和美誉度,就会吸引大批的回头客,也会迎来更多的新客户。相反,如果一个企业形成了不佳的形象,也会在公众心目中长期留存下来,因而使企业慢慢失去市场,失去客户。

(4)可塑性。企业形象是可以塑造的,通过企业全员的努力,靠自身优良的服务和积极的公共关系活动,可以使不好的形象变好,可以使好的形象进一步增辉。

2 企业形象的基本要素

(1)主导维修车型及质量。企业主导维修的汽车的品牌、档次及质量,并因此而配备的设备类型档次及质量,在社会公众心目中留下整体印象,它关系到企业技术能力与信誉,是企业形象的基本要素。

(2)服务形象。这是指企业的服务方式、项目、质量、态度等给社会公众留下的整体印象。服务的竞争已经成为维修企业间竞争的焦点,服务体现着汽车维修的附加值,良好的服

务会使公众(特别是消费者)产生信赖感,服务形象是企业重要的特色形象。

(3)品牌形象。这是指通过不同的企业名称、商标、广告等反映出来的企业独特形象。一个好的品牌,名称简明易记,寓意美好,图案设计、色彩搭配及声音传播构思精巧,个性突出,给人们美的享受。好的品牌即名牌,本身就是企业的无形资产,能给企业带来巨额利润。品牌形象是企业的维修质量、服务形象的综合反映,是企业形象的高境界。

(4)人员形象。包括企业管理者形象和企业职工形象。前者是企业领导班子及企业内部各层次管理人员的能力、素质、气度、办事效率、工作业绩等给广大职工、同行和社会公众留下的整体印象;后者是企业职工文化素质、技术水平、职业道德、精神风貌等给社会公众留下的整体印象。其中,企业决策人和业务人员的言行最直接反映企业的人员形象。人是企业的主宰,人员形象是企业的主题形象。

(5)经营管理形象。这是指企业的经营理念、经营作风、经营方式、经营成果、管理组织、管理制度、管理基础工作、企业文化氛围等,在社会公众和企业职工中留下的整体印象。一个企业经营有方,管理有序,并能以一种特有的文化和企业精神展现在社会公众和职工面前,会产生一种强大的"经济力"和"文化力",最终形成强大的竞争力。经营管理形象是企业的实力形象。

(6)公共关系形象。这是指企业在组织公共关系活动中的形象。企业在经营中不断谋求自身条件同外部经营环境的协调和动态平衡,遵纪守法、照章纳税,承担社会责任,支持公益事业。对厂商、对银行、对客户诚实守信,并通过各种传媒宣传企业,与社会各界保持一种良好的关系,能够有效地扩大企业的影响,争取社会公众对企业的理解和信任。所以说公共关系既是塑造企业形象的一种途径和手段,也是企业形象的一个组成部分,构成企业的"关系形象"。

(7)企业环境形象。这是指通过企业生产经营场所、建筑特色、装饰风格、生产设备等所反映出来的外在形象。环境形象对于企业犹如仪表、服饰之于人,反映出企业的经营风格和审美追求,给社会公众深刻的第一印象,是整体企业形象的外在表现。

3 企业形象战略——CIS

CIS(Corporate Identity System),即企业形象识别系统。它把形象塑造的多种途径,如营销策划、公共关系、广告宣传等纳入一个规范、标准的系统中。通过这一系统,把企业及产品形象中的个性与特点有效地传达给社会公众,是其对企业及产品统一的认同和价值观,最终达到促销及促进企业发展的目的。CIS 被人们推崇为现代企业形象塑造和传播的有效战略。

1 CIS 的构成

CIS 由三个相互联系的子系统构成:

(1)企业理念识别(Mind Identity,简称 MI)。它是指企业独特的经营理念,包括企业经营哲学、企业宗旨、经营信条和方针等,是整个企业识别系统的基本精神所在,也是整个系统运作的原动力。

(2)企业行为识别(Behavior Identity,简称 BI)。它是动态的识别形式,对内包括企业组织管理、行为规范、员工教育、福利、激励,以及产品开发和公害对策等。对外包括市场调查、

营销战略与策略、促销活动、公共关系、广告传播、公益性文化性活动等。企业行为识别子系统直接作用于公众，使企业的经营理念有形化，能够为公众所感知，并留下深刻印象。

（3）企业视觉识别（Visual Identity，简称 VI）。它是企业静态的识别符号，也是具体化、视觉化的传达形式。它通过组织化和系统化的视觉方案，传达企业的经营特征。视觉识别子系统具体有两类要素：一是基本要素，包括企业名称、企业品牌标志、企业标准字体、企业标准色、企业象征图案、企业造型、宣传标语等；二是应用要素，包括广告媒体、交通工具、办公用品、室内设计、建筑设计、厂房设计、包装设计和衣着制服等。视觉识别对企业形象的传播与感染力非常具体，因而也是塑造企业形象最快速、效果最直接的方式。

CIS 作为一种理论，强调企业对自身的理念、行为方式和视觉要素进行系统的革新、统一的传播，以塑造具有鲜明个性的形象，获得内外公众的广泛认同，使企业整体运营纳入一条充满生机与活力的发展轨道。要达到这一目的，必须做到：①善于创造差别，即个性；②坚持统一标准；③坚持系统性和连续性；④实施有效的传播。

2 正确运用 CIS 的原则

（1）公众原则。必须从公众利益中出发，遵循客户至上的准则。如果一个企业在推广 CIS 时，片面地以我为主，一味追求“高雅”、“独特”，漠视公众的要求，远离客户的期望，最终只能损害企业在公众心目中的形象。

（2）真实性原则。即要真实地报道企业的情况，坦诚地让公众更多地了解企业，并争取他们对企业的理解和谅解。不能过分夸张，更不能依靠谎言，为树立形象而弄虚作假。

（3）系统性原则。必须从整体出发，制定规划，有计划、有步骤地整体推进，不能顾此失彼、顾前不顾后。要把塑造企业的内部形象与外部形象、总体形象与特殊形象、有形形象与无形形象结合起来统筹考虑。

（4）长期性原则。推广 CIS 是一项战略任务，必须经过长期不懈的努力，才能取得成效。同时，也必须善于创造并把握机会，利用各种契机快速提升企业形象。

任务实施

东风日产汽车售后服务中心是依托东风日产品牌上的四位一体的 4S 专营店，对品牌企业的营销严格按照东风日产标准进行。服务中心通常包含了定期维护、车辆检查、事故修理、一般修理等服务类型，在一般修理中，将竞争激烈的易损件更换工作看作一项单独的服务。

为了增加服务中心的利润率和客户回厂率，服务中心针对各个不同细分市场的需求来选择不同的服务，把握市场趋势的变化，对不同类型客户以及不断变化的客户需求采取及时应对措施，而把不同的服务作为商品向市场和客户推销。

一 服务商品

服务商品见表 2-3。

服务商品　　表2-3

类　别	商品名称	目的/特征
定期维护类	定期维护	规定期间的定期维护套餐。套餐包括更换磨损的备件，由于不会产生追加支出，比较让客户放心。另外，对专营店来说，由于客户通常会按约回厂，因此回厂频次有了保障
快修服务	快修服务	为了在短时间内完成频繁发生的日常维修而提供的套餐，专营店预先向客户承诺维修所需的时间，并在客户在店等候的时间内完成服务。其独特的卖点是节约时间和增强透明度。一般的作业内容是更换易损件，但也可以在菜单上添加定期维护
促销活动	季节性服务活动	按照季节的需要而实施的活动，例如：春秋季服务活动
	节假促销活动	以节假前进行的安全检查为主的促销活动
	服务诊断	为提高顾客满意度而提供的免费安全检查活动。专营店在向客户服务时，可以实施推荐销售以获得Up-Sell（客户报修项目外增加的项目）
	安全方面的促销活动	
系统商品	发动机清洗	系统商品是能提高顾客驾驶时舒适感和安全感的产品。另外，由于客户使用这些系统产品后必须定期回厂，因此，对于经销商来说有助于提高回厂频次
	空调除臭	
其他	延长保修的程序	为了解除顾客后顾之忧，针对过了厂家保修期的车辆出现的不良状况而开展的活动。因为客户定期回厂接受检查是保修的一项条件，这样就可以确保保修期后的客户回厂，有助于维持专营店销售额和回厂频次

二 服务价格

价格和产品一起构成了最重要的营销因素，是创造日产专营店收益的主要因素，同时也是形成市场定位战略的重要因素。准确描述有关价格设定的方法以及为了得到客户信任，如何将价格透明性和一贯性传达给客户的标准方法至关重要。

1 价格公示标准

（1）专营店备件和工时的收费标准应符合东风日产规定。

（2）售后服务部应有定期更新且由东风日产统一制作的定期维护项目价格公告板、常用维修项目价格公告板、定期维护宣传挂图、定期维护项目展示立牌，并放置在东风日产规定的位置。

（3）服务部将服务看板放在客户容易看到的位置。

（4）在维修接待处应放置最新《备件价格目录》，以供客户查询使用。

（5）新备件价格的增加和调整应该随时在《备件价格目录》上增加、修改，有更改标记，保存到最新版《备件价格目录》发布为止。

（6）售后服务部至少一年进行一次主要服务项目的价格调查，并按照要求，将价格调查结果反馈给东风日产，由东风日产设定有竞争力的价格机制。

(7)专营店售后服务部要向客户明示支付的方式和期限。

2 价格公示位置摆放

(1)常用维修项目价格公告板、定期维护项目价格公告板、定期维护宣传挂图必须并排挂在服务接待台后面的墙上,面对服务接待台,从左到右依次为:常用维修项目价格公告板、定期维护项目价格公告板、定期维护宣传挂图。

(2)定期维护项目展示立牌必须摆放在服务接待台面上。

这样客户在消费过程中不会因为价格的不透明产生心理猜疑,增加客户对日产专营店的信赖程度。

3 有些工时费设定—可变工时费率

将服务项目分为竞争型服务、维护型服务、维修型服务三种类型,对于竞争型服务项目是要具有市场竞争力的工时费,维护型服务项目的工时费要稍高于竞争型服务项目,而维修型服务项目的工时费是最高的。专营店应定期调查主要服务项目的价格,并按照要求,将价格调查结果反馈给东风日产,由东风日产设定有竞争力的价格机制。

4 价格调查

对每个车型的定期维护项目和常用维修项目的价格(工时费+备件费的合计)进行调查。调查对象为其他的东风日产专营店、其他生产厂家的专营店(调查对象为与东风日产各个车型同级别车型)以及竞争性的其他修理厂。

市场价格调查表见表2-4。

市场价格调查表 表2-4

<table>
<tr><th colspan="8">市场价格调查表</th></tr>
<tr><td colspan="8">1. 服务项目价格(定期维护)</td></tr>
<tr><td rowspan="2">服务项目</td><td rowspan="2" colspan="2">车型/价格</td><td rowspan="2">东风日产专营店</td><td rowspan="2">丰田专营店</td><td rowspan="2">公司专营店</td><td colspan="2">其他修理厂</td></tr>
<tr><td>A</td><td>B</td></tr>
<tr><td colspan="8">定期维护</td></tr>
<tr><td rowspan="5">10000km/30000km</td><td colspan="2">蓝鸟/同级车</td><td></td><td></td><td></td><td></td><td></td></tr>
<tr><td rowspan="4"></td><td>耗时(min)</td><td></td><td></td><td></td><td></td><td></td></tr>
<tr><td>备件价格</td><td></td><td></td><td></td><td></td><td></td></tr>
<tr><td>工时</td><td></td><td></td><td></td><td></td><td></td></tr>
<tr><td>总价</td><td></td><td></td><td></td><td></td><td></td></tr>
<tr><td rowspan="5">50000km/70000km</td><td colspan="2">阳光/同级车</td><td></td><td></td><td></td><td></td><td></td></tr>
<tr><td rowspan="4"></td><td>耗时(min)</td><td></td><td></td><td></td><td></td><td></td></tr>
<tr><td>备件价格</td><td></td><td></td><td></td><td></td><td></td></tr>
<tr><td>工时</td><td></td><td></td><td></td><td></td><td></td></tr>
<tr><td>总价</td><td></td><td></td><td></td><td></td><td></td></tr>
<tr><td>90000km</td><td colspan="2">天籁/同级车</td><td></td><td></td><td></td><td></td><td></td></tr>
</table>

续上表

2. 服务项目价格(常用维修项目)							
服务项目	车型/价格		东风日产专营店	丰田专营店	公司专营店	其他修理厂	
						A	B
定期维护							
更换机油及机油滤清器	蓝鸟/同级车						
		耗时(min)					
		备件价格					
		工时					
		总价					
	阳光/同级车						
		耗时(min)					
		备件价格					
		工时					
		总价					
	天籁/同级车						

5 将调查结果进行分析

把调查结果按照每个车型/服务项目进行汇总,针对零部件价格和工时费进行比较。当与其他公司的工时费存在差别时,要先调查一下这些价格差是由于工时单价不同所造成的,还是因为作业所需要时间不同所造成的,然后考虑如何解决。

三 服务活动的促销

促销活动的目的主要是在短时间内刺激消费者的需求。活动期望达成效果为:维持忠诚的客户回厂、促进较少回厂的客户回厂、挽回流失的客户。例如“空调除臭杀菌”促销活动。冬去春来,车辆经过一个冬天后,空调管道,蒸发器内散发出异味并滋生了许多细菌,天气转暖细菌会大量繁殖,尤其使用空调时异味充满车内非常难闻,春天是进行空调除臭杀菌促销活动的最好时机。

1 空调除臭杀菌用品选择

市场上有名目繁多的空调除臭杀菌用品,价格有高有低,使用效果当然也不同,在选择这些用品时一定要考虑客户的接受能力,采用一些知名品牌,保证使用效果。坚决避免使用夸大性能宣传的产品,造成客户不满投诉。

2 广告宣传和策划

首先在店内摆放或张贴宣传画报,渲染促销活动气氛,让来店客户都能知道活动内容。

利用广播媒体、短信平台、电话信函发布促销活动信息，争取更多客户来店，尤其是不常来的C类客户，促进较少回厂的客户回厂，挽回流失的客户。

3 组织实施

在活动实施过程中，考虑到来厂车辆比较多，要加强店内人员的活动动员，包括整个流程严格规范执行，不能因为车辆多而怠慢客户，做到忙而不乱。

4 活动总结

活动结束后对活动效果加以总结，总结内容包括：是否达到预期目标，收益情况，服务人员工作情况等，以及对不足之处的改进方法。

5 服务跟踪

促销活动结束后一定要跟踪，了解客户的感受，征求客户的意见，做好下次促销活动的准备。

6 组织促销

注意促销活动不宜过多，这样会引起客户的反感，不要什么都来促销，要以客户比较感兴趣的项目、新项目为促销对象。

四 便利性、差异化、增加竞争力

构成市场营销活动的又一个重要的因素是分销渠道战略。通常专营店的销售地点、分销渠道已经被确定，很多战略性的活动已经被限制（或不存在）。但是，专营店通过根据客户需求来安排营业时间以及向忠诚客户提供优惠，可以提高客户的便利性，并提高专营店竞争力，其结果当然有助于提升服务营业收入和客户满意度。

专营店应根据客户需求安排有竞争力的营业时间，可以在正常上班时间之外的时间接待客户，从而增加维修量。

服务部应制定并执行将忠诚客户与其他客户区分开来的优惠计划（发行VIP会员卡、免费代步车服务、洗车及车内清洁、提供特价和优惠券、紧急救援服务等）。

五 广告宣传活动

仅仅开发好的商品、制定合理的价格、让客户能够购买此商品，还远远不够。作为市场活动来讲，专营店应使用广告、促销、公关、人员推广、直销等一系列促销工具来主动向现有客户和潜在客户传达服务信息。

（1）客户应能在专营店内随时取阅精品、系统商品及其他零件的最新产品目录、宣传单、小册子等。

（2）在前台或客户休息区应显示促销服务项目实施的标准时间。

(3)应根据目标客户来选择最有效的广告宣传媒体。

(4)专营店用于促销活动的宣传工具应符合东风日产 VI、BI 的要求。

(5)促销工具应能让客户感到便利(营业时间、免费检查、礼品等)。

(6)促销工具要突出东风日产纯正备件和服务品质等优势(专用工具/受过东风日产专业培训的合格技师所提供的服务)。

(7)服务部应定期审查促销工具的内容。

(8)服务部要定期评估促销活动中使用的媒体效果,并根据必要进行修订。

(9)服务部应使用客户档案确定促销活动的目标对象并列入邮件清单。

(10)服务部应有从客户资料库中搜索出流失客户,并联系他们、吸引他们回厂接受服务的方案。

各品牌 4S 店正是以品牌优势,将各自服务推销给广大客户的,广大客户也慢慢接受了这种服务方式。

连锁经营,是指由经营同类商品或同类服务的若干店辅以一定形式组成的联合体。汽车专业化维修的连锁经营,是利用某汽车品牌效应、由多个企业联合组成协同作战的经营模式。由于连锁经营模式可以用战略联盟的形式在统一的经营规划下,实施集中化管理和专业分工,简化了复杂的商务活动,从而可以获取共同的规模效益;且由于市场占领速度快、经营机制灵活,可使原来的竞争对手转变为战略联盟,因此连锁经营是市场竞争的必然结果。

一　国外汽车维修连锁企业的发展现状

(1)专业分工明确。美国汽车连锁维修企业按专业分工主要可分为汽车快速养护中心、事故车维修中心、汽车专项维修企业。车主可根据维修的技术复杂程度选择合适的维修企业。

(2)连锁总部能量强大,分店网络密集,呈小型化,总体规模化。国外连锁店一般有很强大的背景和资金支持。但连锁分店一般规模不大,美国的连锁分店在 20 ~ 30 人规模的占据大多数,而日本的连锁分店在 10 人以下的为 78.32% 。

(3)品牌强大,市场稳定。在发达国家,汽车维修连锁企业都具有强大的品牌效应,客户看到品牌标志,可以放心地消费。

(4)运营标准化、规范化、信息化。首先,因为连锁总部的强大力量,能够给予连锁企业统一的品牌形象、统一的设备配套、统一的宣传推广、统一的价格体系、统一的经营管理、统一的配件配送、统一的技术培训,这使得连锁店的运作有章可循,从而给消费者提供质量可靠、环境亲切、价格合理、便捷快速的服务。其次,由于连锁店有强有力的政策和法律的支持,对汽车维修企业技术作业标准、人员培训考核等方面都有严格的规定,这使得连锁的运

作更加规范、可靠。再者,连锁维修企业的信息化程度非常高,店面实体网络、配件配送网络和电子信息网络三网合一。

二 国内汽车维修连锁企业的发展现状

1 起步阶段,领导品牌尚未出现

我国汽车连锁维修企业起步晚,起点低,除了传统的汽车维修店以外,由于日系车辆4S店模式的率先引入、维修企业资源设备和技术人员缺乏等原因,4S店模式先行在中国遍地开花,而连锁模式是伴随着对外开放的深入、汽车保有量的增加和4S店模式的弊端日益显现而后来出现的。但大批外资品牌表现水土不服,本土品牌又由于资金量小、连锁运营管理经验不足等原因无法快速成长起来,故我国的连锁服务企业还处于成长初期,没有形成领导品牌和规模效应。

2 运营不规范,管理水平差

我国汽车连锁维修企业众多品牌都处于尝试阶段,网络建设的规范化程度、市场的稳定性不够,连锁总部的管理、控制、支持、服务能力不强,很多企业内容和形式不统一,没有实现真正连锁。

3 时机已渐成熟,机遇与挑战并存

我国发展连锁维修企业的时机已经成熟,第一,从市场需求角度,由于消费者日趋理性和成熟,对服务的要求更高,而连锁维修企业恰好能更好地满足现代消费者对汽车维修服务的需求。另外随着车辆保有量的增加,市场需求量快速增长,这为分散的连锁企业提供了足够的客源。第二,从外围条件来说,我国的汽车零配件企业和维修设备企业获得了长足的发展,部分企业有一定的竞争力,另外网络信息技术、物流技术、风险投资等相关产业已经日趋完善。第三,企业日渐成熟,经济实力增强,大批高素质的技术管理人员涌现。第四,有了政策法规支持。中央和一些经济发达地区省份,已经认识到发展汽车维修连锁企业、提高规模效应和品牌效应的重要性,相继出台了鼓励和支持发展连锁维修企业的政策。

4 汽车零部件受汽车生产企业的垄断控制,阻碍了汽车维修企业连锁经营的发展

中国汽车后市场是一个怪胎,4S店模式从1998年广州本田率先开始,经历了十几个年头了,发展势头方兴未衰,对于一线品牌经营时间长的4S店,由于汽车市场保有量的增加,经济效益日益上升,而一些入市晚的企业,经营国内品牌或一些二线品牌,由于车辆的市场占有数量少,经营状况举步艰难。由于汽车零部件受到生产厂商的严格控制,只允许在特许经营的4S店内销售,没有获得特许经营的汽车修理厂只能望“件”兴叹。这些企业得不到纯正零件,只能从市场上采购一些副厂零件,有时甚至是一些不合格的零件。在这种环境下,要在中国市场上建立真正意义上的汽车维修连锁经营谈何容易。

三 汽车维修连锁企业的主要优势

1 汽车维修企业数量多，分布广、门槛低

连锁经营的核心在于实现了资源整合与共享，既能发挥大型团队的整体优势，又不失中小个体的灵活，连锁企业因为可以获得总部的全方位支持，因而市场准入门槛较低，有利于集团整体规模的迅速扩张和占领市场。“点多面广”的连锁企业在为广大客户提供了方便快捷的服务的同时，也为连锁企业创造了高额的利润。

2 规模优势带来价格优势

汽修连锁企业把分散的经营主体组织起来，扩大了经营规模，并借助连锁总部的规模优势，整合采购、配送、物流等渠道，精简管理、经营成本，实现了成本最小化，以成本领先带动价格优势，吸引更多消费者，进而实现整体利润最大化。

3 网络化和专业化使得“快速、便捷”的维修服务成为可能

“快速服务”是汽修连锁企业典型的差异化战略。另外，适度的专业化不仅使得汽车维修企业的经营灵活、广泛布局的同时，提高了维修质量，缩短了作业时间。

4 规范化和标准化经营使得汽车维修服务的质量得到保证

各汽修连锁企业在总部统一管理下按照分散自主经营、集中统一管理、统一采购配送物品的方式经营运作，由于拥有维修技术资料和技术人员的保障，配件来源相对稳定畅通，业务量充足，加之统一收费标准、统一形象、统一管理，规范化的经营模式不仅增强了企业诚信度和社会认知度，有利于提升企业市场竞争力，而且为维修质量提供了强有力的保障。

尽管汽车维修具有以上优势，只有打破汽车零部件的垄断经营，这种方式才能迅速稳健发展，否则真正意义上的连锁经营只是纸上谈兵。

四 目前我国建立汽车连锁维修企业的具体路径

1 推行品牌战略

品牌是对维修企业战略、经营理念、追求、文化等的高度凝练和形象表示。推行品牌战略的重要性已不言而喻，关键是我们要采取恰当的策略实现建立强势品牌，创建一个品牌，不仅企业形象标志系统很重要，重中之重是企业的内涵建设，如推行汽车维修服务的标准化和规范化，采用国际先进技术和管理系统，培育核心竞争力和企业文化等。

2 与周边环境相结合，建立强大的总部

国外知名连锁品牌都有一个能量强大的总部，强大的总部都依托强大的资金基础，或整车厂家，或大型零配件企业或汽车维修设备企业，或风险投资，或它们的组合。建立强大总部，意味着建立强大的配送中心和配送网络、信息系统以及具有一流管理水平和技术水平的人才队伍。

3 与4S 网络相整合

由于我国的市场宽广、地域差异大、车型多样、布局分散，以及4S 店本身投入大、管理不善等原因，造就了4S 店模式今天的窘境。但4S 店模式对于主流高端品牌汽车有不可磨灭的优势。众多汽车品牌已经建立的4S 体系面临着经营困难，4S 体系的出路在哪里？除了被淘汰出局，若能主动与一些优势资源合作走连锁服务道路也不失为一种好的选择。而整车生产商若能够充分认识到市场需求和竞争环境，4S 体系是否也可以学习日本特约维修站的经营模式，日本的特约维修站模式其实也是一种连锁模式，如果能借助厂家的资金、配件和技术优势，加上先进的理念和管理方法，完全可以走出垄断的桎梏，赢得消费者和市场，在汽车后市场得到更多利润。

4 走适度专业化的道路

美国汽车维修企业越来越倾向于专业化，但我国现阶段不宜盲目追求专业化，要在投入和车流量上寻找一个相对平衡点，选择合适的市场覆盖策略，还要考虑到技术优势，做好市场定位。

5 人才战略

要建立强大的连锁品牌，必须实行人才战略。首先，连锁经营模式的管理需要现代化的管理人才，特别要做好总店龙头的运作、处理好总店和分店的关系。再者，汽车技术更新迅速，维修手段和方法、维修工具和设备不断变化，这些都需要可持续发展能力比较强的技术人才。实行人才战略，不仅需要教育的支持，企业和行业也要投入很多。在日本和美国，对汽车维修技术人才都有非常严格的准入和考核机制，企业也特别注重培训和人才的成长。

6 寻求政府与行业的进一步支持

政府或者行业协会都要发挥领导和管理者的作用，高屋建瓴的制定一系列法规和政策，使企业规范经营，保护消费者的利益。在美国、日本和加拿大等国家，汽车行业协会在规范市场上都发挥了巨大的作用。

7 尽快打破汽车零部件的垄断，创造连锁经营的土壤

汽车生产企业应该将汽车后市场让出来，尽量减少对汽车后市场的控制，放开纯正零部

件的供应，真正意义的汽车维修连锁经营才有出路。

五 连锁经营的形式有直营连锁、特许连锁经营和自由连锁三种

1 直营连锁

直营连锁是指各连锁公司的店铺均由总公司全资或控股开设，在总公司的直接领导下，对各店铺的商流、物流、信息流等实施集中统一管理、合理布局、统一经营，充分发挥其规模效应。

2 特许连锁经营

特许连锁经营是指总公司将自己所拥有的商标、商号、产品、专利和技术，以及经营模式等，通过经营合同形式特许所有的连锁经营者按规定的统一形象、统一管理、统一经营模式开展经营活动（向特许者支付相应费用）。

3 自由或自愿连锁

自由或自愿连锁是指所连锁的各店铺虽然使用着共同的店名，但由于资产所有权关系未变（均为独立法人），因此根据自愿原则，在总公司统一指导下根据其签约合同与总公司共同经营。

汽车维修企业的连锁经营一般根据城市规模和汽车保有量，在城市非繁华地段兴建1～2个具有相当规模和档次（不仅具有一流的技术、设备、场地、人员，而且还具有一流的速度、环境、质量、服务）的总店，然后围绕着总店合理布局，在城市繁华地段兴建若干连锁店，并实现资金流、人流、物流和信息流的统一调配和统一管理。其中，总店是各连锁店的强大支柱，连锁店是总店服务行为的延伸。其优点是可以利用其低成本运作优势进行品牌宣传，为总店拉车源，并发挥其快修、远程诊断和统一配送等优势，为客户实施最近距离的门到门服务。

汽车维修业的连锁经营不同于其他纯商业性的超市和餐饮，也不同于汽车美容、轮胎和油品等的品牌连锁经销。汽车维修业的连锁店只是为总店负责客户群管理的终端服务机构，其作业项目通常以快修与急修为主，其管理模式和资金运作均由总店按统一模式克隆，其组成方式既可以由当地物业公司合作或介入，也可收购一些小型汽车维修企业。其特点是占地面积少、规模小、投资少，可见缝插针，从而可在城市繁华地段、商务小区、豪宅花园、商住小区安营扎寨；且不必储备过多配件（车辆检测诊断与总店远程联网，疑难问题送总店处理），其命运与总店息息相关。

六 汽车维修企业的连锁经营的支持

当然，要实施汽车维修企业的连锁经营，首先要明确连锁的最终目标，即不管是全部自己兴建还是采取合作共享或相互协作。为了突出连锁经营的经营特色或核心优势，实现其

规模化经营的规模效益，组建以下五大支持系统十分重要。

(1)人力资源管理系统：包括连锁店人员的招聘、培训、调配等。

(2)客户管理系统：包括客户开发、档案管理、客户调研、形象宣传、品牌设计、售后服务、项目开发等。

(3)信息管理系统：包括网络兴建、数据库维护、外部商业情报和科技情报收集和企业策划(还包括跨地域的业务连锁经营等)。

(4)配送管理系统：包括连锁配送、库存调剂、外部协作、物流网络建设等。

(5)标准化管理系统：包括企业形象标准化、计量设备标准化、服务内容与质量标准化、服务承诺与行为标准化以及标准化推广等。

任务三　汽车维修企业的配件及精品

汽车零部件及精品管理是指对汽车维修过程中所需要的配件材料、各类零配件及客户选购的汽车精品的采购、入库、保管和出库等业务活动所进行的计划、组织、指挥、监督和调节。通过规范化管理，使仓库各项活动按照一定的程序在空间和时间上进行合理安排和组织，使整个仓储过程有条不紊连续地进行。

通过4S店售后仓库零件及精品的管理实施，了解其基本使命与任务，说明基本使命与任务是：维修或为提高车辆的效能所必要的“零件、用品”能迅速确实地提供给车间或客户。因此，必须准备必要的零配件及保证维修过程中的及时供给。建立合理的库存量，并使库存数量控制到最低限度。

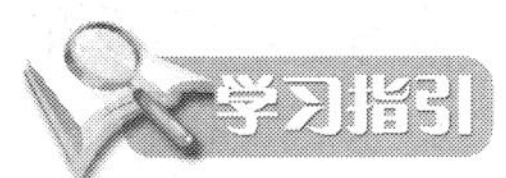

掌握分析汽车配件进货渠道，了解价格质量、信誉度和生产规模；配件管理组织机构管理流程，学习配件采购，零配件仓库管理，零部件上架堆放，零配件仓库盘存，零部件报废；零配件出库管理。

一 配件渠道及管理分析

在汽车维修企业管理中，配件管理是极其重要的部分，直接经济效益非常明显，但由于过多的库存会积压过多资金，直接影响企业的正常营运，在一般的汽车维修企业中，由于服

务车辆品种繁多，备件种类复杂，因此对配件部门的管理只是处于一种物流管理的初级阶段，采用用时拿来的方式。只有4S店才有真正意义上的零部件管理，因为服务车种单一，加上汽车生产企业的方便合理的配送政策，所以备件管理部门要充分利用这些资源，使库存建立在合理的运营数量上。

目前对一般的维修企业而言，汽车配件管理都存在着相当大的盲目性，对采购管理、库存管理只是一种形式上的被动管理，车间维修需要什么配件就采购什么配件，最多对需要频率较高的配件多买几件，这种无计划的购买随意性很大。有很多配件从建厂之初采购进库，一直到企业行为结束还在仓库里睡大觉。

配件的库存一直是企业占用资金最大的项目。如何采购配件、管理配件、减少库存、将库存盘活，其实是汽车维修企业管理中最重要的工作之一。配件的积压实际是资金的积压，因为配件的管理附加值也很高。在企业中，库存配件的价值随着时间的推移，附加费用会增加，其总体是贬值的。因而将库存配件划分类别（根据企业需求、规模等因素）盘活库存，甚至于对一些滞呆配件降价处理，减少库存、盘活资金，实际上是为企业带来直接经济效益。据专家们在评定一个企业经营状况时，一个经营健康的企业，库存总价值应每一个时间年至少循环四次。我们在讲财务管理时，反复强调的一个观点是“资金贵在流动”，只有流动的资金才能产生效益。库存配件也是如此，让库存由静态变成动态，自然就会产生经济效益。

为什么在汽车维修企业前期管理中，强调对配件的管理，这是因为目前配件的管理已经是制约企业经营、影响企业发展的重要因素，而大多数的汽车维修企业既存在配件供应不及时，又存在库存积压，这种矛盾现象的实质是对配件管理缺乏科学性造成的。

配件是整个维修系统至关重要的一环，配件的快捷、及时、质优、价廉，以及配件系统的服务质量，是决定经营成果和投资成败的最关键因素。

现代汽车维修以换件为主，零配件销售在汽车维修产值中占60%以上，是企业获利的主要来源。零配件的备料速度、采购快慢、准确性及品质优劣，都与业务人员素质、仓库管理水平，以及科学的管理程序息息相关，并直接关系到维修工期、出厂质量和企业信誉，所以抓好配件渠道具有十分重要的意义。

汽车维修企业配件管理，在管理学上分为采购管理和库存管理两部分。

二 配件管理的组织结构与职能

对于一个完善的配件管理，有一套完善的组织机构，人员包括配件经理、配件采购和仓库零件进出库管理人员。管理的主要职能是：零部件采购及计划；零部件入库检验验收；零部件保管和零部件的出库发放等。

三 配件采购管理

采购是现代汽车维修中的一个基础环节，其管理状况关系着整个汽车维修的质量，因此，搞好公司的采购管理工作对整个公司的活动开展至关重要。

1 采购作业流程

采购作业流程如图2-12所示。

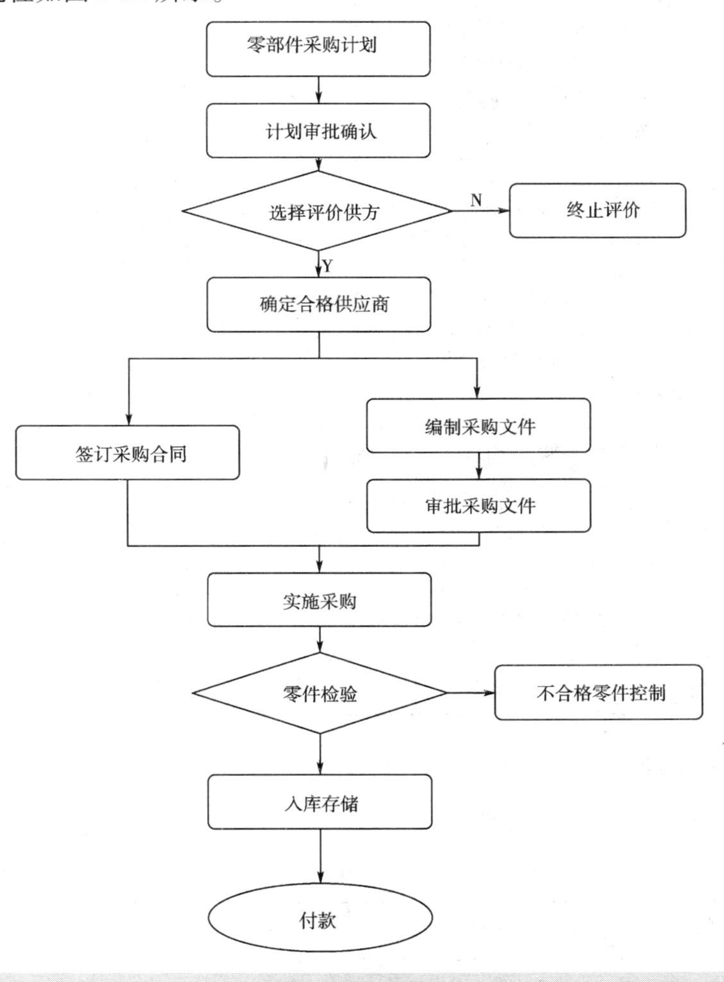

图2-12 采购作业流程

2 采购作业细则说明

采购作业细则说明见表2-5。

采购作业细则说明 表2-5

流程	作业说明	负责人	所用表单
采购计划	按照生产计划产生采购需求，填写申购单	采购员生产助理	《申购单》
采购需求确认	有关负责人核准申购单，不予核准的申购单由申购人员进行修正重新核准	采购经理	《采购计划》

续上表

流 程	作业说明	负 责 人	所用表单
询价确定供应商	询价:以合格供应商为优先询价对象 比价:询价完成后,需有两个以上厂商提供价格以进行比价,择优选择 议价:采购人员与厂商依行情、产地、产品规格、供求关系等进行议价,有关负责人签字核准申购单	采购员	
确定合格供方	报表,采购员根据签字后的申购单报表填写采购订单	总经理	
审批采购文件	有关负责人签字核准采购订单,核准前可以更改其中的内容,已经签字核准的采购订单,由采购员发到供应商,同时采购员核准采购订单	采购经理 采购员	《申购单报表》
实施采购	采购员和厂商联系,确认订单交货期和内容,厂商交货,参照收货作业流程	采购员 质检员	《采购订单》
零件检验	零部件进厂检验,如不合格进行退货,按合同处理	采购员 仓库人员	《仓储管理程序》 《设备检验程序》
付款	采购员凭发票、入库单和核准的申购单报表向财务申请购置款,财务结合付款条件结清货款	采购员 总经理 财务人员	依《不合格品控制程序》

3 采购相关表格

(1)物资采购计划表。

物资采购计划表 编制日期: 年 月 日 编号:

编号	品名	规格型号	单位	现有库存数	新增需求数	计划采购量	单价	金额	预计到货日期	结算方式

总经理审批: 供应部门主管审核: 制单:

物资采购计划表共三联。第一联存根联:供应部门留存,作为核销采购计划的依据;第二联财务联:报财务部门,作为安排资金的依据;第三联生产联:报生产部门作为衔接生产计划的依据。

(2)供方审查和选择记录表。

供方审查和选择记录表　　文件号:　　编号:

<table>
<tr><td colspan="2">单位名称:</td><td></td></tr>
<tr><td colspan="2">法定地址:</td><td></td></tr>
<tr><td colspan="2">主要产品:</td><td></td></tr>
<tr><td rowspan="5">审查意见</td><td>主体资格:</td><td>审查人:　　日期:</td></tr>
<tr><td>质保能力:</td><td>审查人:　　日期:</td></tr>
<tr><td>经营业绩:</td><td>审查人:　　日期:</td></tr>
<tr><td>综合能力:</td><td>审查人:　　日期:</td></tr>
<tr><td colspan="2">审批意见:
审批人:　　日期:</td></tr>
</table>

(3)审查和选择工作流程图,如图2-13所示。

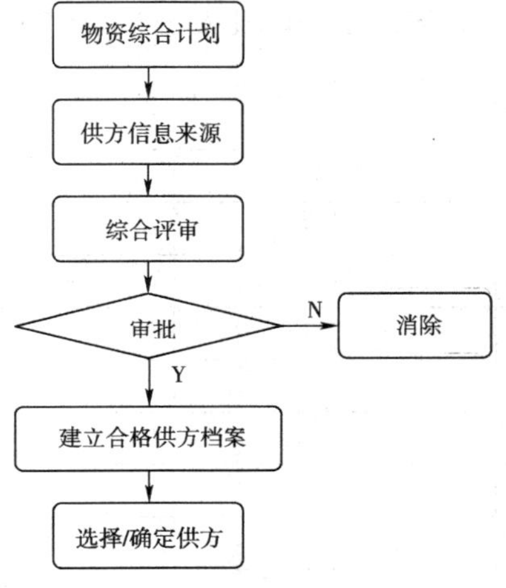

图2-13　审查和选择工作流程

(4)厂商资料调查。调查供应厂商产品生产情况，包括产品质量、合作信誉、合同执行情况、生产能力、法人、公司地址等。

(5)采购计划书。

采 购 计 划 书

编号：

序号	物资名称	型号规格	单位	计划采购量	计划单价	质量要求	供方

审拟人：　　　计划员：　　　采购员：　　　年　月　日　　　主管部门：

(6)采购计划执行情况。

采购计划执行情况表

编号：

物资编号	品名	规格型号	单位	月初计划	本月新增计划	本月执行计划	结转下月计划

采购计划执行情况表的报送范围：除报送供应部门主管外，还应分别报送生产部门、财务部门。

(7)到货登记簿。

到货登记簿 编号：

到货日期 月 日	供货单位	物资名称及规格	单位	数量		送料单位	备注	送料人签字	保管员签字
				应收	实收				

(8)进货检验和试验记录。

进货检验和试验记录 编号：

<table>
<tr><td colspan="2">进货品种</td><td></td><td colspan="2">规格/型号</td><td colspan="2"></td></tr>
<tr><td colspan="2">生产厂家</td><td></td><td colspan="2">采购批量</td><td colspan="2"></td></tr>
<tr><td colspan="3">检验和试验记录</td><td colspan="2">检验状态标志</td><td colspan="2">物资流向记录</td></tr>
<tr><td rowspan="3">进货检验</td><td colspan="2" rowspan="3">记录人： 日期：</td><td>合格</td><td></td><td>入库分发</td><td></td></tr>
<tr><td rowspan="2">不合格</td><td rowspan="2"></td><td>不购</td><td></td></tr>
<tr><td>紧急放行</td><td></td></tr>
<tr><td rowspan="2">复检</td><td colspan="2" rowspan="2">记录人： 日期：</td><td>合格</td><td></td><td>入库分发</td><td></td></tr>
<tr><td>不合格</td><td></td><td>处置记录</td><td></td></tr>
</table>

<table>
<tr><td rowspan="5">分配记录</td><td>单位</td><td>数量</td><td>附件</td><td>收检情况</td><td>承办人</td><td>日期</td></tr>
<tr><td></td><td></td><td></td><td></td><td></td><td></td></tr>
<tr><td></td><td></td><td></td><td></td><td></td><td></td></tr>
<tr><td></td><td></td><td></td><td></td><td></td><td></td></tr>
<tr><td></td><td></td><td></td><td></td><td></td><td></td></tr>
</table>

部门： 质检员：

注：有检验、试验报告时，报告附后。

(9)物资购销合同。

物资购销合同是指供方(卖方)同需方(买方)根据协商一致的意见,由供方将一产品交付给需方,需方接受产品并按规定支付价款的协议,具有法律效用。

一般包括以下内容:

供方(卖方):

需方(买方):

名称:

合同编号:

签订地点:

①产品名称、商标、型号、厂家、数量　　签订时间:年　　月　　日

②质量要求技术标准、供方对质量负责的条件和期限。

③交(提)货地点、方式及数量。

④运输方式及到达站港和费用负担。

⑤合理损耗及计算方法。

⑥结算方式及期限。

⑦解决合同纠纷的方式。

⑧其他约定事项。

产品名称	规格型号	生产厂家	计量单位	数量	单价	总金额	交货日期
合计人民币(金额)大写:							

供方	需方	到货方	鉴(公)证意见:
单位名称(章)	单位名称(章)	单位名称(章)	
单位地址:	单位地址:	单位地址:	经办人:
法定代表人:	法定代表人:	法定代表人:	
委托代理人:	委托代理人:	委托代理人:	
电话:	电话:	电话:	鉴(公)证机关(章)
开户银行:	开户银行:	开户银行:	
账号:	账号:	账号:	年　　月
税号:	税号:	税号:	
邮政编码:	邮政编码:	邮政编码:	(注:除国家另有规定外鉴(公)证实行自愿原则)

注:空格如不够用,可以另接。

结 算 单

<table>
<tr><td>供货单位</td><td colspan="2"></td><td>合同编号</td><td colspan="3"></td></tr>
<tr><td>开户银行</td><td colspan="2"></td><td>账号</td><td colspan="3"></td></tr>
<tr><td colspan="7">合同规定描述：</td></tr>
<tr><td>物资编号</td><td>品名</td><td>规格型号</td><td>单位</td><td>数量</td><td>单价(含税价)</td><td>金额：</td></tr>
<tr><td></td><td></td><td></td><td></td><td></td><td></td><td></td></tr>
<tr><td></td><td></td><td></td><td></td><td></td><td></td><td></td></tr>
<tr><td></td><td></td><td></td><td></td><td></td><td></td><td></td></tr>
<tr><td colspan="4">合计</td><td></td><td></td><td></td></tr>
<tr><td colspan="3">供应部门主管意见：
签字：
年　月　日</td><td colspan="4">财务部门主管意见：
签字：
年　月　日</td></tr>
<tr><td colspan="7">结算单共三联。第一联存根联：供应部门留存；第二联客户联：需方留存；第三联财务留存</td></tr>
</table>

四 仓库管理的主要内容

仓库作业流程如图 2-14 所示。

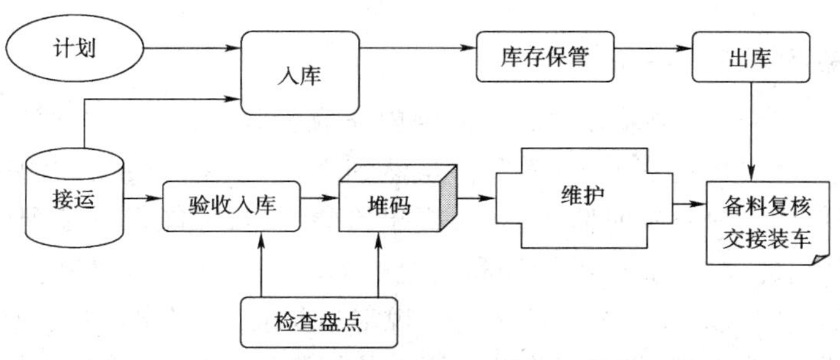

图 2-14 仓库作业流程

1 计划管理

(1)做好材料配件的计划工作，加强计划管理，通过核算及时正确地反映零配件需求情况。

(2)每月报计划，经领导批准，方可采购。

(3)保证供应工作，仓库的库存要合理，防止库存积压。

(4)按计划采购，批量进货，总成件的采购要经主管厂长审批。

2 验收入库

零配件验收是核对验收凭证、对零配件实体进行数量和质量检验的技术活动的总称，是确保入库零配件数量准确、质量完好的最重要的一个环节。验收工作是一项技术要求高、组织严密的工作，关系到整个仓储业务能否顺利进行，所以，必须做到及时、准确、严格、经济。

1 零配件验收的必要性

由于入库零配件的来源复杂、运输条件上存在差异、包装质量不等，致使零配件在供货时及供货途中会产生种种复杂变化，并对其数量和质量产生一定影响，为确保入库零配件的数量准确与质量完好，所以，必须对入库零配件进行细致的验收工作。

验收工作的意义：

(1)为零配件的保管和最终出库投入使用打下基础。因为只有在入库验收时，将零配件的实际状况彻底检验清楚，才能剔除残次不合格品，才能为以后的保管维护措施提供依据，才能在最终出库时为客户提供数量准、质量好的零配件。因此，任何粗枝大叶、麻痹疏忽和不负责任，都会给以后的工作造成不应有的混乱和损失。

(2)对零配件的质量起监督和促进作用。验收工作实际是对零配件产品质量、包装和运输等情况的一次全面考核，验收中所发现的产品质量等一系列问题的反映，都会对有关部门的质量管理起一定的推动作用。

(3)验收记录是仓库提出拒收、退货、索赔的依据。如果零配件入库时未进行严格的验收，或没有做出正确的验收记录，而在保管中或发货时才发现问题，定会给工作造成极大被动，甚至带来不必要的损失。如果进口零配件发生质量问题，还会造成不良的政治影响和损失。

2 零配件验收的基本要求

(1)及时到库的零配件必须在规定的期限内完成验收工作。要按照有关规定及时完成验收工作、提出验收结果，这是因为：零配件虽然到库，但是未经过验收的零配件不算入库，不能供应给用料部门。只有及时验收，尽快提出检验报告，才能保证零配件尽快入库、及时供应，满足用料部门的需要，加快零配件和资金的周转。同时，零配件的托收承付和索赔都有一定的期限，如果验收时发现零配件不符合规定和要求，要提出退货、换货或赔偿等要求，均应在规定的期限内。否则，供方或责任方不再承担责任，银行也将办理拒付手续。

(2)准确验收工作为“三抓、五清”。“三抓”，即抓数量、抓重量、抓质量；“五清”，即数量清、重量清、质量清、规格清、批次清。

对入库零配件品种、规格、数量、质量验收的各项数据或检验报告必须无误，不得掺入自己的主观偏见和武断，要如实反映零配件当时的实际情况，并真实、准确地加以记录。验收的目的是要弄清零配件数量和质量方面实际情况，验收不准确，就失去了验收的意义。而且，不准确的验收，造成错误的判断，引起保管工作的混乱，严重者还可以危及安全。

提运进库把“六关”，即把好外勤接运关、中途运输关、仓库收货关、进库关、内部交接关、保管验收关。

(3)仓库有关各方都要严肃认真地对待零配件验收工作。验收工作的好坏直接关系到企业利益,也关系到以后各项仓储业务的顺利开展,因此,仓库应高度重视验收工作,直接参与人员更要以高度负责的精神来对待这项工作。零配件的验收关系到财产的安全,尤其是进口零配件的验收,还关系到国家利益和声誉,因此,验收人员必须具有高度的责任心,严格按制度、规定和手续认真进行检验,并对所检验的零配件负全部责任。

(4)经济零配件在验收时,多数情况不但需要检验设备和验收人,而且需要装卸搬运机具和设备,以及相应工种工人的配合。这就要求各工种密切协作,合理组织调配人员与设备,以节省作业费用。此外,验收工作尽可能保护原包装,减少或避免破坏性试验,也是提高作业经济性的手段。

零配件入库时,必须在规定时间内办理验收入库手续。入库前,必须检验数量、质量、规格、型号,合格方可入库。入库的零配件与说明书资料中的质量、数量、规格不符时,不得入库,由采购人员负责与供货单位联系。

严格进货检验手续,所有采购配件,进库时必须核对数量、价格、质量,特别要防止假货入库。发现假货和质量问题要追究责任。

3 验收作业程序

验收包括验收准备、核对证件和检验实物三个作业环节。

(1)验收准备:仓库接到到货通知后,应根据零配件的性质和批量提前做好验收前的准备工作,验收准备大致包括以下内容:

①人员准备。安排好负责质量验收的技术人员或用料部门的专业技术人员,以及配合数量验收的装卸搬运人员。

②资料准备。准备好全部验收凭证和资料,收集并熟悉待验收的零配件的有关文件,例如技术标准、订货合同等。

零配件检验规范表

检验项目及比例						
零配件大类名称	零配件种类名称	外在质量	检验比例	内在质量	检验比例	检验人

③器具准备。准备好验收用的检验工具,例如衡器、量具等,并校验准确。

④货位准备。确定验收入库时的存放货位,计算和准备堆码苫垫材料。

⑤设备准备。大批量零配件的数量验收,必须要有装卸搬运机械的配合,应做好设备的申请调用。

(2)核对凭证。入库零配件必须具备下列凭证:

①入库通知单和订货合同副本，这是仓库接受零配件的凭证。

②供货单位提供的质量证明书或合格证、装箱单、磅码单、发货明细表等。

③零配件承运部门提供的运单，若零配件在入库前发现残损情况，还要有承运部门提供的货运记录或普通记录，作为向责任方交涉的依据。核对凭证，也就是将上述凭证加以整理全面核对。入库通知单、订货合同要与供货单位提供的所有凭证逐一核对，相符后，才可进行下一步实物检验。

配件送检入库单

供应单位　　　　　　　　　入库日期：　年　月　日　　　　　　编号：

物资编号	品名	规格型号	件数	单位	应收数量	实收数量	退货数	净入库数	单价	金额
合计	（大写）：				￥：　元		供货商代表签字：			

制单：　　　　质检：　　　　正常品仓库：　　　　不良品仓库：

3 配件保管的目的

配件保管是为了保证零配件流通的顺利进行，实现“四保”。

(1)保质量：库存零配件无论储存时间长短，都应通过保管维护活动使其保持原来的质量标准。

(2)保数量：零配件库存期间其实物动态与账务动态一定要相符，做到件数不短缺，重量不亏损，账、卡、物相符。

(3)保安全：通过一系列保管活动，做到防火、防盗、防变质，确保库存零配件安全无事故。

(4)保急需：仓库应在最短时间内，按客户需求将调拨单所列零配件按质、按量、及时、准确地发放出库。

4 零配件保管要求

零配件的保管应达到标准化管理。

1 分类定库

(1)按照零配件的不同质量、规格，定位存放，做到规格不混、材质不混、数量准确、账实相符。

(2)分类“四定”，即划区定块、划线定位、货垛定形、仓库定量。

2 合理布局

按照仓库的储存任务和具体情况及零配件的性能和要求，对库区进行分类分区、合理布局，做到规则划一、堆码有序、标记鲜明、库容整齐；库房内物品按分类码放整齐。

3 配件堆码

配件堆码注意"四定"、"五限"、"五距"和"五标准";"四定",即按物类或设备的库号、架号、层号、位号存放;"五限",即限类、限高、限位、限量、限距。

4 "五距"及作用

货垛的"五距"指墙距、柱距、顶距、灯距、垛距,即货垛不能依墙靠柱,不能与屋顶或照明设备相连。

墙距:指货垛和墙的距离。留出墙距,能起到防止墙壁的潮气影响货物,便于开关窗户、通风散潮、检点货物、进行消防工作和保护仓库建筑安全等。垛与墙的间距一般不小于0.5m。

柱距:指货垛和室内柱的距离。留出柱距,能起到防止货物受柱子潮气的影响和保护仓库建筑安全的作用。垛与柱的间距一般不小于0.3m。

顶距:指货垛与屋顶之间的必要距离。起到隔热、便于消防等作用。顶距一般规定为0.2~0.5m;顶层不得低于0.5m;人字屋端,应保持0.1~0.2m的距离,留出顶距,能起到通风散潮、查漏接漏、隔热散热的作用;平房仓库为0.2~0.5m;多层建筑库房底层与中层架无天花板的库房,货垛顶层不能顶着天平木下。

灯距:货垛上方及四周与照明灯之间的安全距离,这是防火的要求,必须严格保持在0.5m以上。

垛距:货垛与货垛之间的距离,视货物性能、储存场所条件、养护与消防要求、作业需要而定。在一般情况下,货垛间距为1m左右。

五标准:即垛形垛位要符合牢、齐、清、稳、美的五字标准。

5 "五五"码放

这是一种比较合理的堆放方法,"五五化"以五为单元,结合物资的不同形状、性质堆成,是一种便于快收快发、便于记账的方法。大的五五成方,小的五五成包,高的五五成行,矮的五五成堆,主要是根据实际情况来制定具体的措施和方法。

贯彻五五化是为了更好地执行堆码原则,切不可追求形式,致使货位不能充分利用,增加劳动消耗,甚至影响维护的正常进行。

五五化原则应考虑物资的不同特点,还应因地制宜的考虑库房的具体条件,切不可教条主义。

堆码要做到14字方针,即"合理、牢固、安全、定量、整齐、节省、方便"。

6 库房管理"六清"、"三齐"、"四一致"

"六清",即零配件名称、规格型号、数量、质量、零部件及资料清。

"三齐",即库容整齐、码垛整齐、标签整齐。

"四一致",即账、卡、物、金额要一致。

7 维护

根据各种零配件的不同性质和特点,经常检查、进行维护,做到十防,即防火、防盗、防

潮、防锈、防霉、防腐、防蛀、防震、防混、防漏。

❽ 整齐、清洁

库房内保持整齐、清洁，每日实行一次清洁，做到三无（无尘、无土、无杂物）。

5 零配件出库发放

零配件出库又称发货。零配件出库是零配件储存阶段的结果，是储运业务流程的最后阶段，标志着零配件实体转移到生产领域的开始。它是凭借零配件出库凭证，通过审单、查账、发货、交接、复合、记账等一系列作业，把储存零配件点交给客户或使用部门的业务过程。

对于零配件出库的要求即根据正式的凭证和手续，准确、及时地组织好出库工作。

零配件出库的基本要求：零配件出库必须准确。准确是工作质量的一个重要标志，发货准确与否关系到仓储服务的质量。没有准确，就没有质量。没有准确，出库工作就变得毫无意义。所谓准确，就是按照出库凭证所列的零配件编号、品名、规格、质量、等级、部门数量等，准确无误地进行点交，做到单货相符，避免差错；零配件出库必须及时。发货及时是保证维修需要的重要条件。因此，发货时在手续健全的前提下，力求简便，加快速度，及时组织好零配件出库作业。零配件出库必须安全。所谓出库安全，就是在出库搬运点交时注意安全操作，防止作业过程中零配件振坏、压坏、摔坏、破损、变形，以保证零配件出库质量。

6 零配件的盘点

❶ 盘点的作用

（1）确保零配件资料的真实性。通过盘点，可以使各项零配件的实存数量、种类、规格得到真实反映，以便核查零配件账实差异及其发生原因，明确责任，保证零配件资料的准确性。

（2）确保各项零配件的安全与完整。通过盘点可以掌握各项零配件的保管情况，查明有无损失浪费、霉烂变质、贪污盗窃等情况，以便针对问题，堵塞漏洞，改进工作，建立健全各项责任制，切实保证零配件的安全与完整。

（3）挖掘零配件潜力，提高零配件使用效率。通过盘点，可以查明各项零配件的储备和利用情况，确知哪些零配件积压，哪些零配件不足，以便采取措施，提高零配件使用率。

（4）利于了解有关零配件的各项制度的执行情况。通过盘点可以了解验收、保管、发放、调拨、报废等各项工作是否按规定办理，这样有利于督促各项制度的贯彻执行，提高管理质量。

❷ 盘点方式

（1）定期盘点：每月末、季度末或年终进行的定期例检，这是对库存零配件进行的全面性盘点，应带账到现场逐垛、逐架、逐笔进行清点、核查。

（2）动碰盘核：又称日对点，是日常盘点的一种方法，即对每天动过、碰过、发出过的货垛在发货后随机检查点结。其特点是花费时间少、发现差错快，能及时解决问题、挽回损失。

（3）巡回核对：保管员在日常工作中对所管货区进行巡回观察、核对，以及时发现问题。

（4）临时盘点：根据需要进行临时突击盘点，可以是全面的盘点，也可以是局部重点的

盘点。

3 盘点的主要内容和检查项目

(1)检查零配件的账面数量与实存数量是否相符。

(2)检查零配件的收发情况,以及有无按先进先出的原则发放零配件。

(3)检查零配件的堆放及维护情况。

(4)检查各种零配件有无超储积压、损坏变质。

(5)检查对不合格品及报废零配件的处理情况。

(6)检查安全设施及安全情况。

4 盘点时的注意事项

(1)零配件保管人员必须在场,协助盘点人员盘点。

(2)按盘点计划有步骤地进行,防止重复盘点或漏盘点。

(3)盘点过程一般采用点数、过秤、量尺、技术推算等方法来确定盘点数量。

5 盘点结果处理

对通过检查盘点发现的问题进行处理,分以下几种情况:

(1)规定标准内的盈亏:又称合理盈亏,是指盈亏数量不超过规定标准的,处理办法是经部门主管领导批准后核销。

(2)超过标准的盈亏:应查明原因、作出分析、写出报告,按审批程序报上级备案后,按有关规定处理。

(3)此多彼少、总数相符:属于同一品种、不同规格的,可经领导同意后,进行规格间的数量调整;不是同类零配件的,按超标准盈亏处理。

(4)质量变化:要查明原因,做好记录,在采取挽救措施的同时,报告领导后调拨。对完全变质、失效的,除按有关规定提出报废外,更应查明变质原因,是保管不善所造成,还是零配件超过规定储存期限所致,以便分清责任,总结经验。

(5)积压零配件:盘点中如发现长期无动态的积压零配件或超过保管期限的配件,应汇报。

五 报废零配件处理

仓库报废零配件必须每月或每季度一报。经财务、审计等部门查看、审核,报请审批后报废,如有损耗,应查明原因,写出报告,经领导审批后做账务处理。

六 退货处理

(1)零配件抽检出现质量问题,由零配件管理部门组织向供货单位退货或索赔。

(2)在使用过程中出现问题,由使用部门报零配件管理部门和采购部门,由零配件管理部门组织向供货单位退货或索赔。

七 账务处理

(1)仓管员在发货时，应填写《发货单》，领料人必须在《发货单》上签章，仓库领料人签认的《发货单》及时登记库存做账，发货应与派工单核对。

(2)定期编制库房与设备零配件库存情况报表，月、季报表与仓库的账、卡一致报表应符合规定，账物相符，并按相关规定的产品目录顺序排列好台账。报表准确，并与分账相符。

八 安全维护

(1)仓库内应经常维持清洁并随时注意通风情况。

(2)易燃品、易爆品或违禁品，不得携入仓库物料管理部门。

(3)仓库内不得吸烟。若因工作需要焊接时，应先报批备案并有人专责允许后才可。

(4)物料管理部门对所负责经管的成品库存及仓运设备，如果破损应立即反映，并立即委托修护。

(5)未经物料管理部门主管核准的有关人员不得进入仓库，搬运完毕后搬运人员也不得在仓库逗留。

(6)物料管理部门员工于下班离开前，应巡视仓库及电源水源是否关闭，以确保仓库的安全。

九 资料保管

各部门必须妥善保存各类零配件收发原始报表、凭证、记录，按照档案管理要求装订存档。

任务实施

由于4S店配件唯一的供应渠道是，受生产企业的控制，因此能够保证零备件的质量和供货渠道的畅通，加上规模化经营，完善的物流，使汽车售后服务得以顺利进行。

一 订货

由于订货渠道单一，就必须按照生产厂商的要求采购本系列车型规定的零件。应综合考虑车辆特性、保有量、备件特性、库存以及厂家物流配送等情况，制定增加订货种类和数量，有效控制零部件的库存数量。进行特殊备件订货时应遵照生产厂商的有关规定进行订货。

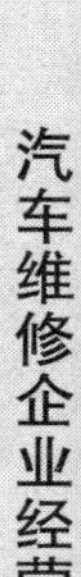

1 备件计划员制定备件订货计划时应综合的因素

(1)主要服务对象车辆的特性：车型、车身颜色、发动机类型、变速器类型(手动、自动)等。

(2)辖区的保有量。

(3)备件特性：通用/互换性、季节性、故障率等。

(4)备件的流量、流速、流向分析。

(5)定期跟踪备件库存量的变化。

(6)在途备件和欠拨缺件情况。

(7)库存周转率统计。

2 订货日历

(1)正常订货是指为保证售后服务正常进行的常规储备而进行的订货作业；紧急订货是指发生了因缺件导致车辆维修停工待料、甚至客户投诉的情况下发生的订货作业。

(2)订货日历是指专营4S店在生产厂商规定的零备件供应商进行正常订货的时间，按每月的第N周的星期N安排专营4S店订货，从而避免在休息日进行正常订货。

(3)生产厂商规定的零备件供应商根据工作日历和专营4S店订货额制定专营4S店订货日历，明确规定各专营4S店正常订货的日期和频次。订货日历公布在E3SP系统上，根据专营4S店业务状况每月制定一次。专营4S店正常订货必须符合订货日历的要求；紧急订货及特殊备件的订货不受订货日历限制，不计订货次数，只能在生产厂商规定的零备件供应商的正常工作日提出。

二 领料

(1)专营4S店在制作派工单时，确定所需备件是否有足够库存。

(2)备件部在接受领料时，要求领料人出示派工单或其他领料凭证。

(3)接待员在进行报价派工时，应根据所需备件库存情况向客户告知预计的交车时间。

(4)接受领料时，如发现有缺货情况，备件部应立即回复其相应的交货时间，由接待员与客户沟通，重新预计交车时间。

(5)对缺货备件的到货跟踪和交货时间要进行可视化管理。

(6)灵活运用缺货备件的交货时间表回复最新的交车时间。

三 库存管理

1 备件储备情况

为了给客户迅速提供零件和选装件，备件部必须对仓库的备件储备情况了如指掌，做到

以下几点：

(1)时刻关注最新的备件技术信息和库存情况。

(2)设定常备备件的品种及库存量的标准。

(3)至少一年重新评估一次常备备件品种及库存量的标准

(4)仓库记账要准确、及时、全面，保证账物相符，有物必有账。

(5)必须建立定期盘点制度，盘点工作应由备件部和财务部协同进行。

(6)至少一年实施一次现有备件的库存盘点。

(7)对于索赔备件必须建账、建卡，并单独存放。

(8)备件库存应能够基本保证客户维护和维修的需要。

(9)建立废弃备件的报废标准，并按照这个标准进行实施。

(10)备件的入库、出库、库存盘点和报废要实时反映到库存信息上，以确保库存信息的准确性。

备件运营的目的，就是"要把最大的物流服务以最小的成本，提供给客户"。为了达到这个目的，"在客户需要的时候，按照需要的数量将备件送到"是必然条件。汽车生产厂商为了对自己的客户负责，有权根据具体情况要求专营4S店达到某些更具体的库存目标。

备件主管必须从专营4S店收益的角度出发，充分理解物流的重要性，在做好日常业务的前提下，不断挑战业务改善活动，提高对客户的服务质量，努力使与售后经营直接相关的成本最小化。

2 零备件的库存数量

(1)常备库存品种和库存数量要以客户的需要作为基本依据。分析客户过去曾经需要了什么备件、这种需求是否存在季节性的变化等事项之后，再决定常备库存品种和库存数量。

(2)基于不断提高利润的原理，物流管理的有效运用就是为了经费的削减，所以必须维持适当的库存量(最小的库存量)。

(3)库存品种和库存数量的确定：前提是要确保客户的需求、注意平衡及时交货率和合理的库存量(最小库存量)后，再作决定。

3 常备库存品种

所谓库存，就是必须用最小的成本，以较高的及时交货率，提供给客户所需的备件产品。作为距离客户最近的供货部门一定要考虑库存品种(常备品种)。

品种的选定基准是：

(1)要综合考虑包括东风日产在内的整体库存责任的分担。所以，选定品种时，要与东风日产进行协商后再确定各自的库存品种。

(2)库存的品种要根据客户的需求(出货数量)进行决定。例：以每月接收到的订货在0.5个以上且有实际出货记录的品种作库存。根据地域的不同，这个标准数也存在一些差异。

4 零备件报废标准

专营店应在考虑以下因素的基础上制定备件报废标准。

1 在库时间

在一定时期内没有出库的备件可考虑作为报废备件。

应根据库存周转率的不同以及市场需求情况的不同来评判周期的长短。

建议两年内没有出库的备件可以列为报废备件。

2 数量

由于库存备件可能会影响专营4S店的财务状况,因此,专营4S店应尽量减少备件的数量。

应根据仓库大小以及市场需求情况的不同来确定报废备件的数量。

建议报废数量应不超过全部在库备件总数量的1%。

5 现存物品盘点

有两种盘点方法:一种是一次性地针对所有库存产品进行盘点;另一种是把仓库分成不同的区域,对库存产品进行循环式盘点。推荐使用循环式盘点方法。

循环式盘点是减少实际盘点的作业量、缩短盘点时间的一种措施。每月的作业计划中列入仓库分区盘点的内容,每天作业的间隙时间,检查账面库存数据与实际库存的差异。循环盘点是对专营店备件业务的影响最小的一种盘点方式。

四 接收备件和上架作业

为了做到快速的供应备件,在接收货物时进行验收和区分(立即出货备件还是补充订货的备件)非常重要。

上货架前的备件也是库存的一部分。已经到货的备件应尽快上货架(至少在半天以内),使得库存信息和实际的库存状况保持一致。

货物上架前后必须做到:

(1)备件到货接收时,应对照备件供应商的出库单/货物运单验收实物。

(2)应建立备件到货验收标准,并按此标准实施验收。

(3)发现到货出现的不合格品、数量差错和损坏等情况时,专营4S店应按规定的流程进行备件索赔。

(4)接收备件后,在上货架前,注意分区保管。

(5)接收备件后,确定完成上货架作业的时间,并在此时间内进行作业。

(6)接收备件时,应有清单区分:常备备件和立即出库备件。

(7)准备当天预计到货备件的清单,并在到货后确认预计到货备件中还没有到货的部分。

(8)体积大、数量多的备件上货架时，要使用手推车，提高作业效率和防止备件受到损坏。

五 备件保管

备件保管必须满足专营4S店的管理标准，管理标准如下：

(1)在货架上标有仓位编号。

(2)仓位是按照备件的流通速度、形状及作业流动路线进行设定的。

(3)仓位管理原则上是一种产品放一个位置。

(4)为了减少作业人员的错误，应在货架的仓位记录板上记录备件的编号。

(5)存放前应考虑备件的形状、重量、所占空间和作业安全性。

(6)备件的收货、发货区域应分开。

(7)每年至少重新评估一次仓位的布局。

(8)促销活动用的备件库存与常备备件进行分开保管。

(9)危险物品应按照法律规定进行保管。

(10)要确保待出货产品的库存空间。

(11)仓库货架的层架和隔间是可动式，可根据备件的形状和大小进行调整。

为确保备件保管和出入库等作业的顺利进行，仓位管理是必不可少的。

随着备件品种、数量的增加，仓位管理越来越显得重要。如果没有仓位管理，就不能顺利地进行出入库操作。

六 出库作业

(1)出库时，应对照出库单确认备件的编号、数量，同时确认备件是否完好无损。

(2)对于维修车间的紧急需求，应随时准备出库。

(3)体积大或数量多的备件在出库时要使用手推车，以提高作业效率和防止备件受到损坏。

(4)出库时，要根据不同备件存放仓位的不同设计合理的出库路线，以提高作业效率。

七 部门的协作

确保对维修车间的备件供应是非常重要的。即使只差一个零件，整个作业也会处于瘫痪状态，这将导致维修交车时间的延迟，也必定会伤害与客户之间的信任关系。售后服务部作为专营店备件的供应部门，部门内部每天有必要保持密切的交流和沟通，并时时注意保持顺畅的备件供应。

(1)备件领料处的柜台营业时间应满足维修车间营业时间的需要。

(2)售后服务部部门内(客户服务代表、维修车间、备件库)每天应相互沟通缺货备件的

进展状况。

(3)出货时要以派工单(R/O)为单位分开备货。

需要注意以下事项:

①在预计到货期的前一天确认到货信息,并就有关情况与服务部联系。

②备件到达后,应尽快的进行划分,并及时将备件到货信息告知服务部。

备件出货应以派工单(R/O)为单位进行划分,以提高服务作业人员的工作效率(服务作业人员在作业前要先确认备件)。

汽车精品是客户购买新车或购车以后选购的汽车选装件、装饰品等,与汽车零部件管理基本相同。

一 选装件营销中各部门的职责

选装件销售主要是由销售部和售后服务部负责销售目标的达成,同时售后服务部负责进行销售情况汇总,并与选装件供应部门直接联系。选装件的销售场所为新车展示厅以及服务接待柜台,是一种跨部门的销售业务。售后服务部应根据汽车生产厂商要求的选装件订货目标和专营4S店的经营情况,通过部门间的协商,制定选装件销售目标和活动计划,从而扩大选装件销售,提高专营4S店的收益。

选装件销售渠道主要是新车销售时的选装件销售,同时,客户回厂接受维修服务时的选装件销售也是扩大选装件收益的一个重要方面。

专营4S店要制定选装件销售目标和活动计划,并对制定的目标和活动计划的重要性有充分的理解和定位。各部门的职责如下:

(1)销售部负责在新车销售时的选装件(主要是内装、外装、电装选装件,也包括其他选装件)销售业务。

(2)售后服务部负责在客户回厂接受维修服务时的选装件(主要是系统商品,也包括其他选装件)销售业务和供应的保障。

(3)销售部和售后服务部应就有关选装件(新车销售时以及新车销售后)的年度目标销售金额和活动计划进行协商、策划。

(4)售后服务部应和销售部一起,定期对选装件目标销售金额、活动计划与实际业绩进行回顾对比,如果有差异,要进行原因分析。

二 业绩管理

专营4S店总经理应理解选装件营销的目的:

(1)扩展专营4S店新车销售的利润空间。

(2)扩展专营4S店服务经营的利润空间及回厂频次。

(3)丰富专营4S店的服务商品,为客户提供更多的选择机会。

销售顾问(选装件销售员)的技能和努力会对新车销售时的选装件销售产生很大的影响。因此,在实际业绩管理上,必须掌握各个销售顾问的目标销售金额和月度的实际业绩。

从实际业绩中分析"为什么这个销售顾问的每台销售额会这么少?""与较高业绩的销售顾问相比,他们的销售活动有什么不同?"并反馈改善点,不断朝着提升销售顾问业务技能的方向努力。

为了对选装件及精品销售业绩管理,必须按照以下原则:

(1)总经理应理解选装件营销的目的,并将其向选装件营销相关人员传达。

(2)不得展示非纯正选装件,不得储存、销售与纯正选装件同类的非纯正选装件。

(3)应制定单台选装件目标销售金额,并掌握每个销售顾问每月的销售情况。

(4)应制定新车销售时重点选装件的目标着装率,并定期分析达成情况。

(5)应分车型制定新车销售时单台选装件目标销售金额,并定期分析达成情况。

(6)应制定并实施针对销售人员的选装件销售奖励制度。

三 选装件展示宣传

让客户对选装件有一定的认知是进行选装件销售的第一步。客户是否表现出对选装件的关心,与专营店中选装件宣传的水平有很大关系。

在新车展示厅和客户休息室,有必要进行相应的选装件宣传以给客户的脑海中留下较深的印象。

选装件目录、选装件实物的展示一定要能够引起客户的关注且触手可及。应将最新的选装件目录放在展示厅和客户休息室里。为了确保时刻都有放置好的目录,请注意一天要确认数次,并进行定期的清扫以保持清洁。

选装件要在展示厅内非常醒目的地方进行展示,整理最新的选装件进行展示,并在各个实物的周围附上价格牌。另外,为了维护展示厅的清洁,要定期进行清扫,以便能让客户愿意触摸。

给试乘车/展示车(限定车)安装选装件:应让客户不仅能看到实物的展示,还能看到安装了选装件后的汽车状态,这样就可以对选装件做更进一步的宣传。

如果是试乘试驾车,要以倒车雷达、PSS(驻车辅助系统)等选装件为中心,让客户在车辆行驶时切实地感受选装件的好处。销售顾问要在试乘前就对试乘车上安装的选装件进行说明,在试乘试驾时一定要使用相关选装件,并对相关选装件的功能作详细说明,以便让客户实际感受体验到选装件的好处。

如果是展示车(限定车),为了让客户能更加了解选装件,要对安装的选装件附上标签,同时销售顾问也必须对此加以说明。

四 促销措施的企划

选装件促销措施，不仅可以增加选装件的销售额，也有助于带动新车的销售，从而提高专营店整体销售额和利润。

以下是具有代表性的选装件的促销方法。

（1）推荐的基本套餐：把地毯、挡泥板等客户有可能买的、销售业绩比较好的选装件设置成套餐，并对套餐设置比单件合计更有竞争力的价格，在与客户会谈新车销售时积极地推荐相应的套餐。

（2）限定车的企划：在待售汽车上安装上热销或重点选装件，设定有实惠价格，进行销售。这对车型末期（该车型即将取消）的车辆促销，以及对整车销售时重点商品的销量增多来说都是比较有效的对策。需要说明的是，专营店在策划限定车销售时，要保证展厅一定有未加装任何选装件的整车展示，且限定车的销售价格不能影响东风日产所规定的整车销售限价。

（3）选装件单品的促销活动：是在限期内通过调整产品的价格来促销的一种措施（一般是针对比较好卖的选装件或重点选装件）。至于对选装件的选择，不但要把握专营店自己的选装件销售动向，还需要掌握市场选装件的销售动向。另外，对受季节因素影响较大的选装件，要在销售高峰前进行计划，从而有目的地开展促销活动。

（4）吸引客户的活动：限定车和单品促销活动以外，再加上专营店实施的促进客户回厂的措施（吸引客户的活动等），必定可以在促销上发挥作用。准备一些回厂纪念品，可以提高回厂的吸引力。在实际工作中，请配合限定车及选装件的促销活动来策划和实施一些吸引客户回厂的活动。

促销示例介绍：

（1）限定车的宣传单页。限定车的宣传单页上要有汽车的照片，照片上明确显示安装了什么选装件、这些选装件的卖点是什么等方面的内容。为了宣传限定车是价格比较合算的汽车，也要将价格标在宣传单页上。

（2）选装件单品的促销宣传单。选装件单品的促销活动的宣传单上要把每个选装件的卖点用简短的语言进行说明，并用大字体显示价格以体现物美价廉。

（3）促销活动的主题，要能体现季节性促销活动或选装件的销售动向，努力制作出能给客户留下深刻印象的促销活动。

五 销售程序

为了让全部的销售顾问能实施有效的选装件推荐，专营 4S 店应制定标准程序，并对此组织相关的培训是很重要的。

参考标准的要点制作自己的程序，并通过相关培训让所有的销售顾问熟知该程序。

在新车销售时：

(1)专营店在进行新车销售时,应有推荐选装件的标准程序,并将此程序纳入新车推介程序。

(2)销售顾问应使用选装件目录或者选装件实物,向客户传达商品特性和价格,并推荐客户进行购买。

(3)销售顾问应使用已经记录了各个车型基本套餐的报价单,并向客户推荐。

(4)销售顾问在接到选装件订单后,应在尽早的时间内综合考虑新车的交期、选装件的交期、安装时间,并将交期告诉客户。

(5)如果销售顾问在与客户商谈时未获得选装件的订单,应将选装件目录赠送给客户,以期待下次能有机会让客户购买。

新车销售后:

(1)售后服务部人员在受理车辆回厂时,应按照规定程序,对客户推荐销售选装件。

(2)售后服务部人员在进行推销活动时,应将选装件特性和价格明确地向客户说明。

(3)售后服务部人员在接收到选装件订货时,应综合考虑维修所需时间(R/O的时间)、选装件的交期和安装时间后将确定的交期告诉给客户。

六 库存管理

为了不延误新车交车以及服务交车的时间,必须提前对选装件进行安排。确认新车交付时间表,确保相应的选装件准备。

另外,在实施促销活动或其他活动的时候,需要准备比平时更多数量的选装件时,应尽早与售后服务部、销售部取得密切联系,及早准备所需的选装件。

习题及思考题

1. 汽车维修业的特点主要表现哪些方面?

2. 汽车维修企业提高客户满意度要从哪几方面做起?

3. 品牌汽车售后服务为了提高客户满意度都制定了标准的服务流程,请问广州本田售后服务部是怎样招揽客户的?都采用了哪些方法?

4. 按照广州本田售后服务流程,是怎样要求送客的?

5. 接待客户要注意哪些方面?

6. 为了保证按时交车怎样进行作业管理?

7. 交车时作业说明主要包括哪些内容?

8. 怎样建立汽车维修企业自身经营理念和特色?

9. 企业形象有哪些基本要素?

10. 什么是汽车维修企业连锁经营模式?

11. 简述国内汽车维修连锁企业的发展现状。

12. 发展汽车连锁维修企业主要有哪些优势？
13. 汽车维修连锁经营有哪些形式？
14. 获得配件有哪些渠道？
15. 仓库管理有哪些内容？
16. 零配件保管有哪些具体要求？
17. 汽车选装件怎样促销？
18. 在4S店怎样销售汽车精品？

项目三 汽车维修制度和标准

任务一　汽车维修制度

汽车在运行过程中，其技术状况将随着行驶里程的增加而不断发生变化，使用性能逐渐变坏，以致动力性下降、经济性变差、可靠性降低以及直接影响车辆运行的安全。严格执行的汽车维修制度，可以保持汽车良好的技术状况，延长汽车的使用寿命。车辆二级维护是道路营运车辆严格执行的一项汽车维修制度，所以以此作为任务导入。

掌握汽车维修制度及其建立，了解汽车预防维修新制度。

为了提高汽车安全使用性能，许多国家政府都制定了汽车安全法规，对汽车部件及整车技术参数规定了统一标准，为了达到这些安全标准，也制定了一系列的汽车维修制度。

我国汽车安全检测技术起步于 20 世纪 80 年代，由于机动车保有量迅速增加，使得交通安全和环境保护日趋恶化，从而促使了汽车检测技术的发展。为了适应汽车检测的需要，我国制定了机动车运行安全的标准《机动车运行安全技术条件》，它标志着我国对机动车的检测从人工经验检测向现代检测的转变。目前，我国已能生产自动化水平较高、控制功能完善的全自动汽车检测系统，并不断出现更完善、更可靠、更准确的汽车检测系统。

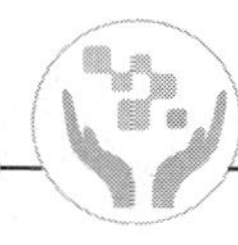

汽车结构复杂，由上万个零部件组成，使用条件苛刻，汽车的长期使用必然会造成汽车零部件的磨损、腐蚀、变形、老化和损伤，从而引起汽车技术状况的逐渐恶化。为了维持或恢复汽车的技术状况，就需要适时地对汽车进行维护或修理。车辆维修不仅是保持车辆良好技术状况的基础，也是保证车辆正常使用的前提。

按照《汽车维修术语》(GB/T 5624—2005)，汽车维修是指汽车维护和修理的泛称。其中汽车维护是为维持汽车完好技术状况或工作能力而进行的作业。而汽车修理是为恢复汽车完好技术状况(或工作能力)和寿命而进行的作业。他们的目的都是为了保证汽车运行安全，提高运输效率，降低运输成本，属于技术保障体系。

一 汽车维护制度

按照《汽车维修术语》(GB/T 5624—2005)中规定，汽车维护按汽车运行间隔期、维护作业内容或运行条件等划分的不同类别或等级。间隔期又按照汽车运行的行程间隔和汽车运行时间间隔划分。汽车维护分为日常维护、定期维护、一级维护、二级维护、季节性维护、走合维护等。

车辆维护选用是以车辆运行时间还是以运行里程间隔进行养护，要视车辆行驶状况，结合我国强制执行的机动车辆检验制度进行选择的。

1 日常维护

日常维护是车辆在使用过程中以清洁、补给和安全性能检测为中心内容的维护作业。这些维护通常是使用者或驾驶人在车辆使用前进行的。

2 定期维护

定期维护往往是汽车生产厂商为了是自己的产品在使用过程中保持技术性能而设置的维护项目，供汽车使用者选用。按技术文件规定的运行间隔期实施(时间间隔和运行里程间隔)。

3 一级维护

一级维护是除日常维护作业外，以润滑、紧固为作业中心内容，并检查制动、操纵等系统中的相关安全部件的维护作业。

4 二级维护

除一级维护作业外，以检查、调整制动系统、转向操纵系统、悬架等安全部件，并拆检轮胎，进行轮胎换位，检查调整发动机工作状况和汽车排放相关系统等为主的维护作业。一般营运车辆在进行检验之前，为了达到车辆安全行驶的技术性能，必须要对车辆进行二级维护作业。

5 季节性维护

为使汽车适应季节变化而实施的维护，例如春季到来对汽车空调系统的维护等。

6 走合维护

通常新车下地有一个走合期，汽车在走合期满实施的维护称为走合维护，又称首保（第一次维护）。

二 汽车修理制度

按照《汽车维修术语》（GB/T 5624—2005）中规定，在汽车修理中按汽车修理时的作业对象、作业深度、执行作业的方式或组织形式等的不同划分的修理等级。分为汽车大修、汽车小修、汽车总成修理、发动机检修、发动机大修、发动机再造、零件修理、视情修理等类型。

1 汽车大修

汽车大修是修理过程中工作量相对较大，施工周期较长的一种修理，通过修复或更换汽车零部件（包括基础件），恢复汽车完好技术状况和完全（或接近完全）恢复汽车寿命的修理。通过大修后的车辆在竣工后有一套完整的检验流程，交付客户使用后往往要通过一个走合期才能投入正常使用。

2 汽车小修

汽车小修是通过修理或更换个别零件，消除车辆在运行过程或维护过程中发生或发现的故障或隐患，恢复汽车工作能力的作业。相对来讲工作量较小，没有严格上的走合期，只要在行驶时注意修理过程中更换过的零部件运行状况即可。

3 汽车总成修理

汽车总成修理是为恢复汽车总成完好技术状况（或工作能力）和寿命而进行的作业。例如发电机无发电输出，维修更换了发电机电刷而恢复了发电机功能等修理。

4 发动机检修

发动机检修是指发动机经过不解体或部分解体，再通过检测、试验、调整、清洁、修理或更换某些零部件，恢复发动机性能（动力性、经济性、运转平稳性、排放水平等）的作业。

5 发动机大修

发动机大修是指发动机经过完全解体通过修理或更换零件，恢复发动机完好技术状况和完全恢复发动机寿命的修理。

6 发动机再造

发动机再造是通过工业化、商品性（化）的发动机大修。再造的发动机以商品形式进入流通领域。例如某品牌汽车，为了保证发动机大修后的质量，不建议每间 4S 店都进行发动

机大修工作，而是将需要大修的发动机集中在某个专业维修点，而供给各4S店的是一些再生发动机，这个发动机就是发动机再造。

7 零件修理

零件修理是恢复汽车零件性能和寿命的作业。

8 视情修理

按技术文件规定对汽车技术状况进行检测或诊断后，决定作业内容和实施时间的修理。

二 汽车维护制度的建立

我国的汽车计划预防维修体系，是在新中国成立后，在学习前苏联和其他欧美国家经验的基础上逐步建立起来的。1954年首次颁布的《汽车运输企业技术标准与技术经济定额》（俗称“红皮书”）就是当时汽车运输技术管理的法规性文件。它为我国汽车运输业的车辆技术管理奠定了良好的基础。该体系充分体现了“以预防为主”的指导思想，它根据汽车零件的磨损规律和汽车技术状况的变化规律，在预计将要发生故障之前，对汽车进行强制维护和计划修理。

该体系规定汽车的技术维护分为三级：例行维护、一级维护、二级维护。其中，例行维护为每天执行、一级维护为每隔1500～2000km、二级维护为每隔6000～8000km。汽车修理分为三类：小修、中修和大修，其中，除汽车小修为零星、临时性运行修理外，汽车中修与汽车大修都按里程间隔计划进行。后来又取消了汽车中修，并增加“三级维护”。其作业周期为“三三制”，即三次一级维护后实行一次二级维护，三次二级维护后实行一次三级维护，而三次三级维护后实行一次汽车大修（为9.6万～12.8万km）。其中，在第二次三级维护时还可以大修发动机一次（即相当于汽车中修）。

开始的维护作业一般都不含修理作业，但由于当时资金短缺，车源不足，车辆使用强度较高，且企业又无力及时更新车辆，使车况逐渐变差，故障率增高，采用正常的维护很难维持起码的车辆完好率，故在后来的技术维护作业中都增加了附加修理作业。

随着我国公路运输业的日益发展，早先的“红皮书”已经落伍。于是交通部在1964年提出了：严格管理、合理使用、强调维护、计划修理的“十六字方针”，要求加强汽车维护和修理的计划性，以保证车辆技术状况完好，降低汽车故障频率，提高行车安全；并在原“红皮书”的基础上吸收国内外经验，重新颁发了两本新“红皮书”《汽车运输企业技术管理规定》和《汽车运用技术规范》；1965年又接着颁发了《汽车修理规程》和《汽车运用规程》，从此将维护制度分为四级（例保、一保、二保、三保），二保、三保的间隔里程也分别延长到1万～1.2万km和4万～4.8万km；并在汽车修理制度中正式取消了中修。

到20世纪80年代，交通部又在总结解放牌CA10B型汽车使用经验的基础上再次修订了旧“红皮书”，编印了《汽车运输和修理企业技术管理制度》和《汽车修理技术标准》，并提出科学管理、合理使用、定期维护、计划修理的“新十六字方针”，从而把计划预防维修制度又

提高到崭新水平。然而在改革开放后，随着汽车保有量的持续增多、汽车技术的突飞猛进和电子技术的应用，上述的汽车计划保修体系暴露出许多难以克服的缺陷。

1 原汽车计划保修体系主要依据于汽车零件磨损规律

按照机械零件磨损规律来计划安排其维修周期和作业内容，原是希望在零件达到极限磨损之前进行维修，以预防潜在的故障隐患。但由于汽车的故障原因并非都是机械磨损，因而计划性的维修并不能解决汽车的随机故障；而且汽车众多的机械零件磨损规律也并非一致，强制性的计划修理必然会导致有些零件因其寿命较长而修理期过短，结果造成盲目拆卸，不仅增加了作业量，也加速了零件损坏；有些零件因其寿命较短而修理期过长，结果又增加了途中故障，降低了汽车可靠性。

2 原汽车计划保修体系主要依据于汽车行驶里程

尽管汽车的磨损和故障明显取决于汽车的行驶里程，但汽车行驶里程并非是引起汽车零件磨损和故障的唯一因素。当汽车实际使用条件差异较大时，其实际车况的差异也较大。例如有些车辆的实际车况因使用条件较好而磨损较小，但由于保修间隔里程已到，结果被迫修理而造成浪费；有些车辆的实际车况因使用条件较差而磨损较大，但由于保修间隔里程未到而不能及时修复，结果给行车安全带来很大威胁。

3 原汽车计划保修体系中保修周期和作业内容

原汽车的保修周期及作业内容主要是依据解放 CA10B 型载货汽车的使用经验制定的。但实际上，随着汽车产品的升级换代，特别是近年来进口汽车猛增，轿车与货车不仅制造质量差别很大，而且实际使用条件也差别很大，倘若仍然沿用解放牌 CA10B 型汽车的维修模式，显然不能适应于轿车。

由此可见，尽管“以预防为主”的汽车维修指导思想并没有错，也尽管这一制度曾对我国的汽车技术使用起过积极的作用，但由于主要依据于汽车行驶里程，而且由于计划性太强，间隔里程过短，结果常造成不能兼顾的浪费。

为了解决原有传统“计划保修制度”可能产生的弊端，1990 年交通部发布了 13 号部令《汽车运输业车辆技术管理规定》。紧接着，1991 年发布了 28 号部令《汽车维修质量管理办法》和 29 号部令《汽车综合性能检测站管理办法》，2001 年又发布了《汽车维护、检测、诊断技术规范》(GB/T 18344—2001)，从而为我国建立新汽车维修制度提供了相应的政策、法规、标准和依据，推动了我国汽车维修制度的改革。

四 汽车预防维修新制度

1 汽车预防维修新制度的主要内容

根据 1990 年交通部发布的 13 号部令《汽车运输业车辆技术管理规定》，所谓车辆技术

管理，是对运输车辆实行择优选配、正确使用、定期检测、强制维护、视情修理、合理改造、适时更新与报废的全过程综合性管理。其核心就是要管好、用好、维修好车辆，以提高企业的装备素质。

汽车预防维修新制度的主要内容，不仅将过去的定期维护改为强制维护，而且更强调了维护的强制性，强调了要在加强定期检测的基础上，将过去的计划修理改变为视情修理。其基本原则是：

(1)坚持预防为主的原则；

(2)技术与经济相结合的原则。

将现在的视情修理与过去的计划修理相比，其区别在于：

(1)确定汽车修理的依据从原来仅以车辆行驶里程为依据，改变为现在的以实际车况为主，并参照车辆行驶里程为依据；

(2)车辆修理作业范围由修理前的实际检测与诊断结果确定，因此检测诊断是实现车辆视情修理的重要保证。

显然，现在的视情修理纠正了过去计划修理中由于计划不周到或执行不严所造成的拖延修理而导致的车况急剧恶化，或者由于提前修理而导致的修理浪费现象，充分体现了技术与经济相结合的原则。由于原汽车计划保修体系仅"以预防为中心"，现在通过强化维护和修理不仅贯彻以预防为主的原则，强调了强制维护，而且还贯彻以技术与经济相结合的原则，更强调了在汽车检测诊断基础上的视情修理，提高了汽车的使用可靠性。

2 汽车预防新维修制度的组织实施

由于汽车零件的磨损和故障不仅取决于汽车的行驶里程，还取决于汽车的结构类型、使用条件和使用状况等。由于我国地域辽阔，汽车实际使用条件和使用状况差别很大。因此在具体实施汽车预防新维修制度时，具体的作业项目和作业周期也还需要根据汽车的结构类型、实际使用条件和实际使用状况做相应的调整。

1 汽车结构类型和新旧程度的影响

由于不同类型的汽车具有不同的结构特点和设计制造质量，即使是同类车型也会由于新旧程度的不同而车况不同。因此在实施汽车维修新制度时，既要考虑各类汽车的共性，也要顾及各类汽车的特殊性，其汽车维修的作业项目和作业周期应该根据其车型结构类型和新旧程度的不同而适当调整。

2 汽车使用条件的影响

不同的使用条件(如地区、道路、季节和气候等)也会对汽车实际性能有明显影响。例如经常在山区行驶的车辆通常要求加强转向系统和制动系统维护；在市内短途往返的车辆由于变速频繁而需要加强传动系统检查；在风沙地区使用的车辆通常要求加强空气滤清器、机油滤清器、燃油滤清器的清洁；而在炎热地区使用的车辆通常还要加强冷却系统维护等。为此在实施汽车维修新制度时，其汽车维修的作业项目和作业周期应根据使用条件的不同而适当调整。

3 汽车使用状况和使用强度的影响

不同的使用状况（如驾驶技术、行车速度、载质量与拖挂量、所用燃料质量等）和不同的使用强度也会对汽车的使用性能和使用寿命产生明显影响。例如经常在夜间行驶的车辆其灯光照明系统就显得格外重要；经常重载或拖挂的车辆其汽缸极易磨损等。因此在实施汽车维修新制度时，其汽车维修的作业项目与作业周期也要根据其使用状况和使用强度的不同而适当调整。

目前，我国品牌汽车4S特约维修企业的汽车维修制度（如维修间隔里程与作业项目等）大多照搬国外模式，即根据原品牌汽车制造厂商的要求执行（不仅与我国的计划预防维修制度差别很大，而且还随着品牌与车型而各不相同），其结果与我国既定的汽车维修制度有些差别。

车辆预检

1 车辆防护

（1）驾驶室内动作：安装座椅套；安装地板垫；安装转向盘套；拉起发动机罩释放杆。

（2）车辆前部动作：打开发动机罩；安装翼子板布；安装前格栅布；安装车轮挡块（可以用举升机顶起部分车辆重量）。

（3）发动机舱内动作：检查发动机冷却液液位；检查发动机机油液面；检查制动液液位；检查喷洗器液面。

（4）车灯检查动作：检查示宽灯点亮；检查牌照灯点亮；检查尾灯点亮；检查前照灯（近光）点亮、检查前照灯（远光）和指示灯点亮；检查前照灯闪光开关和指示灯点亮；检查转向信号灯和指示灯点亮；检查危险警告灯和指示灯点亮、检查制动灯点亮（尾灯点亮时）；检查倒车灯点亮；检查转向开关自动返回功能；检查仪表板照明灯点亮；检查顶灯点亮；检查组合仪表警告灯（点亮和熄灭）。

（5）前风窗玻璃喷洗器动作检查：检查喷射力、喷射位置；检查喷射时刮水器联动（目测）。

2 二级维护检查项目

（1）前风窗玻璃刮水器：检查工作情况（低速）；检查工作情况（高速）；检查自动复位位置；检查刮拭状况。

（2）喇叭工作状况。

（3）驻车制动器：检查驻车制动杆行程；检查驻车制动器指示灯点亮。

（4）制动器：测量制动踏板高度；测量制动踏板自由行程；检查制动助力器工作情况（下沉）。

(5)转向盘检查:检查自由行程;检查松弛和摆动。

(6)外部检查准备:打开行李舱门;打开燃油盖;将顶灯开关旋至"DOOR";将变速杆置于空挡。

(7)左前车门检查:门控灯开关;检查车门的螺栓和螺母是否松动。

(8)车身螺母和螺栓:检查座椅的螺栓和螺母是否松动。

(9)左后车门:门控灯开关;检查车门的螺栓和螺母是否松动。

(10)加油口盖:检查是否变形和损坏;检查连接状况。

(11)后部检查:车灯安装状况和是否损坏和有污垢;备用轮胎是否有裂纹和损坏,检查是否嵌入金属颗粒或其他异物,测量胎面沟槽深度(测量规),检查是否有异常磨损,检查气压,检查是否漏气,检查钢圈是否损坏或腐蚀;检查行李舱门的螺栓和螺母是否松动。

(12)后悬架:检查减振器的阻尼状态;检查车辆倾斜度。

(13)右后车门:门控灯开关;检查工作情况(顶灯和指示灯工作情况);检查座椅安全带的螺栓和螺母是否松动;检查座椅的螺栓和螺母是否松动;检查车门的螺栓和螺母是否松动。

(14)右前车门:门控灯开关,检查工作情况(顶灯和指示灯工作情况);检查座椅安全带的螺栓和螺母是否松动;检查座椅的螺栓和螺母是否松动;检查车门的螺栓和螺母是否松动。

(15)前部检查:前悬架检查减振器的阻尼状态,检查车辆倾斜度;前照灯检查安装状况,检查是否损坏和有污垢;发动机舱检查发动机罩的螺栓和螺母是否松动。

(16)发动机机油(排放):检查是否漏油(发动机各部位的配合表面);检查是否漏油(油封);检查是否漏油(排放塞)。

(17)传动带:检查是否变形;检查是否损坏(磨损、裂纹、脱层或其他损坏);检查安装状况(传动带张力检查)。

(18)驱动轴护套:检查是否有裂纹、损坏(外侧);检查是否有裂纹、损坏(内侧);检查是否有泄漏(外侧);检查是否有泄漏(内侧)。

(19)转向连接机构:检查是否松动和摇摆;检查是否弯曲和损坏;检查防尘套是否有裂纹和损坏。

(20)制动管路:检查是否泄漏;检查制动管路上是否有压痕或其他损坏;检查制动管路软管是否扭曲、裂纹和凸起;检查制动器管道和软管的安装状况(松旷)。

(21)燃油管路:检查燃油是否泄漏;检查燃油管路是否损坏。

(22)排气管和安装件:检查排气管是否损坏;检查消声器是否损坏;检查排气管吊挂是否损坏或脱落;检查密封垫片是否损坏;检查排气管是否泄漏。

(23)悬架:检查是否损坏(转向节);检查是否损坏(前减振器);检查是否损坏(后减振器);检查是否泄漏(前减振器);检查是否泄漏(后减振器);检查是否损坏(前减振器螺旋弹簧);检查是否损坏(后减振器螺旋弹簧);检查是否损坏(控制臂);检查是否损坏(稳定杆)。

(24)螺母和螺栓(车辆底部前悬架):球节×控制臂螺母;横梁连杆×横梁螺母;驱动轴轴端螺母;前控制臂×横梁螺母;横梁后部×车身螺母;后控制臂×横梁螺母;横梁前部×车身螺母;稳定连杆×滑柱总成螺母;稳定杆×横梁卡箍螺母;稳定杆×稳定连杆螺母;转向节

×滑柱总成螺母/螺母;滑柱总成×车身螺母;球节×控制臂螺母。

(25)螺母和螺栓(车辆底部后悬架):横梁×车身螺母;滑柱减振器×滑柱座螺母;后从动连杆×转向节螺母;前平行连杆×转向节螺母;后平行连杆×横梁螺母;后平行连杆×转向节螺母;后从动连杆×从动连杆支架螺母。

(26)其他检查:排气管;燃油箱。

(27)制动系统:车轮轴承(检查有无摆动,检查转动状况和噪声);拆卸车轮(左前)检查轮胎是否有裂纹和损坏,检查是否嵌入金属碎片和异物,测量胎面沟槽深度,检查轮胎异常磨损,测量轮胎气压,检查轮胎漏气,检查钢轮损坏或腐蚀;盘式制动器(左前)目视检查制动摩擦片厚度(外侧),测量制动摩擦片厚度(外侧),检查制动摩擦片的不均匀磨损,检查盘式转子盘磨损、损坏,盘式转子盘厚度的测量,检查制动卡钳处有无制动液泄漏,车轮临时安装。

3 二级维护作业项目

(1)发动机起动前使用驻车制动器并放置车轮挡块。

(2)蓄电池:检查电解液液位;检查蓄电池盒是否损坏;检查蓄电池端子是否腐蚀;检查蓄电池端子导线是否松动;检查通风孔塞是否损坏、孔堵塞;检查电解液相对密度(蓄电池另备)。

(3)制动液:检查主缸内液面(储液罐);检查主缸是否泄漏。

(4)制动管路:检查液体是否泄漏;检查制动器管和软管是否有裂纹和损坏;检查制动器软管和管的安装状况。

(5)空气滤清器芯:检查并清洁空气滤清器芯。

(6)前减振器的上支撑:检查前减振器上支撑是否松动。

(7)喷洗液:检查液位(目视即可)。

(8)发动机热车过程冷却液:检查是否从散热器泄漏;检查橡胶软管是否泄漏;检查软管夹周围是否泄漏;检查散热器盖是否泄漏;检查橡胶软管是否有裂纹、凸起和硬化;检查橡胶软管连接是否松动;检查夹箍安装是否松动。

(9)发动机停机后检查发动机油位(不必预热,按照当时温度);检查冷却液液位(目测储液罐)。

(10)完工前检查:发动机机油有无泄漏,制动液有无泄漏,更换零件等的安装状况。

(11)恢复/清洁:拆卸翼子板布和前格栅布,清洁车身、车身内部、烟灰缸等。

一 汽车维护内容

1 日常维护内容

汽车的日常维护是指驾驶人在每日出车前、行车中、收车后所进行例行性维护作业,也

称为例行维护、日常维护或行车三检制。汽车的每日维护不仅是驾驶人爱车的重要内容，而且是各级技术维护作业的基础。为此必须教育驾驶人做好车辆的每日维护，以管好、用好和养好自己所驾驶的车辆。其主要作业内容有：

1 出车前检查

检查并加注机油、燃料、冷却液；起动检查发动机和仪表工作情况；检查电气系统工作情况；检查传动系统工作情况及连接情况；检查制动系统及转向系统工作情况及连接情况；检查行驶系统工作情况，包括检查轮胎气压，紧固轮胎、半轴、钢板弹簧等的连接螺栓；检查人员乘坐、物资装载及拖挂连接情况；检查发动机及底盘各部有无四漏（漏水、漏油、漏气、漏电）。

2 途中检查

检查轮毂、制动鼓、变速器、分动器、差速器的温度是否异常和渗漏；检查机油、冷却液的液面高度是否异常和渗漏；检查转向和制动装置的各部连接件有无松脱；检查钢板弹簧有无折断、传动轴螺栓和螺母有无松动；检查轮胎外表及气压，清除胎面杂物；货车应检查牵引装置和货物捆扎情况；客车应检查行李架、行李网是否牢固可靠等。

3 收车后检查

清洁全车；检查燃油消耗量，检查并加注机油、燃料、冷却液；检查照明、信号、刮水器等技术状况；检查发动机各传动带松紧度；排放储气筒内积水和油污；清洁蓄电池外部；检查转向装置各部连接；检查轮胎气压，清除轮胎胎面杂物；检查并紧固底盘外露部位螺栓、螺母；根据规定润滑各润滑部位，并视需要调整油、电路等。

2 汽车一级维护内容

1 发动机部分

（1）起动发动机，倾听发动机在怠速、中速和高速运转时有无杂音异响。

（2）检查风扇传动带的松紧紧度，并进行调整。

（3）检查、清洗化油器、汽油泵、汽油滤清器、空气滤清器（视需要更换机油）。

（4）检查汽缸盖，进、排气歧管及消声器的连接紧固情况，检查并紧固发动机固定螺栓、螺母及飞轮壳螺栓。

（5）清洁机油粗、细滤清器及滤芯，放出滤清器中的沉淀物，检查机油液位和质量，检查润滑系统（接头）有无漏油现象，紧固油底壳螺栓。

（6）检查空气压缩机的固定情况及管道有无漏油、漏气，排除储气筒内的油水及污物。

（7）检查散热器、水泵固定情况及水管有无渗漏、百叶窗的效能及水泵轴加润滑脂的情况。

2 离合器和传动部分

（1）检查离合器效能及底盖螺栓，踏板轴加润滑脂。

（2）检查变速器紧固情况，油平面及有无漏油现象，根据需要添加齿轮油。

（3）检查万向节、传动轴、伸缩套、中间轴承及支架、拖车钩等紧固及润滑情况。

（4）检查手制动器工作情况，必要时调整工作行程，制动蹄销加注润滑脂。

(5)检查主减速器壳有无漏油现象,检查油面,必要时加齿轮油。

3 前桥部分

(1)检查前制动鼓有无漏油现象,检查并调整前轮毂轴承的松紧度,检查转向节和主销工作情况,并加注润滑脂,紧固轮胎螺栓和螺母。

(2)检查转向器,加注润滑油,检查、调整转向盘的转动量和游隙,检查转向横拉杆和直拉杆、直拉杆臂转向臂各接头的连接和紧固情况,并加注润滑脂。

(3)检查减振器固定情况、钢板弹簧有无折断、钢板销是否加注润滑脂,检查 U 形螺栓与螺母的紧固情况。

(4)紧固前保险杠、翼板、发动机罩、脚踏板、驾驶室螺栓和螺母,检查制动器连接情况并紧固螺栓和螺母,制动凸轮轴加注润滑脂。

(5)检查前轴(工字梁)有无弯曲、断裂现象,检查和调整前束。

4 后桥部分

(1)检查后制动鼓有无漏油现象,检查调整后轮毂轴承松紧度,检查紧固半轴突缘螺栓和螺母、轮胎螺栓和螺母、制动器螺栓和螺母,制动凸轮轴加润滑脂。

(2)检查钢板弹簧有无折断、吊耳是否良好,钢板销加注润滑脂,检查 U 形螺栓和螺母的紧固情况。

(3)检查紧固油箱架螺栓和螺母,紧固挡泥板螺栓和螺母等。

(4)检查紧固备胎架、工具箱。

5 电气设备

(1)检查蓄电池电解液液面,不足时加蒸馏水,冬季加水后须充电,以防冻结。极桩涂凡士林,以防腐蚀,疏通盖上的通气孔,紧固蓄电池支架。

(2)检查喇叭、指示灯、制动灯、转向灯、前照灯等的照明设备以及电气仪表的工作状况。

(3)检查发动机、起动机的工作状况是否良好,并润滑轴承。

6 轮胎部分

(1)检查轮胎外表及气压情况,按标准充足气压并配齐胎嘴帽。

(2)除去胎纹里的石子和杂物。

(3)检查轮胎与钢板弹簧、车厢、挡泥板或其他部分有无摩擦碰挂现象。

7 整车检验项目

检查汽车全部外表完好状态以及油漆情况,检查车架有无裂缝、铆钉有无松动现象,检查制动系统的工作效能及管路密封情况,检查转向系统的工作情况以及信号、照明设备的工作情况,按照全车润滑图中的规定检查润滑情况,如发现故障,应由有关工种及各工位调整修理。

3 汽车二级维护内容

1 发动机部分

(1)清洁或更换空气滤芯,更换柴油滤芯、机油滤芯及机油:要求各滤清器清洁、完好、密

封有效，装置可靠，管路无松动、无漏油、无漏气现象，机油压力符合标准。

(2)检查调整气门间隙，各气门间隙必须符合标准，气门不得有异响。

(3)检查紧固和调整缸盖螺栓：进排气管螺栓、消声器螺栓等。要求密封良好、无漏气现象；无严重腐蚀，支架、胶垫完好，固定可靠。

(4)检查、紧固发动机支撑定位装置：保证螺栓、螺母、胶垫、锁销紧固和齐全有效。

(5)检查调整水冷散热器、机油散热器、中冷器、水泵和传动带：要求传动带松紧符合标准，紧固件齐全有效，密封件良好无泄漏现象。

(6)检查调整喷油泵、喷油器及管路、增压器：要求高压油泵、喷油器每年必须效验一次；所有管路无泄漏；叶轮清洁、无损伤、转动灵活，在叶轮轴向移动时，压缩机叶轮与壳体之间无碰擦现象。

(7)检查调整燃油箱及油管：燃油箱胶垫完好、紧固可靠、无磨损，油箱不漏油；油管紧固可靠，无碰擦，不漏油。

(8)离合器及操纵机构(自卸车)：要求离合器分离彻底，接合平稳，无打滑、发抖现象，无异响；不漏油、不漏气；应符合标准要求(约20mm)。

2 转向系统与前桥

(1)前桥转向节主销与衬套、横直拉杆部分：检查前桥、前束，检视转向节主销与衬套与前桥孔的松紧度，拆检横直拉杆，检查拉杆和球形销及座，要求符合车型的标准要求，转向无摩擦现象；轴颈与轴承的配合间隙良好；无裂纹，起槽，锈蚀斑痕现象。

(2)转向器、转向传动连接机构、液压助力转向机构部分：检查转向盘，检查转向器及液压油，检查转向油管，检查转向器、传动连接机构，检查转向垂臂，检查更换滤芯，转向油，检查转向油缸(装载机)。要求转向盘转动轻便、灵活，不漏油，无卡滞现象，转向盘的自由转动量应符合标准；油面应符合标准要求；油面应符合标准要求；油管无腐蚀、裂纹、磨损、漏油；转向盘、万向节、花键轴、键槽不得松旷裂损，各部连接牢固、锁止可靠；无松旷现象；更换滤芯，视情更换转向油；油缸油封无漏油现象，前后销轴无松旷。

3 变速器、传动系统与后桥

(1)变速器部分：检查齿轮油油平面，检查通气孔，检查各部连接传动装置。要求符合标准；气孔应畅通；紧固、密封良好，无渗漏，操纵灵活、平稳，性能可靠，无异响。

(2)传动轴及中间支撑，检查紧固固定螺栓，检查万向节各项间隙小于0.10mm，中间轴承无松旷，轴向间隙不大于0.15mm，支架无断裂，传动花键的配合间隙不大于0.60mm，各连接螺栓紧固可靠，传动轴装配正确，凸缘无松旷，无异响；

(3)后桥：检查主减速器、轮边减速器、桥间差速器油平面，检查通气口，检查半轴、半轴导管，检查平衡桥。要求油平面符合标准要求，主减速器、轮边减速器、桥间差速器运转平稳，无异响；通气口应畅通；半轴、半轴导管无裂纹，导管轴颈无过度磨损，轴颈与轴承的配合间隙不大于0.10mm(视情探伤)，左右半轴对调换装；作用良好，无漏油。

4 制动系统

(1)空压机、油水分离器、制动阀、继动阀、四通阀、感载阀：检查空压机，检查油水分离

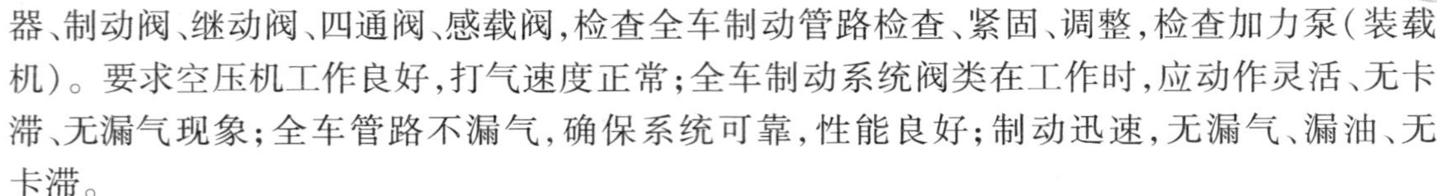

器、制动阀、继动阀、四通阀、感载阀，检查全车制动管路检查、紧固、调整，检查加力泵（装载机）。要求空压机工作良好，打气速度正常；全车制动系统阀类在工作时，应动作灵活、无卡滞、无漏气现象；全车管路不漏气，确保系统可靠，性能良好；制动迅速，无漏气、漏油、无卡滞。

（2）前后轮制动器（自卸车）：检查调整臂，检查制动毂，检查摩擦片，检查内外轴承，及轴承松紧度，检查、调整制动片间隙。要求调整臂作用正常、动作灵活、无卡滞、跳齿现象；制动鼓表面无油污、无裂纹，沟槽深度不大于0.15mm；摩擦平面和铆钉距离不小于0.5mm，或摩擦片厚度应符合标准要求；内、外轴承外套与轮毂的配合不能出现松旷现象，轮胎螺栓内螺母紧固、冲铆有效；轴承松紧度应符合标准要求，锁帽保险可靠，轮毂转动灵活，并且转动时应不感觉有轴向间隙；制动片间隙应符合标准要求，不得偏制动。

（3）前后轮制动器（装载机）：检查制动片，检查制动盘，检查驻车制动，检查轴承及轴承轴向间隙。要求制动片磨损量不得超过5mm，活塞密封环无漏油现象；制动盘表面无油污、无裂纹，沟槽深度不大于1mm；车辆能停止在30°坡上；内、外轴承外套与轮毂的配合不能出现松旷现象，轮胎螺栓内螺母紧固、冲铆有效；轴承松紧度应符合标准要求，锁帽保险可靠，轮毂转动灵活，并且转动时应不感觉有轴向间隙。

5 车身及附件

（1）车厢、车身、驾驶室（自卸车）：检查焊修车厢，检查车身及附件，检查驾驶室支撑、减振器、锁紧机构、翻转机构及泵。要求车厢栏板、底板无明显变形，无断裂、脱焊，不脱漆；挂钩和铰链开启灵活，连接牢固，铰链、锁销齐全完好；各部螺栓紧固，车门车窗开启灵活，无变形；支撑橡胶片、金属件无断裂、缺损，减振器弹簧无断裂、变形、漏油，驾驶室锁紧机构灵活、锁紧有效。

（2）铲斗、驾驶室、车身（装载机）：检查焊修铲斗，检查车身及附件，检查驾驶室。要求铲板长度符合标准，铲斗无漏料；各部螺栓紧固，车门车窗开启灵活，无变形；驾驶室固定良好，无锈蚀。

6 车架、悬架和车轮

（1）车架：检查紧固。要求车架上各固定支架、骨架连接牢固、无裂损。铰接销、举升销、座不松动，连接牢固不松旷。

（2）车轮：轮胎充气压符合规定标准；两前轮互换位；同一车轴必须使用同一规格轮胎；前轮不得装翻新胎、修补胎、加垫胎。

（3）前后钢板弹簧、U形螺栓和支架（自卸车）：钢板弹簧无断裂、移位；钢板限位卡子齐全有效；各部螺栓紧固可靠。

7 挂车

检查牵引座各部连接部位，各部连接部位无松动和裂损、各转动部位动作灵活无卡滞，锁紧可靠，润滑良好。

8 电器和电子设备

（1）发电机、起动机：拆检起动机、发电机，要求发电机运行平稳可靠，起动机起动灵活无

异响。

(2)照明设备、仪表、信号、暖气装置、空调系统及全车线路:要求灯光、喇叭、仪表信号装置功能齐全有效;全车线路整齐,连接可靠,不漏电。

(3)刮水器:刮片无破损,间歇挡位工作状况良好。

(4)蓄电池:清洁蓄电池外部及极桩,通气孔畅通;安装牢固,支架无断裂。

9 全车润滑

对全车加注润滑脂的部位全部润滑。油嘴齐全有效;润滑油从部件接合处挤出为止。

4 汽车季节性维护内容

在入冬或入夏时,把为使汽车适应季节温度的变化而实行的维护称为季节性维护(可结合汽车二级维护作业完成);其主要作业内容是按季更换润滑油,并调整油、电路、检查维护冷却系统等。

5 汽车走合期维护内容

走合维护是指对新车或大修车走合期实施的维护。即新车或大修车在竣工出厂后,在客货车行驶 1500 ~ 2000km、轿车行驶 2000 ~ 3000km 内(品牌轿车的二级维护里程间隔及作业项目由品牌轿车制造厂规定),除要求驾驶人特别注意做好每日维护外,还要求执行减载减速、及时更换各部润滑油;并经常检查和紧固各部外露的螺栓和螺母,注意各总成的运行声响和温度变化,及时调整各部间隙。

在走合期满后,由原汽车维修厂的专业维修工做汽车走合维护作业。其主要内容除包括一级维护作业内容外,还可增加如下项目:

(1)发动机部分。拆检活塞连杆组,检查汽缸壁及轴瓦,更换机油,清洗油底壳,拆除限速器(或限速片)、重调油电路、检查并紧固各部分螺栓,检查异响异热,排除四漏等。

(2)底盘部分。拆盖检查传动系统中变速器及主传动器各齿轮走合情况,调整驾驶操作机构各行程间隙,检查并紧固底盘各部分螺栓,排除四漏。

(3)检验部分。由质量检验员按大修出厂质量标准,重新检验及鉴定车况,处理大修返修项目。

二 环保检查/维护制度(I/M)

环保检查/维护制度(Inspection/Maintenance)是针对因系统故障而导致排放超标的在用车辆采取相应的技术措施。其工艺流程为:经检测诊断确定故障后进行故障排除,以改善车辆技术状况,使其排放达到限值。根据国外治理在用车排放污染的经验表明,这是最经济有效、科学合理、最易于公众接受的排放控制对策。

1 国外的环保检查/维护制度(I/M)

国外的环保检查/维护制度(I/M)可分为基本型、加强型和混合型三类。

(1)基本型检查内容只包括怠速试验、加油口盖压力检查。

(2)加强型检查其内容包括底盘测功,以及在简单加速模拟工况 I/M 下进行排放试验、燃油蒸发性检测、供油系统压力检测和车载自诊断系统 OBD—Ⅱ检查。

(3)混合型检查其内容则介于基本型和加强型之间,如采用简单加速模拟工况,试尾气排放,以及做预加载双怠速测试等。

汽油车的怠速排放检查应包括目测和机测两项(在用汽油车一般仅测低怠速 350 ~ 1100r/min 排放,而装有三元催化转换器和氧传感器的汽油车还要做高怠速 2200 ~ 2800r/min 测试);柴油车则需要检测自由加速的不透光烟度。在检测的同时还要检查曲轴箱压力和燃油箱压力,以判断曲轴箱强制通风装置和燃油蒸发排放装置是否失效。

在用汽车的排放检测周期一般为每年一次,载质量 3.5t 以下、使用年限超过 4 年的柴油车则每年检查两次。常用的诊断仪器有:数字式万用表、解码器、示波器、温度表、压力表、真空度表、真空泵、气体流量计、汽缸压力表和汽缸漏气量测试仪、点火正时灯、废气分析仪、转速表、闭合角测试表等。

汽车的排放限值是根据测试方法的不同而不同的。例如美国在怠速测试法时,其排放限值为 $HC \leq 100 \times 10^{-6}$、$CO \leq 0.5\%$、$(CO + CO_2) \leq 6\%$。

检测维修单位都必须与汽车维修行业主管部门签订合同,并接受各级环保局直接管理(日本则完全由运输省进行管理)。

2 检测维修单位职能

(1)汽车检查站主要负责新车和在用汽车的排放检测,对其中符合排放标准的可发放汽车排放合格证,但不做汽车维修。

(2)汽车维修站主要负责排放超标汽车的维修技术服务,以恢复其车况良好并使其排放合格,但不发放排放合格证。

(3)汽车试验站主要负责对新车进行一致性抽查试验和对排放控制装置的形式认证试验。倘若试验合格可以发放新车牌照和汽车生产许可证。

3 我国的环保与检查/维护制度(I/M)

我国目前对新车废气排放要求相对较松(只是样车检测),而对在用汽车的废气排放要求相对较严。例如我国从控制在用营运汽车(如出租汽车、公共汽车等)的废气排放入手,利用现有的汽车检测维修网络,依靠政府的法规指令,强制执行了汽车的二级维护(将汽车技术等级评定与车辆营运证发放和车辆审验合并进行)和对在用汽车有害排放的检查与维护。与此同时,我国还出台了各种配套的防治对策。例如严格新车排放法规、提高燃油质量、限制交通出行车辆、强制安装废气净化器、绿化工厂和治理固定污染源等。

在我国控制在用汽车的废气排放中,以预防为主、定期检测、强制维护、视情修理的汽车维修新制度其实已经起到了很大的作用。因为我国的汽车二级技术维护不仅其作业项目已经涵盖了大部分的 I/M 内容,而且也强调了对在用汽车的排放检测。从而对在用汽车实施强制维护后,不仅可以保证发动机的良好技术状况,而且还明显降低了汽车的有害排放。由

于并不要求对汽车做额外的改造(如安装净化装置等),因而易被车主所接受。

汽车检查/维修制度(I/M)是从国外引进的一项先进制度。尽管它与我国的汽车维修新制度在某些项目上十分接近,但毕竟由于目的不同,前者是专门为了降低汽车排放污染而设置的,而后者则主要是为了维护汽车技术状况的,因此两者的手段也不能等同。为此,国家环保局、科技部和机械局最近联合发布了《机动车排放污染防治技术指南》,作为推行"I/M"的过渡,并要求实施与国际接轨的I/M计划。因此国家技术质量监督局已将I/M工艺规范及排放限值列入国家标准《汽车维护、检测、诊断技术规范》(GB/T 18344—2001)中,在全国普及和推广。

三 汽车修理内容

由于在汽车使用过程中其技术状况的恶化是不可逆转的,因此即使再加强维护,也只能是尽量保持其技术状况、延长其使用寿命。当汽车技术状况恶化到完全丧失工作能力而不能再继续使用时,就需要对汽车进行修理。

所谓汽车修理,就是为恢复汽车完好术状况或工作能力、延长汽车使用寿命而进行的技术作业。

根据交通部13号部令《汽车运输业车辆技术管理规定》:汽车修理应贯彻以预防为主、视情修理的原则。所谓视情修理,就是在加强检测诊断的基础上,根据车辆的实际车况和检测诊断结果,视情地对某些易损总成按不同作业范围和作业深度进行恢复性修理,从而提高汽车整体使用寿命、减少停车损失。视情修理的前提在于加强检测与诊断,而不是人为随意地确定。

按汽车修理的对象和作业深度,正常汽车修理类别有汽车大修、总成修理、汽车小修和零件修理;非正常汽车修理类别有事故性检修和质量性返修。

1 汽车大修内容

车辆大修是指在用汽车在行驶一定的大修间隔周期(间隔里程或间隔时间)后,由于车辆零件已经严重磨损或损伤,车辆技术状况已经全面恶化,从而进行的恢复性修理和翻新作业。

车辆大修的工艺过程为:经过检测诊断和技术鉴定;通过整车解体(将汽车拆为总成、将总成拆为零部件),再对所有零部件(特别是基础件)进行分类检验(分为可用、可修、可换三类),清洁可用零件、修理可修零件、更换可换零件;然后由零件总装为总成、由总成总装为汽车,以全面恢复汽车完好技术状况和使用寿命。

2 汽车小修内容

车辆小修是指汽车在正常使用过程中,为消除因零件磨耗、间隙失调所发生的故障或隐患,必须通过技术调整或零件修理,从而保证或恢复车辆技术状况的局部性运行修理作业;而零件修理则纯粹是为了消除某总成因为零件磨耗失效所进行的恢复性修理作业。

车辆小修和零件修理应遵循技术上可行、经济上合理的原则，尽可能地修旧利废，以节约原材料、降低维修费用。除特殊情况外，车辆小修或零件修理都应结合到各级维护作业中完成。凡结合到各级维护作业所做的汽车小修或零件修理都称为汽车各级维护的附加修理作业。

3 汽车总成修理内容

汽车的主要总成包括发动机、车架、车身、变速器、前后桥等。总成大修是当总成在行驶一定的大修间隔周期（间隔里程或间隔时间）后，由于该总成的基础件和主要零部件已经严重磨损或损伤，而进行的恢复性修理和翻新作业。总成大修的工艺过程为：先经过检测诊断和技术鉴定；通过总成解体，再对总成所有零部件进行分类检验（分为可用、可修、可换三类），然后清洁可用零件、修理可修零件、更换可换零件，最后总装为总成，以恢复其技术状况和使用寿命。

4 事故性检修和质量性返修

由于操作不当、违章肇事，造成汽车局部零件严重损坏而需要的恢复性修理称为事故性检修。凡因汽车维修不良、检验不严而在汽车维修质量保证期及保证范围内发生异常故障或损坏而需要的恢复性修理称为质量性返修。

车辆的事故性检修及质量性返修都属于恢复性修理，应予以严格控制。一旦发生，应先经过技术鉴定、分清责任，并拟定修复方案后再安排抢修。

为确保修理质量，各级修理作业都应根据国家和交通部发布的相关规定和修理技术标准进行。

四 车辆和总成的送修规定与装备规定

1 汽车、总成送修前技术鉴定

汽车大修间隔周期是根据汽车实际技术状况变化的统计规律而确定的。例如，客货汽车的大修间隔里程定额一般为20万~30万km，发动机的大修间隔里程定额一般为10万~15万km，且后一次大修间隔里程定额应为前一次大修间隔里程定额的75%~85%。轿车的大修间隔里程定额一般为50万~60万km，发动机的大修间隔里程定额一般为20万~30万km，且后一次大修间隔里程定额应为前一次大修间隔里程定额的75%~85%，依此类推。但是判断汽车或总成是否需要进行大修，还须以汽车或总成的实际技术状况是否符合汽车或总成的大修送修标志（或送修技术条件）为准。品牌轿车的大修间隔里程及作业项目由品牌轿车制造厂规定。

由于汽车结构类型、设计制造质量、使用条件和使用状况、日常维修状况、汽车使用年限及新旧程度的不同，汽车大修间隔周期也不同。为此，车辆技术管理部门对已经接近大修间隔里程定额的车辆，应结合大修前最后一次汽车二级维护作业进行车况技术鉴定，以确定该

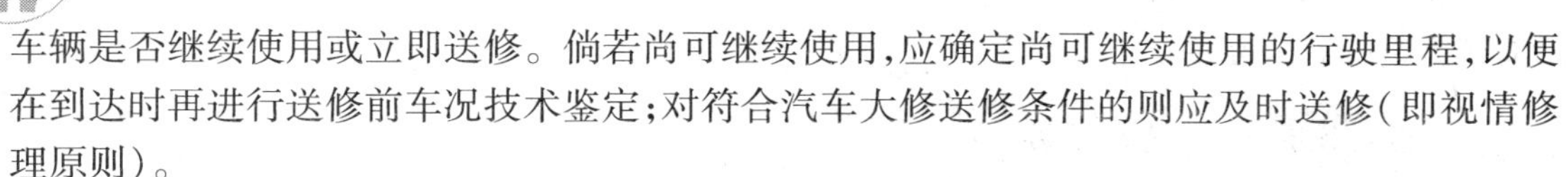

车辆是否继续使用或立即送修。倘若尚可继续使用,应确定尚可继续使用的行驶里程,以便在到达时再进行送修前车况技术鉴定;对符合汽车大修送修条件的则应及时送修(即视情修理原则)。

而对于未达到规定大修间隔里程的汽车,倘若因为实际车况不良,或者因为事故损伤而需要提前送厂大修的,在送厂大修前也应经过车况技术鉴定,以防止汽车或总成的盲目提前修理或延后修理。挂车在大修前的技术鉴定也可参照上述原则进行。

2 车辆和总成的送修规定

(1)在车辆或总成送厂大修时,其承修、托修双方不仅应当面清点所有随车物件,填写交接清单,而且还应当面鉴定车况,签订相应的《汽车维修合同》,以商定送修项目、送修要求、修理车日、质量保证和费用结算,办理车辆交接手续等。汽车维修合同一旦签订后合同双方必须严格执行。

(2)送修车辆必须在行驶状态下送修,且必须装备齐全(包括备胎及随车工具等),不得拆换和短缺;发动机总成在单独送修时也必须保持在装合状态,且附件与零件齐全,不得拆换和短缺;必要时承修厂有权拆开检查。若因事故损坏严重、长期停驶,可另外规定和说明。

(3)车辆或总成在送修时必须将汽车大修送修前的《车况鉴定书》以及相关车辆技术档案或技术资料随同车送交承修单位。

3 车辆和总成的送修标志

根据交通部 13 号令《汽车运输业车辆技术管理规定》,汽车大修的送修标志为:客车以车身为主,并结合发动机总成是否符合大修条件确定;货车以发动机总成为主,并结合车架总成或其他两个总成是否符合大修条件确定;挂车以挂车车架(包括转盘)和货箱为主;牵引半挂车和铰接式客车应同时按牵引车与挂车是否符合大修条件确定。

各主要总成的大修送修标志为:

(1)发动机总成。汽缸破裂或气缸磨损超过使用极限(以其中磨损量最大的汽缸为准,圆柱度超过0.175~0.250mm、圆度达到0.05~0.063mm);或者发动机最大功率和汽缸压力较标准降低25%以上,而燃料和润滑油消耗量显著增加,需要彻底修复的。

(2)车架总成。车架断裂、锈蚀、弯曲、扭曲变形超限,大部分铆钉松动或铆钉孔磨损,必须拆卸其他总成后才能进行校正、修理或重铆方能修复的。

(3)变速器(分动器)总成。壳体变形、破裂、轴承承孔磨损超限,变速齿轮及轴恶性磨损、损坏,需要彻底修复的。

(4)后桥(驱动桥)总成。桥壳破裂、变形、半轴套管承孔磨损超限,减速器齿轮恶性磨损,需要校正或彻底修复的。

(5)前桥总成。前轴裂、变形、主销承孔磨损超限,需要校正或彻底修复的。

(6)客车车身总成。车厢骨架断裂、锈蚀、变形严重,蒙皮破损面积较大而需要彻底修复的。

(7)货车车身总成。驾驶室锈蚀、变形严重、破裂,或货箱纵横梁腐朽,底板、栏板破损面

较大而需要彻底修复的。

4 修竣出厂车辆装备规定

汽车维修企业对于修竣出厂车辆,不仅应保证经常性装备一律配齐有效,且维修中不得任意改变(但不包括除经常性装备以外的临时性装备)。

所谓车辆的经常性装备,是指基本型汽车的原厂装备规定。车辆的经常性装备应符合国标《机动车运行安全技术条件》(GB 7258)、《公路客运车辆通用技术条件》(JT 3111)、《货运全挂车通用技术条件》(JT 3105)和《货运半挂车通用技术条件》(JT 3115)等有关规定。

所谓车辆的临时性装备,是指除经常性装备以外而临时增加的装备。例如当车辆运输特殊物资(如超长、超宽、超高、保鲜、防碎、危险货物等)时,或当车辆在特殊条件下使用时(如防滑、保温预热、牵引等),根据需要所配备的临时性装备或临时性设施。

任务二 汽车安全检测与诊断

任务导入

车辆维修要实行"以预防为主、定期检测、强制维护、视情修理"的原则,其前提就是要加强定期检测。倘若不实行定期检测,则上述的视情修理就是空话。为此,《汽车运输业车辆技术管理规定》明确指出:汽车的检测诊断技术是提高汽车维修效率,监督维修质量和确保行车安全的重要手段,是促进维修技术发展,实现视情修理的重要保证。所谓定期检测,就是根据汽车类型、新旧程度、使用条件和使用强度等情况,运用现代检测手段,定期地检测车辆实际的技术状况。以车辆年审计算机控制的汽车安全检测线(又称微机控制安全检测线)的检测过程作为任务导入。

学习指引

了解与掌握汽车检测诊断技术的发展概况、我国有关汽车检测诊断的规定以及汽车维修的检测项目与工艺布局。

相关知识

一 汽车的检测与诊断概述

所谓汽车的检测诊断技术,是指通过一定的检测诊断设备,在车辆不解体(或仅拆卸个别零件)的情况下,确定车辆工作能力和技术状况(指汽车检测)以及查明汽车运行故障及

隐患(指汽车诊断)的技术措施。

1 汽车检测的分类

汽车检测可分为安全环保检测、综合性能检测与故障检测三类。

1 安全环保检测

汽车安全环保检测是指在不解体情况下对汽车的安全、环保性能所做的技术检测,常用于车管监理部门。其目的是进行对在用车辆(及修竣车辆)的安全性能和排放性能等做车况技术鉴定,以建立在用汽车安全环保及维修质量监控体系,以确保在用车辆良好的技术状况,保证汽车安全、高效和低污染运行。

2 综合性能检测

汽车综合性能检测是指在不解体情况下对车辆的综合性能和工作能力所做的技术检测,常用于汽车设计、制造、研究部门对新车的技术状况鉴定,也常用于汽车运输部门对在用车辆的性能检测和技术状况鉴定,以保证汽车运输的完好车率(如车辆技术管理中的车况鉴定,以确定车况技术等级),也为实行"强制维护、视情修理"提供必要的依据(如汽车大修送修前的车况鉴定)。

3 故障检测

汽车故障检测是指在不解体的情况下,以检测为手段、诊断为目的,对汽车目前所存在的故障所做的技术检测,常用于汽车维修企业。

2 汽车故障诊断的目的和方法

汽车使用过程中的故障检测,其检测时机常与汽车的维修周期相配合(即通常安排在各次汽车维修作业的维修前、维修中和维修后)。其中,汽车维修前的故障检测,目的是为了诊断在用车辆存在的技术故障,确定汽车是否需要修理和如何进行修理(视情确定汽车维修的附加修理项目);汽车维修中的故障检测,其目的是为了确诊汽车故障的部位和原因,以提高汽车维修质量及维修效率;汽车维修后的故障检测,其目的是为了鉴定汽车的维修质量。由此可知,现代汽车维修企业必须加强汽车故障的检测与诊断,以根据故障现象(即故障的具体表现),查明故障的部位和原因,最后进行有效的故障排除。

由于在用汽车的故障检测大多在不解体情况下进行,因此大多属于间接检测方法(如根据烟色、振动、异响、异热等)。为了提高其检测精度和检测准确性,应该采用适当的检测方法。

1 人工经验诊断法(俗称中医疗法)

所谓人工经验诊断法,是凭借于技术诊断人员的丰富实践经验和理论知识,在不解体或局部解体的情况下,根据汽车故障现象,通过眼看、手模、耳听等手段(类似于中医的"望、闻、问、切"),或者利用极简单仪具,边检查、边试验,边分析,最后定性地判断汽车的故障部位和故障原因。由于人工经验诊断法不需要专用的仪器设备,可以随时随地应用,因而也是现代汽车维修企业不可缺少的诊断方法。但由于这种方法需要技术诊断人员必须具有较高的技

术水平和丰富的实践经验，且诊断速度较慢、诊断准确性较差、不能定量分析等，因而多用于中小型汽车维修企业和汽车运输企业的故障诊断中。

2 仪器设备诊断法（俗称西医疗法）

所谓仪器设备诊断法，是利用各种专用的检测仪器或诊断设备，在汽车不解体或局部解体的情况下，对汽车、总成或机构进行性能测试，并通过对检测结果的分析判断，定量地确定汽车技术状况以及诊断汽车的故障部位和故障原因。由于仪器设备诊断法不仅诊断速度较快、准确性较高，且能定量分析，因此目前发展速度较快，使用比例也日益增大，它是汽车检测诊断技术发展的必然趋势，目前已广泛应用于汽车检测站和大型汽车维修企业中。其不足之处是，此方法设备投资较大，检测项目不全（目前只能检测和诊断可用传感器检测诊断的项目），而且其检测诊断结果（即使是"汽车专家诊断系统"）最后仍需要结合人脑来进行分析判断。因此，仪器设备诊断法只是为人工经验诊断法提供了帮助，而并不能完全替代人工经验诊断法，经验诊断法仍是汽车检测诊断的重要方法。

3 自诊断法

对于由微电脑控制的电控汽车大多附带有故障自诊断功能。所谓自诊断法，就是根据故障警示灯的警示信号，通过一定的操作方法，提取电控单元（ECU）内所存储的故障码，并以此查阅《故障码表》来确定故障部位和原因，并进行故障诊断。由于自诊断系统为电控汽车本身附带，因而对该型汽车的故障诊断更加快捷有效。但由于它只能自诊断具有传感器的电控系统故障而不包括其他机械系统和液压系统，因而也只是一种辅助诊断。

二 汽车检测诊断技术的发展概况

从国外的汽车检测诊断技术发展历史看，特别是自跨入 20 世纪 70 年代后，随着国外汽车结构的日益复杂，汽车电子化程度的日益普及，检测诊断汽车故障的难度也日益增大。为了能客观评价汽车的产品质量，帮助和指导汽车维修，迫切需要自动化的检测诊断技术。这就迫使各国纷纷采用现代化的汽车故障检测诊断设备，不仅硬件设备日益增多，而且专家软件系统也发展很快，由此也刺激了国外汽车检测诊断技术的迅速发展。

我国的汽车检测诊断技术起步较晚。在 20 世纪 80 年代后，虽然也有不少大专院校、汽车研究所和汽车制造厂从国外引进了少量的汽车性能检测设备，标志着我国汽车检测诊断技术的开始，但总的看来，其发展相当缓慢。交通系统在全国公路运输系统中开始筹建汽车检测站，截止到 1990 年底，建成汽车检测站 150 家，以此逐步组成全国性的汽车检测网；另外公安、石油、冶金、外贸等系统和部分大专院校也相应建立汽车检测站，但这些检测站大多属于安全环保检测站。尽管我国的汽车检测诊断技术从纵向看发展很快，但从横向看还有较大差距，由于我国目前普遍重视引进而忽略自主开发，重视硬件而忽视软件，重视安全检测而忽视故障检测，故目前我国的汽车检测诊断技术尚还处在发展过程中。

但近年来，随我国国民经济的迅猛发展和机动车保有量的迅速增加，特别是随着国外汽车的不断引进，也促进了我国汽车诊断检测技术的快速发展。为了加强汽车运输业车辆的技术管理,保证车况良好和安全生产,交通部于 1990 年出台了《汽车运输业车辆技术管理规定》,规定中明确提出各级交通主管部门应在坚持预防为主和技术经济相结合的原则下,对运输车辆实行择优选配、正确使用、定期检测、强制维护、视情修理、合理改造、适时更新和报废的全过程综合性管理。1991 年交通部发布《道路运输业车辆综合性能检测站管理办法》,1992 年发布《汽车综合性能检测中心站认定规则(试行)》,明确规定了汽车综合性能检测站的职责、检测站的分级和基本条件、检测站的认定等;并在各地组建了汽车综合性能检测中心站(服务性经营企业);明确规定了汽车检测由各级交通主管部门实行行业管理,以建立车辆检测制度,监督实施汽车检测。除受交通主管部门委托开展汽车二级维护竣工检测、车辆技术等级评定检测和汽车大修竣工质量检测、汽车维修质量仲裁以外,还接受其他相关部门委托,在专项检测方面发挥积极作用。

直到 1999 年交通部又重新修订发布了《汽车综合性能检测站通用技术条件》,第一次以国家标准的形式对汽车综合性能检测站的检测项目及设备、人员、厂房、场地及管理制度等条件提出了规范和要求。另外,还颁布了《汽车维修质量检查评定标准》、《汽车技术等级评定检测方法》、《汽车维护、检测、诊断技术规范》、《营运车辆综合性能要求和检验方法》等国家标准或行业标准,也为汽车的综合性能检测提供了检测的具体内容和方法。

为了适应现代汽车技术的高速发展,今后的汽车检测诊断技术还应该向智能化和网络化的方向发展,这就要求:

(1)加强汽车检测诊断的基础技术研究,规范汽车检测诊断的技术标准。

(2)提高汽车检测诊断设备的使用性能,从实用出发,扩大其检测范围,提高其检测可靠性,并逐步提高其电子化和智能化水平。

(3)实现汽车检测诊断的网络化,通过网络技术进行全国联网,从而利用远程"故障诊断专家系统"的专家指导,以获得更多的汽车故障诊断信息。

也就是说,现代汽车维修必须建立于汽车检测基础上。其中,汽车维修前的检测是为了确定维修项目和维修方法,汽车维修过程中的检测是为了保证汽车维修质量,而汽车维修竣工后的检测则是为了检验汽车维修后是否恢复了汽车技术性能,以此来评价汽车维修质量。

任务实施

随着电子技术的迅速发展与应用普及,信息电子化已深入社会各个领域,汽车安全检测普遍运用计算机控制和管理。计算机的控制管理主要在下列两个方面:①对汽车制造商、车主身份的确认,核对汽车的规格型号、生产序号(发动机和底盘号码,或车辆标志代号 VIN)及汽车主要结构特征;②对影响汽车行驶安全的主要部件完整性、功能有效性及性能参数,进行检测,判定是否符合运行安全标准。

上述两方面信息,不论由人工直接输入计算机,还是通过电子信息传输,将检测设备传感器测得的量值信号送入计算机,计算机最终都是将这些电子信息记录并进行分析评价。利用计算机进行检测,可以实现检测自动化,提局检测效率,减少人工观察误差,保证检测评价结果的客观性。运用计算机管理汽车安全检测数据,便于实现通过网络通信,有利于在较

大区域，以致全国范围实现对汽车使用管理，保证其能安全使用。

计算机控制的汽车安全检测线又称微机控制安全检测线，俗称电脑检测线。它由硬件和软件两部分组成，硬件是检测设备和控制检测设备的计算机系统，软件是指挥系统协调工作的程序。计算机控制的汽车安全检测线有多种形式，如分级分布控制式、集中控制式等。集中控制式由一个主控制微机承担主要的检测任务，硬件简单，软件也不难编写执行，成本较低廉且又能满足一般检测站的工作要求，故应用最为普遍。

三工位电脑检测流程：

第一步：车辆验证。输入车牌号、车主、发动机及底盘生产序号或车辆标志代码 VIN(如车辆有条形码也应查对)、车辆结构特征参数，与原车登记上牌的资料比较，确认车辆是否合法并确定是否给予年检。

第二步：进入车辆外部检查第一工位，由检验员逐项检查并将检查项目及结果通过前端机键盘或专用项目代码键盘输入。

第三步：在主控制机控制和指示灯箱的引导下进入排放尾气检测工位，进行排放尾气的检测。如柴油汽车，目前仍检测烟度值；如汽油汽车仍主要检测一氧化碳(CO)和碳氢化合物(H_nC_m)的含量。测得数值送到计算机分析后由灯箱显示结果是否合格。

第四步：根据灯箱指示完成车速表检测，测得车速表为 40km 加时实际车速值，并由灯箱显示该项是否合格，至此第一工位检查项目完成。

第五步：在主控制机及灯箱引导下进入第二个工位，在灯箱指示下完成汽车前、后轴重工位的检测。

第六步：按灯箱指示，分别进行前、后轴的制动力检测和驻车制动(手刹车)检测，测得一组制动过程制动力数据，经过计算分析判断，将该项总评价由灯箱显示。

第七步：由主控制机和第三灯箱引导，将汽车开到第 3 工位进行检测，汽车以 3 ~ 5km/h 慢速通过侧滑试验台，测得前轴车轮的侧滑量传送到主控制机后由灯箱显示检测结果。

第八步：汽车在灯箱和主控制机、汽车定位电路指挥下到达前照灯检测位置。依照灯箱指示依次完成各前照灯的照度和光轴线位置检测，检测得到一组数据经计算分析判断后，将项目是否合格通过灯箱显示。

第九步：在指定位置上进行喇叭声压级值的检测并将该项检测结果在灯箱上显示。

第十步：完成三工位检测后汽车驶离检测区，主控制机将每次检测数值及评定结果全部打印成检测报告，交车主收存。

一　我国有关汽车检测诊断的规定(摘录)

我国交通部在 13 号令《汽车运输业车辆技术管理规定》、28 号令《汽车维修质量管理办法》和 29 号令《汽车运输业车辆综合性能检测站管理办法》中，对汽车的检测诊断技术、制度

和检测站等均有明确规定。

(1)车辆技术管理应该坚持预防为主和技术与经济相结合的原则,对运输车辆实行择优选配、正确使用、定期检测、强制维护、视情修理、合理改造、适时更新和报废的全过程综合性管理。

(2)车辆技术管理应该依靠科技进步,采取现代化管理方法,建立车辆质量监测体系,以能满足车辆在不解体情况下确定其工作能力和技术状况,查明故障或隐患的部位和原因。汽车检测诊断的主要内容包括:汽车的安全性(制动、侧滑、转向、前照灯等)、可靠性(异响、磨损、变形、裂纹等)、动力性(最大车速和加速能力、底盘输出功率;发动机功率和转矩;以及油路、电路状况等)、经济性(燃油消耗)及噪声和废气排放状况等。

(3)车辆检测诊断技术是检查、鉴定车辆技术状况和维修质量的重要手段,是促进维修技术发展,实现视情修理的重要保证。车辆修理应贯彻视情修理的原则,即根据车辆检测诊断和技术鉴定的结果,视情进行修理,既要防止拖延修理造成车况恶化,又要防止提前修理造成浪费。

例如在车辆二级维护前应进行检测诊断和技术评定,以此确定附加作业或小修项目(结合二级维护一并进行)。

(4)各级汽车维修行业管理部门应建立健全汽车维修质量监督检验体系,从而为汽车维修质量监督和维修质量纠纷的调解或仲裁提供检测依据,并经当地交通主管部门会同技术监督部门认定后,颁发《汽车维修质量检测许可证》。各级汽车维修行业管理部门还应制定并认真执行汽车维修质量检验制度,对维修车辆实行定期或不定期的质量检测,并将检测结果作为评定维修企业维修质量和年审"技术合格证"的主要依据之一。

二 汽车维修的检测项目与工艺布局

1 汽车维修的常用检测项目

(1)发动机检测项目:

①发动机功率检测;②汽缸密封性检测;③汽缸磨损量检测;④实际压缩比与实际配气相位检测;⑤汽油机供油系统检测;⑥汽油机点火系统检测;⑦柴油机供油系检测;⑧发动机电控系统故障检测;⑨润滑油品质检测与冷却系统密封性检测;⑩发动机异响检测。

(2)底盘检测项目:

①底盘输出功率检测;②传动系统检测;③转向系统检测;④制动系统检测;⑤行驶系统检测。

(3)车身检测项目:

①车身损伤检测车身变形测量;②安全气囊故障检测;③汽车空调故障检测。

(4)汽车电器检测项目:

①电源系统检测;②起动系统检测;③仪表及照明系统检测。

(5)汽车废气排放检测,油耗检测与噪声检测。

2 轿车综合性能检测线的工艺布置

汽车维修企业综合性能检测线的设备配备,应根据汽车维修企业的主要维修车型确定。例如对于轿车维修企业来说,宜选择小型(≤3t)汽车综合性能检测线。

其主要检测设备包括:

(1)侧滑、轴重、悬挂、制动性能检测线;

(2)前照灯检测仪;

(3)尾气分析仪和烟度计;

(4)声级计;

(5)制动试验台;

(6)发动机综合分析仪;

(7)底盘测功试验台;

(8)车轮定位仪;

(9)悬架性能检测仪;

(10)车轮动平衡机。

其他检测设备还有:

(1)汽车底盘间隙检测仪;

(2)传动轴游动角度检测仪;

(3)探伤仪;

(4)汽车侧倾角检验仪;

(5)轮胎气压表;

(6)汽缸压力表;

(7)漆膜光泽测量仪;

(8)轮胎花纹深度尺;

(9)曲轴箱窜气量检测仪;

(10)测温计等。

为了能将检测结果直接联网,要求所有的检测诊断设备都配有与微机联机的接口。

汽车维修企业综合性能检测线的布局主要应考虑其检测工艺流程。例如可设置两条检测线共八个工位。

这八个工位是:

(1)尾气、烟度轴重、车速;

(2)制动、制动踏板力计、操纵力计;

(3)灯光、侧滑、声级;

(4)地沟固惯性式底盘测功试验台、油耗计;

(5)发动机综合分析仪;

(6)转向参数测量仪、油质分析仪、车轮动平衡机、车轮定位检测仪;

(7)汽车底盘间隙检测仪、传动系游动角度检测仪;

(8)安装在检测车间外的汽车悬架性能检测仪。

其中,第1~4工位为第一条检测线,第5~8工位为第二条检测线。

习题及思考题

1. 汽车维修是什么?按照什么依据定义?

2. 汽车维护制度中都规定了哪些维护种类?

3. 二级维护作业内容主要有哪些?

4. 日常维护都有哪些内容?

5. 什么是汽车大修?它有哪些特点?

6. 1990年交通部发布的13号部令《汽车运输业车辆技术管理规定》,车辆技术管理是指什么?

7. 什么是汽车走合期?汽车走合期结束之后都要进行哪些维护?

8. 检测维修单位主要有哪些职能?

9. 汽车大修的送修标志是什么?

10. 汽车发动机总成大修的送修标志是什么?

11. 大修竣工出厂车辆装备有哪些规定?

12. 什么是汽车的检测诊断技术?汽车检测分哪些类型?

13. 什么是人工经验诊断法和仪器诊断法?

14. 汽车综合性能检测站的职责由哪个标准规定的?

15. 简述三工位电脑检测流程。

项目四

汽车维修企业的质量检验与质量管理

汽车维修企业是道路运输行业的重要组成部分，汽车维修企业同时具有组织汽车维修生产的工业企业特征与直接面对消费者的服务企业特征，企业服务功能自始至终贯穿于维修作业流程，汽车维修企业的质量既包含维修作业质量又包含维修服务质量，两者相辅相成。目前的汽车维修企业普遍把汽车维修质量作为企业的一个核心竞争力，以"质量是企业的生命"作为企业市场竞争理念，结合服务意识的灌输，员工普遍意识到，良好的企业服务和产品质量对企业的生存和发展具有重要的意义。

如何培养员工质量意识，激发全体员工积极参与开展质量管理，建立企业管理机构，制定全面的质量管理与检验的制度，实施有效的管理方法，形成有机的质量管理体系，最终实现对企业系统中的各个过程要素进行管理和控制，有效地使用资源，降低成本，提高效率，是摆在汽车维修企业管理人员面前的一项重要工作。

任务一　二级维护车辆的竣工检验

任务导入

小王所在的企业由于业务的增长，汽车维修质量问题比较多，准备从企业内部选拔一名质检员，主要选拔对象就是像小王这样从汽车专业学校毕业，有理论知识，又有几年车间维修经验的员工。竞聘内容包括叙述对质检员岗位工作的认识，并要进行二级维护车辆的竣工检验实际操作。小王也想参与竞聘，但是自己对质检员的工作内容和要求不是很了解，该怎样参与竞聘呢？又该如何高效完成二级维护的竣工检验呢？

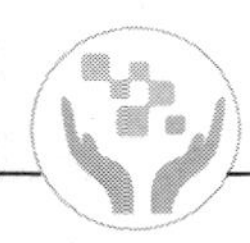

通过此次课的学习，应明确质量检验的定义、意义与职能，熟悉汽车维修企业的质量检验流程和质量检验制度，汽车维修企业质量检验的分类与工作内容，了解汽车维修出厂验收标准和保证期要求，掌握汽车维修企业质量检验部门的职责以及维修质量的评价标准，然后根据企业目前质量检验过程中出现的一些问题和细节，结合相关检验工作要求，提出自己对质量检验工作的思考，按照国家相关质量验收标准，能制定相关维修项目的检验步骤和要求的检验记录表格，并严格实施。

一 认识质量检验的基本概念

1 汽车维修质量检验的定义

所谓汽车维修质量检验，就是根据质量检验规范，采用一定的检测试验手段和检查方法（如传统经验、检测诊断的仪器设备或随车自诊断系统等），测定汽车维修过程中和维修后（含整车、总成、零部件、工序等）的质量特性，并将实际检测结果与质量验收标准相比较，判定其是否合格，最后作出质量判断并提出处理意见，作好原始记录并及时信息反馈。

2 汽车维修质量检验的目的

对于汽车维修企业，进行汽车维修质量检验的目的是为了对汽车维修过程实行全面质量控制，判断汽车维修后是否符合有关质量标准，对竣工车辆，代表汽车维修企业，同时也代表修方验收维修质量。对于汽车维修质量管理机构，进行汽车维修质量检验，是为了实施行业质量监督。

3 汽车维修质量检验的职能

（1）保证职能。通过判断被检验对象是否合格，以保证不合格的原材料（包括外购、外协件等）不投产，不合格的半成品不流入下道工序，不合格的成品不出厂。在汽车维修企业，即保证不合格的总成或零部件不装车使用，不合格的竣工车辆不出厂。

（2）预防职能。质量检验除了检验车辆质量外，还要及时发现质量隐患，并及时找出原因，采取相应预防措施，改进汽车维修质量。

（3）信息职能。质量检验还要在质量检验的同时，及时向上级主管部门和汽车和配件厂家反馈质量信息，为加强质量管理和质量监督提供必要的依据。

二 汽车维修质量检验的流程、方法与步骤

1 汽车维修质量检验流程

汽车维修质量检验的工艺程序大致为：首先是进厂检验（包括送修车、返修车及事故车鉴定检验等）；维修车辆经生产派工调度并进入维修过程后，由主修人将汽车拆卸为各总成，由各总成拆卸为各零件；并由主修人或专职检验员进行零件分类检验（分为可用、可修、可换三类）；然后按汽车装配工艺规程、工艺规范和技术标准由主修人修复可修零件、更换可换零件与可用零件一起由零件安装为总成，由总成安装为整车，最后进入竣工调试，并移交出厂检验，由专职检验员做汽车维修竣工出厂检验。

保证汽车维修竣工出厂质量是汽车维修企业质量检验的中心工作。要提高汽车维修竣工出厂质量，不仅要落实质量检验的岗位责任制和质量责任制，提高质量检验人员的工作质量；而且要加强汽车维修质量检验过程中的质量检验规范和质量验收标准；并做好质量检验的基础原始记录（要求认真填写、及时整理、妥善保管），包括汽车进厂检验单、汽车过程检验单、汽车竣工检验单（尽管此三单的内容和格式可由汽车维修企业根据需要自行印制，但必须要坚持全面、清晰、简便、易读的原则）。

2 汽车维修质量检验方法

汽车维修质量检验的方法分为两类：一是传统的经验检视方法；二是借助于各种量具、仪器、设备对其进行参数测试的方法。经验检视方法凭人的感官检查、判断，带有较大的盲目性；仪器仪表测试可通过定性或定量的测试和分析，准确地评价和掌握汽车技术状况。随着现代科学技术的进步，特别是汽车不解体检测技术的发展，人们可以在室内或特定的道路条件下，不解体测试汽车的各种性能，而且安全、迅速、准确。

3 汽车维修质量检验的工作步骤

汽车维修质量检验是一个过程，一般包括如下工作步骤：

（1）明确汽车维修质量要求。根据汽车维修技术标准和考核汽车技术状态的指标，明确检验的项目和各项质量标准。

（2）测试。用一定的方法和手段测试维修汽车或总成有关技术性能参数，得到质量特性值。

（3）比较。将测试得到的反映质量特性值的数据同质量标准要求作比较，确定是否符合汽车维修质量要求。

（4）判定。根据比较的结果判定汽车或总成维修质量是否合格。

（5）处理。对维修质量合格的汽车发放汽车维修竣工出厂合格证，对不合格的维修汽车，记录所测得的数值和判定的结果，查找原因并进行反馈，以便促使维修工序改进质量。

三 汽车维修企业质量检验的工作内容

要系统掌握汽车维修企业质量检验的主要工作内容，可分别从以下三方面进行检验内容归类分析：一是按检验职责分类；二是按维修工艺过程分类；三是按检验的对象分类。

(一)按检验职责分类的工作内容

(1)工位自检，是指由操作人员严格根据工艺规程、工艺规范及技术标准，对自己工位所承担的操作或工作进行自我质量评定和自我质量保证。工位自检是汽车维修过程中最直接、最全面、最重要的检验。因为只有各操作人员在工位自检中都能实事求是地对自己所做的维修进行自我评定并自我保证，整车维修质量才能有保证。

(2)工序互检，是指工序交接过程中的相互质量检验。互检的重点在于对关键维修部位的质量进行抽检把关，以免在维修竣工后造成返工返修。

(3)专职检验，是指为了有效地控制汽车维修过程质量，及时发现及解决维修过程中的技术质量问题，由专职检验人员对汽车维修过程中关键工序和生产现场质量控制点的重点检验。包括：质量容易波动且对产品质量影响较大的关键工序(如缸体、曲轴、车架校铆等主要基础件的整形及精加工工序)和关键总成(如发动机及驱动桥等)的质量检验；或者检验手段或检验技术较为复杂，靠自检或互检无法保证质量的重要工序检验；以及生产过程的首道工序检验(汽车进厂检验、材料配件入库检验、外购外协件质量检验)或末道工序检验(如车辆维修竣工出厂检验、或者出厂后难以再检的项目)等。

要落实自检、互检和专职检验三级检验制度，关键在于要明确自检、互检、专检的各自的责任范围，为此必须建立各工位与各工序的岗位责任制和质量保证制度，并明确各自的检验方法和检验标准，提供必要的检测手段，做好检验记录和交接签证，严格把好质量关。当然，汽车维修过程中的工序互检或专职检验都必须在主修人及主修班组各工位自检合格的基础上进行，以保证整个汽车维修过程中各个阶段的质量保证。或者说，汽车维修过程检验须贯彻以主修人及主修班组的自检和互检为主，即贯彻上工序自检、下工序复检，主修人自检、班组长复检，边修边检、边检边修，再辅以车间技术人员的质量指导和监督，专职检验人员的巡回抽检。凡不合格的零部件和总成都不得流入下工序，也不得作备用品。

对于采用相当于维修工艺卡片《派工单》作业制度的汽车维修企业，在从接车开始到竣工出厂的所有中间工序中，应随着《派工单》进行交接，不仅应有各维修项目主修人或主修班组的竣工签字，而且还要有各维修项目专职检验员的检验签字。这样做既可以简化汽车维修工艺流程，还可以保障汽车维修各工序的质量。

汽车维修过程中必须专检的关键项目有：

(1)发动机部分：如汽缸镗磨质量(如汽缸圆度、圆柱度、直径公差及表面加工质量等)；曲轴与凸轮轴各轴颈的修磨质量(如圆度、圆柱度、直径公差、弯曲度)以及活塞偏缸、飞轮偏摆等；发动机冷磨热试质量(缸壁间隙、活塞变形量)及总成试验性能。

(2)底盘部分：如变速器(各轴平行度、各齿轮齿面啮合情况)；驱动桥(圆锥主动齿轮与从动齿轮的啮合情况)；车架(纵梁平面度、轴距差、转盘连接等)；转向系统(如转向机构探伤情况)；制动系统(各轮制动性能，汽车跑偏量)；汽车总装质量(如前轮定位、传动轴连接、转向机构连接、车身连接及轮胎偏摆等)。

(3)电器部分：如蓄电池、发电机与起动机、前照灯、仪表与信号等。

(4)车身部分：如驾驶室、车门及门锁等。

(二)汽车检验过程分类与内容

1 汽车进厂检验

送修车辆的进厂检验由前台业务人员完成，如遇到需要外出试车与车主确认故障现象的车辆可由质量检验部门的专职检验员配合前台业务人员进行，其目的是为了鉴定送修车辆的实际技术状况，从而为汽车维修过程提供详尽的项目和清单，确保汽车维修过程的顺利进行。进厂检验的内容有：

(1)对进厂送修车辆进行外观检视，清点汽车装备残缺情况，清点随车物件及存油等，填写进厂检验单。

(2)检测和诊断送修车辆在进厂维修前的实际技术状况。

(3)查阅该车技术档案和上次维修技术资料。

(4)确定汽车维修项目及其维修方法，估算维修价格，签订《汽车维修委托书》。

(5)与车主做好送修车辆的进厂交接(填写进厂交接清单)，办理进厂交接手续等。

(6)前台业务人员做好与维修车间的车辆交接沟通，向维修车间下达汽车维修《派工单》。

2 汽车维修过程检验

汽车维修的过程检验可分为：汽车维修过程中的维修工艺监督检验、汽车维修过程中关键工序的质量检验、汽车维修过程中的零件分类检验、总成验收等。

❶ 零件分类检验

所谓零件分类检验，是指在汽车全部解体并清洗后，由核料人员根据零件的损伤程度和零件分类检验规范，将所有零件进行集中性的检验分类，分为可用、可修和可换三类。零件分类检验的主要依据应根据汽车维修技术规范中所规定的“大修允许”和“使用极限”确定。凡零件损伤尚在使用允许范围内的视为可用件；凡零件损伤超过使用允许值，但仍可修复使用的视为可修件；凡零件损伤严重已经无法修复、或者修复成本太高的则视为报废件。其中，一般性汽车配件由主修人核料，贵重总成和重要基础件则应由专职核料检验员检验。零件分类检验是汽车维修过程中的重要工序，因为它直接影响到汽车的维修质量和维修成本。

❷ 汽车维修工艺监督检验

产品质量是靠人做出来的，而不是靠检验检验出来的，汽车维修过程检验是汽车维修质量保证中的最重要环节，汽车维修企业要确保汽车维修过程检验的完善和规范实施。其中

汽车维修工艺监督检验是指从汽车解体、维修、装配，直到汽车修竣竣工出厂全过程中的质量检验与质量监督。

在我国汽车维修行业中，汽车维修过程中的质量检验与质量监督目前普遍采用三级质量检验的质量保证制度，即工位自检、工序互检和专职检验。汽车维修企业必须建立检验岗位责任制，明确检验标准、检验方法及检验分工，作好检验记录，严格把握质量关。凡不合格的零部件和总成都要返工，不得流入下道工序，也不得作备用品。过程检验是汽车维修质量保障的最重要的工作，根据现代汽车维修企业业务流程分析，如果重视与抓好过程检验（程序与文件），出厂检验完全可以简化。

3 汽车维修竣工出厂检验

汽车维修竣工出厂检验应由专职总检验员负责，以代表用户验收车辆。由于汽车维修竣工出厂检验属于成品检验，它是汽车维修竣工出厂车辆汽车技术状况（如动力性、可靠性、安全性、经济性和环保性等）的综合性检验，也是对汽车维修竣工后鉴定汽车维修质量的综合性考核，所以不管汽车进厂时的车况和残缺如何，也不管汽车维修过程是如何进行的，竣工出厂检验只按照汽车维修类别所规定的作业项目及所应达到的技术要求和质量验收标准来验收车辆，以确保汽车维修的最终质量。

1 汽车维修竣工出厂检验可分初检、复检和路试三个阶段

初检通常由车间检验人员负责，初检中所发现的问题只作为汽车维修过程中的收尾问题（不作为返工返修），由车间检验人员及调度人员督促完成；完成后由出厂质量检验人员进行复检，复检中所发现的问题应责令主修人或主修班组予以返工；最后的复检及路试由出厂质量检验人员会同用户共同进行，并代表厂方向用户交车；最后复检及路试过程中所发现的问题应作为汽车维修过程中的质量问题，责令主修人或主修班组予以返修。

2 路试检验可分为路试前、路试中、路试后三个检验验收阶段

（1）路试前检验。在汽车路试前，在静态下进行车辆外观检查和发动机空载检验：

①汽车外表应整齐美观，各种灯光信号标志齐全有效，后视镜安装良好，符合要求。

②汽车装备和附属设施应按规定配齐，整车、各总成和附件应符合装备技术条件。

③后视镜、门锁等是否按规定装配齐全、完整、锁止可靠。

④车辆油、水、气、电是否加足，有无四漏现象，确保轮胎气压压常。

⑤各种管件和接头安装正确，电气线路完整，包括卡箍良好。

⑥润滑嘴装配齐全有效，各润滑部位及总成内均应按季节、品种及定容量加足润滑油（脂）。

⑦散热器、发动机、驾驶室等各连接支撑坐垫应按规定装配齐全、完整，锁止可靠。

⑧发动机在不同转速下运转正常。

（2）路试中检验。道路试验主要检查整车在各种行驶工况下（如起步、加减速、换挡和滑行，以及紧急制动等）其加速性能、滑行性能、制动性能是否良好，发动机及底盘各部是否有异响；操纵机构是否灵敏轻便，百公里耗油是否超标，噪声和废气排放是否超标等。

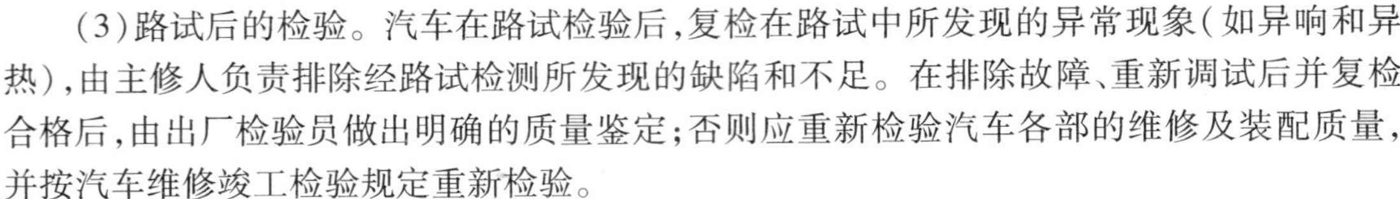

(3)路试后的检验。汽车在路试检验后,复检在路试中所发现的异常现象(如异响和异热),由主修人负责排除经路试检测所发现的缺陷和不足。在排除故障、重新调试后并复检合格后,由出厂检验员做出明确的质量鉴定;否则应重新检验汽车各部的维修及装配质量,并按汽车维修竣工检验规定重新检验。

3　车辆验收

专职总检验员与客户共同验收车辆,确认车辆达到外观整洁、零件齐全可靠、操纵灵活轻便、动力性和经济性良好、技术性能达到规定指标,使客户满意。在验收后,由总检验员填好出厂检验记录,签发《竣工检验出厂合格证》,并收集该汽车在维修过程中发生的所有原始记录及技术资料(如进厂检验记录及交接清单、派工调度记录、工时及材料消耗记录、维修过程记载、总成装配测试记录及验收记录、出厂检验记录等),签发《汽车出厂合格证》。并在向车方交车时(应有车方或客户指定的第三方代表参加验收),代表厂方办理车辆出厂交接手续。

(三)按检验对象分类

汽车维修企业检验按检验对象分为维修质量检验,自制件、改装件质量检验,燃润料、原材料及配件(含外购、外协加工件)质量检验,机具设备、计量器具质量检验等。

进行汽车维修质量检验应做好检验记录。汽车维修进厂检验记录单、过程检验记录单及竣工检验记录单(简称三单),是汽车维修质量检验的基础原始记录,必须认真填写,及时整理,妥善保管。其内容和格式可由企业根据需要自行印制,应坚持全面、清晰、简便、易行的原则。

四 汽车维修企业质量检验部门职责

(1)贯彻执行上级有关维修服务质量的方针、政策和指示,以及有关质量法规、条例和办法。

(2)制定公司各项质量检验工作制度和各类质量检验人员岗位责任制,并严格贯彻执行。

(3)根据批准的维修服务技术标准、质量标准、工艺规程等技术文件以及合同中规定的技术条件,对维修服务进行检验和验收,做出是否合格的结论,检查和保证出厂维修服务的质量。

(4)参与对工艺过程、工艺纪律、工艺装备、计量器具、文明维修进行检查和监督,根据检验结果,提出质量奖惩办法。负责对不合格品进行隔离、统计和管理,不得由其他部门自行处理。及时分析质量事故,提出处理意见,并报告厂长和有关部门。

(5)参与考察和确认配件、外购外协件、扩散件供应单位的质量保证能力与进厂物品的质量检验工作。

(6)对工艺规程中检验工序设置的合理性、可靠性、可检查性、完整性进行审查会签,并编制检验作业指导书。

(7)对维修服务质量指标完成情况进行统计、分析,掌握质量变化趋势,定期提出质量分析报告,并按要求及时上报。负责归口管理质量检验方面的质量信息及档案。

(8)参与拟订提高维修服务质量的有关计划和措施,参与技术引进、技术改造的可行性研究,并参与有关技术标准的制定与修订工作。

(9)参与访问用户和售后技术服务工作,及时进行质量信息反馈。

(10)负责质量检验人员的培训和定期考核工作,根据考核结果颁发检验操作合格证。

五 汽车维修企业质量担保

1 汽车维修竣工出厂验收标准

经汽车维修竣工出厂的汽车或附件及总成,均应符合汽车装车技术要求与质量标准。其中,一般维护和小修中修车辆应按国家标准《汽车安全运行技术条件》(GB 7258)、《汽车维护、检测、诊断技术规范》(GB/T 18344)等规定进行汽车维修竣工出厂的检验和验收。大修作业的汽车或总成应按国家标准《汽车大修竣工技术条件》(GB 3798)、《汽车发动机大修竣工技术标准》(GB 3799)和《机动车运行安全技术条件》(GB 7258)等规定进行汽车维修竣工出厂的检验与验收。

1 整体要求

(1)凡经过大修修复、送往总装配的零部件、总成和附件应符合相应的技术条件;且各项装备齐全、组装正确、连接可靠、无凹陷残缺、裂损和锈蚀。总装后的汽车主要结构参数应符合原制造厂设计规定。

(2)全车整洁,车徽字迹清楚,各种装备齐全有效;各部零件运行温度正常,各外露部位的螺栓和螺母紧固可靠,开口销及锁止装置齐全;各摩擦部位润滑充分、无四漏(漏水、漏油、漏气、漏电)。

2 发动机

本标准适用于国产汽车发动机(汽油机、柴油机),同类型进口汽车发动机参照执行。

(1)经大修修复、送往装配的发动机零部件或附件,以及发动机的总装配工艺均应符合原厂规定技术条件。各部分零件连接牢固,附件齐全良好。三滤(燃油滤清器、机油滤清器和空气滤清器)齐全,且清洁完好。

(2)发动机应在正常起动环境温度(柴油机不低于5℃,汽油机不低于-5℃)下迅速顺利起动。

(3)发动机油电路工作正常。在各种转速下运转正常(包括怠速转速稳定),直加速灵敏,过渡圆滑;急加速、减速时不得发生回火放炮,不过热。发动机油耗正常;且排放合格、排气烟色正常。

(4)在正常温度、正常工况和规定转速下,机油压力应符合原设计规定。

(5)经大修的发动机,其最大功率和最大转矩不低于原设计标定值的90%,其汽缸压缩

压力应符合原设计规定，各缸压缩压力公差：汽油机应不超过8%，柴油机不超过3%。

(6)发动机起动并运转稳定后，只允许齿轮、机油泵齿轮、喷油泵传动齿轮及气门脚有轻微均匀响声，不允许活塞、连杆轴承、曲轴轴承等有异响声。其中，经维护出厂的发动机在走热(工作温度50℃以上)后高速下应无明显敲击；经大修出厂的发动机在走热后任何转速下都应无异常敲击。

(7)发动机应按规定加注润滑油，且发动机各处不得有漏油、漏水、漏气、漏电现象。

(8)经大修的发动机在装配后应按规定进行冷拖和热试、拆检和清洗；应按规定加装限速片(汽油机)或限制调速器(柴油机)并加铅封。大修发动机的外表应按规定涂漆，涂层牢固，不得有起泡、剥落和漏涂现象。

3 底盘

(1)各操纵机构灵活可靠，各操作踏板行程符合原厂规定。

(2)传动机构工作正常，无异响。如离合器接合平稳、分离彻底，不打滑、不发抖，操作轻便，工作可靠。变速器换挡轻便灵活，不跳挡、不乱挡，且无异响与异热。传动轴及后桥主传动器等无异热异响等。

(3)前桥梁及后桥壳不应有变曲、裂缝，前轮定位符合规定。钢板弹簧无断裂、错位，悬架及减振器工作良好。轮胎气压正常，搭配合理，换位适时。

(4)转向机构操纵轻便灵活，在行驶中无发卡、松旷、跑偏、高速摆头现象；且转向机构各部连接锁卡可靠。转向盘自由行程：大修车应不大于8°，非大修车中小型车应不大于5°，重型货车应不大于30°；最大转向角及最小转弯直径应符合原厂规定。其横向侧滑量应不大于3m/km。

(5)制动性能良好，且符合《机动车运行安全技术条件》(GB 7258)所述规定。行车制动反应灵敏、均匀平顺，不单边、不跑偏、不发咬；制动距离符合原厂规定；驻车制动良好可靠(当拉紧驻车制动后应不能起步及滑溜)。

(6)底盘各部零件工作正常、调整适当、润滑充分，无异常磨损；且不得有漏油、漏水、漏气、漏电现象。

4 电气设备

(1)蓄电池清洁完好，电解液密度及液面高度适当；发电机发电正常。

(2)起动可靠，线路完整，包扎及卡固良好，应能保证发动机用起动机起动。

(3)各种照明及信号齐全有效；前照灯光度、光束符合要求；喇叭清脆洪亮、无异声；仪表齐全、指示正确。

5 车身

(1)车身正直，左右对称。驾驶室与客车厢形状正确，蒙皮完整平滑，合缝匀称，且不得有漏水或异响。

(2)仪表台和车厢内饰紧固、美观和干净；各操作踏板及其支架符合规定；风窗玻璃视线清晰，不炫目。靠背坐垫完整舒适，后视镜及座椅颜色、形状、尺寸、间距及调节装置应符合原厂要求。

(3)货车车身及货箱坚固(其纵横梁、栏板和地板不应有腐朽破损),栏板锁钩牢固可靠;驾驶室门窗开闭灵活,锁止可靠;翼板和机罩的挂钩牢靠。客车车身平整无凹陷,线条均匀、左右对称,喷漆表面光泽均匀、无裂纹、汗流起泡现象,左右对称;且应有良好通风;地板和车厢密封良好;坐垫靠背完整、固定可靠;门窗玻璃齐全;门窗开闭灵活可靠,锁扣可靠;上下踏板完好;车厢内部整洁。

(4)车身外观油漆颜色协调、色泽均匀光亮、用色与线条等均应与原厂相符,无起泡流痕或皱纹裂纹现象。

(5)车辆随车工具、牌照、刮水器、反光镜、牵引钩及附件齐全良好。

6 汽车的动力性能及经济性能

(1)动力性能。大修发动机的最大功率不应小于原机功率的90%;且加速性能应符合原厂要求;爬坡性能可由试车驾驶人以爬坡挡位及使用低挡次数来判断。

(2)滑行性能。在平坦干燥硬质路面上,平地开始拉动车辆的拉力应不大于车辆自重的1.5%;或在平坦干燥硬质路面上,以30km/h初速开始滑行的滑行距离应不小于230m。

(3)汽车的制动性能应符合《机动车运行安全技术条件》(GB 7258)的规定。

(4)汽车转向性能应轻便灵活、无跑偏和摇摆现象,最小转弯半径符合规定。

(5)燃油经济性能。经大修带限速装置的汽车,在以直接挡空载行驶时,在经济车速下,每百公里燃油消耗量应不高于原设计规定值的85%;在汽车走合期满后,每百公里燃油消耗量应不高于原设计规定。其中,凡有条件的应在中速下测定油耗的同时,测定发动机转矩及比油耗,凡最大转矩及最低比油耗达不到规定指标的,应视为不合格品。

(6)汽车噪声应符合《机动车辆允许规定噪声》(GB 1495)的规定;排放污染应符合《汽油车怠速排放标准》(GB 14761.5)和《柴油车自由加速烟度排放标准》(GB 14761.6)的规定。

2 汽车维修竣工出厂的质量保证

1 汽车维修竣工出厂规定

车辆和总成修竣完工后,要按照出厂规定进行检验、验收和交接,这对维修企业或客户来说,都是十分重要的一个环节。

(1)车辆和总成在修竣出厂前,承修厂必须按照汽车修竣出厂的检验规范和验收标准,做好路试前、路试中和路试后的质量检验,以使修竣出厂的车辆完全符合汽车维修技术标准中的修竣出厂技术要求,确保维修质量。

(2)车辆和总成修竣出厂时,不论送修时装备与附件的状况如何,均应按照原制造厂规定配备齐全,发动机应安装限速装置;并彻底做好车辆维修竣工的收尾工作,做到在交车时不再补修或补装。

(3)接车人员应根据汽车维修合同规定,就车辆或总成的技术状况和装备情况等进行验收,若发现不符合竣工要求的情况时,应由承修单位查明及处理;送修单位可以查阅有关检验记录及换件记录,甚至还可以要求重试;对不符合出厂验收标准的部分可以拒收。

(4)《汽车维修竣工出厂合格证》既是车辆维修质量合格的标志，也是承修方对托修方质量保证的标志。按照规定，凡经过整车大修、总成大修、二级维护后竣工出厂的车辆，在修竣验收合格后，必须由承修方签发《汽车维修竣工出厂合格证》，并向托修方提供相应的维修技术资料；其内容包括：汽车维修过程中的主要技术数据、主要零件更换记录、汽车维修竣工出厂后的走合期规定、汽车维修竣工出厂后的质量保证项目及质量保证期限，以及返修处理规定和质量调查等。

(5)送修单位在大修车辆或大修总成修竣出厂后，必须严格执行走合期规定使用。在质量保证期内，若因维修质量所造成的故障或损坏，承修单位都应优先安排、免费修理。倘若发生质量纠纷，可以先行协商；若协商无效，则交由汽车维修行业管理部门技术分析或仲裁。

汽车维修质量保证制度规定：车辆在经过维修并竣工出厂后，在用户正常使用(不违章操作、不超载超速)的情况下，承修方承诺其质量保证项目在质量保证期限内不发生维修质量事故。其中，质量保证项目应包括所有承修项目，质量保证期限是指竣工车辆自修竣出厂之日起计算所行驶的里程或者时间(以行驶里程为主)。

2 质量保证期

(1)维护竣工车辆的质量保证期限：一级维护、小修及专项修理车辆为2000km；二级维护车辆为5000km；三级维护车辆为10000km。

(2)大修竣工车辆或发动机总成，用户应严格执行走合期的(客货车1500～3000km；轿车3000～6000km)规定。走合期满后，由承修厂拆除限速装置。在用户正常维护、合理使用的前提下，大修竣工车辆或发动机大修竣工总成的质量保证期不少于该车第一次二级维护作业周期。质量保证期满时，由承修厂做一次走合维护作业，用以鉴定车况和汽车大修质量。

汽车和危险货物运输车辆整车大修或总成大修的质量保证期为20000km。

(3)新车的质量保证期限为：客货车15000～20000km；轿车20000～30000km。品牌轿车的质量保证期限由品牌轿车制造厂规定。

3 质量保证范围(指大修竣工出厂车辆)

在上述质量保证期内，承修厂应保证车辆技术状况良好，运行正常。其质量保证范围如下：

(1)发动机走热后运转正常，无拉缸、拉瓦，无明显异响(如活塞敲缸、活塞销、曲轴轴承及连杆轴承等)；在燃料系统和点火系统调整正常后，汽缸压力和真空吸力均符合标准；机油压力及冷却液温度正常；发动机无四漏；在出厂行驶2500～3000km后排气管不冒异烟。

(2)传动系统：

①离合器工作正常，不发抖、不打滑、无异响。

②变速器、分动器、驱动桥的齿轮无恶性磨蚀，运转无异响(允许有磨合声)，无异热(行驶中油温不高于气温60℃)、不跳挡、不乱挡。

③传动轴、十字轴轴承及中间支架轴承不松旷及甩动弹响。

④无因轴颈失圆、油封失效或接合不平而漏油。

(3)转向与制动:

①转向轻便,无发啃异响。

②制动鼓无裂纹和变形;制动鼓与蹄片接触正常。

(4)前后桥与车架:

①行驶时不摆头、不跑偏和蛇行;

②无恶性磨胎现象;

③轮毂轴承不走内外圆;

④车架铆接处不松动,铆钉饱满,不残缺偏移;焊修部位及拖车钩无裂纹。

(5)车身:客车车身、货车车厢、驾驶室及车头不摇晃;各部蒙皮平整无凹陷,连接牢靠不漏水;喷漆无开裂、流痕、起泡现象;门窗启闭自如、不晃动发响。

(6)基础件和重要零件不破裂变形,所有轴颈和承孔配合正常,焊接件不脱焊。

4 质量返修的处理

按照汽车维修制度规定:车辆在进厂维修过程中应贯彻“漏报不漏修、漏修不漏检”的原则。经汽车维修竣工出厂的车辆或总成,倘若在质量保证期限内和质量保证范围内发生故障或提前损坏的,无论责任属于谁,都应由汽车维修企业总检验员进行技术鉴定,并分清责任,即时安排,尽早修复,及时善后处理。

质量返修是汽车修理企业属于对不合格产品的补救和质量纠正措施,其处理原则如下:

(1)凡属于承修厂技术责任而引起的返修,应确定为质量返修或维修质量事故。无论所发生的质量返修车辆距厂远近,承修厂都应及时前往处理;并由承修厂承担全部检修和工料费用。承修厂在处理返修车辆时还应填写返修记录,继而分析事故,从中吸取经验教训,并提出改进意见。

(2)凡属于送修方使用不当或维护不当而引起的故障或损坏(例如由于未执行大修走合期规定、未执行日常性维护或超载超速而造成的故障损坏),应由送修方自行负责;但倘若仍委托承修厂修复的,其修复全部工料费用应由送修方承担。

(3)倘若涉及送修方与承修方都有责任的,应根据事故鉴定结果,由双方协商处理。

六 汽车维修企业质量要求

汽车销售服务企业的产品质量包括:销售新车质量、车辆维修质量、旧件修复或制件质量等。汽车维修质量取决于汽车的装配与调试质量;汽车装配质量又取决于汽车各总成的维修、装配和调试质量;而汽车各总成的维修质量最终都取决于汽车零件质量。

汽车维修质量通常以零件修复质量、总成装配质量与汽车装配质量来评价。

1 零件修复质量

零件修复质量的主要评价指标有:

(1)形位公差。汽车零配件(特别是基础件)在修复后的形状位置公差是评价零件修复

质量的重要指标,它决定着装配后相关总成的工作状况和工作性能。

(2)接合强度。这是评价零件修复层质量的基本指标。倘若修复层接合强度不足,便会在使用中出现修复层脱离和滑圈等,从而引起新的故障。

(3)耐磨性。修复层的耐磨性(以车辆单位行程的磨损量评价)通常视修复方法的不同而不同,倘若修复层耐磨性较差,就会降低零件的使用寿命。

(4)疲劳强度。由于汽车零部件大多工作在交变荷载及冲击荷载下,因此修复层的疲劳强度也是考核零件修复质量的重要指标。经过修复后的汽车零件,影响修复层疲劳强度的因素较为复杂,但通常都会降低,因此只有通过修复层实际使用后才能获得较准确的结论。

(5)平衡程度。平衡程度是旋转零件修复质量中的重要指标,它决定着汽车或发动机的工作平稳性和使用可靠性。

2 总成装配质量

总成装配质量的主要评价指标有:

(1)总成装配清洁度,通常以被检总成的被检部位在装配后清洗下来的杂质总量计算,包括金属屑、尘土及其他杂质等。

(2)总成装配精度,是指按规定技术要求装配后,各配合副所能达到的尺寸精度,包括配合精度、形状位置精度和动平衡精度等。

(3)储容件密封性,是指凡用以盛装液体或气体的零部件及其管路在装配后的接合面密封程度。倘若密封性不良,就会出现漏气、漏水或漏油,从而影响总成的工作状况和技术性能。

(4)总成承载能力,是指总成内零件承受荷载的工作能力,它取决于总成装配后的磨合完善程度。

(5)振动和噪声,是指总成因装配间隙调整不当或者因零件动不平衡而运转时出现的振动和噪声。

(6)功率损耗,是指总成在运转时因机械摩擦而引起的功率损耗。它取决于总成内各配合副的装配状况和磨合状况,是评价总成装配与调试质量的综合性指标。

(7)排放浓度,指发动机有害排放物浓度,它与发动机的装配质量和调整质量相关。

3 汽车维修质量的评价

汽车维修质量的主要评价指标有:动力性能、燃料经济性、滑行性能、制动性能、转向性能、噪声与排放性能、车容指标及其他(详见汽车大修竣工出厂标准)。

任务实施

看过汽车维修企业质量检验的相关知识与要求的介绍以后,小王已了解了汽车维修企业质检的过程与要求等,他准备从质检员的岗位任务与职责、质检的重要性和检验过程该注意什么问题等方面进行重点叙述。在实操项目，他作了一张二级维护工作与竣工检查表(表4-1)，将按照表格上的内容进行充分的演练，力求表现出自己技术和细心的特长。

二级维护竣工检验要求 表4-1

检测部位	检测项目	技术要求	备注
整车	①清洁	汽车外部、各总成外部、三滤应清洁	检视
	②面漆	车身面漆、腻子无脱落现象，补漆颜色应与原色基本一致	检视
	③对称	车体应周正，左右对称	汽车平置检查
	④紧固	各总成外部螺栓、螺母按规定力矩扭紧，锁销齐全有效	检查
	⑤润滑	发动机、变速器、转向器、减速器润滑符合规定，各通气孔畅通。各部润滑点润滑脂加注符合要求。润滑脂嘴齐全有效，安装位置正确	检视
	⑥密封及电器	全车无油、水、气泄漏，密封良好，电器装置工作可靠，绝缘良好	检视
	⑦前照灯、信号、仪表、刮水器、后视镜等装置	稳固、齐全有效，符合有关规定	检视
发动机	①发动机工作状况	发动机能正常起动，低、中、高速运转均匀及稳定，冷却液温度正常，加速性能良好，无断火、回火、放炮等现象，发动机运转稳定后应无异响	路试
	②发动机功率	无负荷功率不小于额定值的80%	检测
	③发动机装置	齐全有效	检视
离合器	①踏板自由行程	符合原厂规定	检测
	②离合情况	接合平稳，分离彻底，无打滑、抖动及异响	路试
转向系	①转向盘最大转动量	符合规定	检查
	②横直拉杆装置	球头销不松旷，各部螺栓、螺母紧固，锁止可靠	检查
	③转向机构	操作轻便，转动灵活，无摆振、跑偏等现象。车轮转到极限位置时，不得与其他部件碰擦	检测
	④前束及最大转向角	符合规定	检测
	⑤侧滑	符合《机动车运行安全技术条件》(GB 7258)中的有关规定	检测

1 现代汽车检测诊断技术的应用

在汽车维修与使用过程中，汽车检测与诊断技术作为对汽车车辆使用与技术状况的监测手段，以及对汽车故障诊断技术的发展都具有重要作用。随着汽车技术的不断发展，汽车相应的检测诊断技术也长足进步。国家在汽车检测与诊断方面也十分重视，1990 年，交通部发布了《汽车运输业车辆技术管理规定》(以下简称《规定》)。《规定》中对应用车辆检测诊断技术的意义、要求、内容及职责作了明确规定，并指出车辆检测诊断技术是检查、鉴定车辆技术状况和维修质量的重要手段，是促进维修技术发展，实现视情修理的重要保证。检测诊断设备应能满足车辆在不解体情况下，确定其工作能力和技术状况，以及查明故障或隐患的部位，并准确找出故障原因。

检测诊断的主要内容：

(1)车辆的安全性：包括车辆的制动、侧滑、转向、前照灯等。

(2)车辆的可靠性：包括异响、磨损、变形、裂纹等。

(3)车辆的动力性：包括最高车速、加速能力、爬坡能力、发动机功率、底盘输出功率等。

(4)车辆的经济性：主要指燃料、润料的消耗情况。

(5)车辆的噪声和废气排放状况等。

上述汽车检测诊断内容，汽车维修企业必须运用汽车检验诊断设备来实现，或者通过汽车综合性能检测站来进行检测。对检测诊断设备的配备，国家、交通部也先后发布了《汽车运输业车辆综合性能检测站管理办法》和各类汽车维修业户开业技术条件，按照检测站和维修业户的规模和职能的不同，明确规定了必须配备的检测诊断设备。

2 汽车检测站

汽车检测站是综合运用现代检测技术，对汽车实施不解体检测诊断的机构，是对道路运输车辆进行车辆技术监控和维修质量监督以及环保性能检测的综合性能检测的技术服务机构。

(1)汽车检测站的职责：

①对车辆的技术状况进行检测诊断。

②对汽车维修行业的维修车辆进行维修质量的检测。

③对车辆改装、改造、报废和有关新工艺、新技术、新产品以及节能、科研项目等进行检测、鉴定。

④在环保部门统一监督管理下，对汽车污染进行监督、监测。

⑤接受公安、商检、计量和保险等部门的委托，进行有关项目的检测。

(2)汽车检测站的分类：按照能够承担任务的范围，汽车检测站分为综合性能检测站和单一性能检测站。综合性能检测站能承担汽车多种性能的检测任务;单一性能检测站只能进行某种性能的检测。

汽车综合性能检测站是对道路运输车辆进行综合性能技术监督检测、汽车维修质量监督检测和汽车性能诊断检测的技术服务机构,它是道路运行管理机构从事道路运行管理的重要技术基地。交通部《汽车运输业车辆综合性能检测站管理办法》(第29号部令)对汽车综合性能检测站的建设、管理、职责、基本条件、认定等都作了详细规定,是汽车综合性能检测站管理的法律依据。

(3)汽车综合性能检测站的主要任务:

①对在用运输车辆的技术状况进行检测诊断。

②对汽车维修行业的维修汽车进行质量检测。

③接受委托,对汽车改装、改造、报废及其有关新工艺、新技术、新产品、科研成果等项目进行检测,提供检测结果。

④接受公安、环保、商检、计量和保险部门的委托,为其进行有关项目的检测,提供检测结果。

(4)汽车综合性能检测站的类别分级。根据汽车综合性能检测站的职能分为A、B、C三级。

①A级站是能够承担监测站全部职能的检测站。它能够检测车辆的制动、侧滑、灯光、转向、前轮定位、车速、车轮动平衡、底盘输出功率、燃料消耗、发动机功率和点火系统状况以及异响、磨损、变形、裂纹、噪声、废气排放、润滑油质分析等项目。

②B级站是能够承担在用车辆技术状况和车辆维修质量检测任务的检测站。它能够检测车辆制动、侧滑、灯光、转向、车轮动平衡、燃料消耗、发动机功率和点火系统状况,以及异响、变形、噪声、废气排放等项目。

③C级站是能够承担在用车辆技术状况检测任务的检测站。它能够检测车辆的制动、侧滑、灯光、转向、车轮动平衡、燃料消耗、发动机功率,以及异响、噪声、废气排放等项目。

按照上述各级检测站的职能,所需配备的主要设备是:废气分析仪、制动试验台、车速表试验台、前照灯检测仪、声级计、侧滑试验台、车轮动平衡仪、探伤仪、前轮定位仪、底盘测功试验台、发动机综合测试仪、电气综合测试仪、油耗计、润滑油质分析仪、数字转向测力仪、汽缸压力表、真空表、第五轮测试仪等。目前,多数检测站都将检测设备按一定的工艺顺序组成流水式检测线。根据功用的不同分为综合性能检测线和安全环保线。

3 现代汽车检验技术的发展趋势

随着科学技术水平的进步和提高,汽车检测、诊断技术的发展,使未来车辆的性能检测项目更多、判断更快、更准确。检测设备也将向质量轻、体积小、易于携带、便于流动测试等方向发展。检测工位机将向智能化、功能全、便于联机,以及操作、维修方便等方面发展。各国在检测标准的制定上将逐渐取得一致,标准的更新速度将加快。

监控和预测汽车技术状况,是汽车检测技术今后发展的必然趋势。国外已在预测制动鼓、制动蹄配合副、汽缸活塞环配合副状态方面开展工作，不久将会有新的突破，并将扩展到系统状态和元件状态的预测。这种预测对决定汽车各总成以及整车的剩余使用寿命，对提高汽车的可靠性和经济性等都有十分重要的意义。

随车检测和车外检测两种方式将会并存发展。随车检测技术将首先在轿车和价值高的专用车辆上得到较大发展。随车检测装置的功能将会扩大，将要研制动态故障信息监测和储存的专门检测设备，开发预测机构状态变化的软技术，以满足用户的需要，提高汽车使用的可靠性。

车外检测技术发展的主流，是探求诊断复杂的故障，充分利用计算机能够储存、分析参数信息的特点，提高诊断精确度；开发故障预测的软技术，提高诊断预测水平。检测诊断设备将会朝自动化、快速化方向进一步发展。应用声响和振动的监控、诊断技术，将会在声响、振动信号的识别、处理及故障物理鉴别等方面有新的突破，并有望开拓汽车检测技术研究的新领域。

习题及思考题

1. 什么是质量检验？试述汽车维修企业质量检验的流程、方法和步骤？
2. 汽车维修质量检验工作怎样分类，检验内容有哪些？
3. 汽车维修企业质量检验部门职责是什么？
4. 车辆维修竣工出厂的验收有哪些要求？汽车维修质量保证期是怎样规定的？
5. 如何评价汽车维修企业维修质量？

任务二　汽车维修质量检验的管理

张经理觉得目前维修厂里汽车维修质量仍然存在不少问题，其中质检员的检验环节是应该加强管理的环节之一。经过分析，他觉得厂里的质检员小王在工作中，有一部分工作是接送客户、做车间调度方面的工作，甚至帮销售部的同事购买汽油，总是忙得不可开交，但关键的职责工作却没有足够的时间去细心完成。显然质检员小王仍然没有合理的安排好自身的工作，对质检工作的岗位职责不明确，其他质检员也不同程度地有这些问题。请你分析一下质检员的工作职责，该怎样对企业的质量检验进行有效的管理？

要使企业质量检验工作有序高效进行，必须系统地对质量检验员工作进行监控。由

此必须了解汽车维修检验工作的基本要求，明确质检员的日常工作任务和分工，把握企业汽车维修质量的考核指标，以衡量企业总体的质量完成情况，有针对性地进行重点检验和质量控制。同时注意对质检员的管理，注重提升维修质量检验人员的岗位责任意识和综合素质，并且要利用绩效考核等手段对质检人员的工作进行指引和监控，最终起到激励的作用。

一 汽车维修质量检验工作的基本要求

(1)汽车维修的质量检验应贯穿于整个汽车维修全过程中。为此必须明确检验员的岗位职责，不仅要使检验员具有职责和权限，而且又要对检验员具有相应的考核办法。

(2)汽车维修的质量检验应制度化和规范化，不仅要有严格而明确的检验规范及验收标准，而且整个检验过程都必须以《汽车维修技术标准》为依据。

(3)汽车维修质量检验的目的不仅是要检验出不合格品，更重要的是收集和积累质量信息，从而为加强质量管理、控制产品质量做好参谋。

(4)必须强调质量检验过程中的原始记录与质量签证。并严格控制返工返修，并强化技术责任事故分析和相应处罚等。质量检验记录不仅应该完整、准确和清晰(不得随意涂改与弄虚作假)，而且应该标准化和数据化(包括名词术语规范化，计量单位和符号代号法定化等)。为此应加强原始记录的收集整理、统计分析和整理归档。

(5)检验手段要推行仪器设备化，为此汽车维修企业要配备必要的检测诊断设备和仪器仪表等。

二 汽车维修质量的考核指标

为了提高生产过程中包括进厂检验、过程检验等环节的工作质量和质量检验意识，保证过程检验的有效实施，应对维修生产等岗位实施质量考核。考核汽车维修企业产品质量与服务质量的常用指标是返修率和在厂车日或车时(指维修车辆自入厂至修竣出厂所经历的日历天数或小时数)，而考核汽车维修企业内部工作质量的常用指标是返工率与一次检验合格率。

1 返工率

返工率是指在汽车维修过程中，因工序互检不合格而造成的返工次数，占工序总移交次数的百分率。返工率指标主要是用以考核汽车维修企业内部工序质量的指标。

2 返修率

返修率是指在汽车维修竣工出厂后，在质量保证期内，由于汽车维修质量或汽车配件质

量不合格所造成的返修次数，占汽车维修企业同期维修车辆总数的百分率。返修率指标常用于月、季、年度质量考核，计算公式为

车辆返修率 = 返修车次/维修车次 ×100%

3 一次检验合格率

一次检验合格率是指在汽车维修过程中或汽车维修竣工时，交付专职检验“一次合格”所占的百分率。一次检验合格率是考核汽车维修企业工作质量的综合性指标，计算公式为

车辆维修一次检验合格率 = 一次性维修合格车次/总维修车次 ×100%

三 汽车维修质量检验人员的素质要求

汽车维修质量检验员是维修质量的哨兵，是企业形象的代表。其业务素质的高低，直接影响着本企业声誉的好坏。因此必须严格选拔，慎重任用，在任的汽车维修质量检验人员应不断钻研汽车维修技术，提高检验技能。

汽车维修质量检验员应具备的条件：

(1)具有大专以上文化程度，掌握全面质量管理的基本知识。

(2)熟悉汽车维修技术及汽车维修工艺规范。

(3)掌握汽车维修标准，出厂检验员还需有与准驾车相符的正式驾驶执照。

(4)掌握公差配合与技术测量的基本知识。

(5)会正确使用量具、检具，熟悉和掌握测试技术。

(6)责任心强，办事公道，工作认真细心。

(7)受过专门培训，并取得交通行业主管部门的认可。

(8)身体健康，无色盲，无高度近视。

四 汽车维修质量检验人员的工作质量考核

汽车维修质量检验员工作质量的考核要素有三条：①检验工作量；②检验准确性；③检验数据记录的完整性和及时性。实践证明，检验员的工作质量不能与企业的质量指标挂钩，也就是检验员对企业的质量指标完成得好坏不负责任。如果检验员对质量指标负责，容易产生将不良维修产品作为合格维修产品的判定，失去了检验员的质量把关作用。

对检验准确性的考核，一般用漏检和错判数量，或造成的工时损失来考核。这种方法比较粗放，不便于对检验员进行相对比较，所以用检验准确率考核比较严谨。

检验准确率计算公式为

$$Z = \frac{A - K}{A - K + B} \times 100\%$$

式中：A——检验员检出的不合格维修产品数；

K——复核检验时,从不合格品中检出合格维修产品数;

B——复核检验时,从合格维修产品中检出的不合格维修产品数。

上式中,分子 $A-K$ 就是检验员检出的真正不合格维修产品数。而分母 $A-K+B$ 则是被检产品真正的不合格维修产品数。于是,检验准确率就是检验员所发现的真正不合格维修产品数与产品中实际存在的不合格维修产品数之比。

例如:被检维修产品共100件,检验员检出9个不合格维修产品,经复核检验,发现9个不合格维修产品中有2个是合格的,而在合格维修产品中又检出4个不合格维修产品,则检验准确率计算如下:

$$Z = \frac{A-K}{A-K+B} \times 100\% = \frac{9-2}{9-2+4} \times 100\% = 77\%$$

检验准确率公式有一定缺陷。如 $B=0$,即在复核检验时,从合格维修产品中检验不到不合格维修产品,也就是无论从不合格中复核出多少合格品,检验准确率永远是100%。这实质是允许错判错误。为此,还应有错判百分率考核指标。错判百分率 E 由下式确定:

$$E = \frac{A-K}{N-A-K+B} \times 100\%$$

式中:N——检验维修产品的件数;

A——检验员检出的不合格维修产品数;

K——复核检验时,从不合格品中检出合格维修产品数;

B——复核检验时,从合格维修产品中检出的不合格维修产品数。

上式中,分母 $N-A-K+B$ 是产品中实际存在的真正合格维修产品数,分子则是检验员将合格维修产品判为不合格维修产品数。所以,错判百分率实质上是:检验员将合格维修产品判为不合格维修产品数(属于错判)与维修产品中真正存在的合格维修产品数之比。

企业对检验员下达考核指标时,应根据实际情况下达。复核检验可用交叉复检法或复核检验法。所谓复核检验法,是由检验部门的复核检验员,复核已检验过的维修产品。所谓交叉复检法,是指检验员之间相互复检。

任务实施

张经理通过对质量检验工作和管理要求的分析,制定了如下的质检员岗位职责说明,见表4-2,并结合此岗位说明书,与人力资源部的同事一起,对质检员的绩效考核表进行了调整,增加了量化的考核要求。最终使质检员明确自身的工作职责和基本工作任务,不但改进了质检员的工作情况,同时也促进了汽车维修班组人员的工作认真态度和严谨精神,充分发挥了绩效考核的有效激励作用,使整个企业的质检工作走上了一个良性的工作循环。绩效考核表的制定可参考项目五。

质量检验员的岗位说明书　　表 4-2

职位名称	出厂检验员	职位代码		所属部门	质管/技术部
职　系		职位等级		直属上级	质量主管/技术主管
薪金标准		填写日期		直接下属	
职位概要:对零部件或产品进行测试、分析,以确保质量标准的执行					
工作内容 1. 出厂检验员对修竣后的车辆完成出厂检验; 2. 验收合格后通知业务; 3. 出厂检验员对不合格的车辆有权责令主修人再修,对厂内回修两次以上的主修人,要把返修经过记入职工档案;检验合格后方能出厂; 4. 出厂检验员在检验过程中如发现其他修理项目以外的故障时,有义务向业务人员和客户反映;在得到明确答复后加项修理,同时在施工单上做加项、减项处理; 5. 凡在质量保质期内返修的车辆,要由业务员、出厂检验员、车间主任共同查明返修原因,按原因和岗位工种限期给予优先解决,并填写返修记录; 6. 需路试的车辆,要在静态检查合格后在规定的试车路线上试车、验车;如有必要车上只准乘坐主修人和检验人员; 7. 检验合格后的车辆,车钥匙交业务部保管,把车停在竣工车位上,未经允许不得私自动用; 8. 出厂检验是修理过程的最后一个环节,出厂检验员要严把质量关,严格执行质量标准和所规定的内容条款					
任职资格 教育背景:相关专业职高以上学历 培训经历:受过质量管理、车辆知识等方面的培训 经验:1 年以上工作经验 技能技巧 1. 熟悉测试工具及程序; 2. 熟悉标准及规范; 3. 熟练操作办公软件 态度 1. 较强的团队协作精神; 2. 善于发现问题,解决问题					
工作条件: 工作场所:检验场所 环境状况:基本舒适					

本田 4S 店维修质量控制与完工检验流程要求

1 质量控制

汽车维修服务通过“自检、互检、完检”的过程控制作业质量,其工作方式包括:

自检:操作人员根据问诊表、作业卡完成作业项目后自行检查,并签名确认。

互检:班组内相互检查。

完检：即完工后检查，由专门的完检人员负责检查。

2 作业质量管理——质量信息报告

新产品上市后首次发生、频繁发生、涉及安全、招致顾客很大意见或修理费用很高的故障要填写质量信息报告。

3 故障实例集

本店首次出现或维修难度大的项目要编写《故障实例集》并在技术培训时讲解。故障实例的记录表格形式可参考表 4-3。

汽车故障实例记录表 表 4-3

<table>
<tr><td colspan="2">故 障 实 例</td><td>编号</td><td></td></tr>
<tr><td rowspan="2">现象</td><td rowspan="2"></td><td>车型</td><td></td></tr>
<tr><td>年款</td><td></td></tr>
<tr><td>症状</td><td colspan="3"></td></tr>
<tr><td colspan="4">图示：</td></tr>
<tr><td>诊断方法：</td><td colspan="3"></td></tr>
<tr><td>维修方法：</td><td colspan="3"></td></tr>
</table>

4 完工检查

1 完工检查的意义

质量控制的最佳方法就是在每个环节都有专人负责，并且将质量控制作为服务工作的

一部分。将正确诊断所需的场地、设备和人员结合在一起，建立完整的诊断与质量控制体系，这一体系建立后将：

(1)避免返修。

(2)确保所有要求的工作都已完成。

(3)发现附加工作(在质量控制阶段，维修人员及完检人员要检查所需的附加工作，然后记录在作业卡上，交给前台接待人员与客户进行沟通)。

完检人员(至少)应就所有与安全、性能及排放相关的维修实行质量控制。完工检查是车间作业质量控制的最后一关。

2 实施完工检查

完检人员根据问诊表、接车维修单逐项核实确认故障排除，必要时试车检查。作业完成后需进行完检，以保证所有的作业项目均已实施完成，并达到预期的作业效果：故障成功排除，维护状况良好，车辆可以正常使用，同时检查有无遗留物品(工具、资料)。完工检查合格要确认签名，注意注明时间，如有其他维修建议填写在作业卡备注栏，有行驶注意事项等填写在技术备注栏。

3 返修处理

返修分为内返和外返，车间维修技师或完检人员发现问题造成的返修为内返，交车时客户发现问题或出店后造成的返修为外返，对出现的返修，特别是外返要引起重视，制定改善措施和跟踪客户意见，管理人员应该控制每月车辆返修率。

完检过程中若发现作业项目有误或遗漏时要立即安排返修，返修后务必重新全面检查。若返修作业时间(内返)超过与客户约定的完工时间，要及时告知前台，并由前台接待人员通知客户，并获得客户的谅解。

5 清洗车辆

作业完成经完检确认没有问题后，这时要对客户的车辆进行清洗。清洗车辆时，不仅要去除作业过程中产生的脏污，还要对整个车辆实施清洁，确保客户取回的是一部洁净如新的车辆。洗车是一个相对简单但又会影响客户满意度的一个重要环节，客户容易通过车辆的干净与否评价特约店是否认真对待车辆。因此，一定要按照标准的洗车操作流程，对车辆进行全面彻底的清洗。

习题及思考题

1. 汽车维修质量检验的基本要求有哪些？汽车维修质量检验人员的素质要求有哪些？
2. 评价与考核汽车维修质量的方法是什么？其考核指标有哪些？
3. 汽车维修质量检验人员的工作质量应该怎样考核？

任务三　汽车维修企业全面质量管理的实施

任务导入

某汽车维修厂客服中心的回访记录中,质量问题的投诉一直居高不下,不满意客户中40%反映的问题都涉及汽车维修质量。有的问题发生率比较高,例如当月就有2名客户进厂更换冷却液后,还出现冷却液温度高的现象。管理层决定从这个质量问题的整改着手,策划一个全厂的质量改进活动。请思考遇到类似的维修质量问题如何解决,整厂的质量整改活动又该如何实施?

学习指引

要处理企业生产过程中的各种质量问题,应了解汽车维修质量与质量管理的概念,知道质量管理不同阶段的管理特点与管理理论的发展情况,掌握"PDCA"循环、常用的数理统计方法等全面质量管理的基本方法,领会全面质量管理的指导思想,知道如何在汽车维修企业中建立全面、全员、全过程的质量管理体系,在企业中实施全面质量管理的办法与步骤。

相关知识

一 汽车维修质量与质量管理的概念

在汽车维修服务中,汽车的产品就是给客户提供的各种服务,汽车维修质量包括对车辆维修技术的质量和服务质量两方面。它不仅关系汽车行驶的安全性和经济性,也关系企业的信誉和效益,决定着企业的生存和发展。

1 质量与质量管理的定义

1 质量的定义

质量(quality)是一组固有特性满足要求的程度。"质量"可使用形容词如差、好或优秀来修饰。"固有的"就是指在某事或某物中本来就有的,尤其是那种永久的特性。这一定义,既反映了要符合规范性要求,也反映了要满足客户的要求,综合了符合性和适用性的含义。

为了方便理解,一般认为所谓质量,是人们在工作和生活中逐步形成的、用以评价产品或服务优劣程度的概念。根据ISO 9000国际标准,质量是"产品、过程或服务满足规定或潜在需要的特征和特性的总和"。这就是说,产品、过程或服务质量都是以该产品、过程或服务是否满足规定或潜在的客户需求来衡量的。

早期的质量概念所描述的对象大多局限于有形产品，以后又延伸到了服务等无形产品，如今扩展到了过程、活动、组织乃至它们的组合。定义中对质量的载体未作界定，而是泛指一切可单独描述和研究的事物。因此，质量概念可以用来描述产品和活动，也可以用来对过程、人员甚至组织进行描述。这个定义反映了质量概念的广泛包容性。

(1)产品质量。狭义的产品质量仅指产品使用价值的质量特性；而广义的产品质量除狭义产品质量外，还包括服务质量，如服务态度、服务技能、服务及时性等。

要使产品质量最大限度地满足客户需求，就要使产品具有一定的外在质量特征和内在质量特性。其中，外在质量特征主要是指产品的外观质量特性，而产品的内在质量特性包括：

①产品的使用性能：指对产品性能能否适于使用的各项要求，它是产品质量的最基本要求。

②产品的使用寿命：指该产品能够正常使用的期限。

③产品的使用可靠性：指产品在规定使用时间内和规定使用条件下不出现故障的能力。

④产品的使用安全性：指该产品在操作或使用过程中是否会危害人身或环境。

⑤产品的使用经济性：指该产品在制造和使用过程中的性能价格比。

(2)服务质量。服务质量是指为满足客户对产品或服务本身需要而服务的质量，它是在产品使用过程中或服务过程中为满足客户需要而做的主观努力。在市场经济条件下，由于所有产品最终都要变为商品，所有产品都是为了满足客户需要而生产制造的，因此几乎所有的生产企业都有服务质量问题，服务质量是普遍存在的。

狭义的服务质量，仅是指产品或服务在售前、售中或售后服务过程中所开展的所有服务工作，如服务态度、服务技能、服务及时性等；而广义的服务质量除狭义服务质量，还包括企业内部开展的、在整个生产经营管理过程中所有服务工作的总和。

(3)工作质量。所有的产品质量都是由人做出来的，而不是检验出来的，服务质量也一样。因此，所有的产品质量和服务质量归根结底都取决于企业中每个企业员工的工作质量。其中，狭义的工作质量仅指企业对外所做的全过程服务质量；而广义的工作质量既包括企业对外所做的全过程服务质量，也包括企业内部所做全过程管理的服务质量(既包括企业内部纵向服务质量，也包括企业内部横向服务质量)，这种企业内部的服务质量既是企业员工为保证产品质量或服务质量的工作态度，也是企业生产经营管理的工作基础。

汽车维修企业若要生产优质产品或提供优质服务，以满足客户需求，必须做好与产品质量或服务质量形成过程直接相关的各项工作，以全面提高企业生产经营管理各项业务的工作质量。

2 质量的内涵和特性

从质量的定义中，我们可以理解到：质量的内涵是由一组固有特性组成，并且这些固有特性是以满足客户及其他相关方所要求的能力加以表征。因此，质量具有广义性、时效性和相对性。

(1)质量的广义性。在质量管理体系所涉及的范畴内，组织的相关方对组织的产品、过

程和体系都可能提出要求，而产品、过程和体系又都具有固有特性，因此，质量不仅是指产品质量，也可指过程和体系的质量。

(2)质量的时效性。由于客户和其他相关方对组织及其产品、过程和体系的需求和期望是不断变化的，例如：原来被客户认为质量好的产品会因为客户要求的提高而不再受到客户的欢迎。因此，应定期对质量进行评审，不断调整对质量的要求，相应地改进产品、体系或过程的质量，才能确保持续地满足客户和其他相关方的要求。

(3)质量的相对性。客户和其他相关方可能对同一产品的功能提出不同的需求；也可能对同一产品的同一功能提出不同的需求。需求不同，质量要求也就不同，只有满足要求的产品才会被认为是质量好的产品。例如：销往欧洲地区的电视机要符合欧洲的电视制式、电压及电压的波动范围等质量要求，而与在国内销售的电视机不同。

3 质量管理

企业的产品质量及服务质量是企业内部各项生产经营管理活动工作质量的最终综合反映，因此，要保证企业的产品质量及服务质量，必须把影响产品质量及服务质量的各种因素全面系统地管理起来。所谓质量管理，就是在企业各项生产经营管理职能中，围绕着企业质量方针，建立质量管理机构，制定质量管理制度，并根据产品技术标准和工艺规范，对影响产品质量及服务质量形成的各个环节进行全面的预防和全过程的控制，用最经济有效的手段使产品或服务达到规定的质量要求，从而为客户提供满意的产品和服务所进行的质量工作的总称。

加强企业质量管理的重要性在于：①企业的中心任务，就是要为客户生产优质产品及提供优质服务，为此必须保证企业产品或服务的质量；②以质量求生存、以品种求发展，这不仅是企业参与产品及服务竞争的需要，也是企业提高企业收益、降低消耗的基本途径。要谈企业产品或服务的"量"，首先要谈企业产品或服务的"质"。倘若不能保证产品或服务的"质"，粗制滥造，服务低劣，再大的"量"也只是浪费。没有质量也就没有产量。汽车维修企业倘若不能保证维修质量，接连不断地发生质量事故，不仅是浪费，而且也影响企业声誉，还不如不维修。

4 质量管理的发展过程

虽然质量管理的起源几乎与企业管理的发展相同步，但质量管理学却是随着现代工业生产的发展而逐步形成和发展起来的。质量管理的发展过程曾经历了质量检验、统计质量控制、全面质量管理三个阶段。

(1)质量检验阶段。产品质量检验阶段是质量管理发展的最初阶段(1920~1940年)。当时人们对质量管理的认识只是局限于产品的质量检验上。它只依靠几个质量检验员，仅在生产过程中，根据产品验收标准，通过各种检测仪具，从产成品中挑出残次品，从而把好产品的出厂质量关。

这种方法虽然也可以保证产品的出厂质量，但由于是事后检验，却不能解决生产过程中由于技术工艺落后而导致的产品质量差和成本高的问题，更不能预防和控制不合格产品的产生。况且对于大批量生产的企业来说，要对所有的出厂产品都做100%的检验，不仅经济

上很不合理，而且技术上也不可行。

（2）统计质量控制阶段。随着工业生产的进一步发展，产品批量越来越大。特别是在第二次世界大战中，美国的不少民用品生产企业转向军用品生产，当时所面临的主要问题就是难于产品批量太大而无法逐件检验，而产品的高废品、次品率又直接影响到产品交货。为了加强质量控制，预防废品、次品的产生，减少企业经济损失，美国的休哈特于1924年提出了系统质量管理。在加强生产过程中质量检验的基础上，为产品的原材料、零部件、半成品和成品各环节设计了质量控制图表，并用数理统计方法找出其质量波动规律，努力消除产生废品、次品的异常原因。从而使整个生产过程或生产系统都处在良好状态下，保证企业能最经济地生产出符合于客户要求的合格产品。由于“统计质量控制”是在加强生产过程中质量检验的基础上，应用数理统计方法来控制产品质量，这种方法体现了以预防为主的思想，因而开始在大型企业中得到应用。但在中小型企业，由于推广者过分强调数理统计概念而使其变得神秘莫测，结果反而使企业管理者无法应用，只好仍然依靠生产检验部门实施最原始的产品质量检验，造成了数理统计与质量控制的相互脱节。

（3）全面质量管理阶段。1950年后，随着科学技术和社会生产力的迅速发展，工业产品频繁地更新换代，人们对工业产品的安全性和可靠性提出了更高的要求，迫使企业的产品质量管理引进安全性和可靠性的概念。许多企业管理者认为：在从原材料供应、产品设计制造、直到产品销售和使用的全过程中，所有环节都会影响企业的产品质量。若要控制产品质量，必须对生产过程实施全面的质量控制。于是美国的费根堡和朱兰等人提出了全面质量管理概念，即为了贯彻企业的质量方针，保证企业的产品质量和服务质量，必须改善企业的组织管理。他们主张要在企业中以生产客户满意的产品为理念，开展全面的、全员的、全过程的质量管理和控制，从而把企业中的各个部门构成一个完整的质量保证体系。这种全面质量管理既强调了质量控制，也强调了质量检验，从而保证了企业能用最经济的方法生产出客户最满意的产品。

自1960年后，随着现代工业企业管理的改革和完善，全面质量管理在全世界都得到了广泛的应用和推广，并成为工业企业提高产品质量、改善企业素质、增强企业竞争能力的有效方法。例如，美国许多企业都认为“质量是事关公司销售额和利润、事关企业信誉和成败的大事”；“以质量求生存、以品种求发展”成了欧洲各企业的经营指导思想。他们不仅努力提高产品质量以保持其品牌地位，而且还不断地训练职工，推广科学的质量管理方法。日本则为了生产世界上质量第一的产品，明确提出“产品质量是日本民族的生命线”。日本认为产品质量是人做出来的，而不是检验出来的，如果仅靠企业中少数几个管理者，不仅搞不好产品质量，甚至也管不好企业。因此促使企业开展全员（包括公司总经理、技术管理人员）全面的质量管理，而且还结合日本国情，更加突出了人的因素，并强调在企业中开展质量管理教育和质量管理小组活动，从而创造了一个既通俗易懂、又便于发动群众的企业管理方法，充实了现代工业企业全面质量管理的内容。

回顾质量管理的发展历史可以看出，作为企业管理的重要组成部分，全面质量管理是企业管理和质量管理发展的必然产物，而且也是现代企业管理的中心环节。

表4-4为质量管理发展三个阶段的特点与差别对比。

质量管理三个阶段的相互对比　　表 4-4

质量检验阶段	统计质量管理阶段	全面质量管理阶段
按产品标准验收	按产品标准控制质量	以技术标准为基础尽可能满足用户其他要求
以事后把关为主	监控生产全过程,重在预防	防检结合、以预防为主,狠抓影响质量的各种因素
仅限于生产过程	从生产扩展到设计	实行从产品开发、设计制造、使用维修的全过程
依靠质检人员把关	依靠技术、检验部门控制	实行全面、全员、全过程的质量管理
主要用检验方法	主要用数理统计方法	实行生产经营管理、专业技术与政治思想相结合的系统性管理
以产品质量为对象	以产品质量及工序质量为对象	以产品质量与工作质量为对象
缺乏标准化和系统化	仅有成套的产品标准	有成套的技术标准,还有成套的工作标准和管理标准

2 汽车维修企业服务质量

1 汽车服务质量

汽车服务质量就是汽车服务的一组固有特性满足要求的程度。对汽车服务企业而言,其产品就是“服务”,对产品质量评估是在服务传递过程中进行的。客户对服务质量的满意可以解释为将对接受服务的感知与对服务的期望值相比较。当感知超出期望值时,服务被认为具有特别质量,客户表示高兴,对质量评价较高;当没有达到期望值时,服务将不被接受;当感知与期望值一致时,质量是满意的。

开展服务活动,首先要确定服务对象(客户),明确客户的需要,再把客户的需要转化成为与此相应的服务属性。人们将这些属性叫做“质量特性”。例如,在邮电服务中,“迅速服务”被公认为是客户的最基本要求,也是服务工作中的重要质量特性,它可以派生出下列质量要求:回答客户问询时间、电传所用时间、交付款等待时间等。又如,汽车客运“安全、准时”被认为是客户最基本的要求,它可派生出下列对应的一些质量要求:不丢和不损坏行李或物品、购票迅速、准时发车、准时到达、行车安全可靠、到站后能迅速疏散客户等。汽车服务企业中的维修服务应满足客户如下期望的需要,如接待热情、故障判断准确、配件纯正、技术精湛、工艺规范、价格合理等。

与硬件、流程性材料等有形产品相比,服务的质量特性具有一定的特殊性,有些服务质量的特性客户可以观察到或感觉到,如服务等待时间的长短、服务设施的好坏等,有些是顾客户观察不到的,但又直接影响服务业绩的特性,如企业内部财务差错率等。有的服务质量特性可以定量地考察,而有些则只能定性地描述。前者如等待时间,后者如卫生、保密性、礼貌等。服务质量优劣可以依据服务质量特性来判断。

2 服务质量特性

(1)功能性。功能是指某项服务所发挥的效能和作用。汽车专卖店的功能是让客户买到所需要的汽车;交通运输业的功能是运送旅客和货物到达目的地;汽车维修服务企业的功能是使客户的汽车得到满意的维修;而“4S 店”汽车销售和售后服务的功能是使客户满意地得到和使用汽车。能否使被服务者得到这些功能是对服务的最基本要求。因此,功能性是

服务质量中最基本的特性。

(2)经济性。经济性是指客户为了得到某项服务所需费用的合理程度。这里所说的费用是指在接受服务的全过程中所需要的费用,即服务周期费用。如客户购买商品所支付的商品货价、运输费用、安装费用、维修费用等。它是每一个客户在接受服务时都要考虑的质量特性。经济性是相对的,不同等级的服务所需要的费用是不同的。

(3)安全性。安全性是指保证客户在享受服务的过程中生命不受到危害,健康和精神不受到伤害,以及财物不受到损失的能力。安全性改善和保证的重点在于唤起员工对安全性的高度重视,加强对防火、防盗措施的改善,服务设施的维护,环境的清洁卫生等方面工作的精力和财力的投入。

(4)时间性。时间性是指服务在时间上能够满足客户需求的能力。包括及时、准时和省时三个方面。及时是当客户需要某种服务时,能够及时地提供;准时是要求某些服务的提供在时间上是准确的;省时是要求客户为了得到所需的服务所耗费的时间能够缩短。及时、准时和省时三者是相关的、互补的。研究表明,在服务传递过程中,客户等候服务的时间是关系到客户的感觉、客户印象、服务组织形象以及客户满意度的重要因素。

对于维修服务组织来说,在时间性方面要掌握并控制好等待时间、提供时间和过程时间。等待时间就是客户等候接受服务的时间,提供时间是服务人员向客户提供服务的平均时间,过程时间则是客户看不到的组织内部自身经营过程的时间,但其对客户感受到的服务却有着直接的影响。

(5)舒适性。舒适性是指在满足了功能性、经济性、安全性和时间性等方面特性的情况下,服务过程的舒适程度。它包括服务设施的完备、适用、方便和舒服,环境的整洁、美观和有秩序。显然,舒适性与客户所付出的代价,即服务的不同等级密切相关。也就是说,舒适的程度是相对的,但不同等级的服务应有各自的规范要求。

(6)文明性。文明性是指客户在接受服务过程中精神需求得到满足的程度。客户期望得到一个自由、亲切、尊重、友好、自然与谅解的气氛,有一个和谐的人际关系,来满足自己的需要。服务是服务人员与客户直接接触而产生的无形产品,因而在诸种服务质量特性中,性充分体现了服务质量的特色。文明性包括提供服务人员的思想品质、道德水准、技能、礼貌、教养,而这些个人素质很大程度上来自于组织的熏陶和教育。因此,为了保证文明性,组织需长期不懈地致力于对员工的培训、开发和教育。

客户从以上六个方面将预期的服务和接受到的服务相比较,最终形成自己对服务质量的判断。期望值与感知之间的差距是服务质量的量度,是客户满意度。

3 汽车维修服务企业为客户提供的有形产品

(1)故障诊断。对于故障车辆,故障诊断的一次正确率,直接影响到产品交付活动中的各个相关环节,同时也能反映出企业的技术质量。客户在进入维修企业之前总希望能一次解决问题,但如果维修人员无法一次找到故障根源,就会造成客户心理负担,认为自己的车有了很严重的问题;即使问题最终解决了,客户也会认为以前的工作都是无用的,甚至认为你在故意制造问题骗取客户,许多客户的抱怨就是从这里开始的。

(2)车辆维修。对服务企业而言,维修工作都是以客户提供的车辆为核心,车辆维修质

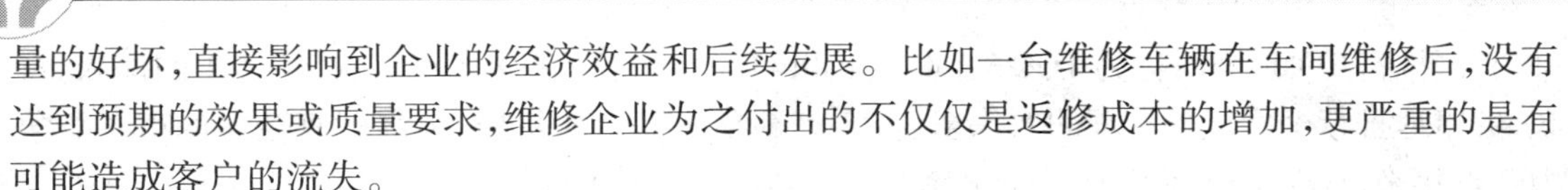

量的好坏,直接影响到企业的经济效益和后续发展。比如一台维修车辆在车间维修后,没有达到预期的效果或质量要求,维修企业为之付出的不仅仅是返修成本的增加,更严重的是有可能造成客户的流失。

(3)救援服务。对于因故无法行驶的车辆,根据实际情况进行无偿或有偿的救援服务,可以提高客户对企业的信任度,树立良好的口碑。救援服务不仅限于维修人员的现场排除故障,还应包括协助客户从困境中解脱出来(如电话讲解、拖车服务等)。

(4)车辆防护。对于客户的车辆要提供必要的防护(外观检验、外观防护、作业防护等),以加强客户和企业之间的相互信任。

(5)旧件保管。对于车辆上更换下来的旧件或失效件,除气态、液态之外,要为客户提供包装带走或提供场地储存,在没有特殊要求的情况下要定期清理。

(6)接、送车服务。对因故无法将车辆开至维修点的客户或没时间等待的客户,在企业资源允许的情况下提供有偿或无偿的接、送车服务,这样可以扩大企业的服务范围,最大限度地满足客户需求。

3 汽车维修质量管理的基本任务

维修工作和维修质量管理工作,都是由人完成,不同的人,完成的质量不同。为了维修质量管理工作,提高维修服务质量,作为汽车维修企业应该成立汽车维修质量管构,并明确汽车维修质量管理的任务。

汽车维修质量管理的任务:

(1)加强质量管理教育,提高全体员工的质量意识,牢固树立"质量第一"的观念到人人重视质量,处处保证质量。

(2)制定企业的质量方针和目标,对企业的质量管理活动进行策划,使企业的质量工作有方向、有目标、有计划地进行。

(3)严格执行汽车维修质量检验制度,对维修车辆从进厂到出厂的维修全过程、维修过程中的每一道工序,实施严格的质量监督和质量控制。

(4)积极推行全面质量管理等科学、先进的质量管理方法,建立健全汽车维修质量保证体系,从组织上、制度上和日常工作管理等方面,对汽车维修质量实施系统地管理和保证。

二 汽车维修企业的全面质量管理

(一)全面质量管理知识

1 全面质量管理的基本概念

全面质量管理(Total Quality Management,简称 TQM)这个名称,最先是 20 世纪 60 年代初由美国的著名专家菲根鲍姆提出。它是在传统的质量管理基础上,随着科学技术的发展和经营管理上的需要发展起来的现代化质量管理,现已成为一门系统性很强的科学。自 1978 年以来，我国推行 TQM（当时称为 TQC—Total Quality Control）已有 20 多年。从 20 多年的深入、持久、健康地推行全面质量管理的效果来看，它有利于提高企业素质，增强国有企业的市场竞争力。近年来，TQM 是日益受到各国领导人和广大企业家所重视的一门科学管理体系。

所谓全面质量管理，就是从系统控制论的概念出发，把企业作为生产产品质量的整体，组织和依靠企业全体员工（即全员参与的）都参与企业产品质量管理的全过程（从产品开发设计、生产制造、使用维修到售后服务的全过程）中，并全面地管理和控制影响产品质量的所有因素（即生产技术、经营管理、政治思想教育全面结合），从而以最优的生产、最低的消耗、最佳的服务，为客户提供最满意的产品质量（管理目标）。简言之，所谓“全面质量管理”，就是通过全面的、全员的、全过程的质量保证体系，最经济地为客户提供最满意质量的产品和服务的一整套质量管理体系、手段和方法。

2 全面质量管理的基本特点

全面质量管理的基本特点就是“三全一多”，即全面的、全过程的、全员的，而其管理方法可以是多种多样的。

1 全面的质量管理

全面的质量是指广义质量，包括产品质量和服务质量。因此全面质量管理的内容涉及企业内部的产品质量和服务质量，涉及企业生产经营管理的所有方面。包括生产技术、经营管理和政治思想教育等。全面质量管理与事后质量检验相比，不仅要对产品的质量进行管理，更要对人的工作质量与服务质量进行管理。

2 全过程的质量管理

要确保产品和服务的最终质量，必须严格控制所有影响产品质量和服务质量的各种因素。为此，全过程的质量管理，必须着眼于过程，对产品质量与服务质量形成全过程（从市场调查、设计制造、使用维修到销售及售后服务）进行具体而连续的全面质量管理。全过程质量管理与事后质量检验相比，不仅要对产品的竣工质量进行检验，更要对产品的全过程进行质量管理。例如 4S 品牌汽车维修企业的全面质量管理，应从整个系统出发，搞好整车销售、车辆维修、备件销售、技术服务等的全过程管理。

3 全员系统的质量管理

所谓全面系统管理，即是指对相互关联或相互作用的要素进行全面系统管理。由于所有的产品质量与服务质量都是由人做出来的，最后都可归结为企业员工（上至厂长、下至工人）的工作质量，因此要搞好全员质量管理，就要强调以人为本，强调全员参与，搞好企业中全体员工的工作质量。由此可知，全员质量管理与事后质量检验相比，质量管理并不能只依靠少数检验人员，而是依靠企业中的全体职工参与。

4 全面质量管理方法的多样性

由于影响企业产品质量和服务质量的因素是多方面的。其中既有企业内部因素也有企业外部的因素；既有物质因素也有人为因素、技术因素、管理因素等。因此要具体实施全面质量管理，它与企业管理一样，也要采用多种多样的管理方法。

3 全面质量管理的指导思想与基本宗旨

1 全面质量管理的指导思想

(1)质量第一。企业要以质量求生存、以质量求发展。

(2)客户至上。企业要树立以客户为中心,为客户服务的思想。

(3)质量是做出来的,而不是检出来的。为此要突出人的因素,并突出以预防为主的原则。

(4)在质量管理中一切要用数据说话。

全面质量管理的指导思想是"一切为了客户、为客户服务"。其实这也是企业生产经营管理的指导思想。因为企业要在市场经济条件下生存和发展,必须要为客户设计、制造出最好的产品,让客户享受到最好的服务。根据这一经营理念,不仅企业的生产经营管理者要坚持"质量第一"的方针,要把客户的需要和利益放在产品生产的首位,而且在评价企业产品质量时,也应该以客户的立场去客观评价。

2 全面质量管理的基本宗旨

汽车维修企业全面质量管理的基本宗旨,就是要在汽车维修的全过程中,全面地贯彻质量标准,动员全体职工都来关心和保证产品质量与服务质量,从而为客户多、快、好、省地提供优质服务和修好车辆,对客户负责。

3 全面质量管理的基本方法

全面质量管理与单纯的产品事后检验不同,也与单纯的数理统计不同。全面质量管理不仅要将过去的单纯产品事后检验转变为现在的全过程检验,而且还要把过去的管结果转变为现在的管因素。全面质量管理的常用方法有:

(1)PDCA管理循环。全面质量管理通常采用PDCA管理循环来进行控制和管理(图4-1),它可分为一个过程、四个阶段和八个步骤。

①一个过程:是指企业在不同时期具有不同的质量目标和质量管理任务,因此围绕着每个阶段的质量目标与质量管理任务,质量管理活动都有一个从计划、实施、检查到总结的全部过程。

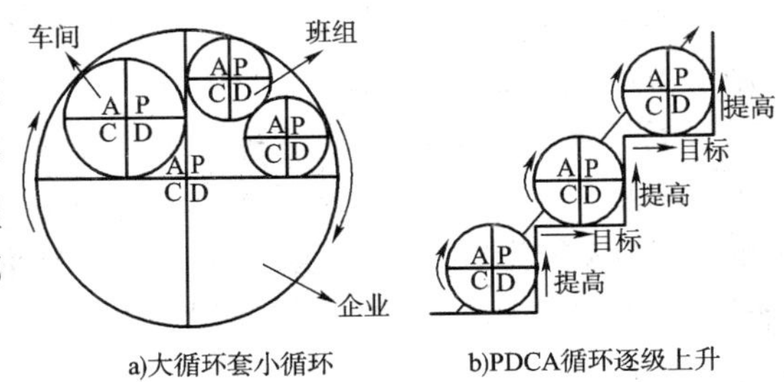

图4-1 全面质量管理PDCA循环作用图

②四个阶段。第一是计划阶段(Plan):根据市场需求,结合企业自身条件,以经济效益为目的,制定具体的质量奋斗目标和质量实施方案(为客户服务及满足客户需求);第二是执行阶段(Do):根据质量计划所定质量奋斗目标和质量实施方案去实施和执行,即组织实施阶段;第三是检查效果阶段(Check):根据质量计划的实施情况,去检查实施的结果和效果,由此发现问题;第四是总结处理阶段(Action):通过归纳,总结成功的经验和失败的教训,并把成功经验纳入标准予以推广,并采取措施持续改进;对于尚未解决的问题留在下个循环继续完成。

③八个步骤。PDCA管理循环的具体实施过程,可分为八个步骤。如:①分析现象,查找

存在的质量问题；②分析产生质量问题的原因；③从中找出主要原因；④对主要原因制定质量改进计划；⑤执行质量改进措施计划；⑥检查改进效果；⑦总结经验，巩固成绩，并将工作结果标准化；⑧找出尚未解决的问题，并将存在问题计划到下个循环中。

PDCA 循环不仅是全面质量管理的基本方法，也是企业管理的基本方法，它适用于企业生产经营管理的各个环节和各个方面。其特点是：它将整个企业的质量保证体系构成为一个较大的 PDCA 管理循环，各级、各部门又有各自的 PDCA 管理小循环；再具体落实到各个班组和个人，依次又有更小的管理循环，从而形成一个综合的质量管理体系和质量保证体系。上级管理循环是下级管理循环的根据，而下级管理循环又是上级管理循环的组成和保证，从而构成一个整体。大循环套小循环，小循环保大循环，一环扣一环。通过各个小循环的不断循环，推动上一级循环乃至整个企业循环的不断前进，最后实现企业预定的总质量目标。PDCA 每循环一次，企业的生产经营管理水平、产品质量和服务质量就会提高一步，此不断“波浪式地前进、螺旋式地上升”。

（2）全面质量管理中常用的数理统计方法。在全面质量管理中，有时还会涉及大量的数据资料，为此在全面质量管理活动中有时还要进行必要的数理分析，以系统控制、正确判断和及时处理。

最常用的数理统计分析方法有：因果分析图、排列图、直方图、分层图、相关图、控制图及统计分析表等。

①因果分析图。所谓因果分析图又称树枝分析图或鱼刺分析网（图 4-2 所示是连杆轴承烧毁原因分析图）。它是运用因果分析法，从而找出影响质量原因的一种简便而有效的方法。其特点是从问题的结果出发，找出产生的主要原因，再分析其主要原因，找出下级的主要原因，“有因必有果、有果必有因”，依此类推，步步深入，一直找到最终原因为止。

②排列图。所谓排列图，即在横坐标上列出影响质量的各种影响因素（按影响程度自左至右地顺序排列），左侧纵坐标是影响程度（如不合格产品数量、所耗金额、所耗工时等，在图中用直方高度条表示）；右侧纵坐标是各影响因素的影响比率，如累计不合格率（%），如图 4-3 所示，以此找出影响产品质量的主要因素，并以此提出解决的质量措施。上述的所谓累计不合格率（%），是指该因素不合格率加上前一个因素的累计不合格率（%）。凡累计不合格率 0 ~80% 的为主要因素；累计不合格率 80% ~90% 的为次要因素；累计不合格率 90% ~100% 的为一般因素。主要因素一般为 1 ~2 个，最多不超过 3 个。

（二）汽车维修企业质量管理实施步骤

汽车维修企业全面质量管理是一项系统工程，它涉及企业的方方面面，要提升企业的维修质量并不仅仅是维修技术或工艺的问题，各部门的质量管理工作都是提高维修质量不可缺少的环节，企业应该按照全面质量管理的要求，确保以下的各个方面得到有效实施。

1 维修企业的质量管理机构

1 汽车维修质量管理机构的设置

建立全面质量管理系统的首要工作是建立与健全质量管理机构。质量管理机构，由企业的主要领导直接负责，做到每个部门、每个人都有职、有权，各负其责，上下贯通，使整个企业的生产指挥系统步调一致，指挥灵活。质量管理活动本身是企业的业务工作，它不是企业管理的额外负担，各部门必须与本职工作紧密结合，把质量管理工作融入日常业务工作中去。图 4-4 为一类汽车维修企业的质量管理组织机构图。

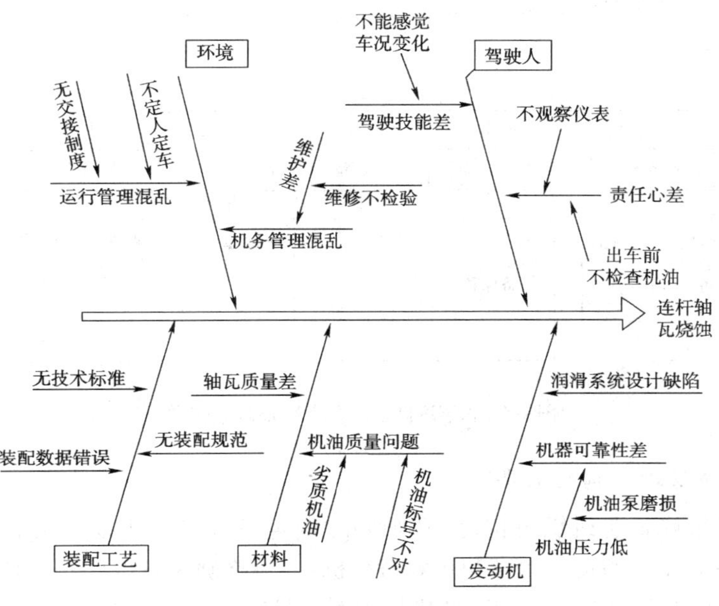

图 4-2 连杆轴承烧蚀分析——质量管理因果分析图

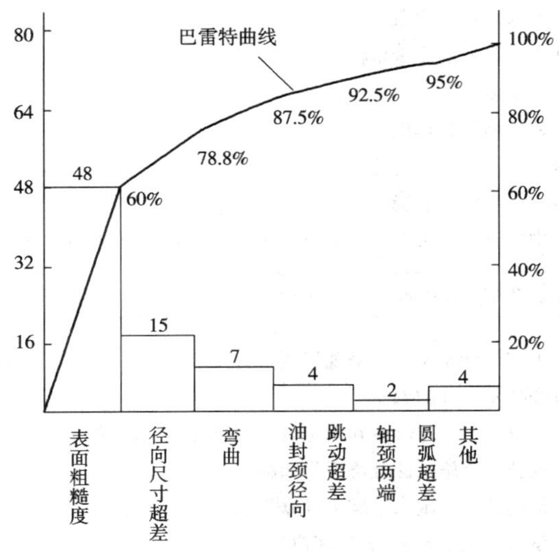

图 4-3 曲轴主轴颈加工不合格率数据统计图

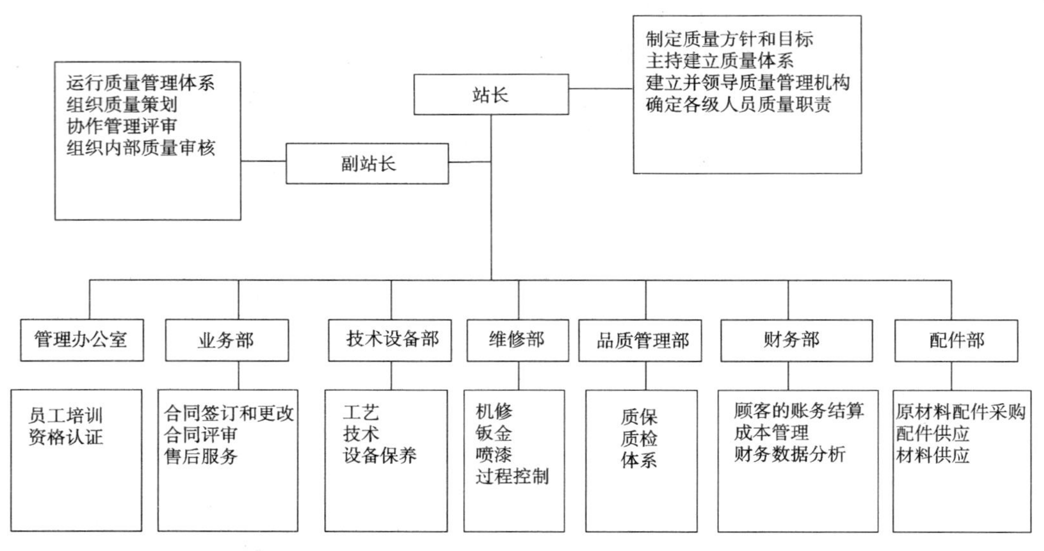

图 4-4　汽车维修企业质量管理组织机构图

❷ 维修质量管理机构的主要职责

在建立汽车维修企业组织机构时，必须同时确定各成员的主要质量管理职责，分工明确，责任到位，建立相应的责任制度和绩效考核机制，最终确保各部门相关职责的有效落实。如表 4-5 是某汽车维修企业制订的管理机构主要成员的质量职责表。

维修质量管理机构主要职责表　　　　表 4-5

组 织 成 员	质 量 职 责
站长	制定并实施企业的质量方针 制定并实施企业的质量目标 主持建立质量体系 建立并领导质量管理机构 对维修的质量负全面责任 确定各级人员质量职责 对维修中的重大质量事项组织研究并作出决策，提出质量要求
副站长	分担站长在维修中的部分质量职责
技术部	对维修工艺设计质量和维修现场质量负技术责任 负责有关技术文件的编制 负责对维修工艺设计质量和对维修实施质量组织评审 负责采取技术措施保证维修质量和解决维修质量问题 确保维修的技术质量水平满足维修需求 确保质量符合规范要求，满足客户需要 参加维修技术问题的分析，提出解决方案 从工艺上保证维修质量

2 汽车维修企业的质量目标与质量计划

1 汽车维修企业的质量目标

汽车维修企业的质量目标是对汽车维修企业中各项工作所应达到的质量要求。

为了实现汽车维修企业的质量目标，质量管理部门应当深入汽车维修全过程中，既要按照汽车维修质量检验规范和质量验收标准进行全面质量管理，也要根据汽车维修过程中实际的维修工艺和维修质量不断地提出改进意见。在制定汽车维修企业质量目标时应考虑以下因素：

(1)客户质量要求。根据汽车维修企业的服务宗旨，满足客户使用要求应该是确定汽车维修企业质量目标的主要依据。为此，汽车维修企业的质量管理部门应该通过市场调查和客户访问，了解企业所维修车辆的使用效果和客户要求，并针对客户使用要求来确定质量目标。

(2)维修行业质量情报。汽车维修企业的质量管理部门应当经常收集企业内外关于汽车维修的质量情报，以了解汽车维修企业内外的汽车维修质量水平，更好地制定本企业的质量目标。

(3)维修企业实际能力。为了使企业的质量目标制定得切实可行，还必须考虑本企业的实际维修能力(如装备能力和员工技术水平等)能否保证汽车维修质量，并达到企业既定质量目标。

(4)汽车维修的性价比。汽车维修企业既要保证其产品质量和服务质量，也要努力降低成本和费用，以获得最好的经营效果。为此在制定企业质量目标时应考虑企业产品与服务的性价比，即做到技术上可行、经济上合理。

2 实施汽车维修企业的质量计划

汽车维修企业不仅要制定生产计划，以作为企业质量管理的奋斗目标，而且还应制定明确的质量计划及相应的技术措施，以落实企业的质量计划与质量目标。

(1)加强全员质量教育，提高质量意识，以做到人人关心质量、个个保证质量。

(2)建立健全企业技术管理和质量管理的规章制度，落实岗位责任制和质量责任制，以做到检验有标准、操作有规范、优劣有奖惩，不断提高质量管理水平。

(3)积极推广和应用新技术、新工艺、新材料、新设备，不断提高维修质量和维修效率。

(4)积极推广全面质量管理经验。

(5)加强职工技术业务培训，不断提高职工技术业务水平和操作技能。

3 质量管理理念教育

汽车维修的产品质量和服务质量都归结于人的工作质量，要搞好维修质量就要抓好全体员工的质量教育，对全体员工进行全面质量管理的思想教育和技术业务教育。

对全体员工进行全面质量管理思想的教育，教育员工将满足客户的需求放在首位，让每位员工深刻理解“客户满意”的思想。为了了解并实现“客户满意”的思想，可以将员工分组

进行“换位思维”，将自己当作客户，对维修质量是怎样要求的？将自己当成管理者，会如何对现场工作进行指导与管理？对出现的问题怎么看待？是否知道它们的起因如何解决？要鼓励大家以自己希望得到的服务方式去为自己的客户服务，要将每个人都作为自己的重要客户，想方设法使其满意。

通过质量教育提高员工对维修质量合格率的责任感，并认识到如果存在问题，最终会影响到维修质量和企业形象，使员工清楚提高质量与降低成本之间的关系，明白质量提高不仅不会提高成本，反而会降低成本。因为质量提高了，会减少反复维修的时间，缩短在修车辆的停厂时间，降低人力资本，提高工作效率。

在技术业务方面的教育，包括企业领导者和技术管理人员的业务进修，提高其管理水平和业务水平；对技术人员的技术业务教育，提高其业务水平，对于新进工人则主要进行岗位基础技术训练，使他们能迅速掌握基本工作技能。

4 建立和实施各项质量管理制度

汽车维修质量管理制度是质量管理部门或企业质量管理机构，为贯彻汽车维修质量管理方针和目标，依据有关法律、标准制定的管理制度。企业必须建立健全有关质量管理制度，以保证维修质量的不断提高。

1 岗位责任制度

实行严格的质量责任制，才能建立正常的生产技术工作程序，才能加强对设备、工装、原材料和技术工作的管理，才能统一工艺操作，才能从各个方面有力地保证维修服务质量的提高；实行严格的责任制，不仅提高了与维修服务质量直接联系的各项工作质量，而且提高了维修站各项专业管理工作的质量，这就可以从各方面把隐患消灭在萌芽之中，杜绝维修服务质量缺陷的产生；实行严格的责任制，可使工人对于自己该做什么，怎么做，做好的标准是什么都心中有数。同时通过技术练兵使维修人员掌握操作的基本功，从而就可以熟练地排除维修过程中出现的故障，取得主动权。所有这些，都为提高维修服务质量提供了基本保证。

建立、完善岗位质量负责制是维修质量的可靠保证，在生产过程和工作中必须严格执行。质量负责制执行情况要与班组经济责任制挂起钩来，做到质量优就重奖，质量劣就重罚，实现对质量自我控制、自我检查、自我保证，从而实现优质高产，提高经济效益，加速企业发展。建立严格的岗位责任制度，以增强每位员工的质量意识。在建立质量责任制时，必须明确质量责任制的实质是责、权、利三者的统一，要按照不同层次、不同对象、不同业务来制定各部门和各级各类人员的岗位责任制度。

2 进厂出厂检验制度和过程检验制度

车辆从进厂、维修过程直至竣工出厂，每道工序都应通过自检、互检，并作好检验记录，以备查验。

3 原材料、外协外购零部件进厂入库检验制度

维修企业对新购原材料、外协加工件及采购零部件，在进厂入库前，必须由专业技术人员（检验员）逐件进行检查验收。配件采购人员是非专业维修技术人员，很难对配件、材料进

行技术鉴定，所以应完善与加强原材料、外协外购零部件进厂入库检验制度和验收手段。在维修用料时，要认真填写“领料单”，注明规格、型号、材质、产地、数量，并由领发人分别签字盖章。

4 技术业务培训制度

加强职工的技术业务培训，提高职工素质，是保证维修质量、提高工作效率的重要途径。企业要根据生产情况，定期或不定期的组织职工进行专业知识或质量管理知识的培训。并按不同岗位和级别进行应知应会的考核，以不断提高职工的技术水平和责任心。

5 计量管理制度

计量管理工作是企业管理中的重要环节，是保证维修质量的重要手段。为此，必须加强计量器具和检测设备的管理。要按有关规定，明确专人保管、使用和鉴定，确保计量器具和设备的精度。

6 出厂合格证制度

汽车维修竣工出厂合格证是承修单位对汽车维修竣工，经过技术鉴定并符合相应标准后的汽车所开具的质量凭证，由承修厂签发，是承修方保证质量的重要手段之一。按照规定，凡经过整车大修、总成大修、二级维护后竣工出厂的车辆，必须由厂方签发检验合格证，并向托修方提供维修部分的技术资料，否则不准出厂。“汽车维修竣工出厂合格证”由道路运政管理机构统一印制和发放。

7 质量保证期制度

车辆经过维修后，按规定都有一定的质量保证期限。在质量保证期内，因维修质量造成的损失，应由承修方承担责任，这是制约承修厂保证质量的重要手段。因此，承修方在签发维修合同和出厂合格证时，均应注明质量保证期限（不低于国家规定的期限或里程）。

8 质量分析制度

进行质量分析的重要步骤之一就是要搞好调查研究和统计材料。企业领导一方面要亲临 一线，深入现场，获得真实的一手资料；另一方面，也要组织质量监督部室技术人员、车 间和班组人员，深入现场调查研究，严把车辆从进厂到竣工出厂、从维修机具到检验设备、从维修工人到管理干部、从原材料配件出入库到外协件验收等方面的质量关，及时发现问题，提出相应的改进措施，为不断提高维修质量打下良好基础。

维修企业的技术监督部门、车间、班组都要定期进行质量分析，质量分析应当是经常的、全面的活动。既要有针对性地分析已发生的维修质量事故，找出发生质量事故的真实原因和责任者，以便采取相应的技术组织措施；还要分析一段时间内的出厂合格率，全面掌握达到质量标准的规律，总结经验，为进一步改善和提高质量奠定基础。

质量分析可从企业内部和外部两个方面进行：在企业内部，一是对日常工作中的质量检验的统计资料进行分析，还可通过现场调查研究、召开质量分析会等形式进行分析；在企业外部，主要是组织质量调查或客户回访组，进行跟踪走访调查，具体地了解客户对维修质量和服务质量的意见和要求，为进一步改进和提高维修质量提供资料。

5 质量管理方法

汽车维修质量的管理过程，就是要用全面质量管理的基本方法，对汽车维修过程中出现的质量问题进行计划、实施、检查和处理的过程（即 PDCA 循环）。

1 汽车维修过程中的质量管理

这里所述的汽车维修过程，包括自汽车进厂至汽车出厂的汽车维修全过程。

（1）组织文明生产。组织文明生产是加强汽车维修工艺过程质量管理的重要条件，也是提高生产节奏、实现均衡生产、合理组织汽车维修过程的基础工作。实践表明，若维修车间不讲文明生产，缺乏良好的工艺秩序和整洁的工作场所，往往是造成维修质量隐患的重要因素。为此，不仅要经常地开展安全教育及质量教育，而且要做到：

①在汽车维修工艺过程中要有严肃的工艺纪律，即要求维修人员必须严格按照安全技术操作规程进行操作，并遵守工艺规范及技术标准等。

②生产车间要有良好的工艺环境，即合理布局各工位，成线排列各工序，并保证工作场所整洁、工艺装备完好，工具摆放有序。

③严格管理汽车维修工艺过程，车间内堆放有序（如成品、半成品、在制品、毛坯和零部件等）。日本企业盛传的工厂 5S 管理（清扫、清洁、整理、整顿、素质培养）实际上就是在强调企业文明生产。

（2）强化汽车维修过程中的质量管理。汽车维修过程是一个多工种、多工序配合的复杂过程，汽车维修过程中的每个工种或每个工序都可能会影响到汽车维修的最终质量。由于质量是人做出来的，人又是保证质量中的关键因素，因此在整个汽车维修过程中，不仅必须强化企业的质量管理制度，做好企业员工的质量教育及技术培训而且必须加强汽车维修的工艺纪律和劳动纪律，加强汽车维修的工艺管理，以严格执行汽车维修过程中的安全技术操作规程、工艺规范及技术标准。同时还必须调整工艺组织，强化汽车维修过程中的质量管理，做好各工位自检与各工序互检，严格控制汽车维修工序质量，以防止由于维修人员过失或失误而造成的返工返修和产品质量错误，不断提高汽车维修最终质量。

（3）强化汽车维修辅助过程中的质量管理。汽车维修的生产辅助过程，包括汽车维修配件供应、汽车维修工装夹具及设备保障等。

①加强汽车维修配件供应的质量管理。由于汽车维修配件供应（包括外购件和外协件）将直接影响到汽车维修质量。为了保证外协件及外购件的产品质量，对于企业外部，也要把外协或外购单位的质量保证体系看成是本企业质量保证体系中的重要组成部分，由此对外协单位或外购单位进行必要的技术指导、质量诊断、技术培训、机具设备配置和技术鉴定等。对于企业内部，不仅要强化汽车维修配件的入库检验（清点数量并检验质量）、加强配件仓储管理（如定期检查仓储物资是否变质残缺，账卡物是否相符等）和收发制度，而且出库时也要求领用人认真验收，库房对所发出的配件及材料实行质量三包，由此保证所供应的物资质量符合规定标准，还要保证物资供应的良好服务（如及时供应，简化领发料手续和送料上门，以方便生产等）。在确保汽车维修的前提下减少物资储备和加速资金周转。

②加强汽车维修设备与检测诊断设备的质量管理。这是因为，汽车维修的最终质量在

很大程度上也取决于汽车维修机具设备和检测诊断设备的使用质量。为此不仅应加强汽车维修机具设备和检测诊断设备的选型购置、安装验收、维修改造和直至报废的全过程管理，而且应特别加强汽车维修机具设备和检测诊断设备的日常使用管理。包括加强维修人员对设备的正确使用和维护、专职检查维修人员对设备的日常检查、定期检修与精度调校等，并应做好日常的使用记录和维修记录等。

由于汽车维修过程中，外购的工具和计量器具等也是汽车维修企业质量保证体系链中的重要环节。为此除专用工具、非标工具和重要工装可由生产部门或供应部门直接管理外，凡属计量器具则应由技术部门单独管理，并统一入库保管和建立工具量具卡片，实行暂借使用制度。若有人为损坏应追查责任，并视情况集中进行更新报废。

❷ 严格汽车维修过程中的质量检验

作为质量保证的另一种手段，要实行全面质量管理，也要发挥专职检验人员的质量检验职能，根据质量验收标准加强汽车维修过程中的质量检验，以严格把关，保证不合格零件不加工，不合格零部件不组装，不合格产品不出厂；并掌握质量动态，严格控制返工返修，确保汽车维修的最终出厂质量。

汽车维修过程中的质量检验制度包括：汽车进厂交接与检验制度，汽车维修过程中的质量检验制度（包括零件分类检验制度、工位自检与工序互检制度、外协外购件的入库检验与收发制度、计量器具与机具设备管理制度、过程专职检验与重要总成验收制度等），汽车维修竣工出厂合格证制度和质量保证制度。其中，特别要强调各工位的自检和各工序的互检，以强调汽车维修人员自身的质量保证。

❸ 注意汽车在修竣出厂后使用过程中的质量管理

汽车在修竣出厂后，汽车的使用情况（特别是走合期使用）不仅考验着而且也影响着汽车维修企业的最终质量。汽车维修企业的质量管理必须延伸到车辆修竣出厂以后的使用过程中。对汽车修竣出厂后使用过程中的质量管理包括：

①积极做好汽车修竣出厂后的技术服务。如提供必要的技术资料和备品备件、设立技术服务站，开展技术培训，传授产品使用和维修技术等。

②调查汽车修竣出厂后的使用效果，征求客户意见，以对本企业产品质量及服务质量情况提供必要的信息反馈；并了解客户使用情况和使用要求。

③对客户提供必要的售后技术服务和质量保证。若汽车在修竣出厂后的使用过程中出现质量问题，不管责任是否属于企业，企业都应该积极采取措施做好技术服务工作。其中凡属企业维修质量的，不仅应负责包修、包换和包赔，而且还应做好技术责任事故处理。

6 建立质量管理小组

❶ 质量管理小组的概念

质量管理小组又称 QC 小组，是以保证和提高维修产品质量、工作质量及服务质量为目的，围绕生产和工作现场存在的问题，由班组或科室人员自愿组织、主动开展质量管理活动的小组。QC 小组既是群众性开展全面质量管理活动的有效形式，也是企业员工参与企业民

主管理的新发展。

(1)QC小组主要任务是:

①围绕着企业的质量方针和质量目标,开展QC质量管理活动,抓好质量教育,提高质量意识。

②以全面质量管理的PDCA为主要手段,开展QC质量管理活动,围绕着所在岗位存在的质量问题,开展质量预防和质量改进。

③开展QC质量管理活动,抓好质量管理基础工作,强化班组建设,并不断巩固和提高质量管理的成果。

(2)QC小组活动的特点:从活动内容看,QC小组是围绕企业方针、目标和所在岗位中存在的问题,以改善管理为主,以预防和改进为目标,开展活动,它不受质量指标约束。从活动方法看,QC小组以TQM的科学方法为主要手段,有一套比较固定的程序。从活动方式看,QC小组以自愿为基础,偏重于业余活动和对因素的控制。

2 QC小组的建立

(1)QC小组类型:

①按劳动组织建立QC小组:它是以班组、岗位、工种、部门为中心,以技术骨干和TQM积极分子为主自愿组合的小组。

②按工作性质建立QC小组。它有三种形式:一是以工人为主体组成,以稳定和提高维修产品质量和降低消耗为目的的“现场型”小组;二是以三结合为主,以攻克技术关键为目的的“攻关型”小组;三是以科室职能部门为主,以提高工作质量为目的的“管理型”小组。

③按课题内容建立QC小组:它是以课题为活动内容,采取自愿或行政组织的方式建立的小组,课题一经完成,该小组活动即终止。对尚未开展TQM的企业,一般采取行政组织的方法组建QC小组。

(2)QC小组人员的构成:QC小组一般由3~10人组成,一般班组岗位的QC小组,基本以工人为主,可聘请技术顾问;对车间、部门的QC小组,一般由领导、技术人员和工人三结合的形式组成;对联合攻关型的QC小组,也采取三结合形式,但应充分发挥技术人员的作用。QC小组的人员构成,关键在于组长人选和骨干成员。QC小组的组长,由对全面质量管理基本知识和常用的数理统计方法比较熟悉、专业技术较强、有组织能力的员工担任。同时,还要有热心于QC活动,掌握QC知识和方法的成员。

(3)QC小组登记:注册登记QC小组成立后,要按不同级别向上级质量管理部门注册登记,由小组填写登记表。班组、岗位QC小组向所在车间(部门)登记注册,车间汇总,报企业质量管理部门备案。跨车间(部门)的QC小组直接向企业质量管理部门登记注册。优秀QC小组向授予称号的质量管理协会和主管部门备案。对常年无活动,一年无成果的QC小组,应当解散或由上级实行一次性注销。每年都要进行一次QC小组的重新登记和检查验收,没有进行重新登记的和检查验收工作的QC小组,以前注册登记的QC小组则自行失效。

3 QC小组的活动

QC小组活动大多是围绕“某课题”进行的,没有课题无法组织活动,也失去了QC小组存在的意义。有了课题，还要有解决课题的程序和方法，否则很难出成果。有了成果，还要进行发表，以巩固成果，继续深入开展小组活动。

（1）选课题要注意四个方面的问题：

①选题的依据应根据企业质量方针与质量目标选题，根据生产或工作中的薄弱环节或键环节选题，或者根据客户（包括下工序）需要选题。

②课题的类型有现场型和攻关型两种。

③选题的范围包括产品质量、生产成本、机具设备、劳动效率、节能环保、技术安全、企业管理、班组建设、销售服务等。

④选题的原则：所选择课题要有目标值，先易后难、注重现场需要、选择本岗位能解决的课题，例如选择周围易见课题，或者小组成员共同关心的关键问题或薄弱环节等。

（2）活动程序：QC 小组的活动是按 PDCA 循环来开展工作，即在计划 P 阶段进行找问题、查原因，查主要原因，制定措施和计划；在执行 D 阶段进行实施；在检查 C 阶段进行检查；在总结 A 阶段进行总结经验教训，提出下阶段 PDCA 循环。

（3）成果发布建立：QC 小组的目的是要出成果，也就是说 QC 小组推行的是成果第一的原则。成果发表是在各级质量管理部门召开的成果发布会上进行。发布成果的内容基本上有两种类型：一是从选课题开始，到最后得出结论，按 PDCA 循环的程序接受全过程；二是在活动的某一特定阶段，发布阶段性成果。

（4）成果评价各级成果发布会都要对发表的成果进行评价，由评委会按评分标准，根据成果水平，对基础资料和现场检查等综合情况逐项打分，最后评出优秀成果。

任务实施

针对“冷却液温度高故障”返工较多的情况，对相关案例进行细致的调查分析，找到故障的深层原因，例如是否存在多次人为疏忽，其根源可能是质量责任制度没有落实等原因，利用“PDCA”循环方法，先选取影响最大的几个因素进行整改，注意整改措施能有效实施，明确责任人与完成时间，然后再进一步解决其他的影响因素。

通过这个质量现象的整改，在全厂范围内建立质量管理机构，细化其职责，建立质量责任制度，明确各个部门相关人员的质量责任，再按照全面质量管理的相应办法（参考上述相关知识），逐步实施与细化。

知识拓展

建立与实施质量保证体系

一 质量保证体系的发展

“质量保证”起源于美国。在 20 世纪 50 年代末，美国国防部为了约束军火承包商的质

量控制，制定了军用质量保证规范 MIL—Q9858—59（后修改为 MIL9858A—3）的《质量大纲要求》，要求军火承包商能够据此文件建立一整套标准体系，从而为军方提供质量保证。1968 年北大西洋公约组织 NATO 也对承包商的质量控制提出了要求，并制定了质量保证系列标准。于是质量保证的概念逐渐由军品扩展到民品，并得到了越来越广泛的应用。

20 世纪 70 年代后，这种趋势便成为一种潮流，各工业发达国家都纷纷制定本国的质量保证标准。其中，一类是在质量形成过程中使用的通用系列标准（一般性规定），另一类是需方针对供方要求，用于不同质量阶段和不同质量等级的多级质量保证系列标准。但由于各国的各自立场和用途不同，所制定的质量保证标准差异较大。

随着生产发展和技术进步，产品种类日益复杂，对产品质量要求也日益提高。为此联合国在《关税及贸易总协定》的标准守则中规定：为消除各国之间的技术壁垒，在国际贸易中必须采用国际标准。因为只有产品质量的国际化，才可能实现质量管理和产品标准的国际化，才可能促进正常的国际贸易。为了使产品质量具有统一的技术要求、技术规格、技术规范和技术标准，这就必须要求产品企业在质量管理方面（如质量管理人员的技术和能力）也必须具有统一的技术标准。于是，国际标准化组织 ISO（International Organization for Standardization）为了协调和解决各国之间在质量保证标准方面的矛盾，开展了国际质量体系的标准化工作，并于 1979 年 9 月批准组建质量保证技术委员会（ISO/TC176），专门研究国际质量保证体系中的标准化，负责在各国国家标准的基础上制定相应的质量体系国际标准等。该质量管理和质量保证技术委员会 ISO/TC176 于 1987 年和 1994 年分别发布了 1987 年版与 1994 年版 ISO 9000 系列国际标准；1997 年又在总结 ISO 9000—1994 系列国际标准的基础上，正式提出了质量管理的八项原则，并由国际标准化组织于 2000 年 12 月 15 日正式发布 ISO 9000—2000 版系列国际标准。

ISO 9000—2000 版系列国际标准包括：ISO 8402《质量术语》、ISO 9000《质量管理和质量保证标准选择和使用指南》、ISO 9001《质量体系设计开发、生产、安装和服务的质量保证模式》、ISO 9002《质量体系生产和安装的质量保证模式》、ISO 9003《质量体系最终检验和试验的质量保证模式》、ISO 9004—1《质量管理和质量体系要素指南》。由于 ISO 9000 系列国际标准能为供需双方提供质量评价的通用标准，各国都相继宣布采用这套国际标准。

二 建立与实施质量管理体系应遵循的基本原则

（1）质量管理原则是基础。质量管理原则包括了质量管理的指导思想和质量管理的基本方法，提出了组织在质量管理中应处理好与客户、员工和供方三者之间的关系。质量管理原则构成了质量管理体系建立与实施的基础。

（2）领导作用是关键。高层管理者通过其领导作用及所采取的各种措施可以创造一个员工充分参与的内部环境，质量管理体系只有在这样的环境下才能确保其有效运行。领导作用，特别是高层管理者的作用是质量管理体系建立与实施的关键。高层管理者应作出有关建立和实施质量管理体系，并持续改进其有效性方面的承诺，带头以增强客户满意为目的，确保客户要求得到确定并予以满足。

(3)全员参与是根本。全员参与是质量管理体系建立与实施的根本,因为只有全员充分参与,才能使员工的才干为组织带来收益,才能确保高层管理者所作出的各种承诺得以实现。组织应采取措施确保在整个组织内提高满足客户要求的意识,确保使每一位员工认识到所在岗位的相关重要性以及如何为实现质量目标作出贡献。

(4)注重实效是重点。GB/T 19001—2000 标准所规定的质量管理体系要求是通用性要求,适用各种类型、不同规模和提供不同产品的组织。因此,质量管理体系的建立与实施一定要结合本组织及其产品的特点,重点放在如何结合实际、如何注重实施上来,重在过程、重在结果、重在有效性,既不能脱离现有的行之有效的管理方式而另搞一套,也不要不切实际地照抄他人的模式、生搬硬套、流于形式。尤其是在编制质量管理体系文件时,一定要依据质量策划的结果确定本组织对文件的需求。若确需文件,则文件一定是有价值的、适用的。

(5)持续改进求发展。客户的需求和期望在不断变化,以及市场的竞争、科技的发展等,这些都促使组织持续改进,因此,持续改进是组织的永恒目标。持续改进的目的在于增加客户和其他相关方满意的机会。组织应通过各种途径促进质量管理体系的持续改进,尤其是在通过 GB/T 19001—2000 质量管理体系认证后,组织应进一步参照 CB/T 19004—2000 所提出的指南,持续改进组织的总体业绩与效率,不断提高客户和其他各方满意的程度,进而建立和实施一个行之有效的高效质量管理体系。

三 建立质量体系的基本步骤

建立质量管理体系一般需经过以下五个步骤。

(1)学习标准。管理体系的建立需要全员参与,对于全体员工的培训,要从意识入手,树立以客户为关注焦点的思想;满足客户要求、增强客户满意的思想;持续改进质量管理体系有效性的思想。使全体员工对质量管理体系的建立持积极向上的态度,这样对于体系在企业中的贯彻和实施将起到良好的推动作用。

对全体员工进行标准培训是培训中必不可少的内容,但由于员工从事的岗位不同,对他们的标准培训可根据其职能、责任和权限的不同而在范围、深度等方面进行差异性培训。对内部审核员的培训要全面、深入,不仅要让其熟悉标准所涵盖的全部内容,还要对标准的每一项条款结合本企业的性质、特点、经营情况深入地理解,这就要求对内部审核员的认定工作在教育程度、相关行业的工作经验、个人的工作能力等方面提出更高的要求。

对处在重要工作岗位上的人员,如二级经理、三级经理、技术主管、质检员等的培训,应根据标准具体的章节,逐条加以培训,要使其深入理解标准在自己职责范围内的应用。对一般岗位的培训可集中讲解,也可根据岗位特点、部门范围分开讲解,对他们的培训可适当浅显一些,让其了解本岗位标准的表述。

培训主要放在企业所建立的质量管理体系对相关岗位的规定和要求上,让其知道自己岗位的重要性和如何做才能符合相关文件的规定和要求。这就要求标准培训要多样化,可以请从事质量认证的咨询老师,也可参加公开的培训课程,还可由组织内部人员讲解,另外也可以结合体系的策划,在策划过程中进行体验,加深理解。

对高层领导的培训是非常重要的。高层领导需要了解管理思想的发展，特别是领导的作用，使其知道在质量管理体系的实施和保持过程中，需直接参与哪些工作，如何对质量管理体系进行策划，如何推动质量管理体系的持续改进。培训的重点是质量管理八项原则和管理职责，使高层管理者能对体系作出符合标准而又适应本企业的全面策划，提出方针和目标、落实岗位职能、提供相应的资源（人力资源、基础设施、工作环境），团结全体员工，协调各个部门，领导和推动质量管理体系的全面建立并使其在运行过程中得以保持和持续改进。

（2）明确的质量方针，确定质量目标。在质量方针提供的质量目标框架内规定组织的质量方针和质量目标。应根据组织的宗旨、发展方向确定与组织的宗旨相适应的质量目标以及相关职能和层次上的质量目标。质量目标应是可测量的。

（3）质量管理体系策划。组织应依据质量方针、质量目标，应用过程方法对组织应建立的质量管理体系进行策划，并确保质量管理体系的策划满足质量目标要求。在质量管理体系策划的基础上，进一步对产品实现过程进行策划，确保这些过程的策划满足所确定的产品质量目标和相应的要求。

（4）确定职责和权限。组织应依据质量管理体系策划以及其他策划的结果，确定各部门、各过程及其他与质量工作有关人员应承担的相应职责，赋予相应的权限，并确保其职责和权限能得到沟通。高层管理者还应在管理层中指定一名管理者代表，代表高层管理者负责质量管理体系的建立和实施。

（5）编制质量管理体系文件。组织应依据质量管理体系策划以及其他策划的结果，确定质量管理体系文件的框架和内容，在质量管理体系文件的框架里确定文件的层次、结构、类型、数量、详略程度，规定统一的文件格式，编制质量管理体系文件。

①编制质量体系文件。编制体系文件是为了建立一个完整而运行良好的质量管理体系，但这并不是要求将质量管理体系中所有过程和活动都形成文件。文件的多少和繁简完全取决于过程和活动的复杂性、过程接口的多少、员工的素质（包括教育程度、培训经历、技能水平、经验）等诸多因素。编制文件的真正目的在于使质量管理体系的过程以文件化的形式固定下来并得到有效的运作和实施。体系文件的内容和规定应涵盖标准的所有有关条款。质量体系文件要切实、认真地执行；否则，质量体系的建立就流于形式，有的企业甚至实际执行一套规章、制度，表面为了应付认证，又编制了大量符合文件规定的虚假过程记录，这样做，质量认证通过了，但它对企业起不到任何好的作用。

编制质量体系文件遵循5W1H原则，即“Who、When、Where、What、Why、How”。描述一件事情要具备“谁来做、什么时候做、在哪里做、做什么事、为什么做及怎么做”，至少要具备“谁在什么时候怎样做什么事”，否则，编制的体系文件就没有作用了。

②体系文件类型。质量管理体系文件概括起来可分为三大类：一层次文件是质量手册；二层次文件是程序文件；三层次文件是作业指导性文件。

a. 一层次文件即质量手册，是“规定组织质量管理体系的文件”，它向企业内部和外部提供关于质量管理体系的一致信息。质量手册对企业的质量管理体系作系统、具体而又纲领性的阐述，能反映出企业质量体系的总貌。质量手册内容适于本组织的所有管理标准条款及对标准条款删减的说明。质量手册的编写可根据汽车服务企业具体情况而定，参照GB/T

19001—2000《质量管理体系要求》编制。

b. 二层次文件即产品实现控制程序，是质量手册的支持性文件。产品实现控制程序是表述和规定产品实现的整个过程中各个子过程的活动，因此需采用过程方法。企业可以参照 GB/T 19001—2000《质量管理体系要求》编制。

c. 三层次文件即作业指导性文件，是一层次文件和二层次文件的支持性文件。它是对质量手册和服务程序的具体实施，作出了更详细的规定，三层次文件是直接面对相关岗位的具体规定。

习题及思考题

1. 什么是质量和质量管理？质量管理基本任务是什么？
2. 谈谈你对汽车服务质量的理解。汽车维修企业提供了哪些有形服务？
3. 全面质量管理的基本特点与指导思想是什么？
4. 怎样运用“PDCA”的管理方法进行质量问题的改进？
5. 试述汽车维修企业应如何实施提升维修质量的管理办法？
6. QC 质量管理小组怎样开展活动？

项目五

汽车维修企业人力资源管理

任务一　岗位研究与人力资源规划

任务导入

一家汽车维修厂开业两年了，汽车维修业务有了较大的增长，今年计划维修台次由去年的9000台次增长到13000台次。但目前企业的生产能力已处于饱和状态，车间不断向人力资源部要求补充新员工，这次就提出了新增十人的申请。小李刚到人力资源部上班，正在研究如何审批这份人力资源申请，人少了会影响到业务的发展和维修质量，人多了同样会影响到员工的积极性和收入待遇水平，企业的人力成本也会上升。请问怎样帮助小李处理这件事，汽车维修企业人员应该如何进行人力资源规划，如何确定各部门和岗位人数呢？

学习指引

要进行企业人力资源的规划，就应该熟悉人力资源管理的工作内容，建立合适的组织机构。也必须对企业工作进行分析，通过工作分析确定企业的各个岗位情况，明确岗位的职责和工作任务、任职要求等，即进行岗位研究、编写岗位说明书、掌握企业当前人员状况等。通过利用人力资源相关的各种人力需求预测、人力供给预测等知识与方法进行人力资源的规划，准确地测算企业所面临的人力需求缺口，从而才能进一步制定合理的人员招聘、晋升、调整和培训等计划，最终达到人力资源的供需基本平衡，同时在企业内能形成一种良性的人员晋升与调整机制。

一 人力资源管理概述

(一)人力资源与人力资源管理的概念

一般认为,所谓人力资源,是指能够推动整个经济和社会发展的劳动者的能力,包括能够进行智力劳动和体力劳动的能力。在企业内部,它应包括企业的全体员工。正确理解这一范畴,必须注意以下特征:

(1)社会性。从人类社会经济活动的角度来看,不同的劳动者一般都分别处于各个劳动集体之中,构成了人力资源社会性的微观基础。从宏观上看,人力资源总是与一定的社会环境相联系的,它的形成、开发、配置和使用都是一种社会活动。从本质上讲,人力资源是一种社会资源,应当归整个社会所有,而不应仅归属于某一个具体的经济单位。

(2)生物性。人力资源存在于人体之中,是有生命的活资源,与人的自然生理特征相联系。

(3)能动性。在经济活动中,人力资源是居于主导地位的能动性资源。人力资源不同于其他经济资源之处,在于它具有目的性、主观能动性和社会意识。

(4)可再生性。人力资源是一种可再生的资源。它可以通过人力总体和劳动力总体内各个个体的不断替换、更新和恢复得以实现,是一种用之不尽、可充分开发的资源。

(5)不可剥夺性。由于作为人力资源的劳动者并不是犯人,因此其劳动只能通过其愿望实现,而不能用行政或经济等手段强迫,劳动资源是不可剥夺的。

人力资源管理,是指对人力资源的取得、开发、保持和利用等方面所进行的计划、组织、指挥、协调和控制的活动。它是研究并解决组织中人与人关系的调整、人与事的配合,以充分开发人力资源,挖掘人的潜力,调动人的生产主动积极性,提高工作效率,实现组织目标的理论、方法、工具和技术的总称。人力资源管理包括对人力资源进行质量与数量的管理:对人力资源进行数量的管理,就是根据人力和物力及其变化,对人力进行恰当的培训、组织和协调,使二者经常保持最佳比例和有机的配合,从而使人和物都充分发挥出最佳效果;对人力资源质量的管理,是指采用科学的方法,对人的思想、心理和行为进行有效的管理(包括对个体和群体的思想、心理、行为的协调、控制与管理),充分发挥人的主观能动性。

(二)人力资源管理的基本功能与职能

1 人力资源管理的基本功能

(1)选择人。包括:招聘,即通过各种信息渠道,把可能成为和希望成为本企业员工的人选吸引到企业来应聘;选拔,即根据企业的用人标准和用人条件,运用适当的选聘方法和手

段，对应聘者进行审查、选择和聘用；委派，则是把招聘、选拔的员工安排到一定的工作岗位上，并担任一定的职务。

（2）培育人。包括：对新招聘的员工进行一定时间的上岗教育（包括企业传统教育、企业发展现状和远景、企业宗旨和企业价值观等），从而使新员工尽快地熟悉本企业及环境，尽快地建立和加强对本企业的认同感和责任感；坚持不懈地对在岗职工进行业务培训，以不断提高员工的业务素质和业务技能；在做好企业人力资源规划的基础上，指导和帮助员工规划自己的未来发展，并根据企业的发展明确自己的发展方向和发展道路。

（3）使用人。现代汽车维修企业在重用人才时要掌握以下原则：量才适用，以扬长避短、人尽其才；疑人不用、用人不疑，充分发挥其优势；监督检查，奖惩分明。

（4）激励人。根据马斯洛的需要层次理论，人类由于需要而构成了其目的和动机，故可利用其需要激励其努力。人类的需要是逐层上升的，当较低层次需要得到满足时，就需要用更高层次的需要去激励其行为。人的需要层次可划分为生理需要和心理需要两个阶段。人在解决了生理需要（如温饱）之后，即开始注重其心理需要（如权力、金钱、事业、归属等）。由于各人的需要不同，其激励方式也应该不同。

从人力资源管理的定义出发，人力资源管理的职能包括以下八个方面：

（1）工作分析。是指通过一定的方法对特定岗位信息进行收集和分析，进而对工作职责、工作条件、工作环境以及任职者资格作出明确的规定，编写工作描述和工作说明的管理活动。工作分析是一切人力资源活动的平台，是人力资源管理的基础性工作。

（2）人力资源规划。人力资源规划的主要内容是：根据企业的发展预测企业在未来较长一段时间对员工种类、数量和质量的需求，据此编制人力资源供给计划，通过内部培养和外部招聘的方式来进行人力资源供给，以满足企业的人力资源需要，确保企业发展战略的顺利实施。

（3）人员招聘。是指组织选择合适的渠道和方法，吸引足够数量的人员加入组织，并选择和录用最适合组织和岗位要求人员的过程。

（4）培训。是指组织有计划地帮助员工提高与工作有关的综合能力而采取的努力。培训的目的不仅是要帮助员工学习完成工作所必需的技能、知识和行为，并把它们合理地运用到工作实践中，而且更是要通过培训将组织的价值观念和文化传递给员工。

（5）员工职业生涯管理。是指组织和员工共同探讨员工职业成长计划并帮助其发展职业生涯的一系列活动。它可以满足个人成长的需要，也实现个人与组织的协调发展。

（6）薪酬管理。是指针对不同的工作，制定合理公平的工资、奖金以及福利计划，以满足员工生存和发展的需要。也可以认为它是组织对员工的贡献的回报。

（7）劳动关系管理。包括与员工签订劳动合同、处理员工与公司或员工之间可能出现的纠纷、规范员工的权利和义务、建立员工投诉制度、根据相关的法律法规处理员工管理的问题等。

（8）绩效评价。是指衡量和评价员工在确定时期内的工作活动和工作成果的过程。它包括制定评价指标、实施评价、评价后处理等方面的工作。

人力资源管理不是简单的活动的集合，而是相互联系的整体。比如，组织设计和岗位研究是人力资源管理的基础,其他的很多职能活动,如薪酬管理、绩效考核、人力资源规划、招聘选拔和培训等都需要参考岗位信息;绩效考核的结果又是薪酬管理、培训和选拔的依据。因此,必须将人力资源的各项职能活动作为一个整体看待,这样才能真正发挥人力资源管理的功能,提高管理效率。

(三)人力资源管理的目标与任务

1 人力资源管理的任务

人力资源管理是企业中专门研究人力资源、调整人际关系、做好人事配合的管理。其任务是根据企业发展要求,合理配置企业的人力资源计划,搞好企业的人力资源开发(如教育培训、岗位考核等),并激发企业员工的生产积极性,做到人尽其才、人尽其用,提高企业的经济效益和社会效益,进而推进整个企业各项工作的顺利开展,实现企业的总体目标。

2 人力资源管理的总体目标

(1)建立必要的组织机构;

(2)负责员工的招聘与培训;

(3)协调企业团队建设,进行劳动岗位、劳动条件、劳动力的管理(包括发现人才、培养人才、使用人才,以及评价与考核及激励人才等);

(4)负责企业的劳动保护、劳动保险、福利与报酬等;

(5)负责企业人力资源的经济核算。

(四)人力资源管理的发展过程

人力资源管理理论的发展大致可以划分为以下四个阶段,即早期的人事管理活动阶段、人事管理阶段、人力资源管理阶段和人力资本管理阶段。

1 早期的人事管理活动

工业革命使劳动力出现了相对过剩,这种状况决定了早期的管理者将人力视为取之不尽、用之不竭的资源,因此,早期的管理并没有将人作为管理中的重要因素。19 世纪后半期"福利人事"概念的兴起应视为人力资源管理的雏形。它的主要起因是部分教派开始了对工厂员工的人道主义关注,这样就促使工厂主不得不对劳动者的工作条件、福利状况表示关心,包括提供失业安置、带薪的病假以及住房补贴等。但这些早期的人事管理活动只是为了用福利性安排来替代真实工资的支付,并用以缓和劳资关系、遏制工会运动。

2 人事管理阶段

一般认为,从第一次世界大战到第二次世界大战期间,人事管理渐渐成形,并逐渐成为企业管理的一个支持体系。公司组织规模的扩大是这一阶段的人事管理发展的主要原因。最初的人事管理主要关注的是人员招聘、上岗培训、工作记录、报酬支付体系、在岗培训及人

事档案管理等。第二次世界大战后到20世纪50年代，人事管理又纳入了更多内容，包括工资管理体系、基础培训和劳资关系咨询等，但仍局限在战术而非战略水平上。此阶段内，组织规模的扩张又促进了劳资关系的变化，如劳资交涉从行业层转向公司层，结果是在人事管理层中出现了劳资关系专家。在随后的20年中，越来越多的人介入人事工作，一批酬劳与福利专家、劳工关系专家以及培训与发展专家纷纷出现，说明此阶段人事管理的职能进一步强化。这部分归因于政府对人事立法的重视及人事立法数量的增加，所以，也有人称此阶段为人事管理的“政府职责”阶段。

3 人力资源管理阶段

20世纪80年代，人事管理进入了创新阶段，人力资源管理替代人事管理成为主流。人事管理的重心由解决劳资冲突转向通过提高员工归属感来改善组织绩效。在这一阶段，通过日本企业人事管理的成功经验，包括企业工会、终身雇佣、质量管理小组活动等的深入研究，企业管理者开始认识到团队精神、人的管理水平及组织文化对提高生产率、达成企业目标的正面作用。人力资源管理对人事管理的替代，不仅仅是简单的名称的变换，也不仅仅局限于技术方法的优化、制度的改进，而是一种战略观念的转变。虽然人力资源管理与人事管理在内容上并无重大差异，但人力资源管理更强调人的价值、人所需要的关怀，其管理目标不仅在于实现企业收益最大化，还在于满足员工在组织内的心理和物质需要。

4 人力资本管理阶段

人力资本管理理论是人力资源管理理论的最新发展，日渐成为了人力资源管理领域的研究热点。美国经济学家舒尔茨和贝克尔创立的人力资本理论突破了传统理论中的资本只是物质资本的束缚，将资本划分为人力资本和物质资本，该理论认为人力资本是体现在人身上的资本，即对生产者进行普通教育、职业培训等支出和其在接受教育的机会成本等价值在生产者身上的凝结，它表现在蕴含于人身中的各种生产知识、劳动与管理技能和健康素质的存量总和。人力资本理论主要包括：

(1)人力资源是一切资源中最主要的资源，人力资本理论是经济学的核心问题。

(2)在经济增长中，人力资本的作用大于物质资本的作用。人力资本投资与国民收入成正比，比物质资源增长速度快。

(3)人力资本的核心是提高人口质量，教育投资是人力投资的主要部分。不应当把人力资本的再生产仅仅视为一种消费，而应视同为一种投资，这种投资的经济效益远大于物质投资的经济效益。教育是提高人力资本最基本的手段，所以也可以把人力投资视为教育投资问题。

(4)教育投资应以市场供求关系为依据，以人力价格的浮动为衡量符号。

二 汽车维修企业组织机构的设置

组织就是人们为了达到特定的目标，将分散的人按照有机的整体，相应建立一定的机构

和运行机制。例如以一定的方式组合起来,形成一个有维修车间、销售班组、前台接待、财务结算、配件供应等。

企业的组织设计是要解决它的部门结构和确定用人数量的问题。从投入与产出的角度出发,人力资源管理的主要原则是以最小的人力资源投入取得最大的人力资源产出,并且为人力资源才能的发挥提供足够的空间和机会。因此,一个企业的组织如何构建、岗位如何确定极为重要。

在组织设计中,既要涉及组织的外部环境要素又要考虑组织的内部要素,最后的结果是形成组织结构。同样的人数,采用不同的组织结构进行分工,会得出完全不同的组织效果。一个优秀的组织结构,能够做到机构精简、高效,职能分工明确,既发挥了个人积极性、创造性,又能保持高度的和谐统一,甚至可以发挥出"以一当十"的神奇作用。反之,一个不良的组织机构,会因为机构臃肿、人浮于事而效率低下,因职责不清、职能重叠而扯皮不止,因有权无责而滥用权力,因有责无权而消极怠工。在一些成功的企业中,大都可以看到优秀的组织设计,相反,在失败的企业中,大都可以发现不良的组织设计。

(一)组织设计的具体内容

(1)根据企业的目标要求,建立一个合理的组织结构。

(2)按照专业性质进行分工,赋予各部门、各人员的职责范围。

(3)按照规定的责任,赋予各部门、人员以相应的职权。

(4)规定上下级、同级、不同部门的人员之间纵横的领导或协作关系,建立信息沟通的正常渠道。

(5)为各岗位分配、选用适合岗位要求的人员。

(6)对各类人员进行培训,建立奖惩办法,激励其工作积极性,使组织正常运行,并发挥预定的效能。

(二)组织设计的步骤

一个汽车维修企业的组织机构设计,必须按照一定的程序,才能达到优化高效。现在,我国汽车行业的经营模式众多,也带来了企业经营方式的多样性,规模大小不一,但每一个企业的组织设计步骤大致相同。

(1)根据企业物流的流程,确定最优化的总体业务流程:目前在我国流行的四位一体的汽车品牌维修站中,企业物流的过程是整车销售、配件供应、汽车的定期维护与修理、信息反馈,可见,企业的业务流程是整车销售和服务维修两大部分。

(2)按照总体业务流程,本着优化的原则,设计岗位:汽车服务维修可采用团队模式,以达到使客户满意的目的。团队中设置汽车维修工、电工、技术顾问等岗位,以便能够解决现代汽车的维修技术问题。在维修站中,还设置钣金工、汽车美容人员等特殊岗位。

(3)规定岗位人员的素质要求,确定岗位所需员工的数量:上述岗位中,一般要求维修工具有中高级汽车维修职业资格证书。

(4)设计控制业务流程的组织机构:与主体业务配套,设置前台服务、财务、配件工具库

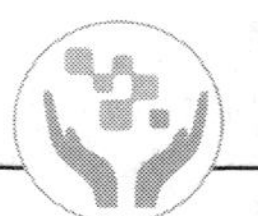

机构。

以上步骤,相互之间是有联系的,不是孤立的,需要反复斟酌平衡,不断修正,才能达到最佳效果。

(三)组织机构设置的原则和方法

一个好的组织机构可以让企业员工步调一致,同心协力,向着一个目标迈进。一个不合理的组织机构能使企业组织效率降低,内耗增加,影响企业成功和发展目标的实现。

1 组织机构设置的原则

(1)目标明确。

(2)功能模块清晰。

(3)分工明确。

2 组织机构设置的方法

(1)工作划分。首先根据分工协作和效率优先的原则,将汽车维修企业划分为业务接待、维修、质量检验、配件采购管理、会计结算、生活接待等。

(2)建立部门。把相近的工作归在一起,在此基础上建立相应部门。根据生产规模的大小,一些部门可以合并,也可以分开。汽车维修企业常见的部门有:业务接待部、配件部、维修车间、技术部、办公室、财务部等。

(3)确定管理层次。确定一个上级直接指挥的下级部门的数目。

(4)确定职权关系。确定各级管理者的职务、责任和权力。

(四)汽车维修企业常见组织机构形式

4S 店服务部门/服务站的组织形式如图 5-1 所示。

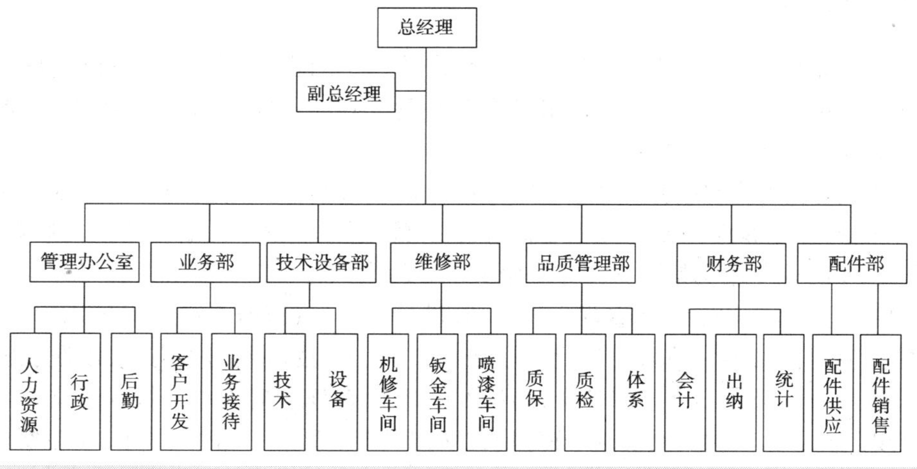

图 5-1 汽车服务站组织机构图

二 岗位研究

(一)岗位研究概念

岗位研究是组织设计的基础,解决的问题是组织最基本单位的优化,属于一个企业管理的微观问题。组织和岗位的关系就像楼房和组成楼房的砖瓦。

岗位是指企业赋予每一个员工的职务、工作任务及其所承担责任的统一体,是人力资源管理的基本单位。例如:汽车维修工、汽车电工、前台接待员、销售经理等。企业中的一个岗位对应着一项工作。

岗位研究就是对每一个员工所做的工作进行研究。研究的内容有四个层次:任务、职位、职务、职业。例如:让一个机修工检修一辆车的运行情况就是一项任务;一个中等规模的维修企业会设有十几个汽车机修工职位,同时汽车机修工也是一种职务;汽车维修就是一种职业,它包含有不同的职务和一些职位。

经过管理学家们多年的研究发展,岗位研究已成为人力资源管理的重要职能之一。按照研究工作的时间顺序和目的、作用的不同可以分为五种活动。

1 岗位调查

以工作岗位为对象,采用科学的调查方法,搜集各种与岗位有关的信息和资料的过程。它包含两方面的内容,即担任本岗位工作员工的一般情况和岗位工作的详细情况。

2 岗位分析

在进行了岗位调查之后,对企业各类岗位的性质、任务、职责、劳动条件和环境以及员工承担本岗位任务应该具备的资格条件进行系统分析,并制定岗位说明和上岗资格等人力资源管理文件。

3 岗位设计

利用岗位分析的信息,对现有岗位进行改进,对新设岗位进行分析,明确岗位的性质、任务和职责。岗位设计就是规定某个岗位的任务、责任、权利以及组织中与其他岗位的关系。

4 岗位评价

岗位评价就是以企业工作岗位为对象,综合运用多学科的理论和方法,按照一定的客观标准,对岗位的劳动环境、劳动责任、所需资格条件等因素,系统地进行测定、比较、归类和分级。

5 岗位分类归级

岗位分类归级是在岗位分析、岗位评价的基础上,采用一定的科学方法,按照岗位工作

的性质、特征、繁简、难易程度、工作责任大小和人员必须具备的资格条件,对企业全部岗位进行的多层次划分。

(二)岗位工作分析

1 工作分析的定义

工作分析是确定完成各项工作所需的技能、责任和知识的系统过程。它提供了关于工作本身的内容、要求以及相关的信息。通过工作分析,我们可以确定某一工作的任务和性质是什么,哪些类型的人适合从事这项工作。所有这些信息,都可以通过工作分析的结果——职务说明书来进行描述。职位说明书一般包括两方面的内容:工作说明和工作规范。

工作说明是关于工作任务和职责信息的文本说明。工作规范则包含了一个人完成某项工作所必需的基本素质和条件。

工作分析主要用于解决工作中六个方面的重要问题:

(1)员工完成什么样的体力和脑力劳动(what);

(2)由谁来完成上述劳动(who);

(3)工作将在什么时间内完成(when);

(4)工作将在哪里完成(where);

(5)员工如何完成此项工作(how);

(6)为什么要完成此项工作(why)。

以上六个问题涉及了一项工作的职责、内容、工作方式、环境以及要求五个方面的内容。工作分析也就是在调查研究的基础上,理顺一项工作在这五个方面的内在关系。

2 岗位工作分析需求的信息

工作分析是一个描述和记录工作的各个方面的过程,它需要收集和工作本身相关的各项信息。一般情况下,进行工作分析的目的会对信息收集的种类产生影响。如果企业进行工作分析主要用于建立比较科学的薪酬体系,那么工作分析所涉及的信息主要是工作过程中的各项报酬因素以及影响这些报酬因素的其他信息。下面介绍一个有效的工作分析应该包括的内容:

(1)工作职责范围和工作职责内容,包括:①工作中所含的各项任务;②每项任务的工作流程;③工作流程与其他工作的关系;④工作各个阶段成果的表现形式和保存形式。

(2)人的活动,包括:①与工作相关的基本动作和行为;②工作方式;③沟通方式。

(3)工作特征,具体包括:①工作的时间特征;②工作条件;③工作的人际关系特征;④工作的技术性、创新性和复杂性。

(4)所采用的工具、设备、机器和辅助设施,具体包括:①使用的机器、工具、设备和辅助设施的清单;②应用上述各项加工处理的材料;③应用上述各项生产的产品或服务。

(5)工作的任职要求,包括:①个性特点;②所需的学历和培训程度;③工作经验;④基本能力要求;⑤基本知识要求;⑥对身体条件的要求。

(6)工作业绩,包括:①工作目标;②记录工作业绩的方式;③业绩考核标准。

3 岗位工作分析的实施

1 成立岗位工作分析的工作组

一般包括数名人力资源专家和多名工作人员,它是进行工作分析的组织保证。工作组首先需要对工作人员进行工作分析技术的培训,制定工作计划,明确工作分析的范围和主要任务。同时,配合组织做好员工的思想工作,说明分析的目的和意义,建立友好的合作关系,使员工对工作分析有良好的心理准备。

其次,工作组还需要确定工作分析的目标和设计职位调查方案。在一开始就确定工作分析所获得信息的使用目的。信息的用途直接决定了需要收集哪些类型的信息,以及使用哪些方法来收集这些信息,在此基础上,对信息调查方案进行设计,不同的组织有其特定的具体情况,可以采用不同的调查方案和方法。当然,如果能够把工作分析的任务和程序分解为若干个工作单元和环节,将更有利于工作分析的完成。

2 收集与工作相关的背景信息

工作分析一般应该得到的资料包括:劳动组织和生产组织的状况、企业组织机构和管理系统图、各部门工作流程图、各个岗位办事细则、岗位经济责任制度等。

背景信息对下一步的调查和分析过程产生重要的影响。其中一个最重要的作用在于,它能帮助工作分析人员进行有效的清岗工作,即对组织当前所有部门的岗位进行清理。在背景信息的帮助下,通过与该组织的人事部门的工作人员进行讨论,分析人员能够清楚地了解组织各个部门的岗位以及各岗位上的人数和大致的工作职责,并可以用一个标准的职位名称来规范各岗位。

3 收集工作分析的信息

职位调查是调查收集和工作相关的资料,为正确地进行编写职位说明书提供依据。这个阶段的任务是根据调查方案,对组织的各个职位进行全方面的了解,收集有关工作活动、职责、工作特征、环境和任职要求等方面的信息。在信息收集中,一般可灵活运用访谈、问卷、实地观察等方法,得到有关职位的各种数据和资料。职位调查是工作分析中十分必要的准备工作,它的真实程度以及准确性,直接关系到工作分析的质量。

4 整理和分析所得到的工作信息

工作分析并不是简单机械地积累工作的信息,而是要对各职位的特征和要求作出全面的说明,在深入分析和认真总结的基础上,创造性地揭示出各职位的主要内容和关键因素。整理和分析过程应该包括以下三个措施:

(1)整理访谈结果和调查问卷,剔除无效的访谈信息和调查问卷,并按照编写职位说明书的要求对各个职位的工作信息进行分类。

(2)把初步整理的信息让在职人员以及他们的直接主管进行核对,以减少可能出现的偏差,同时也有助于获得员工对工作分析结果的理解和接受。

(3)修改并最终确定所收集的工作信息的准确性和全面性,作为编写职位说明书的基础。

(三)岗位说明书的编写

对企业进行岗位研究后,需要写出岗位说明书。这是一件非常重要的工作,它不但可以帮助任职人员了解其工作,明确其责任范围,还可为管理者的决策提供参考。一般而言,职位说明书由工作说明和工作规范两部分组成。工作说明是对有关工作职责、工作内容、工作条件以及工作环境等工作自身特征等方面所进行的书面描述。而工作规范则描述了工作对人的知识、能力、品格、教育背景和工作经历等方面的要求。当然,工作说明和工作规范也可以分成两个文件编写。

岗位说明书要求准确、规范、清晰。在编写之前,需要确定职位说明书的规范用语、版式要求和各个栏目的具体内容要求。

岗位说明书一般包括以下八项内容:

1 岗位基本信息

岗位基本信息又称工作标志,包括职位名称、所在部门、直接上级、定员、部门编码、职位编码等。

2 工作目标与职责

重点描述从事该职位的工作所要完成或达到的工作目标以及该职位的主要职责权限等,标准词汇应是负责、确保、保证等。

3 工作内容

这是最主要的内容。此栏应详细描述该职位所从事的具体的工作,应全面、详尽地写出完成工作目标所要做的每一项工作,包括每项工作的综述、活动过程、工作联系和工作权限。同时,在这一项中还可以同时描述每项工作的环境和工作条件以及在不同阶段所用到的不同的工具和设备。

4 工作的时间特征

反映该职位通常表现的工作时间特征,例如,在流水线上可能需要三班倒;在高科技企业中需要经常加班;市场营销人员需要经常出差;一般管理人员则正常上下班等。

5 工作完成结果及建议考核标准

反映该职位完成的工作标准,以及如何根据工作完成情况进行考核,具体内容通常与该组织的考核制度结合起来。

6 教育背景和工作经历

教育背景反映从事该职位应具有的最低学历要求。在确定教育背景时应主要考虑新加员工的最低学历要求,而不考虑当前该岗位在职员工的学历。工作经历则反映从事该职位所具

有的最起码的工作经验要求，一般包括两方面：一是专业经历要求，即相关的知识经验背景；二是可能需要在本组织内部的工作经历要求，尤其针对组织中的一些中高层管理职位。

7 专业技能、证书和其他能力

此项反映从事该职位应具有的基本技能和能力。某些职位对专业技能要求较高，没有此项专业技能就无法开展工作，如财务主管，如果没有财务、金融等相关基础知识以及国家的相关基本法律知识，就根本无法开展此项工作。而另一些职位则可能对某些能力要求较高，如市场部主管这一职位，则要求具有较强的公关能力、沟通能力等。

8 专门培训

此项反映从事该职位前应进行的基本的专业培训，否则将不允许上任或不能胜任工作。具体是指员工具备了教育水平、工作经历、技能要求之后，还必须经过哪些培训。

岗位说明书一般由人力资源部统一归档并管理。然而，职位说明书的编写并不是一劳永逸的工作。实际工作中组织内经常出现职位增加、撤销的情况，更普遍的情形是某项工作的职责和内容也会出现变动。每一次工作信息的变化都应该及时记录在案，并迅速反映到职位说明书的调整之中。在这种情况下，一般由职位所在部门的负责人向人力资源部提出申请，并填写标准的职位说明书修改表，由人力资源部进行信息收集并对职位说明书作出相应的修改。

四 人力资源规划

(一)人力资源规划的概念

1 人力资源规划的定义

所谓人力资源规划是指根据企业的发展规划，通过企业未来的人力资源的需求和供给状况的分析及估计，对职务编制、人员配置、教育培训、人力资源管理政策、人员招聘和选择等内容进行的人力资源部门的职能性规划。

2 人力资源规划的原则

在制定人力资源规划时，要注意以下三点原则：

❶ 充分考虑内部、外部环境的变化

人力资源规划只有充分地考虑了内外环境的变化，才能真正地做到为企业发展目标服务。

❷ 实现企业的人力资源保障

企业的人力资源保障问题包括人员的流入预测、流出预测、人员的内部流动预测、社会

人力资源供给状况分析、人员流动的损益分析等。

3 使企业和员工都得到长期的利益

人力资源规划不仅是面向企业的规划，也是面向员工的规划。优秀的人力资源规划，一定是能够使企业和员工得到长期利益的规划，是能够使企业和员工共同发展的规划。

3 人力资源规划的内容

从人力资源规划的性质上讲，可以分为战略规划和策略规划。战略规划阐述了人力资源管理的原则和目标；策略计划则重点强调了每项具体工作的实施计划和操作步骤。一个完整的人力资源规划应该包括以下八个方面：

1 总规划

人力资源总规划阐述了人力资源规划的总原则、总方针和总目标。

2 职务编制规划

职务编制规划阐述了企业的组织结构、职务设置、职务描述和职务资格要求等内容。

3 人员配置规划

人员配置规划阐述了企业每个职务的人员数量、人员的职务变动和职务人员空缺数量等。

4 人员需求规划

通过总规划、职务编制规划和人员配置规划可以得出人员需求规划，需求规划中应阐明需求职务名称、人员数量和希望到岗时间等。

5 人员供给规划

人员供给规划是人员需求规划的对策性规划。主要阐述人员供给的方式、人员内部流动流动政策、人员外部流动政策、人员获取途径和获取实施规划等。

6 教育培训规划

包括了教育培训需求、培训内容、培训形式、培训考核等内容。

7 人力资源管理政策调整规划

规划中明确规划期内的人力资源政策的调整原因、调整步骤和调整范围等。

8 投资预算

主要包括上述各项规划的费用预算。

（二）人力资源的预测

1 人力资源预测概念

在人力资源规划中，最关键的是人力资源预测，它是制定各种战略、计划、方案的基础，在人力资源规划中占据核心地位，是公司编制人力资源规划的核心和前提。

人力资源预测是指企业在对过去和现状进行分析的基础上,运用预测方法对未来一定时期内人力资源状况的分析和判断。可分为人力资源需求预测和人力资源供给预测。需求预测是指企业为实现既定目标而对未来所需员工数量和种类的估算;供给预测是确定企业是否能够保证员工具有必要的能力以及员工来自何处的判断。

2 人力资源预测的影响因素

汽车维修企业的人力资源需求受许多因素影响,要对其人力资源需求情况进行预测,主要依据对以下这些因素的把握程度,它们直接影响到人力资源需求预测结果的精确程度。概括起来,这些因素可以分为三大类,分别是外部因素、内部因素和人力资源因素。外部因素包括企业所处的社会经济、市场环境、相关政策和竞争对手的影响;内部因素是企业本身的战略、预算、生产计划和发展情况等;人力资源因素主要是企业员工的退休、辞职、终止合同、解聘、死亡或休假等。这些影响因素往往都是不断变化的变量,主要体现在以下几个方面:

(1)汽车维修企业的业务量及相应的生产作业方式;

(2)预期的人员流动率,即由于辞职或解聘等原因引起的职位空缺的规模和数量;

(3)提高产品和劳务的质量或进入新行业的决策对人力需求的影响;

(4)生产技术水平或管理方式的变化对人力需求的影响;

(5)汽车维修企业所拥有的财务资源对人力需求的约束。

3 人力资源需求预测的方法

人力资源需求预测方法主要有比例定员法、回归预测法、趋势分析预测法、经验预测法、德尔菲法、劳动定额法等。

1 比例定员法

比例定员法是指按照企业职工总数或某一类人员总数的比例,来确定某种人员定员人数的方法。

在企业中,由于劳动分工与协作的要求,某一类人员与另一类人员之间总是存在着一定的数量比例关系。企业对这些人员定员时,可以通过这种比例关系来预测未来人力资源的需求。例如,某公司对基层营销人员的需求是按照(销售额/基层营销人员数量)的比率为基础来预测的,同时,对于营销管理人员又是用(基层营销人员数量/营销管理人员数量)的比率为基础来预测的。

这是汽车维修企业中常用的定员方法,它先确定维修工人数,并在此基础上按比例确定其他的工种人数;然后再通过直接生产工人与其他岗位人员比例,确定其他岗位人员数量。这是确定企业管理人员及非生产人员常用的方法,它根据企业组织机构设置情况,以及业务岗位的分工与职责范围来定员。在定员过程中,要注意先定事而后定员、先车间而后部门、先工人而后管理人员的原则;在定员时,不仅要注意人员数量,更要注意人员质量,以防止定员过松或者过紧而结果造成忙闲不均。

某汽车大修厂的定员编制标准见表5-1。对于目前主要从事于轿车维护与小修的汽车维修店而言，其直接维修工人数也可以直接根据企业的维修车辆台数乘以0.7估算，间接员工数（即非直接从事汽车维修的其他员工数）则通常根据直接维修工人数的0.3估算。当然，在估算时不仅应该最大限度地减少非生产人员，而且还应该考虑企业所需人员的总体发展。

某汽车大修厂定员编制　　表5-1

工　种	每车定员标准	工　种	每车定员标准
客车维护生产工人	0.90～1.10	生产经营管理人员	0.04～0.06
货车维护生产工人	0.70～0.90	技术检验人员	0.03
客车大修生产工人	1.00～1.10	库房管理及采购人员	0.03～0.05
货车大修生产工人	0.50～0.60	后勤服务人员	0.05～0.07
辅助生产工人	0.15		

2 劳动定额法

该方法是根据企业的工作任务和劳动定额，以及工时利用率来预测人力资源需求的方法。劳动定额法主要使用于能计算员工的劳动效率和能事先预测工作任务总量的企业，特别是用来预测生产性企业的一线生产工人的需求数量。其计算公式如下：

$$\text{某类岗位人员需求数量}=\frac{\text{计划期内工作任务总量}}{\text{某类人员的劳动效率}}$$

在企业中，由于各类人员的工作性质不同。总工作任务量和个人的劳动定额变现形式不同，以及其他影响人力资源需求的因素也不相同，使其具体的核定人员需求的公式也不相同，常用的有产量定额法和工时定额法。汽车维修企业一般采用工时定额法，是根据计划期内的生产任务总量和工时定额来计算人力资源需求，其计算公式如下：

$$L=\frac{W\times Q}{t\times E}$$

式中：W——一定时期计划工作任务总量；

Q——工时定额；

t——计划期内工作时间；

E——工时利用率。

如果企业生产的产品品种较多，而且需要在生产中转换生产品种，一般采用工时定额法。采用这个公式计算人力资源需求时同样要注意工作任务总量和计划期的工作时间的时间单位、时间跨度要保持一致。

比如某汽车维修厂，在已经确定了汽车维修任务量（每年维修车辆台数）的前提下，汽车维修企业中直接维修工人数（指直接参与汽车维修作业的工人数）可以根据年汽车维修任务量（每年维修车辆台次乘以每台次平均维修定额工时）除以每位维修工的年工作时数，即：

$$\text{直接维修工人数}=\frac{\text{年维修车辆台次}\times\text{每台次维修定额工时}}{\text{每位维修工的年工时数}}$$

3 回归预测法

即通过建立人力资源需求量与其影响因素间的函数关系，从影响因素的变化来预测人力资源需求量变化的一种预测技术。与趋势分析法和比率分析法相比，回归预测法的优势

就在于其统计更精确。由于在实际工作中,人力资源需求往往受多个主要因素的影响,如营销人员的需求数量除了受营业额的影响,还受产品的种类、客户的数量等因素的影响。因此,需要采用多元线性回归法来预测组织未来的人力资源需求量。

4 趋势分析预测法

该方法又称时间序列分析法,其基本原理是利用取得的按时间顺序排列的历史信息数据,找出人力资源数量的历史发展规律性和趋势,并假定这种趋势将延伸至未来,从而预测出未来某个时期的预测值。该法简便易行,只要有历史数据资料,就能算出结果。该法通常多用于短期和中期预测。

5 经验预测法

经验预测法就是企业根据以往的经验来推测未来的人员需求的预测方法。这种预测方法的基本假设是:人力资源的需求与某些因素的变化存在某种关系。

6 德尔菲法

德尔菲法又称专家预测法。该方法是通过邀请专家们各自预测某一领域的发展趋势,进而以书面形式提出企业人力资源需求的预测,并进行多次反复,使专家们达成较一致的看法。

4 人力资源供给预测的方法

1 人员替换法

该方法是通过建立人员替换图来跟踪组织内的某些职位候选人的当前绩效和晋升机会,来预测企业内部人员供给的一种方法。通过这种方法有助于找出企业可以胜任关键岗位的候选人,以便在关键岗位出现空缺时可以通过录用或提升的方法来补充空缺。

人员替换法的一般步骤如下:确定人力资源规划所涉及的工作岗位范围;确定关键岗位的接替人选;评价接替人选目前工作的情况和是否能达到提升的要求;确定候选人的职业发展需要,并将个人的职业目标和企业目标相结合。

2 马尔可夫分析法

马尔可夫分析法的基本思想是通过找出过去人事变动的规律,以此来推测未来人事变动的趋势。但它是建立在这样一个前提下的,即企业内部人员有规律的转移,而且其转移概率有一定的规则。运用马尔可夫分析法,可按下列步骤来进行:

(1)设定组织的职位结构及各项职位之间的关系;

(2)搜集历史资料,统计每个职位的升迁变动和离职情况等;

(3)根据历史资料,预估工作岗位间的转换稳定程度及转换方式;

(4)一旦工作的转换形式明确而稳定,可确定过去的数字概率;

(5)有了概率,便可构建马尔可夫矩阵,预测未来人数的变动和需求。

马尔可夫分析法的主要优点是可以和任何预测人力资源需求的方法一起运用。企业可以根据供大于求或供小于求的预测结果,及时制定招聘、训练、调整等解决方案。

(三)人力资源的供求平衡

在企业发展过程中,企业人力资源状况不可能总是自然的处在一种供求平衡的状态。在汽车维修企业发展时期,人力资源需求旺盛、供给不足,人力资源部门用大部分时间进行人员的招聘和选拔;在企业稳定时期,人力资源在整体上可能会达到稳定,但局部仍然同时存在着退休、离职、晋升、降职、补充空缺、不胜任岗位和职务调整等情况,企业处于结构性失衡状态。人力资源部门的重要工作之一就是不断地调整人力资源结构,使企业的人力资源始终处于供需平衡状态。只有这样,才能有效地提高人力资源利用率,降低企业人力资源成本。企业的人力资源供需调整分为人力缺乏调整和人力过剩调整两部分。

1 人力资源供给不足的解决方法

(1)增加员工的数量。通常可以通过以下途径解决:寻找新的员工招聘来源;增加对求职者的吸引强度;降低录用标准;增加临时性员工或使用退休员工等。

(2)提高员工的生产率或增加员工的工作时间。这就需要提高每位员工的工作能力并增强工作动力。其方法有培训、进行新的工作设计、采取补偿政策或福利措施、调整管理人员与员工的关系等。

(3)进行岗位设计修订,提高劳动生产率。

(4)制定非临时工计划,返聘已退休员工或聘用临时人员。

(5)制定全日制临时工计划。

2 人员过剩的解决办法

(1)提前退休。企业可以适当的放宽退休的年龄和条件限制,促使更多的员工提前退休。

(2)减少人员补充。当出现员工退休、离职等情况时,对空闲的岗位不进行人员补充。

(3)增加无薪假期。可先采取轮休制,减少人员的工作时间,随之降低工资水平,按员工工作岗位性质和要求分成若干组,进行较长期限的轮休制,在休假期间只发给基本的生活费。

(4)裁员。在进行裁员时,首先制定相应的裁员政策,减少可能带来的副作用,如为被裁减者发放失业金等;裁减那些主动希望离职的员工;最后,裁减工作考评成绩低下的员工。

任务实施

根据汽车维修企业人力资源管理理论,在人员规划中,首先应确定直接生产人员的人员数,再按工作分析,设置合适的岗位,建立高效的企业组织机构,由此确定其他的人员定员,然后进行相应的企业人力供应预测,做好企业的人力资源规划。

案例中,每台次的工时定额参考过去实际业绩的平均工时,可以取2.5h。每个工人年度必要工作时间数为(扣除了技师休息日的年度劳动时间)$8h \times 230 = 1840h$。

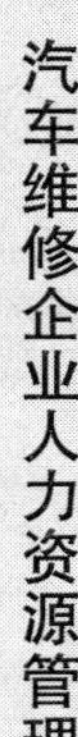

所以

$$基本生产工人数 = \frac{13000 \times 2.5}{1840} = 18(人)$$

参考表 5-1,则可确定其他岗位人员数量,最终得到该维修企业本年度人员规划结果。

汽车维修服务企业定员要求

企业发展以人为本,人才资源作为企业发展的最重要资源,是为企业创造利润的源泉。在激烈竞争的今天,没有高素质的员工队伍和科学的人事安排,企业将面临淘汰的后果。但是人才也并不是越多越好,员工的数量和质量同企业的投资额息息相关,所聘用人员数量越多,聘用人才素质越高,企业为此付出的代价也就越高。因此,必须把握好人才的数量和质量,注意人才的优化组合,避免人员结构臃肿,资金利用价值不高。

1 定员

在汽车服务企业人员的配置中,要坚持能职匹配的原则,坚持所配置人员的知识、素质、能力与岗位的要求相匹配。俗话说"骏马能历险,犁田不如牛"一定要从专业、能力、特长、个性特征等方面衡量人与职位之间是否匹配,做到人尽其才,职得其人,这样才能持久高效地发挥人力资源的作用。

1 一类汽车维修服务企业定员

在技术管理人员中,应至少有一名具有本专业知识并取得任职资格证书、为本企业正式聘用的工程师或技师以上的技术人员负责技术管理工作,技术人员数应不少于生产人员数的5%。

技术工人工种设置应与其从事的生产范围相适应,各工种技术工人数应与其生产规模、生产工艺相适应。各工种技术工人必须经专业培训、取得技术等级证书,并经行业培训,取得上岗证,持证上岗。各工种均由一名熟练掌握本工种技术的技术工人负责,其技术等级分别为:汽车发动机维修工、汽车底盘维修工、汽车维修电工、高级汽车维修钣金工等,其他工种不低于中级。

一类汽车维修服务企业对车辆的进厂检验、过程检验、竣工出厂检验必须由专人负责。专职检验人员必须经过主管部门专业培训、考核并取得"质量检验员证",持证上岗。应有一名质量总检验员和至少两名质量检验员;应配备一名经正规培训取得机动车驾驶证,且技术等级不低于中级的试车员,试车员可由质量检验人员兼任。

一类汽车维修企业应至少有两名经过专业培训并取得"会计证"的财务人员,其中应有一名是经过行业培训的财务结算人员。

2 二类汽车维修服务企业定员

在技术管理人员中,应至少有一名具有本专业知识并取得任职资格证书、为本企业正式聘用的助理工程师或技师以上的技术人员负责技术管理工作。

技术工人工种设置应与其从事的生产范围相适应，各工种技术工人数应与其生产规模、生产工艺相适应，直接生产工人应不少于15人。各工种技术工人必须经过专业培训，取得工人技术等级证书，并经行业培训，取得了上岗证后，持证上岗。各工种均由一名熟练掌握本工种技术的技术工人负责，其技术等级分别为：汽车发动机维修工、汽车底盘维修工、汽车维修电工、汽车维修钣金工、中级汽车维修漆工等，其他工种不低于初级。

二类汽车维修服务企业质量检验工作必须由专人负责。质量检验人员必须经过主管部门专业培训、考核并取得了"质量检验员证"，持证上岗。应至少有两名质量检验员；应至少配备一名经正规培训取得正式驾驶证，且技术等级不低于中级的试车员，试车员可由质量检验员兼任。

二类汽车维修服务企业应至少有两名经过专业培训并取得"会计证"的财务人员，其中有一名是经过行业培训的财务结算人员。

总之，各汽车服务企业在对各自企业人员需求作出科学、全面的分析判断后，可进行人员配置。

2 制定人员劳动时间消耗

汽车服务企业是为客户的车辆使用提供完善和高质量保障的系统，并为客户提供优质、便利的服务环境。企业要取得发展，获得利润，必须确保能以最小的资源消耗顺利完成在正常条件下的各项工作。因而，必须确定与企业经营规模相适应的合理的工作方法和最节约的工作时间，作为生产定额。

1 工时工作制度和年工作时数

工时工作制度是指一年的工作天数、每个工作日的工作班数和每工作班的延续工作时间。企业工作制度一般应由设计任务书规定。对于中、小型服务企业，以手工作业为主的工种，一般均采用一班制；以机器设备为主的作业，大多采用两班制；为充分利用机床设备，减少基建投资，机加工作业可采用三班制。对于大型维修服务企业，由于作业的机械化程度高，多采用两班制，以提高投资效益。

年度工作时数是指生产工人在一年内所做工作的小时数。它又分为名义工作时数和实际工作时数。对于一名生产工人，名义年工作时数与实际工作时数按下式计算：

名义年工作时数＝[365－(年法定休假日数＋年节日天数)]×工作班延续工作时间

实际年工作时数＝[365－(年法定休假日数＋年节日天数)]×工作班延续工作时间×工时利用率

2 年工作总量

汽车服务企业的年工作总量是指企业为完成年生产纲领所必需耗用的工作时间。企业的生产纲领乘以完成单件产品维修的工时即为企业的年工作总量。

根据各种作业生产纲领的不同计量单位，可将汽车维修服务作业年工作量的计算归纳为三种类型：

Ⅰ类——以产品件数计，包括拆卸、安装、调试，车身修理，钣金，机钳加工，电气、附件修

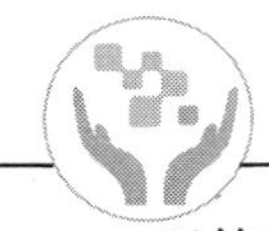

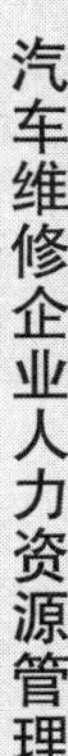

理等作业，年工作量计算式为：

年工作量 = 扩大工时定额 × 换算生产纲领

II 类——以产品质量计，包括零件清洗、热处理、加工等作业，年工作量计算式为：

年工作量 = 以产品质量计的年生产纲领/设备的小时生产率

III 类——以加工产品表面积计，包括电镀、油漆、堆焊作业，年工作量计算式为：

年工作量 = 年生产纲领/每小时的生产率

3 企业人员的确定

生产工人数的确定：生产工人数 = 年工作量/工人实际工作时数

辅助工人数的确定：一般为生产工人数的 10% 左右，每名清洁工每班可清扫 1800 ~ 2500m^2 的生产面积。

企业其他人员的确定：按生产工人数的一定百分比确定。

习题及思考题

1. 什么是企业人力资源和人力资源管理？简述人力资源管理的基本功能与职能。
2. 人力资源规划的定义、原则和内容是什么？
3. 人力资源需求预测的影响因素和预测方法有哪些？
4. 汽车维修企业组织机构设置原则是什么？企业岗位研究活动包括哪几方面内容？

任务二 人员的招聘与培训

任务导入

某汽车销售服务有限公司在招聘方面投入不菲，在一个招聘网站和当地发行量最高的报纸都刊登了广告，而且还经常到当地一些大型人才招聘会招聘，每天人力资源部门都收到十多份简历，但真正符合要求的却不多。特别是这些简历当中，应聘财会、文秘、行政、销售等人员不少，但售后服务急需的有较高专业知识与技能要的技术人员、中高级经理的简历却很少，能够满足企业要求的更少得可怜。维修车间和服务前台主管总在抱怨找不到人，有的人进厂后又缺乏有效的岗前和岗位培训，因此，招聘来的新员工需要很长的时间适应岗位。人力资源部也烦恼，每天忙个不停，为什么就是满足不了公司的人才需求呢？请为该公司分析一下招聘不到合适人才的可能原因，并制定一个招聘和培训方案。

学习指引

通过本章学习应能掌握汽车企业员工招聘的基本条件与原则，会制订汽车维修企业招

聘计划与招聘程序，懂得如何选取招聘的渠道，掌握制订与实施招聘方案的方法。员工招聘回来后，应懂得如何开展职工培训，包括了解员工培训的意义和内容；会制订员工培训计划；能够对员工培训的组织管理方法有一定认识；掌握企业员工培训的相关制度要求等。

相关知识

一　员工招聘的基本条件与原则

1　人员聘用的基本条件

人员聘用的基本条件包括：职业道德条件、文化专业条件、身体条件和年龄条件。企业招聘时必须根据招聘条件采用公平竞争原则实行公开招聘。

其中，维修技工可分一般技工和高级技工。聘用的基本条件应是：①年龄适当（一般技工年龄在18～45周岁，高级技工不超过50周岁），身体健康，符合国家规定的人员招聘基本条件；②具有良好思想素质（职业道德和勤奋精神）、愿意与企业同舟共济；③持有相应的汽车维修技工等级证书，或者实际维修能力达到相应的技术等级（高级技工应具有5年以上汽车维修经验、熟悉中高档轿车的结构原理和维修工艺；能查阅汽车维修技术资料，具有汽车专业英语识读能力；能单独使用新型汽车检测仪器和专用工具，能解决汽车维修技术问题等）。

企业管理人员也分一般管理人员及高级管理人员两类。其聘用的基本条件应是：①符合国家规定的人员招聘基本条件，年龄适当、身体健康；②具有良好职业道德和政治思想素质，愿与本企业荣辱与共；③持有相应的技术职称资格，熟悉汽车维修技术和业务，并具有一定年限相应岗位实际经历的；④具有较高的个人素质和较强的组织管理能力。

人才作为企业最重要的资源，不仅人员本身素质要符合企业的需要，而且要合理配置才能发挥出最大的效能。人才的配置最好形成金字塔形，各项工作要层次分明，强化竞争机制，使企业永远处于良好的发展状态。

2　人力资源招聘的原则

在人力资源招聘的过程中，应主要把握好以下几条原则。

1　择优、全面原则

择优是招聘的根本目的和要求。择优就是广揽人才，选贤任能，从应聘者中选出优秀者。作出试用决策前要全面测评和考核，招聘者要根据综合考核成绩，精心比较，谨慎筛选，作出录用决定。为确保择优性原则，应制定明确而具体的录用标准。

2　公开、竞争原则

公开是指把招聘单位、种类、数量、报考的资格、条件，考试的方法、科目和时间均面向社会通告周知，公开进行。竞争是指通过考试竞争和考核鉴别，以确定应聘者的优劣和人选的

取舍。只有通过公开竞争才能使人才脱颖而出,吸引真正的人才,才能起到激励作用。

3 宁缺毋滥原则

招聘决策一定要树立“宁缺毋滥”的观念。这就是说,一个岗位可暂时空缺,也不要让不适合的人占据。这就要求我们作决策时,要有一个提前量,而且广开贤路。

4 能级原则

人的能量有大小,本领有高低,工作有难易,要求有区别,所以招聘工作不一定要最优秀的,而应量才录用,做到人尽其才,用其所长,这样才能持久高效地发挥人力资源的作用。

5 全面考核原则

全面考核原则指对应聘者从品德、知识、能力、智力、心理、过去工作的经验和业绩进行全面考试、考核和考查。决策者必须对应聘者各方面的素质条件进行综合性的分析和考虑,从总体上对应聘者的适合性作出判断。

二 招聘计划与招聘程序

1 招聘计划

招聘计划一般包括以下内容:

(1)人员需求清单,包括招聘的职务名称、人数、任职资格要求等内容。

(2)招聘信息发布的时间和渠道。

(3)招聘小组人选,包括小组人员姓名、职务、各自的职责。

(4)应聘者的考核方案,包括考核的场所、大体时间、题目设计和考核方式等。

(5)招聘的起止日期。

(6)新员工的上岗时间。

(7)招聘费用预算,包括资料费、广告费、人才交流会费用等。

(8)招聘工作时间表,尽可能详细,以便与他人配合。

(9)招聘广告样稿。

2 人力资源招聘的程序

1 确定人员的需求

根据企业人力资源规划、岗位说明书和企业文化确定企业人力资源需求,包括数量、素质要求以及需求时间。一般人员需求发生在以下三种情况:

(1)人力资源计划中明确规定的人员需求信息。

(2)企业在职人员离职产生的空缺。

(3)部门经理递交的招聘申请,并经相关领导批准的。

2 确定招聘渠道

确定企业是从内部选拔,还是从外部招聘企业所需人员。

③ 实施征召活动

根据不同的招聘渠道实施征召活动的具体方案，将以各种方式与企业招聘人员进行接触的人确定为录用的候选人。

④ 初步筛选候选人

根据所获得的候选人的资料对候选人进行初步筛选，剔除明显不能满足企业需要的应聘者，留下来的候选人进入下一轮的测评甄选。

⑤ 测评甄选

采用笔试、面试、心理测试等方式对候选人进行严格测试，以确定最终录用人选。

⑥ 录用

企业与被录用者就工作条件、工作报酬等劳动关系进行谈判，签订劳动合同。

⑦ 招聘评价

对本次招聘活动进行总结，并从成本收益的角度进行评价。

三 选择招聘渠道

实现成功招聘必须注意不同类型的人才，其招聘的途径与方式的特点，必须选择合适的招聘渠道。招聘渠道就是获取简历信息或发布招聘公告的途径或载体，招聘渠道可以分为内部渠道与外部渠道。发布招聘公告的途径非常广泛，如招聘会、猎头公司、互联网、报纸、杂志、电视等。

1 内部渠道

内部渠道顾名思义就是在企业内部以现有员工为对象寻找岗位任职者。内部招聘渠道为员工的职业发展提供了更大的空间，员工能够感受到企业为自己提供了更多的发展机会。这能够极大地增强员工对企业的忠诚度。但内部渠道也有很大的隐患，如果企业对内部人员的选拔缺乏公正，同样也会引发任人唯亲、近亲繁殖等很多问题。内部招聘有以下几种形式：

(1)主管推荐。主管根据对每个下属的了解，向人力资源部门推荐满足招聘条件的员工。

(2)内部张榜公告。人力资源部门负责将招聘信息在企业内部张榜公告，员工只要认为自己具备规定的条件，均可以参加应聘。

(3)人才储备。很多企业都建立了后备干部体系，这是从战略高度考虑企业核心人才的储备问题。也有企业建立了接班人计划，对每个关键岗位都确定了可能的接班人。

(4)员工举荐。员工举荐已经成为很多企业招聘员工的主流渠道。西安杨森公司专门设立了“伯乐奖”，用于奖励为企业成功推荐人才的员工。思科公司有60%的招聘员工来自员工举荐。

2 外部渠道

(1)猎头公司。猎头公司是为企业推荐高级管理人才和技术人才的服务机构。大部分国内猎头公司分阶段收费,签订合约后收取合同金额的30%,人选到岗后收取40%~50%,保用期(一般为6个月)结束后再支付其余部分。由于猎头公司的收费标准较高,所以企业一般只把核心岗位人才委托猎头机构招聘。

(2)专业人才服务机构。专业人才服务机构的优势在于他们掌握了大量特定行业领域的人才信息,这些信息对于企业快速招聘合适人才提供了基础保障。

(3)院校招聘。高校每年临近大学生毕业前夕,无论世界500强企业,还是国内的成长性企业,都涌入各个高校开展招聘会、供需见面会等形式多样的招聘活动,这已经成为很多企业固定的招聘渠道。

(4)人才市场。目前我国各地人才市场体系已经非常健全。人才市场的业务涉及人才推荐、信息查询、招聘广告、举办人才招聘等,企业可以通过人才市场的信息系统查询符合条件的应聘者信息,也可以委托人才市场推荐合适的应聘者,服务费用很低。

(5)招聘会。招聘会可以划分为综合性招聘会与专业性招聘会,定期招聘会与不定期招聘会。一般情况下综合性招聘会的规模是专业性招聘会的几倍,并且主办方会投入大量的精力开展宣传活动。

3 其他渠道

(1)专家推荐。对于专业化人才,特别是外部市场供给量较少的人才,企业可以通过行业专家推荐的方法解决。

(2)实习(培训生)计划。实习计划或培训生计划是很多大型企业选聘基层人选惯用的手法。大学生在正式毕业之前先到意向企业进行实习,然后由企业人员对其进行有针对性的培训与评估,如果人才确实能够符合岗位的要求,在实习期结束后直接录用该人才。

四 员工培训的意义

加强企业内部的员工培训,能实现企业安全生产、提高企业劳动生产率和产品质量,降低生产成本并取得企业最好的效益。尽管职工培训并不能解决现代企业中的所有问题,但确实也能解决不少问题。为此现代企业管理者一定要有长远眼光,把员工培训纳入日常的生产经营管理计划中,并要像开展全面质量管理那样,全面、全员、全过程地培训企业全体员工,以贯彻以人为本的观念,重视人才的管理和开发。

1 员工培训是汽车维修技术发展的客观需要

随着现代汽车技术的突飞猛进,新技术的不断涌现,要求从事现代汽车维修的员工不仅要掌握新技术,而且要熟练操作,这就要求现代汽车维修人员必须提高其文化素质和技术业

务素质。但由于种种原因,这些员工大多已不可能重新返校学习,因此现代汽车维修企业开展职工技术培训,这是汽车维修技术发展的客观需要。

2 员工培训是提高汽车维修企业经济效益的客观需要

企业是人的企业,既然人是现代企业生产力中最活跃和最重要的要素,企业若要获得最佳的经济效益和扩大再生产,就得不断地发展企业的生产力,就得提高企业的职工素质和劳动素质,以提高其生产技术水平和"平均熟练程度",就得加强职工的技术业务培训。由此可知,现代汽车维修企业开展职工培训既是提高劳动生产率和竞争力的重要措施,也是提高汽车维修企业经济效益的客观需要。

3 员工培训是员工自身发展的需要

随着新技术的引进,新车型的推出,如果相应地提供培训,就能满足维修人员追求自身发展的愿望,也调动了维修人员的能动性。员工培训,可以提高其工作和管理水平,从而为实现不同阶段的个人发展提供必要的知识和技能,本身的素质也得到提高。

4 员工培训是企业文化建设的需要

企业文化建设需要培养员工企业文化的意识,通过开展企业文化的宣传和教育,以及组织职工参加各种可以建设企业文化的业余文体活动等来培养员工对企业文化的理解和认同。韩国著名的企业家郑周永说过:"一个人,一个团体或一个企业,它克服内外困难的力量来自它本身,来自它的信念。没有这种精神力量和信念,就会被社会淘汰。"他所提及的精神力量和信念就是企业文化,企业文化是企业发展的动力源泉。通过培训,使员工接受企业文化、理解企业文化、执行企业文化。

五 员工培训的内容

员工培训的目的是提高员工的素质,现代汽车维修企业职工的基本素质包括:政治思想素质、文化素质、技术业务素质等。其中,政治思想素质代表着人的品行,文化素质代表着人的修养,而业务能力素质反映着人的实际工作能力。现代企业的人力资源管理,不仅要作好企业职工的政治思想品德教育、文化基础教育和技术业务培训,而且还要作好职工的技术业务考核,这是现代企业发展生产力的重要措施。

1 政治思想素质教育

所谓政治思想素质教育,就是指对职工进行政治思想教育,以提高其道德品质,培养其工作责任感和事业心,爱岗敬业、遵纪守法、积极上进。提高政治思想素质的目的就是为了弘扬正气、爱岗敬业、发扬企业团队精神、树立优秀企业文化。政治思想素质教育的主要内容包括政策法规教育、职业道德和职业纪律教育等。政治思想素质教育的主要方法就是要树立企业文化,用企业文化来教育职工,用职工教育来培育企业文化。

当然,要开展政治思想素质教育决不能采用说教的方法,而应该辅之以精神激励,例如表彰先进、树立典型等。为什么在学校就入党入团或者在学校就当学生干部的人到企业后往往表现突出?就是因为他们的政治思想素质较高的缘故。通常,政治思想素质越高的人其业务能力素质也会越强,但业务能力素质强的人其政治思想素质并不一定就高。若业务素质较低而政治思想素质较高的职工还可以加以培养,但若政治思想素质较差即使其业务素质再好,则往往是本事越大其破坏力也越大。因此,一个人的政治思想素质高低,也是一个人能否成才的重要标准。

2 文化素质教育

具有较高文化素质的员工不仅其接受新事物和掌握新技术较快,而且其职业道德素质一般较高,因此招收大专院校毕业生似乎已是现代汽车维修企业管理者的共识。为此,不少汽车维修企业为了选聘较高文化素质的人员来逐步淘汰低文化素质人员,在招聘条件中明确规定了企业招聘员工的文化素质条件(如汽车维修技工必须在中专文化程度以上,企业管理人员必须在大专文化以上等)。但实际上,由于目前的急功近利和大学的扩招,使毕业生的文凭与实际专业水平差距较大。再说,即使文凭等于实际专业水平,仅靠现有这点文化基础对于飞速发展的汽车维修技术来说也远远不够。因此,要想切实提高汽车维修企业员工的政治思想素质和技术业务素质,就得首先提高员工的文化素质,实施基础的文化素质教育,例如《高中语文》、《高中数学》、《高中物理与化学》,还有技术基础教育《基础英语》、《机械基础》、《机械制图》、《电工基础》、《电子技术》等。

3 技术业务素质教育

汽车维修人员是汽车维修业务的直接操作者。由于现代汽车及其检测诊断设备已经是机电一体化高科技产品,因此要想掌握现代机电一体化技术而维修现代汽车,就必须要求汽车维修人员也要机电一体化(既要懂机也要懂电),这就要求汽车维修人员尽快地掌握最新技术。然而,目前汽车维修人员的技术业务素质又普遍偏低,应根据其不同的需要确定不同的培训内容。

1 对汽车维修人员的培训

对汽车维修人员,主要是根据与其技术等级所对应的应知应会进行技术培训。例如对于刚入厂的新员工,主要进行上岗前的基础培训,如企业文化与职业道德、文明礼貌与组织纪律、安全规程教育及基本操作技能训练等,其主要目的是使他们掌握上岗前所必需的应知应会。对于已经在岗或待岗的汽车维修人员,则主要根据技工技能等级,进行各等级的技能培训,以迅速提高其操作技能。各等级的技能培训时应根据其不同年龄结构、文化层次、技术等级和实际工作需要等采取不同的培训方法。技术培训的主要内容应根据其岗位技术等级的应知应会要求,进行与其岗位技术等级相应的技术补课和技术考核。对于高级技工的技术培训,则主要是进行提高文化、更新知识和提高业务等的新技术应用的专题培训,其培训内容主要包括《汽车构造》、《汽车电器》、《汽车使用技术》、《汽车维修技术》、《现代汽车电控技术》、《汽车检测诊断技术》、《汽车维修企业管理》、《汽车及配件营销》与《汽车专业

英语》等。

2 对汽车维修技术人员的培训

汽车维修技术人员是直接从事汽车维修业务管理的生产技术人员。对于他们，不仅因为要解决汽车维修过程中所存在的疑难技术，而要求他们精通汽车维修的最新技术，提高其实际业务能力；而且还要求他们积极参与企业的生产经营管理，要求他们能系统地掌握现代企业管理知识，提高做政治理思想工作的能力，并不断提高其生产技术组织能力等。因此对于汽车维修技术管理人员的培训，主要是进行最新技术业务的进修。

3 对各级生产经营管理者的培训

企业中在岗各级管理人员属于现代企业的生产经营管理者，不仅要求他们必须懂政策法规、懂生产技术，还要求他们必须熟悉企业内外全面情况（包括市场动态及本企业生产情况等）；并学会做政治思想工作，不断地提高其生产经营管理技能和生产技术组织能力。为此，对于他们的培训主要应侧重于企业管理知识的培训，如《汽车专业英语》、《汽车维修企业管理》、《汽车及配件营销》等。在培训时不仅要从严，而且还要注意培训的层次和培训的内容。

4 对企业领导者的培训内容

作为企业的领导者，不仅要求具有良好的个人素质（有理想、有抱负、精力充沛），而且还要求其具有丰富的社会知识（善于做政治思想工作，善于调动积极性，并知人善任、善于决策），且知识广博、经验丰富。对内懂得全面的企业管理业务，对外懂得市场营销、把握市场形势。因此对于他们的业务培训，基本培训内容应以政策法规、职业道德、现代企业经营管理为主。基本培训方法：一是送出去，委托有关大专院校集中培训；二是请进来，请专家授课；三是通过考察访问、参观学习、总结和交流经验等，以不断提高其企业的经营管理水平、工作能力、工作责任心和事业心等。在对企业领导层的业务培训中，以及在对企业职工的政治思想素质教育中，企业的厂长、经理应带头学习、带头讲课。

六 制定员工培训计划的方法

培训计划的制定是一个系统工作，在制定培训计划时要综合考虑各方面的因素，尽可能地突出培训计划的可操作性。因此在编制员工培训计划时，要注重对如下内容的把握。

1 培训计划制定的依据

培训计划的制定要有依据，一般来说，培训计划制定依据有：

（1）以培训发展需求为依据。

（2）以企业发展规划和人力资源规划为依据。

（3）以各部门的工作计划为依据。

（4）以可以掌控的资源为依据。

2 培训计划的内容

培训计划按不同的划分标准,有不同的分类。以培训计划的时间跨度为分类标志,可将培训计划分为长期、中期和短期培训三种类型。按计划的层次可分为公司培训计划、部门培训计划。不同层次、不同时期的培训计划其内容有所不同。

一个完整的培训计划应包含培训目的、培训对象、培训课程、培训形式、培训内容、培训讲师、培训时间、培训地点、考评方式、培训预算以及培训出现问题时的调整方式等内容,见表5-2。

培训计划工作内容表　　表5-2

项　目	工作内容要点
培训目的	每个培训项目都要有明确目的(目标),为什么培训?要达到什么样的培训效果?怎样培训才有的放矢?培训目的要简洁,具有可操作性,最好能够衡量,这样就可以有效检查员工培训的效果,便于以后的培训评估
培训对象	哪些人是主要培训对象?这些人通常包括中高层管理员工、关键技术员工、营销员工以及业务骨干等。确定了培训对象就可以对培训内容进行分组或分类,把同样水平的员工放在一组进行培训,这样可以避免培训浪费
培训形式	培训形式大体可以分为内训和外训两大类,其中内训包括集中培训、在职辅导、交流讨论、个人学习等;外训包括外部短训、进修和专业会议交流等
培训内容	培训计划中每一个培训项目的培训内容是什么。培训内容涉及管理实践、行业发展、企业规章制度、工作流程、专项业务、企业文化等。从员工方面讲,中高层管理员工、技术员工的培训宜以外训、进修和交流参观等为主;而普通员工则以现场培训、在职辅导和实践练习为主
培训课程	培训课程一定要遵循轻重缓急的原则,分为重点培训课程、常规培训课程和临时性培训课程三类。其中重点培训课程主要是针对全公司的共性问题、未来发展大计进行的培训,或者是针对重点对象进行的培训
培训讲师	讲师在培训中起举足轻重的作用,讲师分为外部讲师和内部讲师。涉及外训或者内训中关键课程,以及企业内部讲师讲不了的课程,就需要聘请外部讲师
培训时间	包括培训执行的计划期、培训计划中每一个培训项目的实施时间以及培训计划中每一个培训项目的课时等。培训计划的时间安排应具有前瞻性,时机选择要得当,以尽量不与日常的工作相冲突为原则,同时要兼顾学员的时间

3 培训计划的制定程序

任何计划的编制都要遵循一定的程序,这如同开发一种新产品一样。企业培训不能盲目进行,否则会给企业带来不必要的损失。培训计划的制定程序如下:

(1)指定编制员工培训计划的人员。员工培训计划的编制是一个系统工程,应该由固定人员来协调各部门的工作。

(2)切实了解情况。进行深入调查研究,切实了解和掌握企业的情况;通过员工培训需求的调查,选择培训项目。

(3)制定培训的总体目标。总体目标制定的主要依据是:企业的总体战略目标、企业人力资源规划和企业培训需求分析。

(4)确定培训实施过程、时间跨度、阶段、步骤、方法、措施要求、评估方法等。

(5)分析培训资源。对培训的各子项目或阶段性目标按轻重缓急分配培训资源,以确保各项目目标都有相应的人力、物力和财力的支持。

七 员工培训的组织管理

在汽车维修企业中,由于职工较多,分工又细,且文化程度与技术业务水平参差不齐,因此人力资源管理部门在开展汽车维修企业的职工培训时,若要确保职工培训的实际效果,就要做好以下几个方面的工作:

1 领导重视

汽车维修企业的领导层应重视职工培训工作,并要指派人力资源管理部门中的专人负责。在企业厂长/经理的直接领导下(经企业管理委员会认真研究),结合本企业的实际情况,提出切实可行的职工培训计划,并认真组织实施。

2 要全面规划并落实培训条件

在编制培训计划时,不仅应全面规划(例如每年所需要培训的培训人数、培训形式、培训内容、培训规模及培训要求等),而且应落实培训条件(例如落实职工培训的教师、教材、教具、教室及培训经费等),讲究实效,既要照顾"全面、全员、全过程",也要突出重点。至于培训对象的确定,既要照顾全面,也要突出重点。例如应以关键工种和关键岗位的维修技工、班组长和中层以上管理人员(如车间管理人员、职能科室等)为重点;就培训内容而言,应本着缺什么补什么的原则,以解决应知应会为主,不要一刀切。

在汽车维修企业中,职工培训经费可按国家《关于加强职工教育工作的决定》,按企业工资总额的1.5%提取(列入企业成本);扩大自主权的企业还可以从企业利润中适当安排职工培训经费,主要用于培训人员的工资、保险福利费、校舍修缮费、生产实习费、图书资料费等。在企业中职工培训一定要因地制宜、因陋就简、逐步完善、逐步发展。

3 要建立企业培训制度

企业培训计划的落实还要靠制度来保证,为此汽车维修企业应根据自己具体的实际情况,制定企业职工培训制度,从而对职工培训的组织、形式、内容、待遇等做出明确规定,特别是将员工的福利待遇与培训考核成绩挂钩，激励员工积极参与培训，并建立员工培训档案等。

八 员工培训制度

员工培训是企业发展和员工素质提高的必要条件，其实施除了员工自身的积极参与外，还必须得到相关制度的保障。我国《劳动法》规定，“用人单位应当建立职业培训制度，按照国家规定提取和使用职业培训经费，根据本单位实际，有计划地对劳动者进行职业培训”，“从事技术工种的劳动者，上岗前必须进行培训”；还规定，国家确定职业分类，制定职业技能标准，实行职业资格证书制度，由经过政府批准的考核鉴定机构负责对劳动者实施职业技能考核鉴定。由此可见，员工培训必须制度化、经常化。

1 按照国家规定提取和使用职业培训经费

根据国家颁布的《关于加强职工教育工作的决定》的规定，企业员工教育的费用大体上可按企业工资总额的1.5%提取，在企业成本中开支。扩大自主权的企业可以从企业利润中适当安排员工教育经费。员工教育经费主要用于培训人员的工资、保险福利费、校舍修缮费、生产实习费、图书资料费等。

2 员工培训的计划性

按照企业实际情况，编制员工培训计划，并确定培训的具体目标。计划中需要详细说明培训内容、人员的确定，将企业的发展目标与个人的职业规划结合起来，分期分批进行。

3 岗前培训规定

从事技术工种的员工，上岗前必须进行培训。维修企业内所有工种的员工，上岗前必须取得相应的职业资格证书。

1990年国务院颁布的，《工人考核条例》中规定：工人职业技能的考核依照现行的《工人技术等级标准》或(岗位规范)进行，包括技术业务理论和实际操作技能的考核。工人经过考核合格后，发给相应的技术等级证书、岗位合格证书、特种人员操作证书，作为上岗任职的凭证和确定技能工资的依据，也是进行国内外技术劳务合作的有效证件。考核不合格的工人，考虑降级，并安排相应的工作岗位或辞退。目前在汽车维修企业中，适用的职业资格证书有汽车维修中级工职业资格证书、汽车维修高级工职业资格证书、汽车维修技师职业资格证书、电工职业资格证书、焊工职业资格证书等。

任务实施

(1)分析该企业通过人才招聘不能满足企业需求的关键原因，主要是企业人员需求状况

了解不充分、人才招聘计划性不强、渠道选择不当、人才的内部培养机制不健全等。

(2)人员招聘方案可参考相关知识中的招聘计划与程序等内容。

(3)人员培训计划注意明确培训的目的、对象、课程安排、培训的形式与内容,同时确定培训讲师、培训具体的时间表等,最后通过相关激励措施使之有效实施。

维修企业员工培训状况

汽车维修企业成长的一个重要影响因素是企业内部人力资本的供给,企业的发展速度很大程度要看企业内部管理人员的培养情况。在企业发展的初期通过从外部聘技术人员和管理人员是必要的,但随着企业的发展,企业的管理人员和骨干技术人员应由外部招聘转向内部培养为主。在一般情况下,企业内部培养人员的程度决定其业务的扩张速度,不能简单的由扩张速度来决定招聘人才的数量。

据日本资料介绍,工人教育水平每提高一个等级,技术革新者的人数就增加6%。工人提出的革新建议,一般能降低成本5%;技术人员提出的革新建议,一般能降低成本10%~15%;受过良好教育与培训的管理人员,则能降低成本30%以上。由此可见,加强从业人员的技术业务培训是开发智力和培养人才的重要途径之一,是提高企业生产效率,取得最佳经济效益和有计划培养劳动后备力量的重要措施。

汽车服务企业在员工培训中要坚持以市场经济为导向与企业需求相结合的原则,统一安排,因材施教。时刻研究汽车服务市场发展规律、企业的需要、企业的发展目标,培养实用性人才。对不同对象要区别对待,提出不同的要求,同时采用灵活多样的培训形式。

1 对管理人员的培训

❶ 企业领导人员

重点学习企业管理、政策法规、市场动向和发展趋势及先进企业的管理经验等。必要时组织他们在国内外进行实地参观考察,使其成为既懂政治又懂经济,既懂管理又懂经营,会按经济规律办事的专门人才。

❷ 企业管理人员

应按人事、秘书、财会、统计、物资等不同的专业,有计划、有目标地培训,使其成为不仅能胜任本职工作,而且还能不断为企业管理提出好的改进意见的企业好管家、领导的好助手、好参谋。

❸ 企业的工程技术人员

企业中的工程技术人员在新技术、新设备、新材料、新工艺的引进和应用,以及在生产中

问题的解决、经营管理的改善等方面都起着非常重要的作用。因此,应着重加强对他们的再教育,尤其要抓紧对质量管理人员、检验人员的培训。一是要普遍加强理论技术教育,使其在两三年内,在技术水平上提高一个等级;二是对没有受过专业教育的人员,要有计划地进行本专业中专、大专课程的理论教育;三是对质检人员,要及时进行新工艺、新标准、新车型及检测设备运用的培训,使其做到熟练掌握、运用自如。

2 对维修人员的培训

维修人员分为初级工、中级工、高级工及学徒工四个级别。

(1)初级工培训。主要内容是:汽车结构原理、汽车维修的基本知识、常用原材料和零部件的分类、通用工具的使用与保管、维修的安全操作规程等。通过培训,使其达到能胜任车辆一级维护的工作,满足一般工人的技术要求。

(2)中级工培训。中级工培训是在初级工培训考核合格的基础上进行的培训,其基本内容是:深入学习汽车结构原理、汽车性能、汽车故障与排除、汽车技术使用、零部件的配合要求、常修车型的技术参数、汽车维修的质量要求,以及汽车维修所用原材料的规格、性能、正确保管和使用方法,常用标准件的合格性鉴别,维修专用工具的保管和使用方法,常用机械的正确操作方法,安全生产规程等,并掌握机加工一个工种的操作技能,如车、铣、刨、磨、焊等。通过中级工的培训,使其能胜任汽车二级维护和一般小修工作,并能在工程技术人员的指导下承担某一总成的大修工作。

(3)高级工培训。高级工培训是在中级工培训合格,并经过一定时期的实践锻炼后,在技术上进一步深造的培训,其主要内容是:常用汽车型号的构造原理、技术使用与维修要求,汽车故障原因分析和预防,公差与技术测量,零件磨损机理,汽车零部件质量鉴定,维修质量检验,汽车维修所用原材料的质量、性能鉴定,维修专用工具、卡具、器具的正确使用和保管,维修加工机具的操作与维护等,能绘制简单的零件图和阅读较复杂的装配图,并能指导他人从事维修和机加工工作,此外,还应掌握维修作业流程、有关定额的考核与计算等。通过培训,使其能胜任汽车大修工作和一般汽车零件的制造和配制能力,成为企业维修的技术骨干力量。

(4)学徒工培训。应采取以适应性教育内容为主、操作技能为辅的培训计划,要坚持德、智、体全面发展的原则。学徒工在参加劳动生产时,要安排老工人当师傅,签订师徒合同,做到包教包会。虽然汽车维修企业发展到今天已可以利用高新技术设备进行检测诊断维修,但由于汽车维修是一个对实践经验要求非常强的行业,虽然计算机控制在汽车上的应用越来越多,但是计算机控制的故障率很低,可靠性高,且可以借助仪器设备来进行故障诊断,而机械部分的故障还占很大比例,且复杂多样,所以在汽车维修中故障的判断,依靠经验判断还是主要的,因而,经验积累是非常必要的。

在对员工进行培训的内容中,还必须加人态度的培训。员工工作态度是影响员工士气及企业绩效的重要因素。一般而言,每个企业都有自身特定的文化氛围及与之相适应的行为方式,如价值观、企业精神及企业风貌等。必须使全体员工认同并自觉融进这一氛围中,建立起企业与员工之间的相互信赖关系,培养员工对企业的忠诚及积极的工作态度,增强其企业观念和团队意识。

习题及思考题

1. 员工招聘的基本条件与原则是什么？
2. 企业招聘计划包括哪些内容？说说招聘实施程序，如何选择招聘的渠道？
3. 试述员工培训的意义，汽车维修企业员工培训主要有哪些内容？
4. 企业相关部门应该怎样制定员工培训计划？
5. 谈谈员工培训的组织管理方法，国家有哪些相关的培训制度？

任务三　人力资源的绩效考核与激励

某汽车维修服务有限公司开业已经一年多了，业务增长很迅速，车间一线生产工人是采用计件（工时提成）工资制，工人的工作热情很高。相反，随着业务的增长，基层管理岗位、中层管理岗位和后勤岗位的员工反而显得工作积极性不高。公司管理层研究，认为原来这些岗位人员由于新开店时业务量不多，采用固定工资制能使员工比较安心工作，现在业务增长后，这种分配制度已不能适应企业形势的发展，于是决定将薪酬与激励有机的结合起来，要求人力资源部门尽快实施绩效考核，将员工的薪酬与工作业绩紧密结合起来。请分析绩效考核工作的相关注意事项，并制定一个主要岗位的绩效考核表。

通过本任务的学习，应了解人力资源管理中绩效考核的定义和作用。

一　绩效考核的定义

企业要想在市场竞争中获取成功，很大程度上取决于人力资源，这意味着企业要关注其占有多少人力资源，更要重视人力资源的实际使用情况。绩效评估为衡量这种情况提供了理论和实践的依据。只有建立科学合理的绩效评估体系和激励措施，有效管理和控制员工的行为和结果，人力资源效用发挥最大化，组织才会实现和扩展人力资源带来的竞争优势。

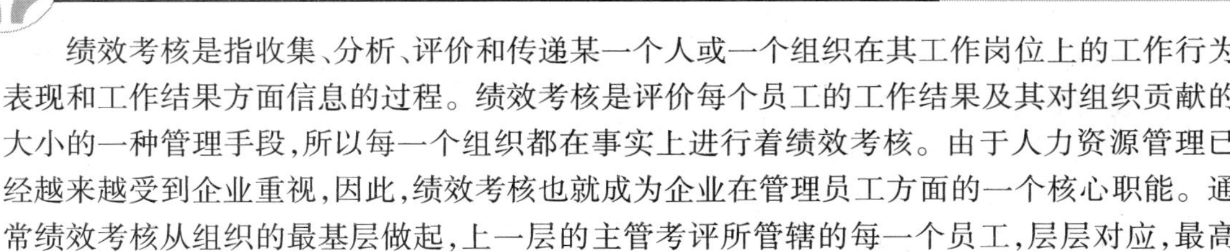

绩效考核是指收集、分析、评价和传递某一个人或一个组织在其工作岗位上的工作行为表现和工作结果方面信息的过程。绩效考核是评价每个员工的工作结果及其对组织贡献的大小的一种管理手段，所以每一个组织都在事实上进行着绩效考核。由于人力资源管理已经越来越受到企业重视，因此，绩效考核也就成为企业在管理员工方面的一个核心职能。通常绩效考核从组织的最基层做起，上一层的主管考评所管辖的每一个员工，层层对应，最高层领导评估整个企业的工作绩效。

二 绩效考核的作用

绩效考核对于企业的作用主要表现在以下五个方面。

1 有助于提高企业的生产率和竞争力

衡量生产力的传统方式是考察员工工作成果的数量和质量，即考察员工有没有按工作程序办事、出勤率和事故率等指标。人力资源管理则认为，衡量生产力的主要因素应该是员工的招聘、培训、作用、激励和绩效评价，并以绩效评价为核心。根据一项针对美国所有上市公司的研究表明：具有绩效管理系统的公司在利润率、现金流量、股票市场绩效、股票价值以及生产率方面，明显优于那些没有绩效管理系统的公司。

2 绩效考评是建立薪酬制度的基础

按劳分配、奖勤罚懒，是制定薪酬制度的一贯原则。怎样判断企业员工的劳动业绩，绩效考评可以提供量化数据，真实、可靠的数据是建立薪酬制度的基础。

3 绩效考评是决定人员任用、调遣、培训的主要依据

在一批年龄、学历相当的员工中，只有进行了科学的绩效考评，才能找到工作业绩出色者，才能为人员的任用、调遣提供可靠的依据，不应只凭领导人的好恶轻率地决定。通过全面、严格的考核，发现一些人的素质和能力已超过所在职位的要求，适合担任更具挑战性的职位，则可对其进行晋升；反之，则可对其降职处理。同时，发现另有所长的，可横向调动；针对工作业绩出现问题的员工，可以分析问题所在，发现工作中员工需要帮助的，可考虑进行相应内容的培训。这样就为管理人员的任用调整和培训提供了客观的依据。

4 为员工的薪酬管理提供依据

员工的实际业绩决定了其报酬水平的高低，根据人员业绩的变化情况来确定是否应予以加薪。绩效考核结果最直接的应用，就是为企业制定员工的报酬方案提供客观依据。可以说，没有考核结果为依据的报酬，不是真正的劳动报酬。

5 绩效考评是激励员工的根本

绩效考核强化了工作要求，能增强员工的责任意识，从而使员工明确了自己怎样做才能

更符合组织期望。通过考核发掘员工的潜能，可以让员工明白自己最适合的工作和岗位。同时，通过绩效考核，可以使员工明确工作中的成绩与不足，这样就促使他在以后的工作中发挥长处，努力改善不足，使整体工作绩效进一步提高。

三 绩效考评的原则与内容

（一）绩效考评的原则

1 客观、公正原则

考核前要公布考核评价细则，让员工知道考核的条件与过程，以对考核工作产生信任感，对考核结果抱理解、接受的态度。在制定绩效考核标准时，应从客观、公正的原则出发，坚持定量与定性相结合的方法，建立科学适用的绩效指标评价体系。这就要求制定绩效考核标准时要尽量减少个人主观臆断的影响，要用事实说话，切忌主观臆断。

2 具体可衡量原则

具体可衡量原则即考核指标要具体明确，绝不含糊。绩效管理的各项指标应该是一个个可以度量的指标。比如，对于销售人员进行考核时，考核"销售成果"显然不如考核客户回访次数、新客户接待率和回款率等这些指标更具体和明确。

3 反馈原则

考核与员工的薪酬水平挂钩，更重要的是改善员工的工作绩效，使员工认识到工作上的不足，并加以改善。所以，结果应直接反馈给员工，以明确其努力方向。

（二）绩效考核的内容

绩效考评是一件综合性很强的工作，需要多个部门共同协作完成。

1 绩效考评的组织实施步骤

第一步：员工、主管领导、人事管理人员、企业领导共同商议绩效考评内容，并组成相应的办事机构或领导小组。

第二步：领导小组通知有关人员准备考评，并下发相关文件和考核表。

第三步：参评人员在规定的时间内完成考评内容，并上报领导小组。

第四步：将考核结果通知被考核的人员，如有异议，可与主管或领导小组共同商议解决办法。

第五步：根据考核结果，进行奖惩，并将结果纳入员工档案，交于人事部门存档。

2 绩效考评的内容

在绩效考评工作中，首要考虑内容的科学性、合理性。绩效考评的内容，根据考评对象的不同而不同，可分为个体考评和团队考评两种。

(1)个体考评。考评的对象是岗位个体，如汽车维修机工、配件库管理人员、前台接待人员。岗位不同，要求不同。汽车维修机工岗位，首先考评维修量的多少；其次，考评服务质量。配件库管理人员岗位，首先考评的指标应为服务质量；其次才是配件利润的多少、前台接待人员岗位，考评的是工作方式、解决和处理问题的能力。

(2)团队考评。考评的对象是由一些不同的岗位组成的工作小组，大致有管理性团队、科技性团队、生产性团队、服务性团队几种。维修企业中，前台服务组、汽车维修组就分别属于服务性团队和生产性团队。服务性团队，考评的主要指标为工作效率、服务方式；生产性团队，考评的主要指标则是维修量、维修质量、服务质量。详细内容可见本章第6节。

很多人对“德”、“能”、“勤”、“绩”四个字很熟悉，这是现在流行于我国许多企业的考察员工的内容，即用上述四个字来考察每个人在四个方面的表现：德，指品德，一个人的品德包括政治素养和个人修养；能，指能力，主要是指工作能力；勤，指勤奋，表征对工作努力的程度；绩，指成绩，表征在考评这一时段的工作成绩。很显然，这是一个比较全面的概括性的考核，也是一个综合性的考察。值得注意的是，在使用这种方式时，需要考虑两个方面的问题：第一，这四个字涵盖了一个人的方方面面，但对于具体岗位(群体)上的任一个员工来说，我们不能求全责备，考核内容不可能面面俱到，因此要找出与这个岗位(群体)工作业绩关系最为紧密的内容，并将之细化和深化。第二，根据岗位(群体)的实际要求，我们是强调工作结果还是强调工作行为。作为生产性岗位(群体)，主要强调工作结果，即“绩”；而管理性岗位(群体)，则主要强调工作行为，即“德”、“能”、“勤”。

我国许多知名公司在这一方面都有好的办法，大致内容如下：

围绕“静态的职责+动态的目标”两条主线展开，建立目标与职责协调一致的大岗位责任考核体系，具体做法分以下七步。

第一步：明确公司的经营宗旨，确立完成这个宗旨的增值环节、增值流程、增值单元，然后，明确增值单元的部门宗旨、业务方向、职责界定。

第二步：细化、深化增值单元的部门宗旨，随之确立单元内务部门的工作责任和应承担的工作项目。

第三步：在部门内部、部门与部门之间、处与处之间建立职责的联系、规章和规范，这个过程是在公司内部建立工作本身的过程和信息系统与管理系统的控制过程。

第四步：再次细化部门职责和分解工作流程，以岗位指导书的形式明确一个岗位应承担的职责、应具有的岗位素质、所需的工作条件及相应的岗位考核。

第五步：将公司总的战略目标分层规划，即集团战略发展纲要、子公司战略规划、业务部门业务规划。

第六步:在部门的相互沟通和交流下,将目标按职责分解到相关部门,制定相关部门的年度发展规划、季(月)度工作计划。

第七步:本着“能量化的量化,不能量化的细化”的原则,下发各岗位的目标任务书,抓住重点环节和薄弱环节,并提出监控措施。

四 绩效考评的程序方法

1 绩效考核的程序

1 制定绩效考核标准

绩效考核要发挥作用,首先要有合理的绩效标准。这种标准必须得到考核者和被考核者的共同认可,标准的内容必须准确化、具体化和定量化。为此,制定标准时应注意两个方面:一是以职务分析中制定的职务规范和职务说明为依据,因为那是对员工的岗位职责的组织要求;二是管理者与被考核者沟通,以使标准能够被共同认可。

2 评定绩效

将员工实际工作绩效与组织期望进行对比和衡量,然后依据对比的结果来评定员工的工作绩效。绩效考核指标可以分为许多类别,比如,业绩绩效考核指标和行为考核指标等,考核工作也需从不同方面取得事实材料。

3 绩效考核反馈

这一环节是指将考核的结果反馈给被考核者。首先,考核者将书面的考核意见反馈给被考核者,由被考核者予以同意认可;其次,通过绩效考核的反馈面谈,考核者与被考核者之间可以就考核结果、考核过程的不明确或不理解之处进行解释,这样有助于被考者接受绩效考核结果。

2 绩效考核的方法

1 排列法

排列法是根据某一考核指标,如销售回款率,将全体考核对象的绩效从最好到最差依次进行排列的一种方法。这是一种较简单的考核方法,这种方法所需要的时间成本很少,简单易行,一般适合于员工数量较少的评价需求。

2 成对比较法

成对比较法是考核者根据某一标准将每一员工与其他员工进行逐一比较,并将每一次比较中的优胜者选出的一种考核办法。这种方法的比较标准往往不是具体的工作成果,而是考核者对被考核者的一个整体印象。由于这种方法需要对每次比较进行强制排序,可以避免考核中易出现的趋中现象。但当比较的人员很多时,采用这种方法进行考核,需要进行

相当多次的比较，会耗费很大的时间成本。

3 等级评估法

等级评估法的一般做法是：根据工作分析，将被考核岗位的工作内容划分为相互独立的几个模块。在每个模块中用明确的语言描述完成该模块工作需要达到的工作标准。然后，将标准分为几个等级选项，如"优秀、良好、合格、不合格"等，根据被考核者的实际工作表现，对每个模块的完成情况进行评定。等级评估法的优点是考核内容全面，实用，并且开发成本小。它的缺点在于考核者的主观因素影响较大。

4 关键事件法

关键事件法是客观评价体系中最简单的一种形式。在应用这种评价方法时，负责评价的主管人员把员工在完成工作任务时所表现出来的特别有效的行为记录下来，形成一份书面报告。每隔一段时间，主管人员和其下属面谈一次，根据所记录的特殊事件来讨论后者的工作业绩。使用这种方法时，可以将其与工作计划、目标及工作规范结合起来。

5 行为锚定评价法

行为锚定评价法是将传统业绩评定表和关键事件相结合形成规范化评价表格的方法。这种方法以等级分值量表为工具，配之以关键行为描述或事例，然后分级逐一对人员绩效进行评价。由于这些典型行为描述语句的数量有限，不可能涵盖千变万化的员工的实际工作表现，而且被考核者的实际表现很难与描述语句所描述的内容完全吻合，但有了量表上的这些典型行为锚定点，考核者打分时便有了分寸。这些代表了从最劣至最佳的典型绩效的、有具体行为描述的锚定点，不但能使被考核者较深刻而信服地了解自身的现状，还可找到具体的改进目标。

6 "360 度"考核

所谓"360 度"考核，就是在组织结构图上，由位于每一员工上下左右的公司内部其他员工、被考核的员工本人以及客户，一起来考核该员工的绩效的一种方法。"360 度"考核特别注重通过反馈来提高员工的绩效，因此，把"360 度"考核中的反馈称为"360 度"反馈。

一项调查表明，目前已经有超过 10% 的美国企业使用"360 度"考核，更多的企业使用了"360 度"考核的某些方面，即从上述这些所有与这个员工相关的人群中找出最有相关性、最能了解其绩效的人，一起来参加对其的绩效考核。从全球的范围来看：《财富》杂志评出的前1000家大企业中，有 90 家以上的企业应用了"360 度"考核的部分内容或全部内容。

为了避免不必要的人际冲突，保证反馈过程的顺利进行和反馈结果的有效性，"360 度"考核大多是以匿名的形式进行的。目前这种考核主要用于管理人员的开发方面，它的设计价值也在于开发上。各种形式的反馈的对比使管理人员对自己的优缺点能有更为现实的全面认识，促进管理人员的行为改变，并将此改变与组织的变革与改善紧密联系起来。这种相关群体共同参与的考核形式无疑会导致信任水平的提高，也能促使管理者和他们身边的人进行更多的沟通,从而能减少员工的抱怨和不满,提高客户满意度和培养组织的合作精神。

五 激励的作用

所谓激励,就是为了充分调动员工的积极性和创造性,使之始终保持高昂工作热情所采取的各种手段,而激励的过程应是激励职工内在动力和要求的过程。要进行激励,就要坚持对员工的素质评估和绩效考评,以客观公正地评价员工的德、智、能、技;并在此基础上提供与其事业成功度相匹配的工资、资酬,奖励和升迁,其中素质较高而绩效显著的员工适当升格使用,惩罚或解雇那些素质较低和绩效较差的员工,做到奖惩分明和增加其满意感,以充分发挥工资和奖酬的激励功能。

激励是以员工需要作为新的刺激因素,去激发、奖励员工的工作积极性和充分发挥其潜在能力,实现组织目标,并从中获得满足的过程。激励过程是由激励的感受者、激励的施加者、激励的环境条件、激励的目的和激励的措施五个因素协同作用而产生的。

西方行为科学家认为,没有激励,一个人的能力仅能发挥出20%～30%;如果出于激励状态,则能发挥出80%～90%,有时甚至会更大。因此,人的潜在能力变为现实能力是需要激励的。激励的"公平理论"认为员工工作积极性的高低,不仅受其所得绝对报酬的影响,还受到相对报酬的影响。若把员工对工资报酬的满意程度看成是社会比较过程,则公式表示为

$$\frac{A(\text{本人所得报酬})}{B(\text{本人劳动付出})}=\frac{C(\text{比较他人的所得报酬})}{D(\text{比较他人的劳动付出})}$$

当$A/B=C/D$时,员工心态平衡,不会产生消极行为;当$A/B>C/D$时,员工心态是欣喜的,更不会产生消极行为,反而会产生积极行为;相反,当$A/B<C/D$时,员工心态就会不平衡,会产生消极行为。特别是当A与C差不多,B大于D很多,或B与D差不多,A小于B很多时,员工就会跳槽而去。

六 薪酬与激励的关系

建立各种绩效管理指标,加强对员工的素质、行为及工作成果评价,在绩效考评的基础上,为员工提供所需的、同其事业成功度相匹配的工资、奖酬,增加其满意感,充分发挥工资、奖酬的激励功能对企业良性发展十分重要。

薪酬是员工地位和成功的重要标志之一,对于员工的态度和行为有着重要影响。薪酬管理既是维持企业正常运转的常规工作,又是推动企业战略目标实现的强有力工具。长期以来,汽车服务企业中的技术工人工资没有统一的标准,处于无序状态,随意性很大。这样的工资制度无法调动技术工人的积极性,工人干活,企业给钱,只要有企业出更高的价钱,技工人就毫不犹豫地往"高"处流。"多劳多得,奖惩结合"是汽车服务企业薪酬管理的一个基本法则,是调动员工积极性首要和最为常用的手段,用有限的资金调动员工最大的积极性,

这是企业管理者应具备的重要素质。怎样利用薪酬来激励员工呢？许多事实证明，报酬与绩效联系在一起时，能够真正激励员工。

推动员工努力工作的动机是由各种报酬的预期引发的。如果员工的努力会带来成就，成就又会带来所期望的报酬，员工就会由此得到满足并被激励再次行动。在绩效和报酬之间的相互作用及对激励的反馈循环意味着激励作用取决于绩效与报酬的关系。显然，个人的激励取决于：达到预期的绩效所需的努力；员工对绩效与报酬的预期；个人感知到报酬的吸引力。如果用报酬作为一种主要的激励手段，就必须建立一个合理的、有效的绩效与报酬关系。针对不同的员工，采用不同的报酬方式。例如，有的企业做法是将企业的整体效益和岗位的劳动因素、劳动贡献作为工资分配的要素，建立起以岗效薪级工资制为主要内容的基本工资制。

岗效薪级工资由岗位薪级工资、工龄工资、业绩工资三个工资单元组成。其中岗位薪级工资是体现岗位劳动差别的工资单元，实行以岗定薪、岗变薪变。实行全员岗位动态管理，建立岗位竞争机制，坚持竞争上岗和岗上竞争。打破工人、干部身份界限，根据业绩考评进行人员配置。连续考核优秀的增加岗位工资上浮系数，有一次考核不称职的去掉工资上浮系数，连续考核不称职的降岗或降低待聘处理。年工龄工资主要是员工实际工作的工龄工资。业绩工资根据公司效益和部门、个人业绩考评确定。公司考评业绩分为两个层次进行，即二级部门考评和个人考评，考核的原则是科学考核、严格兑现。

对于科研人员实施科研项目工资制，即工资构成为基础工资和科研业绩奖。这种工资制度优点是体现了按劳分配的原则，表现了不同劳动贡献的人在工资分配上的差别；强化了职工的效益观念和对企业的关心度，增强了企业的凝聚力；在企业内部形成了竞争的氛围。它的缺点是：面对其他管理或销售的岗位，分配模式单一；总体收入差距过小；对于高层次的人才，这种分配制度没有吸引力。因此，针对上述缺点，需要建立产权明晰、权责明确、政企分开、管理科学的现代企业制度，相应地需要建立多种激励作用明显的工资分配制度。具体内容包括：

(1)综合企业的经济效益指标、职工平均工资水平、当地劳动力市场价位三者因素，确定经营者的基本年薪，经过年终考核后，得到效益年薪。

(2)在实行岗效薪级工资的基础上，对于高级管理人员和高级技术专家，收入与企业的年度经营结果挂钩。

(3)通过推进科研项目成果的评估制度，完善科研业绩评价体系，对科研人员，采用“基薪+提成奖”的工资制度。

(4)针对不同岗位的购销人员，采用两种类型：高风险与低保障和高保障与低风险的“基薪+佣金”的工资制度。

(5)对中高级管理人员及科研人员采用持有股权的方式激励。

经过进一步探索按要素分配的形式，科学分析各种岗位的劳动要素的侧重点和对企业的影响程度，探索建立多种收入的模式，才能体现高收入、高要求、高效率、多劳多得的分配制度。

七 激励方法

激励的方法有物质激励和精神激励两种，企业实施激励时要把这两种方法结合起来运用，既要重视员工的物质利益，反对“精神万能”，又要充分运用精神激励，反对“金钱万能”，具体方法有：

(1)奖惩激励。奖励是对员工某种行为的肯定和表扬，惩罚则是给予否定与批评。被奖励者虽然是少数，但激励所起作用的范围却是全体员工，通过奖励，企业可获得期望出现的行为方式和道德风尚。奖励的方式有：奖金、奖品、公开表扬、评先进、上光荣榜、授予奖章、奖状、晋升、提供疗养、旅游、培训、出国考察机会等；惩罚的方式有：经济罚款、行政处分、批评、降级、辞退、开除、法律制裁等。

(2)榜样激励。榜样的力量是无穷的。俗话说，喊破嗓子，不如做出样子。开展树典型、学先进活动，充分发挥先进典型、先进工作者和劳动模范的榜样作用。

(3)目标激励。企业要使员工明确企业目标、部门目标、岗位目标及个人奋斗目标，包括物质文明和精神文明建设目标。目标明确，能鼓舞人努力工作，为实现目标而奋斗。

(4)参与激励。组织员工或下属参与企业管理的决策，进行自我管理和控制，以增强员工的主人翁责任感，调动其工作积极性。

(5)岗位竞争激励。竞争上岗，上岗升薪，下岗降薪，使员工不仅有光荣感，还有危机感，而促使其兢兢业业地努力工作。

(6)创新激励。应注意鼓励创新，容许失误。开展合理化建议活动，并给予奖励或表扬，对于重大创新成果应予以重奖。

激励不仅能产生积极效应，如果使用的不好，还会产生负面效应。所以在使用激励中还应注意以下三个方面：

(1)公开性。制度公开，执行情况公开，提高激励的透明度。

(2)客观公正性。激励过程中要防止讲人情、讲关系，要以绩效考核为依据。

(3)合理性。注意激励标准不能是高不可攀，而应是员工经过努力可以达到的。

任务实施

汽车维修企业的绩效考核开展应注意以下四点：

1. 制定好各岗位责任书和目标任务书，明确工作的标准。
2. 应尽量采用量化考核，不能量化的应细化。
3. 注意平时各岗位工作相关数据的记录与分析。
4. 制定相应的监控措施，保证相关工作认真到位的执行。

制定各岗位绩效考核表格式可参考表5-3。

车间主管绩效考核表 表 5-3

职　务	车间主管	考评期间		职　务		绩效面谈时间	
被考评人				考评人			

Ⅰ.财务指标:财务考核指标占整个考核的权重为40%,40分值,共计40分;

财务指标	目标(A)	实际完成值(%)	权重(i)	评分(p)	评分标准
1.维修产值			50		①x≥120% A－－－40分;②x≥110% A－－－38分
2.净利润			50		③x≥105% A－－－36分;④x≥100% A－－－34分
					⑤x≥95% A－－－30分;⑥x≥90% A－－－26分
					⑦x≥80% A－－－22分;⑧x≤80% A－－－20分
					财务考核指标最终得分($\sum p_i$)　评分=

Ⅱ.日常管理指标:日常管理指标整个考核的权重为60%,60分值,共计60分;

日常管理指标	分数	自评分	评分(p)	日常管理指标	分数	自评分	评分(p)
1.工作是否合理安排	10			2.内部工作制度执行情况	8		
3.客户不满的及时处理情况	10			4.绩效考核执行情况	8		
5.部门5S执行情况	10			6.内部培训开展情况	13		
7.返修控制情况	15			8.值班经理工作执行情况	8		
9.委派工作执行力	10			10.工具、设备管理情况	8		
				日常管理考核最终得分($\sum p_i$)	评分×60%=		

注:自评栏被考评人按五个等级自评:优——总是超过工作目标及期望,并有突出贡献者(10分);良——经常超过工作目标及期望(8~9分);中——达到工作目标及期望,偶尔能超过目标及期望(7分);可——基本达到工作目标及期望,偶尔不能达到目标及期望(6分);差——经常不能达到工作目标及期望(0~5分)。

自我评价语	签名:
直接上级评语	签名:

考评成绩 ≤100 ≤90 ≤80 ≤70 ≤60 S A B C D	总分($\sum p_i$)	上月考评等级	本月考评等级	部门复核意见(S、A、D级适合)	公司复核意见(S、D级适合)
				部门经理签名:	总经理签名:

某汽车维修企业的工资方案设计(参考)

某汽车维修企业为改进企业管理、促进企业的生产经营管理活动,设计以下工资计酬法。

1 生产工人实行技术等级的保底月工资制及多劳多得的计时提成工资制

生产工人的工资由基本保底工资、技术等级工资、计件提成工资和本企业工龄工资四部分构成。其标准为:

1 基本保底工资

除学徒及试工人员外,所有生产工人不管技术等级高低,在当生产任务不饱满或者无任务时,应参照当地最低工资标准发放基本保底工资。学徒工及试工人员工资可根据企业特点按师傅总工资收入的百分比提取(但须由企业掌握发放)。

2 技术等级工资

生产工人技术等级可分初级、次中级、中级、次高级、高级五级。其基本工资 = 基本保底工资 + 技术等级工资 + 工时提成。其中,所谓低级技工是指只能在中高级技工的指导下完成一般作业的技工;所谓中级技工是指能独立完成各种常规作业的技工;所谓高级技工是指能独立完成各种复杂作业的技工。其等级的划分与技术等级工资的确定由企业对其进行应知应会实际考核后确定。新来技工则一律须经三个月的试工,试工期间工资应不超过同等级技工的平均工资;试工期满后再根据试工情况转正定级。

3 计件工资

凡实行工时考核的技术工人(如机修技工、电修技工等),应在保证工作质量的前提下,在保底月工资的基础上,按其每月所完成汽车维修的定额工时量累加计酬,实行多劳多得(每工时单价由企业根据效益确定)。

注:①由多个技工共同完成的作业,其总工时可按参与该作业的技工的技术等级比例分配。②在完成作业后倘若出现质量返工返修,应相应扣减其返工返修的工时费及材料费损失。③在完成作业后倘若出现工期延误,也应相应扣减其误工损失(其误工损失由经营业务部门会同生产部门协商确定)。④凡实行包工包料计酬、项目承包的技术工人(如钣金工、油漆工)按项目承包办法实行。

4 本企业工龄工资

在本企业工作满两年以上的员工,每年增加一定的基本工资。

2 管理人员实行需岗位考核的岗位工资制

管理人员按所在岗位的职责等级实行岗位工资制。其岗位工资应以完成其岗位职责为前提。为此不仅要实行定岗、定人、定责,而且要明确各岗位的考核指标及考核办法。

企业管理人员的岗位考核应逐级进行。例如各办事人员应由部门主管考核,各部门主管应由总经理考核。各管理部门的指标考核应按考核程序进行,例如产品质量、服务质量及各科室工作质量应由厂办考核;配件供应情况由生产部门考核;库存情况由财务部门考核;而厂办工作情况应由总经理考核。

考核指标及考核办法由考核部门提出,再与被考核部门协商后确定。其中日常性考核由总经理办公室管理和汇总,包括:①能否完成本岗位所限定的岗位职责及基本业务;②能否遵守考勤纪律;③在考核中有否突出贡献或有否明显失误(可视贡献或损失实行单项性奖罚)。质量检验可视为特殊岗位,可享受所在部门的副职待遇。公司特殊聘用人员的待遇由总经理特殊确定。

3 实行所有岗位的竞争上岗制度

生产工人的技术等级与管理人员的岗位等级均实行可上可下的竞争上岗制度,可随时考核调整,并按调整后的技术等级或岗位等级实施计酬。岗位等级变动后,原等级及原待遇不予保留。

4 奖励、年终分红及其他

(1)任何人员若能为公司实现创收(如联系业务等)可按创收收入或实现的利润实行比例提成或奖励;

(2)任何人员若能为公司实现节约,可按节约额实行比例提成或单项奖励;

(3)对公司的发展和改革具有特殊贡献者,可由总经理特殊嘉奖;

(4)年终分红根据企业所能实现的年盈利额由总经理确定。

须明确的是,上述的工资制度改革只是劳动管理中的一种方法而不是全部。尽管"按劳分配、奖惩结合"仍是现代工业企业工薪管理的基本法则,但倘若仅靠这一点来实施企业管理,可能会使职工产生明显的雇佣思想,从而使职工只能与企业同甘而不能共苦。为此,汽车维修企业管理者在人力资源管理中应该坚持精神挂帅、而不是金钱挂帅。既要做好员工的政治思想工作,对员工进行正确的定位和引导,同时还要合理地计算员工的报酬,以精神文明与物质文明相结合的原则,充分调动员工当家作主的积极性。企业管理者倘若要成功,关键就在于能否最大限度地调动员工的工作积极性,因为只有调动了员工的工作积极性,企业才能有人气、才能兴旺和获得发展。

习题与思考题

1. 绩效考核的定义和作用是什么?
2. 汽车维修企业应该怎样实施企业员工绩效考核?
3. 企业具体的绩效考核的方法有哪几种?
4. 激励的定义和作用分别是什么?一般企业中有哪些激励的方法?
5. 试述薪酬与激励之间的关系。

项目六

汽车维修企业文化建设

学习目标

1. 了解汽车维修企业文化的概念；
2. 掌握汽车维修企业精神与形象的概念以及在企业发展中的重要意义；
3. 掌握汽车维修企业形象的塑造的意义和途径

导学

在市场经济条件下，不仅企业的经营管理会与周围的市场环境密切相关，而且企业产品与服务的差别也会逐渐减小。因此要继续推动汽车维修企业的发展，就需要汽车维修企业实施差别化策略，创建独特的企业品牌与企业文化，并借助于这种独特的企业品牌与企业文化，树立企业形象与企业精神，并形成企业个性。为此有人预言，企业文化就是明天的企业经济。

任务一　汽车维修企业文化

任务导入

企业既是国民经济中独立的经济实体，也是在既定社会意识形态下独立的社会单元。人们在这种政治经济环境中从事生产经营管理活动，必然会形成某种共同的职业习惯、思维

方式和精神状态。

本任务主要学习汽车维修企业文化的概念和汽车维修企业文化建设方面的知识。通过本任务的学习，我们将了解汽车维修企业文化方面的相关知识，掌握汽车企业文化建设的原则、方法、策略及企业团队建设等方面的知识。

倘若从经营管理的哲学高度来研究企业，所谓企业文化，就是企业职工在长期生产经营管理活动中逐步形成的文化共识，包括共同价值观与共同行为规范（如企业形象和企业精神）等。

1 共同价值观念

哲学里所称的世界观（世界观是人们对客观世界的总看法或根本观点）包括价值观与荣辱观等。企业的共同价值观是指企业中的人（生产经营管理者及全体员工）对企业或职业的总看法或总观念。这些观念将贯穿于整个企业生产经营管理中，指导着企业中每个组织或成员如何去从事生产经营管理活动。优秀企业文化的基本价值观应是：

(1)人的价值是无限的。为此一定要以人为本，即不仅要严以律己，不断奋斗，从而努力实现自己的目标，而且还要宽以待人，以团队的意识，共同前进。

(2)人生的道路是曲折的。为此不仅要有自信，从我做起、从今天做起、从小事做起（注重战略实施的每个细节），而且还要有毅力与勇气，做好困难与意外的预先准备。

2 公共行为规范

企业为了使生产经营管理别具特色，需要规范自己企业的公共行为。企业的公共行为规范既是企业群体为规范企业行为的公共行为标准，也是企业全体人员整体行为的制度化。企业的公共行为规范包括企业形象（是企业全体员工在生产经营管理活动中所表现出来的外部形象特征）与企业精神（是企业全体员工在生产经营管理活动中所表现出来的内在精神面貌）。企业文化可归纳为浅层次的物质文化、深层次的制度文化和核心的精神文化三个部分。其中，物质文化是基础、制度文化是关键、精神文化是灵魂。

企业文化的五个构成要素为：①企业环境。这是影响企业文化形成和发展的环境因素。②企业价值观。这是企业管理的基本思想和信仰，也是企业文化的核心。③模范人物。这是企业文化的人格化，以此为全体员工提供具体的楷模形象。④企业礼仪。是企业在日常生产经营管理活动中作为惯例和常规的通常行为方式。⑤文化网络。是指企业管理组织中用以沟通思想的方式和手段。以上五个要素的关系是：企业价值观是企业文化中的关键因素；而企业环境将会影响企业价值观的形成；模范人物和企业礼仪是用以引发、维护和强化

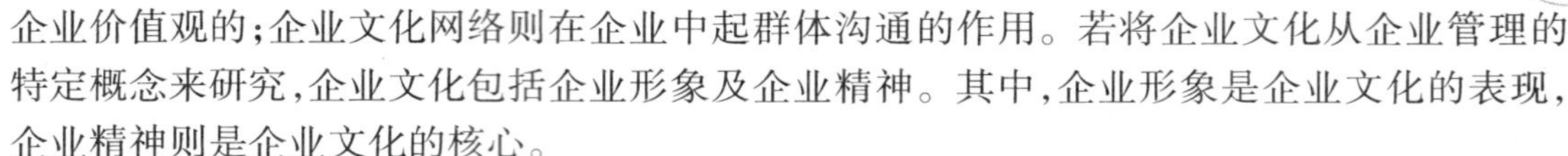

企业价值观的；企业文化网络则在企业中起群体沟通的作用。若将企业文化从企业管理的特定概念来研究，企业文化包括企业形象及企业精神。其中，企业形象是企业文化的表现，企业精神则是企业文化的核心。

弘扬企业文化，其实质是以人为本，其目的是以企业文化为手段，提高企业全体员工的思想觉悟、文化素养和行为规范，激发企业员工的自觉性和潜能，以实现企业的最终目标。重视企业文化，也就是重视企业中的人心所向。因为只有抓住了企业中员工的人心所向，才谈得上具有企业精神的企业形象，才谈得上让企业全体员工同舟共济，实现创新、合作与奋斗。

由共同价值观与行为规范所概括的企业文化，不仅体现着企业的经营特色和经营行为，而且也体现着企业形象和企业精神等，决定着企业的成败。为此在企业生产经营管理活动中，不仅要充分认识到人的重要性与非正式沟通的重要性，而且要充分认识到为客户服务的重要性，坚持优质产品与优质服务，实现企业的经济效益与社会效益。

3 企业文化是客观存在的

企业文化是客观存在的。从工业企业诞生时起，人们在企业自身的生产经营管理实践活动中，以及在所处的历史文化背景下，都会自觉或不自觉地孕育着、并发展着自身的企业文化。但当人们并未意识到它的存在时或者虽有意识而并未对它进行剖析和挖掘时，只能任其发展；只有当人们意识到它的存在、并在企业生产经营管理实践中从自发到自觉，不断摒弃和抑制其中的消极方面，不断创造和发展其中的积极方面，从而建立优秀的企业文化，才能借助于企业文化更好地为企业的生产经营管理实践服务。

在我国工业企业的发展历史中也曾出现过许多优秀的企业文化。例如新中国成立之前，不少民族资本家曾经提倡“以实业报国、服务于社会”，以及在企业中实施人和与亲和政策等；新中国成立之后，我国工业企业还曾经提倡过“爱厂如家、勇于奉献”；改革开放后，我国工业企业又提出“改革、创新、奋斗、开拓”。尽管这些口号在当时仅仅只停留在口号上而并未真正地上升为企业文化，更没有用企业文化来参与企业管理；也尽管我们以前并未意识到企业文化的存在，或者并未对企业文化进行过系统的研究分析，从而使很多优秀的企业文化并未得到发扬光大，结果严重地影响到我国企业文化的良好发展。但实际上我们已经看到，所有优秀的企业文化是一种能够鼓舞士气、统一人心、统一步调的良好企业管理方式，也是一种能把精神引导和制度约束良好结合的现代化管理理念，从而成为一种能促进企业生产力高速发展的精神支柱。

企业文化既是客观存在的，又是现代企业生产经营管理的精神支柱。企业文化犹如民族文化或国家文化一样（只是范围不同）。例如我们党现阶段提出要建立和谐社会，这对于国家而言是一种国家文化，对于民族而言是一种民族文化，而对于企业而言也是一种企业文化。无论是一个企业、一个民族或一个国家，倘若没有一定的文化基础，或者没有一定的精神支柱，就会出现信仰危机与道德危机，就会出现人心涣散和纪律松懈，从而滋生各种形式的违法乱纪；而倘若确立了良好的精神支柱，就会齐心协力，同舟共济，不怕一切艰难险阻，最后去夺取胜利。

企业文化是客观存在的。只不过不同的企业有着不同的企业文化。好的企业文化能始终把客户利益放在首位，严以律己，齐心协力，积极改革，不断促进企业发展，从而使企业能不断地朝着团结创新和卓越高效的方向发展；而差的企业文化，却因为一切向钱看，结果消极保守，人心涣散，严重地阻碍着企业的发展。正因为此，有些企业发展很快，有些企业发展很慢。在人们分析其原因时，却往往分析其客观原因较多、主观原因较少，甚至根本没有去分析企业文化的影响。

4 企业文化的亲缘性

由于企业管理的对象是人，而人又具有社会性，因此当人生活在一定的历史文化背景下，就会深受所处环境的影响，从而具有很强的文化亲缘性。文化差异越大的国家，其企业管理理念、技术和方法差异也会越大，因此不同国家的企业管理彼此都有差别。

例如，日本文化是一种东方孤岛文化。其强烈的民族危机感从而使日本人的内聚力十分强烈，因而使员工和企业紧密相连，劳资双方同舟共济，从而使员工具有强烈的主人翁责任感。在日本，他们崇尚家属主义和集体主义精神，讲究忠心；社会评价体系也不是以能力为主，而是以资历为主。在这种文化背景下形成的日本企业文化，其人力资源管理理念、年功工资制和终身雇用制都曾是日本企业获得成功的法宝。

美国文化是一种西方移民文化。其文化核心是个人崇拜。因此他们崇尚个人利益并强调创新精神，他们常以老大自居。这种文化特点反映到企业的人力资源管理理念上，就表现为美国企业的考核评价都以个人能力为基础，员工与企业之间仅是松散的契约关系，员工流动性很大。

中国由于实施了几千年的君主制度，悠久的人治历史虽然积累了深厚的治人之道（所谓人治，即是人对人的管理），但中国的传统文化又重理轻法，且带有明显的功利特征，习惯于模糊性思维，忽视基础理论研究，轻视法律和技术。另外由于中国地大物博，中国人的危机意识较为薄弱，且自我感觉良好，人际关系松散；又过分地重视人情和讲究排场，面子观念较重。

显然，中国企业的东方文化与西方企业的西方文化截然不同。西方的企业文化注重于理性，因而强调制度、重视契约和绩效；而东方的企业文化注重于感性，因而强调人情、重视人际关系和所处环境等。为此，要搞好现代企业的生产经营管理，就要注意人力资源管理中的文化亲缘特性，以提高企业中全体员工的政治思想素质和心理素质。

5 企业文化的基本特征

1 现代企业文化强调企业共识

现代企业文化十分强调企业内部全体员工的共同价值观念，强调群体意识和团队精神，以追求企业职工意识的一体化（即用整体意识替代个别意识、而不是用个别意识取代整体意识）。这种一体化要求企业全体员工在企业生产经营管理的所有服务过程和工作过程中具有统一的公共行为。

2 现代企业文化强调自觉意识

现代企业文化既然是企业中全体员工的共同意识，因此它不再强制人们去遵守各种硬

性的规章制度和企业纪律，而是强调人的自觉意识和主动意识，通过启发和动员来达到企业内部员工的自控或自律，自觉和主动地遵守各种硬性的规章制度和企业纪律。显然，这种自控或自律的企业文化，不仅有利于改善现代企业中的人际关系，而且有利于发挥每个员工的主观能动性，提高了企业管理的整体效率。

3 现代企业文化强调有特色的企业形象

尽管在不同国家或区域的企业文化具有很多的共同特征，但由于每个企业在不同的国家或区域中受着不同民族文化的影响，而且每个企业都具有不同的管理思想和管理模式，因此不同的企业必然会形成不同的企业文化。在现代市场经济条件下，产品的差别化减小也要求企业具有不同的企业文化。因此，每个企业不仅应该，而且必须根据其自身特点，创造出自身独特的企业文化特色。

4 现代企业文化有着模糊而相对稳定的企业目标

现代企业文化只是一种理念，不可能像企业计划、产品标准和规章制度那样明确而具体。企业文化不是企业管理制度，因而不可能明确规定或告诉企业员工在处理每个问题时的具体方式方法。企业文化只可能给企业员工的生产经营管理活动提供一种指导思想和行为准则。因此优秀企业文化的目标既清晰而又模糊。

由于自发的企业文化中既有好的，也有坏的，因而优秀的企业文化需要企业领导者经过长期的精心倡导、通过持久的努力培育才能逐渐形成。优秀的企业文化具有相对稳定的企业目标。企业文化一旦形成，就应该成为现代企业发展的灵魂，不能朝令夕改。例如不能因为企业产品更新、组织结构变革而变化；也不能因为企业领导人的更换而变化。当然，企业文化也是在发展的，它需要随着社会文化的发展和企业环境的变化而进行相应的调整和提高。

6 现代企业文化的基本功能

尽管企业文化并不等于企业管理，但却可以强化企业管理，而且还可补充传统企业管理所没有的新功能。

1 凝聚功能

现代企业之所以要创导企业文化，是因为现代企业文化体现着企业全体员工强烈的“群体意识”，而这种群体意识乃是企业利益，也是全体职工共荣共存的根本利益和共同利益。因此既是为了企业，也是为自己，大家只有都自觉和主动地用企业利益来替代个人利益，通过企业文化，从而将分散的个体力量凝聚成整体力量，同舟共济。为此，不仅现代企业特别强调群体意识和团队精神，而且现代企业中的每个员工也会强调群体意识和团队精神，从而使现代企业中的每个员工都产生出浓重的归宿感、荣誉感和目标服从感。由此可知，现代企业文化比硬性的企业管理更具有凝聚力和感召力。正是这种凝聚力和感召力，为了企业所有人的共同利益和目标，就可以将整个企业引向更高层次、更高水平、更高素质的领域。

2 导向与约束功能

现代企业也是人的组合。由于主、客观因素的差别，人员之间存在着各自的文化差异，使各部门和个人的奋斗目标都可能不同。尽管如此,由于现代企业文化讲的是企业共同利益,全体企业员工有着共同的价值观念和价值目标,因此在企业文化凝聚力和感召力的精神作用下,仍能统一企业全体员工的观念和行动;而每个员工也会根据企业大多数人的共识和需要,自觉和主动地调整自己的言论和行为;即使是少数未取得共识的,也会由于企业文化精神意识的强制性,加上企业精神与良好风气的激励,以及企业管理规章制度的约束等,迫使他们按照企业大多数人的共识和需要去纠正自己的言行偏差。这种可以规范企业整体价值观和员工整体言行的作用,就是企业文化的导向作用。

现代企业文化对于现代企业中每个员工的言行不仅具有导向作用,而且具有无形的约束力。虽然不是明文硬性规定,但却是以潜移默化的方式规范着企业群体的道德规范和行为准则,从而使企业全体员工产生出自控意识,达到自我约束。所有违背企业文化、伤害企业利益的言行都将会受到群体舆论和感情压力的无形约束。由此可知,企业文化既尊重了个人感情,并以此为基础也加强了外部的意识控制,从而实现了外部约束和自我约束的统一。

3 协调功能

现代企业文化不仅规范着企业的整体价值观和员工的整体言行,而且还能使企业全体员工创造出和谐的工作环境,促进人员之间形成共同语言和相互信任,有利于人际关系的协调和改善。因此,现代企业管理者倘若能运用这种管理技巧,就能在激烈的市场竞争环境中使现代企业的生产经营管理更加高效。

7 现代企业文化的价值

现代企业文化集中地概括了企业的服务宗旨、经营哲学和行为准则。因此优秀的企业文化可以通过每项业务往来,向社会展现出企业的管理风格、经营状态和精神风貌,从而树立起良好的企业形象;而这种企业形象就会对社会公众产生巨大的亲和影响,因此良好的企业形象和企业文化将是现代企业巨大的无形资产。

1 企业文化的经济价值

优秀企业文化的表现形态虽然只是一种企业形象和企业精神(包括价值观念、信仰态度、行为准则、道德规范及传统习惯等),但却是企业巨大的无形资产。其经济价值表现在:

(1)在市场经济条件下,由于市场经济的规律和法规经常会对企业的各项经营活动产生影响,因此企业的发展也经常会受到市场经济发展状况的制约。优秀的企业文化应该是可以较好适应市场经济规律的文化,应该使企业具有独特而成功的生产经营管理特色。例如企业对客户的诚信,可以使企业形成良好的商誉,而良好的商誉又可以越使企业得到客户的信赖与支持,增强企业的竞争力,从而给企业带来丰厚的利润等。

(2)优秀的企业文化不仅能使企业的全体员工达成共识,从而凝聚、引导、激励和约束着企业全体员工的心理意识及其行为,而且还体现着“以人为本”的思想,从而促进企业深化改革,并充分发挥企业全体员工的聪明才智和劳动积极性,积极参与企业管理,提高企业的经营管理效率的生产劳动效率,最终给企业带来良好的经济效益。

2 企业文化的社会价值

企业文化的价值不仅能够提高企业的经济效益，而且还能够提高人的思想觉悟和政治思想品德，从而开创企业文明和社会文明、继承和发展社会文化、创造企业文化的社会价值。

（1）由于企业文化必然体现国家的民族传统文化（如日本的企业文化体现着家族主义和集体精神的传统文化，美国的企业文化体现着个人能力和创新精神的传统文化），因此我国的企业文化也必然会继承和弘扬我国民族的传统文化。

（2）由于企业文化（如企业精神和企业道德风尚等）是可以通过企业内部员工精心培养的，不仅可使企业员工由此得到全面的发展，同时也会通过企业的对外服务和信息交流，把本企业文化传播给社会，从而也为整个社会的精神文明作出贡献。

在现代企业管理阶段，企业文化已是现代企业管理中的重要组成部分，也是现代企业管理理论的更高层次。现代企业文化的本质，既是一种社会文化，也是一种经济文化。它相对于民族文化而言，属于仅次于民族文化的亚文化范畴；其核心就是要以人为本，尊重人、信任人，从而把人置于整个企业生产经营管理活动中的主体地位，要求企业加强民主管理，强化群体意识和团队精神；并加强企业中的精神文明建设和政治思想工作，在吸取传统民族文化精华和先进管理思想的基础上，为企业建立明确的价值文化体系和企业行为规范，从而将企业目标和员工个人目标有机地结合起来，实现企业内部的物质、精神、制度的最佳组合。

现代企业的企业文化，既取决于企业生产经营管理的特点，也取决于企业中高层管理人员和全体员工的个人素质及价值趋向。正因为如此，现在许多优秀的企业家都在生产经营管理实践中，以身作则、树立典型、宣传推广、强化行为，有意识地加强着企业中的政治思想工作，积极地培育企业文化。实际上，随着社会的快速发展和人员素质的普遍提高，也更需要企业具有优秀的企业文化，从而通过企业文化，不断地调整企业形象和个人形象，发展人际关系，揭示和补充现代企业管理能力，使企业获得更快的发展。

企业文化建设

由于企业的主体是人，因此要使现代企业在市场竞争中获得生存与发展、并立于不败之地，不仅需要有物质优势，更需要有精神优势。这种精神优势可以通过企业文化和群体意识去建设和培育，并由此统一全体员工的思想和行为，从而可以增强企业的内聚力和外引力。

1 企业文化建设的原则

1 共性和个性相统一的原则

企业的外部环境（民族文化）构成了企业文化的共性；而企业的内部条件的发展过程构成了企业文化的个性。要搞好企业文化建设，就既要把握民族的时代特色，又要突出本企业的自身特点，从而把企业外部环境和内部条件、共性和个性有机地结合起来。

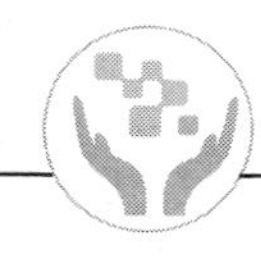

❷ 继承与创新相统一的原则

虽然企业文化是本企业在长期的生产经营管理实践中逐步形成的，但也要适应不断变化的市场形势，不断地充实新的内容，从而使企业文化具有鲜明的时代感和时效性。为此要继承本企业的传统文化、不断创新，达到继承与创新相统一。

❸ 先进性和群众性相统一的原则

倘若企业文化只满足于现状，就会缺乏先进性，但倘若脱离现实去追求过高目标，也会失去群众基础。因此创建先进而又有实效的企业文化，必须将先进性与群众性相结合。

❹ 宏观和微观相统一的原则

微观的企业文化是企业的精神灵魂，宏观的企业文化是国家的民族精神。将微观与宏观相结合，才能体现企业利益与国家利益、经济效益与社会效益的统一。

❺ 内聚性与竞争性相统一的原则

内聚性是指企业内部的聚合能力，而竞争又是市场经济的必然产物。企业文化建设既要通过企业内部的真诚合作和团结一致，从而形成内聚力并通过这种内聚力，使企业职工在遵守竞争规则的前提下一致对外地参与市场竞争。

2 企业文化建设的条件与方法

❶ 企业文化建设的条件

现代企业文化的建设常受到内部或外部条件的限制。第一，企业文化建设需要有宽松和谐的改革环境，这就需要我国进一步地对外开放和深化企业体制改革，以理顺关系，充分调动各方面的积极性和创造性。第二，企业文化是要依靠企业家来创立、倡导和培养的，企业文化实际上就是企业家个体人格的群体化。为了能使企业文化潜移默化地融入企业员工的精神之中，必须要建立高素质的企业家群体，并以他们的气质和魅力来赢得企业员工的追随和模仿。第三，建设企业文化必须要注重企业全体员工的政治思想、科学文化和技术业务的教育培训，以全面提升职工素质，造就一支训练有素的职工队伍。第四，要形成具有凝聚力的企业文化，必须建设企业利益的共同体、创造民主和谐的企业环境。

❷ 企业文化建设的方法

(1)宣传教育法。宣传教育法是建设企业文化的基本方法，包括企业文化意识的教育和培训、开展企业文化的宣传和教育，以及组织职工参加各种可以建设企业文化的业余文体活动等。

(2)严爱并济法。创建企业文化，既要严格管理，也要情感投资；既要有法规的约束，也要有感情的激励，软硬结合，积极强化与消极强化相结合。

(3)环境优化法。人都喜欢优化的环境，通过营造和优化环境，可以培养企业员工的兴趣和热爱，从而培养其为企业乐于奉献、勇于创新、不断进取的荣辱感和责任感。

(4)全方位有效激励法。有效激励是调动企业员工主观能动性、创建企业文化的重要方法。全方位的激励包括信念激励、精神激励、责任激励、成就激励、智力激励、支持激励、关怀

激励、情趣激励、形象激励、目标激励、数据激励、强化激励、归属激励、领导行为激励、荣誉激励、物质激励等。但这些激励在具体运用中还须因人、因时、因地制宜进行。

3 企业文化建设的策略

企业文化建设是一项综合性系统工程，需要有系统的规划，持续的努力，从点滴做起。既不能把企业文化建设看成是包治百病或立竿见影的，也不能无动于衷或顺其自然。只有面对现实、着眼未来、脚踏实地、不断探索、创造有利条件、运用有效方法、采取适当战略战术才能创造出优秀的企业文化来。

(1)倡导危机管理，是创建企业文化的先导。

适当的忧患意识可以使人产生紧迫感、危机感、责任感和压力，再通过正确的引导即可以将压力变为动力，从而使人求变、求新、不断开拓进取。

(2)树立企业信仰，是创建企业文化的宗旨。

我国虽然具有悠久的历史和灿烂的文化，也曾产生过不少优秀的企业文化，但由于现在社会上一些不良因素的影响，使一些企业政治思想工作淡化，精神文明建设软化，使一些人出现了信仰危机。因此，树立企业信仰是创建企业文化的宗旨，而强化政治思想、培养企业精神是创建企业文化的当务之急。

(3)抓住时代特点，体现企业个性，是创建企业文化的核心。

创建企业文化要体现民族精神和时代精神，这就不仅要吸收外国文化，更要注重民族文化，即要从企业的实际出发，结合企业的内外环境，选择和培育既符合企业实情又具有明显特色的企业文化。

(4)建设五项工程，培养五种精神，是创建企业文化的支柱。

所谓五项工程，是指理论工程、物质工程、制度工程、精神工程和行为工程；五种精神是指主人翁精神、群体精神、竞争精神、开创精神和艰苦创业精神。这五项工程建设和五种精神的培养相互联系、相互依存、相互作用、相互促进，才能推动企业文化不断地进步和发展。

(5)进行系统教育，是创建企业文化的基础。

企业文化建设必须目标明确，系统规划，并通过各种形式，从企业文化的宣传教育抓起，奠定基础，发扬光大。

(6)创造家庭环境、改善职工生活，是创建企业文化的手段。

4 企业的团队建设

1 团队建设

企业中的团队，是为了完成特定目标、发挥整体优势而组建的。各个班组、车间或科室乃至企业的领导班子，都可以分别组建为各种团队。其特征是：规模一般较小(如 10 人左右)，但目标明确、技能互补。在现代企业中组建团队，通过感情投资，从而将雇用与被雇用的上下级关系变为兄弟姐妹的亲密关系，其目的就是为了凝聚人心，从而同心同德、同甘共苦、视厂为家、团结一致，共同搞好企业的生产经营管理。为了能组建团队并有效工作，大致

需要经历如下过程:形成期、磨合期、规范期、运行期。

❷ 团队建设中的沟通

现代企业管理强调人际沟通和默契,因此,顺畅沟通和配合默契是衡量团队是否成功的重要标志。当然,要想成为理想的团队,领导者是关键。团队领导者应具备的素质为:①心地宽容,能反省自己。②遇事身先士卒。③处事积极乐观。

沟通:包括水平沟通(如团队内部及各团队之间的沟通)和垂直沟通(如与上下级之间的沟通)。在团队沟通过程中,导致沟通障碍或影响相互沟通的因素大多是因人的主观心理差别,或者彼此之间因信息失真、沟通较少、相互不信任或沟通不当引起。为此,团队管理者必须保持清醒头脑,采取相应措施:①建立例会制度。这是相互沟通的重要保证,通过例行会议,相互交流,明确目标,消除隔阂,改善关系。②注意沟通技巧。这是提高沟通质量的重要手段,例如沟通时要善于倾听对方意见,并多予以鼓励。③注意沟通目的。这是确保顺利沟通的重要方法,沟通的目的在于双方交流而不是单方面灌输。

任务二　汽车维修企业精神与形象

企业形象是企业文化(如价值观念、道德风尚)、企业经营行为、企业内部精神面貌(成员素质、企业精神)和企业绩效(服务质量、产品质量及企业竞争力)等企业非直观部分在感觉上的外部综合形象。

本任务主要学习企业精神和企业形象的概念,塑造企业形象的策略 CIS 以及塑造企业形象的步骤和途径。

一 企业精神

企业之间的竞争,其实质上是企业家和企业文化之间的竞争,归根结底是人的竞争。既然人具有各自独特的性格、风格、风度和阶层,那么企业也与人一样,企业也必然会带有各自独特的价值观和信仰。因此成功的企业必然具有卓越的企业文化,成功的企业家不仅要为企业创造经济奇迹,而且还要为企业创造各具特色的企业文化。

1 企业精神体现着企业的精神面貌

企业精神是企业赖以生存和发展的精神支柱，它决定着企业的成败兴衰。企业精神体现着企业的精神面貌与精神气质。所谓企业精神，是企业宗旨、价值观念与精神面貌的总和，它取决于企业全体员工在生产经营管理活动中的道德信仰与基本经营理念等。包括企业全体员工的创新、合作和奋斗的精神面貌、言行作风、人际关系、工作态度和献身精神等。

企业形象取决于企业精神，而企业精神反过来也促进着企业形象。一个企业能否具有良好的企业形象，关键取决于企业员工的企业精神。

2 以企业精神为核心的企业文化实际上是将企业家的人格化

以企业精神为核心的企业文化，实际上也是将企业精神及企业形象的人格化。做人要精神，做事要认真。企业精神是企业家德才、创新精神、事业心和责任感的综合反映。即是说，有什么样的企业家，便有什么样的企业文化。

优秀的企业文化不仅是在企业长期生产经营管理实践中逐步形成的，它是一种扎根于本企业中的独特文化，很难外部嫁接和模仿，更不是用钱所能购买的。

二 企业形象

1 企业形象的基本要素

企业形象可分为实体形象、行为形象和软件形象等。其基本要素包括品牌形象、服务形象、经营管理形象与员工形象、公众形象与企业环境形象等。

❶ 品牌形象

品牌形象是指企业主导经营（销售或维修）的汽车品牌、档次及质量，以及因此而配备的设备类型、档次及质量。企业的品牌形象将关系到企业的技术能力与信誉，是企业形象中最基本的要素。企业的品牌形象也是企业销售和维修质量、服务形象与工作质量的综合反映。为了能在社会公众心目中创立和留下独特和良好的企业品牌形象，企业名称、企业商标和企业广告必须简明扼要、寓意美好（包括图案与色彩搭配等）、构思精巧，能给人们留下深刻的记忆。显然，企业的品牌形象是企业的无形资产，能给企业带来巨额利润。

❷ 服务形象

服务形象是指企业的服务方式、服务项目、服务态度和服务质量等。通过企业的服务形象，从而给社会公众留下的深刻的整体印象，特别是使客户产生满意度和信赖感。显然，在产品高度趋同的情况下，企业有特色的服务形象是现代企业的竞争焦点。它不仅构成了企业品牌形象的重要方面，而且还增加了现代企业的附加值。

❸ 经营管理形象与员工形象

现代企业的生产经营管理活动都不是孤立的，当它与外界打交道时，企业的经营管理状

况(如企业是否经营有方和管理有序,是否有足够的经济实力和文化实力,是否讲诚信,是否具有独特的企业文化和企业精神等)以及员工的言行都会给社会公众留下或褒或贬的形象。因此,企业经营管理形象与员工形象不仅是企业品牌印象的主题内容,而且还决定着社会公众对于企业印象的整体印象。

企业的生产经营管理形象,包括企业的经营理念、经营作风、经营方式、经营成果、管理组织、管理制度、管理基础工作、企业经济实力以及企业文化氛围等。在员工形象中,包括企业管理者形象和企业员工形象。前者包括企业领导班子及企业内部各层次管理人员的能力、素质、气度、办事效率的工作业绩等;后者包括企业员工的文化素质、技术水平、职业道德和精神风貌等。

4 公众形象

企业在日常的生产经营管理活动中不断地与外部经营环境谋求协调,并通过各种场合,表现着企业的品牌形象(例如保证产品质量与服务质量,遵纪守法、照章纳税,支持公益事业,承担社会责任,对厂商、对银行、对客户讲求诚信,与社会各界保持着良好的公共关系等)。公众形象就是指企业在公共关系活动中的给社会公众留下的形象。

公众形象包括公众态度与公众舆论。公众态度是人们对某事物所产生的认知、行为与情感,其中,情感因素起着重要的作用。因此,企业形象策划只有以情制胜,以情动人,以情感人,才能使公众对企业形成良好的支持态度。也只有当公众对企业留下良好印象、并使公众对企业抱有积极肯定态度时,公众才可能采取有利于企业的行为。

2 企业形象的基本特征

1 客观性

企业形象不是一种自我感觉良好,而是以企业经营理念和职业道德,以及通过具体的生产经营管理活动所表现出来的,最终由全体员工及社会公众(特别是客户)所客观评价和鉴别的。这就是说,企业形象具有客观性。

2 整体性

企业形象是留在社会公众心目中综合和全面的印象,企业形象好的企业应该是外在表现与内在质量完美统一的。评价一个企业必须要整体考察,即不仅要看它是否有装饰华丽的外观,而且更要看它是否有内在的经营管理素质;不仅要看它能否保证其产品质量,而且更要看它能否保证其服务质量与工作质量。

3 稳定性

稳定性良好的企业形象是企业全体员工的不断努力、日积月累形成的,同样,树立了良好的企业形象,也应该保持其相对稳定性,好让社会公众永久地记存和识别。

4 可塑性

企业形象的稳定性只是相对的,即企业形象不仅是可以塑造的,而且是应该不断完善的。通过企业全体员工的努力,依靠优良的产品服务,并开展积极主动的公共关系活动,不

仅可以使原来不好的企业形象变好，而且可以使好的企业形象进一步增辉。

一 企业形象策略 CIS

所谓企业形象策略 CIS(Corporate Identity System)是一个可用以塑造企业形象的企业形象识别系统。它由理念识别 MI 系统(Mind Identity)、行为识别系统 BI(Behavior Identity)、视觉识别系统 VI(Visual Identity)三个子系统构成。

1 CIS 的构成

1 企业理念识别 MI(Mind Identity)

企业理念识别是整个企业识别系统的基本精神所在，也是整个系统运作的原动力，它包括:企业经营理念、经营哲学、经营宗旨和经营方针等。

2 企业行为识别 BI(Behavior Identity)

企业行为识别是指动态识别企业的行为模式。由于该系统能够直接作用于公众，为公众所感知和留下深刻印象，因而有形地体现着企业的经营理念。例如对内包括企业的管理组织、行为规范、员工教育、福利激励，以及产品开发和公害对策等；对外包括市场调查、营销策略、促销活动、公共关系、广告传播、公益活动等。

3 企业视觉识别 VI(Visual Identity)

企业视觉识别是一种表达企业经营特征的静态识别符号，包括基本要素与应用要素两类。其中，基本要素包括:企业名称与企业品牌标志、企业标准字体和标准色彩、企业象征图案和企业造型、宣传标语等；应用要素包括:广告媒体、交通工具、办公用品、室内设计、建筑设计、厂房设计、包装设计和衣着制服等。企业视觉识别是塑造企业形象最快速、最直接的方式。

为了塑造个性鲜明的企业形象，以获得社会公众的广泛认同，从而使企业的整体生产经营管理纳入一条充满生机与活力的发展轨道，必须应用企业形象识别系统 CIS 的基本理论，系统革新和统一传播企业的经营理念、行为模式和视觉要素等，为此必须做到:第一，善于创造个性差别；第二，坚持统一标准；第三，坚持系统性和连续性；第四，实施有效的传播。

2 正确运用企业形象策略 CIS 的原则

1 公众原则

企业形象策略 CIS 必须遵循客户至上的准则，强调从公众利益中来、到公众利益中去。倘若企业在推广企业形象策略 CIS 时只是强调自身利益，一味追求高雅和独特而漠视公众利益、远离客户期望，最终只能会损害企业形象。

2 真实性原则

在宣传和报道企业情况时必须真实和坦诚。因为只有这样才能使公众理解和谅解企业,绝不要为树立企业形象而弄虚作假。

3 系统性原则

要塑造企业形象,需要统筹考虑企业的内部形象与外部形象、总体形象与特殊形象、有形形象与无形形象。即必须从系统和整体的企业规划出发,有计划有步骤地整体推进,而不能顾此失彼、顾前不顾后。

4 长期性原则

推广企业形象策略 CIS 是一项长期的战略任务,必须经过长期努力才能奏效。当然,也要善于创造和把握时机,利用各种契机来快速提升企业形象。

在现代企业管理学中,企业形象策略 CIS 被推崇为是塑造和传播现代企业形象的最有效战略。其目的就是为了向社会公众有效地传达企业的品牌形象,以改善企业经营管理的外部环境,从而提高社会公众(客户和投资者等)对企业及其产品的信任感和满意度,最终促进销售、促进企业的发展;而且也可以改善企业经营管理的内部环境,树立起良好的企业精神,从而提高企业职工的凝聚力,改善企业职工的精神面貌(如敬业精神与奉献精神等),不仅可以保证企业的产品质量和服务质量,而且能使企业克服任何的困难险阻,从而使企业真正地做到"人和"、"财旺"。

企业形象策略 CIS 的内容,包括企业的软件和硬件两部分。其中,企业软件主要是指企业精神,例如企业效率、企业信誉、营销策划、公共关系、广告宣传等;企业硬件包括企业拥有的设备与设施、技术与产品、人才与资金、商标与服务以及已经规范和标准化的完整系统等。为此,企业要引入企业形象 CIS 策划,除了在硬件上要引进先进的检测设备与专用设备,改造落后的生产工艺和生产技术,改善公共关系,改进企业生产经营管理外,还要在软件上加强职工的政治思想工作,搞好企业的精神文明建设。

二 塑造企业形象的步骤和途径

在市场经济不断发展、企业竞争日趋激烈的条件下,良好的企业形象也是企业的最佳资产。因为它不仅可以美化企业环境、净化企业风气,以赢得更多客户和公众的支持,从而为企业带来极高商誉和信用,而且还在相同的生产经营管理条件下可使企业增强筹资能力和引才能力,从而为企业创造出更多的"级差利益",提高企业的竞争力。

1 塑造企业形象的步骤

企业在塑造企业形象时,经常采用的步骤有:

1 现状评估

为了塑造良好的企业形象,首先应当评估现有企业形象的现状。为此应通过调查和民意测验,广泛了解企业在员工和社会公众心目中的知名度和美誉度。

2 总体规划

在明确企业形象现状的基础上，制定出能体现企业个性、塑造良好企业形象的总体规划以及应达到的具体目标。

3 有效展示

把设定的企业形象（如企业标志、造型图案等）进行有效展示（如新闻发布会、产品展览会、客户洽谈会等）。

4 全面总结

将企业的期望形象和实际形象相比较，充分肯定成绩，总结经验，并分析企业形象塑造中存在的问题及主客观原因，提出企业形象塑造的新思路。

2 塑造良好企业形象的途径

1 确立崇高的企业价值观念

确立崇高的企业价值观念，包括：①将国家利益和消费者利益放在首位，为客户提供一流的产品和服务，在重视经济效益的同时，重视社会效益；②充分发挥职工的积极性、主动性和创造性，并为职工提供开拓创新的机会；③强调企业内外的相互沟通和协作。

2 提高产品质量

消费者和社会公众主要是通过产品来了解和评价企业的，因此要塑造产品形象，首先应该在提高产品质量上下功夫。只有提高了产品质量，才有可能树立起良好的产品形象，进而提升企业形象。

3 加强宣传及公关

塑造良好企业形象的手段主要有：①以创始人的原人形象，或企业标兵或模范形象来塑造良好的企业形象；②运用广告（如产品广告、服务广告和企业形象广告等），广泛而反复地宣传企业的产品质量、服务宗旨和企业价值观等；③积极参与社会公益事业，赞助或举办重大活动（如运动会、大型文艺演出等），并通过新闻传媒，及时报道企业动态，以引起社会舆论和公众的关注；④利用企业形象标志来加深公众对企业形象的认识，并赢得公众的肯定和好感。

4 开展企业文化活动

开展企业文化活动，可使企业精神、企业道德风尚、企业传统与规范、企业人际关系等各方面都达到和谐统一，并形成强大的凝聚力，从而使每个职工会在实践中自觉规范自己的行为，不断维护和优化企业形象，提高企业的美誉度。

公众舆论是指大多数社会公众的意见，公众舆论往往具有很强的威慑力和煽动性。它既能为企业塑造良好形象而提供机会，同时也可能是破坏企业良好形象的超级杀手。

在企业形象策划时要注意以下问题：①重视民意动向，防微杜渐，积极把公众舆论当作塑造良好企业形象的契机；②积极参加各种社会公益活动；③当企业被公众舆论指责时，企业应该有知错即改的精神，并积极引导舆论向有利的方向发展；④制造重大新闻事件（如新

闻发布会、记者招待会、展览会、赞助、庆典等),以引起公众注意,扩大企业影响,消除公众误解,使舆论向有利于企业经营的方向转化。

良好的企业公众形象能够有效地扩大企业影响,并争取社会公众对企业的理解和信任。因此,良好的企业公众形象既是塑造企业形象的重要途径和手段,也是企业形象的重要组成部分。

5 企业环境形象

企业环境形象是指企业通过其生产经营场所、建筑特色、装饰风格、生产设备等反映出来的外观形象。企业的环境形象犹如人的仪表服饰,它反映着企业的经营风格和审美观念,从而给社会公众造成强烈的第一印象。

任务三　汽车维修企业形象的塑造

企业形象的重塑,来源于客户(Customer)、竞争(Competent)、变化(Change)的巨大挑战。所谓"重塑企业形象",是指在当今社会正在发生巨大客观变革的过程中,如何改造重塑企业形象,从而使企业能在公众的心目中产生美好而不可阻挡的魅力,才能使企业获得良好的经济效益与社会效益。

本任务我们主要学习塑造企业形象的意义,以及塑造企业形象的途径和方法。

一 重塑企业形象的必要性

1 来自客户的挑战

虽然"客户就是上帝"的说法由来已久,但客户真正成为上帝,却是在卖方市场转变为买方市场之后。例如在我国,当初还处在计划经济的时候,由于修车难,是客户求企业,因此汽车维修企业处于坐等客户的经营状态。而在市场经济的今天,由于品牌专修店的迅速出现,使维修能力过剩,出现了前所未有的维修服务质量竞争与维修价格竞争,市场的充裕与信息的灵通,现代客户的日趋成熟,客户选择余地也明显增大,从而对汽车维修企业所提供的服务质量和价格,甚至是付款方式和优惠条件等都会非常敏感和挑剔。因此,倘若汽车维修企业依然是一副"旧面孔",而不去重塑企业的光辉形象,可能会由此失去市场。

2 来自竞争的挑战

竞争是市场经济的法则，但今天的竞争比以往更为激烈和残酷。随着汽车销售市场和汽车维修市场的逐步规范与激烈竞争，也随着进口汽车价格的不断下调和国产汽车价格的全盘下跌，特别是自中国加入 WTO 后，在当前汽车维修市场供大于求的情况下，汽车维修企业的发展面临着机遇和挑战，国内的汽车维修企业将会在激烈的市场竞争中全面优胜劣汰（总体数量将会减少一半）。所有这些，汽车维修企业为了生存和发展，也只能重塑企业形象。

汽车维修企业今后的竞争具有如下显著特点：

1 竞争范围不断扩大、竞争难度不断增大

现代汽车维修企业的竞争，不仅要面对现有汽车维修业新老对手的竞争，而且也要与一些国内跨行业向汽车维修业扩张和渗透的企业竞争，甚至还要与来自于境外的汽车维修业竞争。外商的不断涌入必将导致我国汽车维修业的更加动荡、分化和变革，竞争范围不断扩大。面对着“狼来了”的局面，倘若我们的汽车维修企业不能变成“狼”，那我们只能处于竞争的劣势。

2 竞争手段越来越多、竞争规则不断变化

传统的竞争主要在于维修质量和维修周期上，现代的竞争则往往是维修服务和维修价格上。维修服务和维修价格的竞争依赖于企业的经济实力、企业管理者的经营理念以及维修质量的深度、维修服务的广度，还有广告宣传和品牌形象等。尽管现在已有许多新兴的 3S、4S 品牌经营模式和服务网络的应用，依靠其全新品牌、全新技术和全新装备、全新的管理模式和管理理念以及信息技术和网络技术等，为我国的汽车维修企业带来了全新的竞争手段，但由于大多使用的是经模仿的洋品牌，因而仍然将无法与外资企业相竞争。

在现代市场竞争中，新技术和新竞争手段层出不穷。而外商企业的进入，不仅带来了全新的管理理念和全新的生产技术，也带来了全新的竞争规则。倘若我们的汽车维修企业不重视学习，将无法适应全新的形势，参与全新的竞争。特别是当今世界已经进入信息时代和知识经济时代，谁实现了信息化管理手段，谁就掌握了最新的市场信息，谁就掌握了获得财富的资源和主动权。而我们的汽车维修企业至今并没有掌握信息化的管理手段，甚至还不懂这些全新的竞争规则。

3 竞争结果空前残酷

现代的市场竞争其结果空前残酷。不管企业规模多大，一旦失误，便很少再有机会缓过劲来。因此，现代汽车维修企业需要有更能干的职业经济人，需要有更科学的经营管理决策。然而当前不少的汽车维修企业最高领导层的个人素质还有待提高。

二 如何重塑企业形象

要重塑企业形象，就是要加强企业的精神文明建设，包括思想建设与文化建设。其中，思想建设是指要对企业员工开展思想教育，包括开展社会主义和共产主义教育，开展

五讲、四美、三热爱活动，学习英雄模范人物的奉献精神和主人翁责任感等。企业文化建设则是指提高职工的文化知识，科技水平，与此同时，还要开展健康愉快、生动活泼、丰富多彩的群众性文体活动，创建职工之家，让企业员工有良好的归宿感。为此，现代企业必须重视和抓好企业职工素质教育，并相应建立职工培训中心，组建图书馆、阅览室、体育队、文艺队等，使越来越多的企业员工成为德、智、体全面发展的爱国家、爱企业的新型社会主义劳动者。

1 树立正确的企业价值观念

在当前竞争激烈的市场经济形势下，汽车维修企业管理者的最重要任务就是要为企业建立一套成功的价值观念，要让企业员工都能知道"企业兴旺、匹夫有责"。人生最有价值的事就是要把企业的生产经营管理活动看成是现代企业在为整个社会创造价值，而不单纯是为了挣钱。因为只有这样，才能从根本上激发企业员工的主观能动作用，从而使企业产生强劲的生存力和竞争力，同时也给企业带来巨大的经济效益和社会效益。

2 提高汽车维修企业管理者的综合素质

企业素质是一个整体的概念、质量的概念、动态的概念。企业的素质并不取决于企业规模，因为企业越大并不等于企业越强。企业整体素质包括：①人员素质（这是企业素质的关键），它决定了现代企业管理者的生产经营管理能力，其中特别是领导者的个人素质；②生产技术素质（这是企业素质的基础），它包括企业中生产技术能力、装备能力等，表明企业能否满足日常生产经营和其发展的要求，表明企业适应产品开发的促进技术进步的能力；③经营管理素质（这是企业素质的主导），它包括领导体制、经营决策能力、组织机构、队伍建设、责任制度、基础工作等，它表明企业的管理效率和适应环境变化的能力。

人才是企业中最基本的资源。企业管理者的素质包括经营管理观念、经营管理水平和技术业务能力等。企业管理者的素质决定着企业的经济效益和人员结构层次。倘若企业管理者的个人素质较低，既没有先进的管理机制与管理理念，也没有先进的企业管理方法，即使有人才也会不断流失，即使有先进的生产技术也难以转化为企业的经济效益。就我国汽车维修企业管理者的目前素质而言，虽然现代的汽车技术已经进入电子化和智能化的高级阶段，国内的汽车维修技术也基本上与国外相当，但我国目前汽车维修企业的生产经营管理水平却仍处于低层次、低水平、低素质的状况，汽车维修市场竞争也处于无序状态。因此，要为21世纪的挑战而重塑企业形象，首先要求汽车维修企业的经营管理者尽快地提高自身素质，塑造一个现代企业家高瞻远瞩的形象。

提高汽车维修企业管理者综合素质的主要措施有：

1 加强职业道德教育

由于我国在文化大革命后社会上出现的信仰危机和道德危机，再加上以我为中心的极端利己主义，使人们原来的共产主义理想和思想道德比较淡薄，因而不断地出现缺乏职业道德、不择手段竞争的现象。这说明，现代企业管理者个人不仅要有更高的文化素质和业务素质，而且更要有政治思想素质和职业道德素质。

2 加强企业管理者的业务培训

对汽车维修企业管理者的业务培训，其要点是：①重新认识市场经济，创导企业文化，促进公关交际和人力资源管理；②制定企业可持续发展战略，建立和完善各种管理制度；③迅速提高员工的综合业务素质；④树立品牌经营观念，开展特色经营；⑤利用计算机建立企业内外部的营销服务网络和企业管理网络，保证企业的产品质量和服务质量。

3 加强感情投资、群体意识和团队精神

1 加强感情投资

人都是有思想的、也是有感情的。因而企业管理不是技术而是艺术。既然是艺术，就不是为了管理而管理，更不能依靠金钱来管理，而必须引入人文感情，做好有特色的政治思想工作，搞好人际关系、加强感情投资，树立企业文化和企业精神，从而使企业产生极大的感召力和凝聚力。但当前大多数汽车维修企业，在当企业经济效益较好时就放松管理，而在经济效益不好时则强调严格管理（实际上是强调约束员工），这些企业管理者实际上并不懂得真正的企业管理。真正的企业管理，尽管也要讲企业的法规、制度和标准，但更应该强调企业中的和谐气氛。因为只有和谐的企业气氛，兄妹般的部门协作，温馨的企业环境，才能团结广大员工，才能为企业带来无形的巨大效益。当然，这些都是需要预先付出必要的感情投资。

2 加强群体意识和团队精神

企业要在激烈的市场竞争中取胜，仅靠产品品牌优势是远远不够的，因为所谓的产品品牌优势是别人的，而不是自己所独有的。企业是人的企业，只有人旺才能财旺，为此只有依靠营造企业文化优势，努力激发全体员工的群体意识和团队精神，激发员工对企业的热爱和忠诚，从而在企业中产生一种广泛的能与企业同甘苦、共命运的凝聚力、向心力和归宿感，才能转换成强大的企业群体力量。

为此，现代企业管理者必须重视企业内部职工的政治思想教育，并采取有效措施（关心职工利益，组织集体活动，协调融洽人际关系，讲求业务流程和文化礼仪等）来培养全体员工的群体意识（包括理想、信念、道德行为规范等）。要让全体员工明白，个人的努力只有通过整个企业集体的协作才能有所成就，个人的命运也只有与企业命运紧密相连才能获得更大的经营业绩，从而使他们感到离不开企业这个集体。所谓团队精神，就是一种以企业为中心的集体合作精神，即要求每个成员都把自己看成是企业中的一员，与企业同甘苦、共命运，从而对企业产生一种强烈的群体合作意识，实现人企合一。为此在现代汽车维修企业中，企业管理者要多倡导团队精神，而不要一味强调人的个性。

提高私营企业素质、重塑企业形象

1 重塑私营企业管理者的个人形象

现代企业管理者往往从行政、经济、法律和教育几个方面对企业实施管理，因此要加强

私营汽车维修企业管理者的综合素质，首先要求汽车维修企业管理者从行政、经济、法律和教育等方面提高个人素质。中国的私营企业管理者若要在中国的土壤上获得成功，就要提高私营企业管理者的个人素质，重塑汽车维修企业管理者的个人形象，就应该具备具有浓厚中国特色的儒家商德。

儒商思想的核心是：①明礼诚信；②守志持身、富达持节；③回报社会，取自于民、还之于民。倘若在私营企业管理者个人不可能再深造的前提下，要重塑汽车维修企业管理者的个人形象，关键在于在最高领导层中充实高素质的职业管理人才。这种高素质的职业管理人才，不仅在于其具有的学历和个人能力，而且更在于其心态，能否为企业的生存和发展而呕心沥血，能否具备更高的政治思想素质、团队精神和群体意识，能否团结广大员工，并与企业同甘共苦。这种高素质的职业管理人才只能靠企业自己去用心培养，而决不能靠挖墙脚取得、靠金钱收买，因为靠挖墙脚挖来或靠金钱收买的人才多半也是靠不住的。

2 重塑私营企业形象

所谓“私营企业”只是对企业所有制形式而言，并非意味着私营企业的老板可以不择手段地掠财。但在许多私营企业管理者的潜意识中，大多认为企业文化与企业效益并无多大关联。正因为此，目前的私营汽车维修企业大多缺乏良好的企业文化，结果生产经营管理水平低下，人才流失严重。

有人说得好，钱是挣不完的。精明的老板应该是“有钱大家赚”，“和气生财”；老板想挣钱，首先要想到伙计，要让大家都有糖可吃。特别是在当今社会里，私企老板也要多积点德、多做点善事。试想，你要大家为你拼命干，而挣了钱却都是你独吞，你都聪明完了，最后还有哪个傻瓜会为你卖命？其实，企业文化的力量是巨大的，其作用方式是独特的。现代企业已不仅仅是一个工作场所，而且也是一个文化体系。在大多数人解决温饱之后，企业文化就显得日益重要。因为它可以通过企业文化的引导和规范，达到群体意识的和谐和统一；进而通过精神同化和行为同步，达到企业竞争能力的扩张。因此也可以说，企业文化乃是把精神引导和制度约束相结合的现代化管理。

要重塑私营企业形象，私企老板不应该把赚钱看成是办企业的唯一目标，而应该在赚钱的同时逐步形成为国家、为企业员工的理念，从而创造比赚钱更高的精神价值。因此，倘若私营企业能在提高收入的同时充分展示人性化的企业文化氛围(例如充分使用人才、努力改善工作环境等)，企业就会充满活力。而对于私企老板个人而言，个人生活才更有意义，现代企业才能有发展。

3 引入全新的经营理念，实施全新的管理模式

中西方的企业家都认为：在现代的企业管理中不能仅靠物质激励，而要靠企业文化和企业精神，才能把企业内外的公众凝聚为一体。以汽车维修企业为例，想当初还可以凭借社会关系而得到稳定的车源，但到现在倘若忽视企业文化建设，将无法树立自己的品牌形象来吸引客户，既无法吸引新车源、也无法稳定老车源。为此私营汽车维修企业也要引入全新的经

营理念，实施全新的管理模式，其中特别是重视企业文化建设，搞好汽车维修企业的日常生产经营管理。

在引入全新经营理念，实施全新管理模式时，有以下三点是应该借鉴的：

1 塑造模范人物风格

榜样的力量是无穷的。倘若私营汽车维修企业能引入国有企业的科学管理模式，例如在企业生产经营管理中积极开展职工评比活动（技术能手、劳模标兵等），表彰和鼓励各方面的优秀人才，肯定其业绩、能力和价值，从而将企业中楷模的个人风格融入企业的生产经营管理活动中，同时在企业内部引入岗位竞争机制，就可以提高员工的整体素质，从而产生强劲的生产力，产生不可估量的群体效益。

2 塑造服务特色

面对日趋规范化和正规化的汽车维修市场而言，私营企业要想求得更大的发展，开拓更多的客户，就必须改变过去那种只靠拉关系或打广告的宣传方式，引入全新的营销理念，走向市场，加强品牌意识，塑造本企业的特色服务。

3 在企业中广泛开展党团活动

人是需要有精神的，也是需要有精神追求和精神寄托的。倘若在私营汽车维修企业中广泛开展党团活动，用党团力量充实企业精神，不失为一种极好的选择。

当然，私营企业管理者要使本企业重塑企业形象，既要吸纳他人的文化风格，更要结合本企业实际，千万不能照搬。这是因为，任何两个企业的员工素质（如思想素质、文化素质与业务素质等）都是不可能相同的，因而其企业文化和企业精神也会有极大差别的。

4 现代企业的二次创业

所谓重塑私营企业的企业形象，实际上就是二次创业。随着市场经济的不断完善和成熟，市场竞争规则日趋完善，品牌意识和法制意识也不断增强，市场竞争日趋激烈，无论是国有企业还是私营企业，倘若要参与下一阶段（由市场经济逐步向着知识经济发展的过程中）的市场竞争，就得加强自身学习，提高自身综合素质。

应该说，在我国，由于政策过于宽松，似乎只要有钱有人就可以申办，先天学习不足，后天学习不够，由此也造就了一批低素质的企业管理者。这些低素质的企业管理者倘若不想被以后的市场竞争所淘汰，现在就只有进行必要的补课了。这是因为，在知识经济时代，要求企业管理者应该具有更多的知识，而绝不是满足于过去的已有经验，否则会有很多的老板将在经济变革的大潮中昙花一现。当然这种补课，必须要抓住企业管理者的具体特点，结合当前的企业实际状况，在观念、形象、品牌、管理、服务等方面分门别类进行。与此同时，也要对现代企业的全体员工进行多层次、多方面的教育培训，以全面提高企业的群体素质。

具有汽车维修专业的大专院校也应该针对当前汽车维修企业管理者的现状，为汽车维修企业管理者的二次创业做好服务，开办各类汽车维修管理培训班；新闻媒体与报刊杂志也要加强企业管理者素质培训的宣传力度。

习题及思考题

1. 什么是企业文化？什么是企业文化的亲缘性？

2. 为什么说企业文化是客观存在的？

3. 试述企业文化的构成要素、基本特征、基本功能与价值。

4. 为什么现代企业要借助于企业文化？怎样建设企业文化？

5. 什么是企业精神？

6. 什么是团队，为什么要在企业中进行团队建设？怎样进行团队建设？

7. 企业形象的基本要素和基本特征有哪些？什么是企业形象战略？怎样运用企业形象战略？

8. 为什么私营企业应该重塑企业形象？

9. 在汽车维修企业管理者自我教育中，为什么要强调职业道德教育？

10. 什么是强化汽车维修企业生产经营管理者的培训？

项目七

汽车维修企业财务管理

学习目标

1. 了解汽车维修企业财务管理基本概念；
2. 掌握汽车维修企业的营业收入、成本和费用、利润和分配等方面的管理；
3. 了解汽车维修企业的财务报告和财务分析的有关知识

导学

汽车维修企业可能由于企业的内部原因或外部原因（如市场变化与国家政策波动等）而发生亏损，从而使企业资金流转出现失衡。

所谓企业财务管理，就是通过货币和价值的形式，对企业资金运动进行日常管理（包括资金取得、使用、分配等），也对企业生产经营管理活动进行综合性经济管理（如资金筹集、控制消耗、处理财务关系等）。其中，资金筹集和控制消耗反映了企业对生产资料的取得和占用（即企业中物化劳动和活劳动消耗）；并通过财务关系处理，实现产品销售和维修劳务资金的回收和分配。

任务一　汽车维修企业财务管理

任务导入

财务管理与会计工作是两个不同的概念，财务管理主要是企业管理者的工作范畴。面

对迅猛发展的现代经济一体化，财务管理已是企业管理者必修课之一。

本任务主要是学习企业财务管理的基本概念、企业财务管理规章制度和企业财务管理体制等方面的内容。

汽车维修企业的生产经营过程，从价值形态来看表现为资金运动。这种资金运动包括资金的筹集、使用、耗费、收入和分配等内容。资金筹集是资金运动的起点。像其他企业一样，首先必须通过一定的途径筹集资金。资金的使用是把筹集的资金，通过购买、建造等过程形成各种生产资料。资金耗费即在生产经营过程中所耗费的各种材料、燃料、固定资产损耗、支付工资和其他费用等。资金的收入是指通过销售产品和提供维修劳务所取得的收入。资金分配是指对所取得收入的分配，一部分用以弥补生产经营耗费，其余为企业纯收入。企业纯收入首先以税金形式按规定的税率上缴国家，其余为企业留利。企业资金的筹集和使用以价值形式反映企业对生产资料的取得和占用；企业资金的耗费以价值形式反映企业的物化劳动和活劳动力的消耗；企业资金的收入和分配则以价值形式反映企业生产成果的实现和分配。企业财务即企业的资金运动，它是企业再生产过程的价值体现。

企业在资金运动中与有关方面发生的经济关系即为财务管理。企业资金的筹集、使用、耗费、收入和分配，与企业上下左右各方面都有着广泛的联系。概括起来有五方面的财务关系：

(1)企业与国家税务机关的关系，即企业应按照国家税法和规定交纳各种税款，在应交税款的计算和缴纳等方面体现国家与企业的分配关系。

(2)企业与投资者和受资者之间的财务关系，即投资同分享投资收益的关系。

(3)企业与债权人、债务人及往来客户之间的财务关系，这主要是指企业和债权人的资金借入和归还及利息支付等方面的财务关系、企业之间的资金结算关系和资金融通关系，包括债权关系和合同义务关系。

(4)企业内部各单位之间的财务关系，这主要是指企业财务部门同企业内各部门、各单位之间发生的资金结算关系。

(5)企业与职工之间的财务关系，这主要是指企业与职工之间的结算关系，体现着职工个人和集体在劳动成果上的分配关系。

汽车维修企业财务管理是组织企业资金运动(或称资金活动)，处理企业同各方面的财务关系的一项经济管理工作，也是企业管理的重要组成部分。财务管理区别于其他管理的特点在于它是一种价值管理，即对企业再生产过程中价值运动所进行的管理。财务管理利用资金、成本、收入等价值指标来组织企业中价值的形成、实现和分配，并处理这种价值运动中的经济关系。其目的是千方百计使资金释放出最大的能量，实现价值增值，提高资金

效益。

根据资金运动的经济内容，汽车维修企业财务管理的内容主要包括：筹资管理、投资管理和资产管理、收入管理和分配管理。此外，还包括企业设立、合并、分立、改组、解散、破产的财务处理。它们构成了企业财务管理不可分割的统一体。

财务管理是企业管理中的一个独立方面，又是一项综合性的管理工作。企业各方面生产经营活动的质量和效果大都可从资金活动中综合地反映出来，通过合理组织资金活动可有效地促进企业的生产经营活动。财务管理的各项价值指标是企业经营决策的重要依据。

搞好企业财务管理必须合理有效地组织财务管理工作。主要包括：建立企业财务管理规章制度、完善企业财务管理体制及健全企业财务管理机构。

一 企业财务管理规章制度

企业财务管理规章制度是规范企业财务行为、协调企业同各方面财务关系的法定文件。它是根据党和国家有关方针政策的要求，适应企业财务活动的实际需要而制定的。这些规章制度对企业同各方面的财务关系、各有关部门财务管理的职责和权限作了规范。汽车维修企业有以下三个层次的财务规章制度。

1 企业财务通则

由国家财政部颁布、自 1993 年 7 月 1 日起施行《企业财务通则》是当前我国各类企业进行财务活动、实施财务管理必须遵循的基本规范，它对其他财务规章制度起统帅作用。除此之外，国家颁布施行的《中华人民共和国公司法》和《中华人民共和国证券法》等其他法律法规也从不同角度对企业财务活动进行了规范。以上法律法规对建立企业资本金制度、固定资产折旧制度、成本开支范围制度及利润分配制度等方面均作出了明确规定。

2 运输企业财务制度

按照《企业财务通则》的规范，财政部还制定了《运输企业财务制度》，以适应行业管理特点和管理要求。汽车维修企业在提供各种维修服务的同时，也往往兼营汽车配件和汽车装修，在维修过程中还要从事一部分汽车零部件的制造或工业性作业。汽车维修企业集服务、商品流通和制造于一体，是以提供维修劳务为主、同时进行商品流通和零部件制造的综合性企业，从行业的主要特征看属于运输服务行业。因此，汽车维修企业还必须贯彻执行《运输企业财务制度》。

3 企业内部财务管理制度

汽车维修企业可按照《企业财务通则》和《运输企业财务制度》的规定，根据企业内部管

理的需要制定内部财务管理制度。这是搞好企业财务管理、建立企业财务管理秩序、避免损失浪费、提高经济效益、增强企业活力的需要,也是企业作为独立的商品生产经营者的需要。为了指导和帮助企业更好地制定企业内部财务管理制度,国家财政部以(94)财工字第194号文发布了《关于公交企业制定内部财务管理办法的指导意见》,汽车维修企业可参照其制定本企业的财务管理制度。

二 企业内部的财务管理体制

企业内部的财务管理体制主要是规定企业内部各项财务活动的运行方式,确定企业内部各级、各部门之间的财务关系。它要与企业总体财务管理体制相适应,同时根据企业规模大小、工作基础强弱研究确定,大体上有两种方式:

(1)在小型企业,通常采取一级核算方式。财务管理权限集中于厂部,厂部统一安排各项资金、处理财务收支、核算成本和盈亏;二级单位(班组或车间等)一般只负责管理、登记所使用的财产、物资,记录直接开支的费用,不负责管理资金,不核算成本的盈亏,不进行收支结算。

(2)在大中型企业,通常采取二级核算方式。除了厂部统一安排各项资金、处理财务收支、核算成本和盈亏以外,二级单位要负责管理一部分资金,核算成本,有的还要计算盈亏,相互之间的经济往来要进行计价结算;对于资金、成本等要核定计划指标,定期进行考核。

对实行企业内部经济核算制和经营责任制的企业,应建立以资金控制、收支管理、内部结算以及物质奖励为重点内容的企业内部财务管理制度。总之,对于企业内部财务管理体制,应根据企业的自身条件、结合实际来确定。其内容应视情况而定,具体形式可以灵活多样化。对于建立了现代企业制度的维修企业,如股份公司或有限责任公司等,应按照《中华人民共和国公司法》的要求建立企业内部的财务管理体制。

任务二　汽车维修企业的资产、负债、所有者权益

汽车维修企业的财务管理,要做好日常财务开支的计划、控制、核算、分析和考核等,不仅能反映企业在一定时期内生产经营管理活动(如费用收支)及其经营成果(如企业利润),而且还要能反映企业的基本财务状况(如资产、负债和所有者权益等),依法合理地筹集资金,并有效利用各项资金,提高企业的经济效益。

本任务主要学习汽车维修企业的资产、负债、所有者权益三个方面的概念,以及这三个方面所包含的具体内容。

一 资产

企业的生产经营管理活动必须要使用一定的资产。管好和用好资产是关系到企业存亡的大事。所谓资产，是指企业所拥有或控制的、能为企业提供经济效益的、所有能以货币计量的经济资源(包括资产存量和资产流量)。企业资产按其存在方式可分财产、债权和其他权利；按其变现或耗用时间可分固定资产、流动资金、长期投资、无形资产、递延资产和其他资产，如图7-1所示。

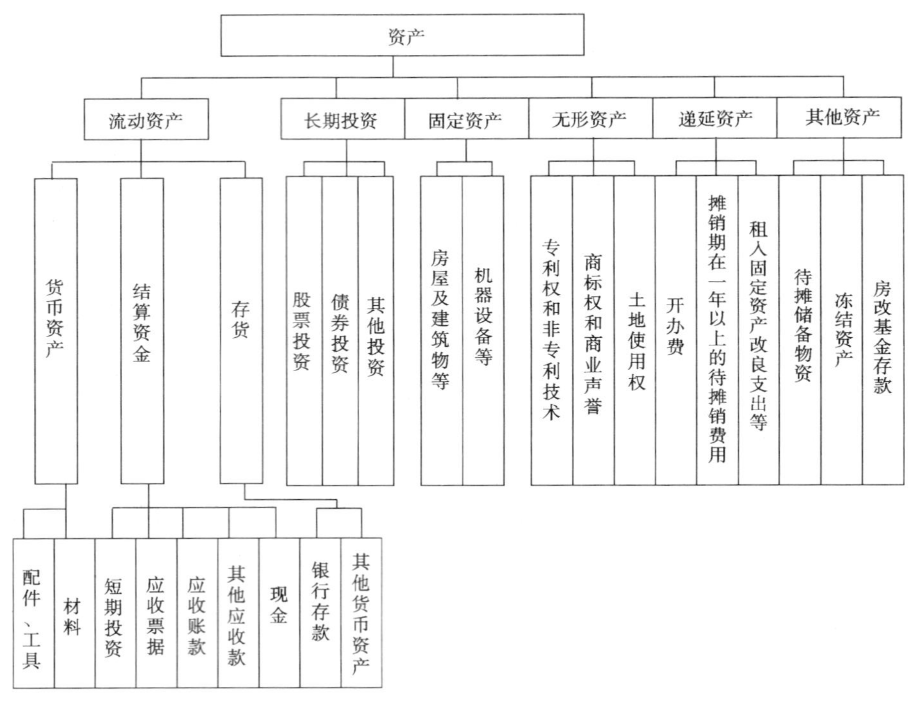

图7-1　资产分布情况

1 固定资产

所谓固定资产，是指使用年限在1年以上，单位价值在国家规定标准以上(如850元)，并且在使用过程中能保持其原有形态不变，但其价值却随着生产经营活动的延续而逐渐折旧、并在企业经营服务收入中逐渐得到补偿的资产。由于固定资产占用投资较多、回收期较长而变现能力较差，且有实物形态与价值形态相分离的特点，因而是企业资产管理中的重点。

固定资产包括：生产经营用固定资产、非生产经营用固定资产、租出固定资产、未使用固定资产、不需用固定资产、土地和融资租入固定资产等。

❶ 固定资产的管理

为了提高固定资产的使用效率，保护固定资产的安全和有效利用，必须做好固定资产的日常管理。固定资产管理主要包括：确定固定资产的需要量；做好固定资产管理的各项基础工作，搞好物业管理；正确提取固定资产折旧；认真做好固定资产的日常使用和维修。为此，对于固定资产：

（1）实行固定资产归口分级的专人管理。即在企业财务部门的统一协调下，按照固定资产分类、使用单位和使用地点的不同，实行各职能部门的归口分级管理，由此建立固定资产管理的岗位责任制和经济责任制，并层层落实。固定资产管理人员应每季度清查企业现有固定资产，若有毁损、丢失或盘亏、报废，需查明原因与责任，对责任人或责任单位酌情处罚，并在清查后经审批做账务处理。

（2）建立固定资产的卡片和台账。为了能详实地反映和监督企业内部固定资产的使用情况及增减情况，管好用好固定资产，应按照固定资产类别和使用部门分别设置固定资产卡片和台账，并要求账、卡、物三相符。其中，固定资产卡片应按单项固定资产分别设置；固定资产台账应按固定资产类别分别设置，并填入固定资产折旧、原值和现值等。

❷ 固定资产的合理维修和更新报废

固定资产在使用过程中会发生损耗，为了保证其正常使用、维持其良好技术状况，必须进行适时维修，维修费用可直接计入生产成本。但当数额较大时，为了均衡企业的生产成本和减轻费用负担，也可以采用待摊法或预提法。其中，预提法是将实际维修费用直接冲减预提费用，超出部分再计入成本费用。固定资产的更新是指用新的固定资产来更换报废的固定资产。固定资产的更新既可以是原样更新以实现固定资产的实物再现；也可以是新样更新以更加先进、更高效率的设备更换陈旧落后的设备，以不断提高企业固定资产的成新率，实现固定资产的扩大再生产。

2 流动资产

所谓流动资产，是指在企业的一个营业周期内（如1年）可以直接变现、直接流通使用的资产，包括货币资金、短期投资、应收账款、预付款和存货等。

❶ 货币资金

货币资金是指货币形态的资金，例如现金、支票和各种存款等，包括库存现金、银行存款、各种票据、有价证券等。

由于现金是企业中最灵活的流动资产。倘若企业缺乏足够的现金储备，将不能应付临时性的业务开支，从而丧失购买机会和造成信用损失等，使企业蒙受损失；但企业也不能储存大量现金，从而使这些资金不能参与周转而无法盈利。企业现金管理的目标，就是在现金的流动性和盈利性之间准确做出选择，以获取最大的长期利润。为此企业要特别做好现金及存款的日常管理，例如：①应确定最佳的现金持有量，编制现金收支计划，及时清理库存现

金。国家现行制度规定，企业的库存现金以3～5天的实际需要量为限；不得以现金收入直接支付付出、不得签发空头支票、不得租借账户、不得套用银行信用、不得保存账外公款（包括不得将公款以个人名义存入银行或者保存账外现金等）。为了提高现金的使用效率，现金收支管理应做好：保持现金的流入和流出时间一致，以保持库存现金基本不变。尽可能加速收款，缩短应收账款时间；并尽可能推迟应付款支付。②控制现金日常收支，做好现金日记账并做到日清日结、账款相符，努力实现企业收支平衡。③超过库存限额的现金必须存入银行，不准滞留或挪用。④要实行企业内部会计与出纳的相互牵制监督制度（即管钱的不管账、管账的不管钱）。

❷ 短期投资

短期投资是指企业购入能随时变现的，持有时间不超过1年的有价证券及其他投资，包括各种股票及债券等。短期投资按成本与市价孰低法计价，其收益以实际收到时间或高效收益实现时间记账，在未实现之前不进行预计。

❸ 应收及预付款

应收及预付款是指企业对外的预付货款、出借货币，以及应收而未收的账款（如应收票据、应收账款、其他应收款、预付货款、待摊派费用等）。其中，应收账款、应收票据、预付货款及其他应收款等都是因为企业预先支付了货币、销售了产品或者提供维修劳务等应收的款项；预付货款是因为要购买设备或材料配件等预付的款项。近年来汽车维修企业的应收账款明显增多，赊欠、坏账和死账时有发生，已成为流动资产管理中的严重问题。为此应事先做好信用调查和信用评价，并加强应收账款的日常控制和清欠回收，以减少呆死账和坏账损失。

❹ 存货

存货是指企业在生产经营活动中为了销售或耗用而储存的各种资产。由于汽车维修企业需要储备较多的维修配件、原材料和工具等，不仅占用额度很大，而且流动性很大，因此存货管理是汽车维修企业中的难点和重点，存货的日常管理直接关系到汽车维修企业的管理水平。

为了在保证日常业务的前提下尽可能地减少库存和资金占用，必须根据企业经营状况确定合理的存货量和加强库存物资的日常管理。例如建立与健全库房管理制度（包括存货出入库，检验、盘点、处理、维护，及安全消防制度等）；建立与健全原始记录及各种表格（包括采购计划，出入库单与销售单，日统计表及月统计表等）；并做好日常核对（如复核每日出入库记录及各种销售单据），发现问题及时上报处理；做好存货管理信息工作（包括供应信息，需求信息，库房缺存货信息等）。

控制存货的通常方法是在厂长/经理的直接领导下，实行流动资金的归口分级管理，将计划指标层层分解，落实到基层单位和个人；并按照资金管理、物资管理与资金使用相结合的原则，由财务部门编制存货计划，核定存货资金；由物资供应部门严格控制库存，定期清查盘点；由生产部门节约使用等。倘若出现盘盈、盘亏或损毁等情况，应查明原因及时处理。

3 长期投资

所谓长期投资，是指企业长期持有（超过一年）、近期不准备变现的投资（如股票、债券及其他投资等）。其中，股票是指股份制企业为了筹措资金而发行的有价证券，属于股权投资；而债券则是债务人为了筹措大额长期投资而向公众发行的债务凭证。公众购买债券仅是为了获得利息收入，属于权益投资。在长期投资管理中，第一，要正确估计投资方案，制定现金投入计划，严格按照财务计划来安排现金收支；并客观估计投资风险，估算投资风险报酬，为管理层提供决策依据。第二，以付款或投资时间作为投资的入账时间，以投资实际支出金额或资产评估价值作为投资入账价值。

4 无形资产

所谓无形资产，是指企业可以长期使用并能为企业提供收益而并没有实物形态的资产，如专利权和非专利技术、商标权和商业声誉、著作权、土地使用权等。无形资产是一种有偿特殊权利，可分有期限与无期限两类。

5 递延资产

所谓递延资产，是指企业发生的虽不能全部记入当年收益，但可在以后年度内分期摊销的各项费用，包括企业开办费、租入固定资产的改良费用，以及摊销期限一年以上的待摊费用等。

6 其他资产

其他资产是指除企业固定资产、流动资产、长期投资、无形资产、递延资产以外的资产，如特殊储备物资、冻结资产以及其他特种用途资产（如房改基金存款等）。

二 负债

所谓负债，是指企业承担的、能以货币计量的、需要以资产或劳务偿付的债务。如企业在生产经营管理活动中借入或占用其他单位或个人的资金等。负债可分为流动负债、长期负债及短期负债三类（图7-2）。其特点是：第一，负债虽是由过去的业务经济活动所引起的，但是需要企业将来用资金偿还，因而也是现时存在的；借债人的负债也是债权人的权益。第二，负债是能用货币衡量的，且有确切的债权人和明确的期限；为此各项负债均应按实际发生额记账，并由财务报告充分说明（对于数额未定的负债应合理预计记入，待确定实际数额后再进行调整）。第三，负债是不能相互抵消的，除非偿还或以新的负债形式取代原有负债。

1 流动负债

流动负债是指在一个营业周期内需要偿付的债务。包括短期借款、应付票据、应付账款、预收货款、应交税金、应付利润以及其他应付款、预提费用等。

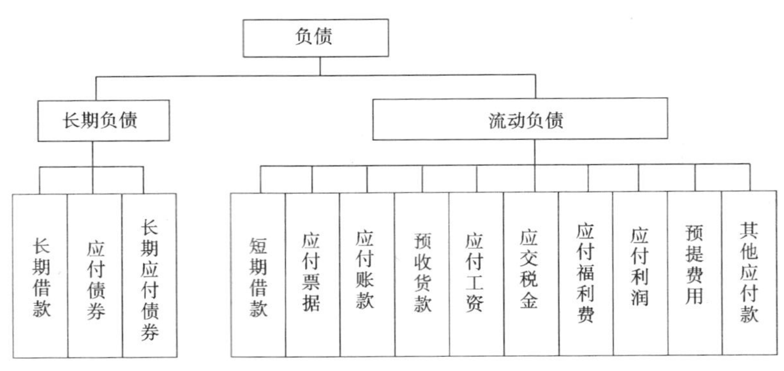

图 7-2　负债分布状况

(1)短期借款是指企业借入期限在一年以内的各种借款。

(2)应付票据是指企业在生产经营过程中对外发生债务时所开出的或承兑的汇票。

(3)应付账款是指企业在生产经营过程中因购买配件材料,以及外加工或外借工而发生的债务。

(4)预收货款是指企业在生产经营过程中预收的加工费或修理费。

(5)应付工资是指企业应付给职工的工资总额,包括工资总额内的各种工资、奖金和津贴等。当月工资按平均职工数计提,工资通过应付工资科目核算。

(6)应交税金是指企业应交的所得税和流转税。

(7)应付福利费是指企业应付给职工的各种福利费。例如集体的职工福利费、工会经费、职工教育经费,由企业统筹安排使用。

(8)应付利润是指企业应付而未付的利润和股利。

(9)其他应交款是指除税金利润以外的一切应付款,包括应交教育附加费、车辆购置附加费等。

(10)预提费用是指企业预提而尚未实际支付的费用,如预提的保险费、借款利息与租金等。

2 长期负债

长期负债是指为了购置固定资产或留作长期资金需要(如更新改造资金借款,科技开发和新产品试制资金借款等),偿还期超过 1 年的各种债务,包括长期借款、应付债券、长期应付款等。

(1)长期借款是指企业借入的期限在 1 年以上的各种借款。

(2)应付债券是指企业通过发行债券从社会上筹措的长期资金而发生的债务。

(3)长期应付款是指企业除长期借款、应付债券以外的其他应付款,如融资租赁固定资产等。

3 所有者权益

所有者权益是指企业投资人占有企业净资产的所有权。而所谓净资产是企业全部资产减去全部负债后的净额,包括投资者对企业投入的实收资本金,以及形成的资本公积金、盈余公积金和未分配利润等,如图7-3所示。

(1)实收资本金:是指实际收入的各种投资,如政府投资、单位投资、个人投资、外商投资等。

(2)资本公积金:是指企业在资本筹集和运作过程中所得收益而形成的专用资本金(如股本溢价,法定资产重估增值和接受捐赠资产、资本汇率折算差额增值等)。

(3)盈余公积金:是指按照国家规定从税后利润中提取的公积金、公益金。

(4)未分配利润。

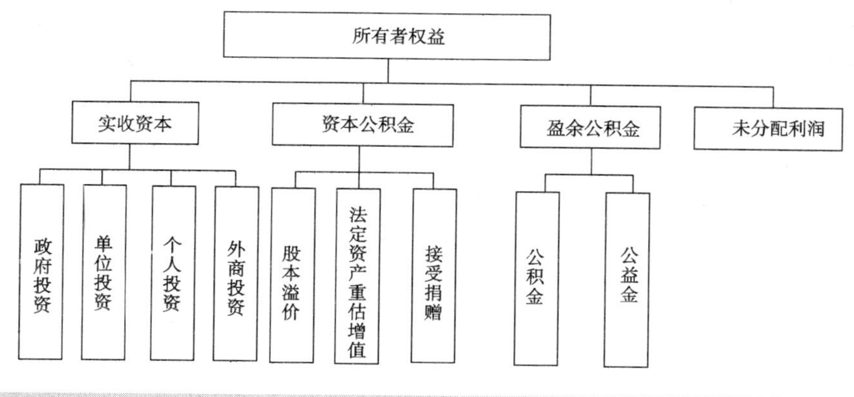

图7-3 所有者权益

任务三 汽车维修企业营业收入

营业收入是一个重要的财务指标,它是企业现金流入量的主要来源,是衡量企业经营成果的重要标志,是企业再生产顺利进行的必要条件,是实现企业利润的主要源泉。营业收入管理的主要内容包括对营业收入的核算和预测。弄清汽车维修企业营业收入的来龙去脉,掌握企业收入情况对管理人员尤为重要。

本任务主要学习汽车维修企业营业收入来源、收入的计算方法、收入折扣和折让的计算以及其他业务的核算。

汽车维修企业的营业收是指企业在生产经营中通过销售汽车零配件、提供汽车维修劳

务等所取得的收入，一般分为主营业务收入（即汽车维修收入）和副营业务收入（即其他业务收入）。

1 汽车维修收入（主营业务收入）

汽车维修企业的汽车维修收入是指企业提供汽车维修劳务等所取得的营业收入。它可以根据规定的工时定额、材料消耗总额和其他收入计算确定。它由汽车维修工时收入、材料配件收入和其他收入三个部分组成。

2 其他业务收入（副营业务收入）

汽车维修企业的其他业务收入是指各类主营业务以外的不独立核算的副营业务所取得的收入，如从事汽车配件零售与批发的收入等副营业务活动所取得的营业收入。

需要指出的是主营业务和副营业务内容的划分是相对的，其会因企业经营项目的多元化而发生变化，应根据具体情况来进行确定。

知识拓展

1 汽车维修企业营业收入的确认

企业应在发出商品和提供劳务，同时收讫或者取得索取价款的凭据时，确认企业的营业收入。其基本标志为：一是企业的商品已经发出或者劳务已提供；二是企业已经收到价款或者收到了收取价款的凭据。据此，对汽车维修营业收入，如果采取交款提车的管理方式，当车辆已经维修完毕并开出了发票收取了款项，则证明汽车维修劳务已提供完毕，便可确认营业收入已经实现；如果采用预收款项的办法，在车辆已经维修完毕，发票已经开出，则证明汽车维修劳务已经提供完毕，在发票账单已经开出和提走被维修车辆时，便可确认营业收入已经实现。

2 汽车维修收入的计算方法

汽车维修企业的汽车维修收入一般是由汽车维修工时费收入、汽车维修材料费收入和其他收入三部分组成，按此构成对其计算方法表述如下：

(1)汽车维修工时费收入的计算。汽车维修工时费收入是汽车维修取得的劳务收入，它按照汽车维修的结算工时定额和结算单价确定。其计算公式为

$$汽车维修工时费收入 = 结算工时定额 \times 工时单价$$

汽车维修结算工时定额一般由交通主管部门和物价部门联合制定，它是汽车维修企业向客户结算工时费收入的基本依据。据实耗工时计算，并取得托修业户的同意。

汽车维修工时单价也是由交通主管部门和物价部门联合制定的，它是汽车维修单位工时的收费标准。

(2)汽车维修材料费收入的计算。汽车维修材料费收入是为了补偿汽车维修所耗材料、配件等取得的营业收入，包括外购配件费收入、自制配件费收入、修旧配件费收入和辅助材

料费收入等。

①外购配件费收入：按实际购进和不含税价计算。

②自制配件费收入：按实际制造成本价计算。

③修旧零件费收入：指经修复后符合质量标准的基础件、总成件和零部件（不含就车修理加工的零部件）。修旧零件费收入一般按不超过现行市场价的50%计算。

④辅助材料费收入：汽车维修企业的辅助材料是指在汽车维修过程中共同消耗的一些其他材料，或者难以在各维修车辆之间划分的材料，其范围各地区的管理部门都有具体的规定。计算时一般是按照材料消耗定额进行计算，也有一些其他管理办法，如按照维修作业时工时定额乘以每定额小时辅助材料费用加以确定。

（3）其他收入。其他收入包括厂外加工费收入、材料管理费收入等。

①厂外加工费收入的计算：厂外加工费收入是指汽车维修企业由于进行厂外加工而向客户收取的营业收入。在汽车维修过程中，由于汽车维修企业的设备、技术等条件所限，有一些作业项目需要到厂外进行加工，从而发生的厂外加工费（不含税），此项费用由企业事先垫付，然后向客户收取。

计算时应注意，凡是包容托修方报修的维修类别范围之内的厂外加工项目，应按照相应的标准定额工时计算收取厂外加工费，不应再按厂外加工费进行重复收费。

②材料管理费收入：材料管理费由材料的采购、装卸、运输、保管、损耗等费用组成。其收入计算标准一般按一定的管理费率进行计算，具体标准各地交通主管部门、物价管理部门都有明确规定。如果在制定工时单价时，未考虑收取管理费的因素，还应按规定收取相应的管理费用。

（4）汽车维修收入的计算。汽车维修收入由汽车维修工时费收入、汽车维修材料费收入和其他收入三部分组成，其计算公式为：

汽车维修收入 = 工时费收入 + 材料费收入 + 其他收入

3 汽车维修收入折扣与折让的计算

汽车维修企业在生产经营活动中经常发生维修折扣与折让。按照企业财务通则和会计准则规定，应该冲减当期的汽车维修收入。

汽车维修折让是指在汽车维修过程中由于质量等问题客户要求对汽车配件的价格或汽车维修工时费给予一定的折让。其折让额的大小视具体情况由托修双方协商确定，以双方均能接受为原则。汽车维修折扣是指企业为了鼓励客户及时付款所规定的信用期限和一定的折扣率，只要客户能在规定的信用期限内支付款项将可享受一定的现金折扣，其折扣额的大小取决于信用期限和折扣率。如在1个月内付款享受2%的折扣，汽车维修折让与折扣的核算通常采用两种方法：一种是总额法，即汽车维修收入按照全额反映，实际发生的现金折扣单独反映，汽车维修的全额收入减去现金折扣之后得到汽车维修净收入；另一种是净额法，即汽车维修收入直接按照净收入进行反映，不单独核算现金折扣，汽车维修收入扣除现金折扣后再进行收入核算。

4 其他业务收入的核算

汽车维修企业除了汽车维修业务之外，还有其他的经营业务，其他经营业务活动所取得的收入被称为其他业务收入。例如：不进行单独核算的附属车队为外单位提供劳务而取得的收入、企业零星销售配件等取得的收入、出租固定资产所取得的收入以及废旧物资出售所取得的收入等都属于汽车维修企业的其他业务收入。这些收入通过“其他业务收入”账户据实记载，单独核算。

任务四　汽车维修企业成本与费用

任务导入

汽车维修企业在生产经营活动中所发生各项消耗的货币体现称为费用。由于各级汽车维修的实际作业内容差异较大，且费用收入大多只有在车辆维修竣工后才能实现，因此根据收入和为获得这些收入而付出相应费用相结合的原则，对于汽车维修企业生产经营管理活动中所发生的各项耗费可分经营成本与期间费用两类。

学习指引

本任务主要学习汽车维修企业的营业成本和费用，以及汽车维修企业的成本管理与经济核算。

相关知识

一　汽车维修企业的经营成本

成本是企业在生产经营管理活动中为取得营业收入而直接耗费的各种价值的货币支出量的总和。

汽车维修企业的经营成本，是指汽车维修企业为汽车销售与维修业务需要而发生的生产经营管理费用；它需要在车辆销售或维修完成并实现收入后才能转化的、可以按车辆归属的、但并不一定能按会计期划分的费用。

汽车维修企业的经营成本包括直接成本和间接成本两类。

1　汽车维修企业的直接成本

汽车维修企业的直接成本是指汽车维修过程中直接消耗的材料费用和人工费用。包括：

（1）直接材料费用，指企业在汽车维修过程中所实际消耗的汽车配件费、汽车维修辅助材料费，以及燃料费、动力费、包装费、废品损失费等。

(2)直接人工费用,指企业直接从事汽车维修的生产人员工资、奖金、津贴和补贴。

(3)其他直接费用,指直接从事汽车维修的生产人员的职工福利费等(汽车维修企业的职工福利费通常是按照生产人员工资的14%计提的)。

2 汽车维修企业的间接成本

汽车维修企业的间接成本是指在汽车维修过程中间接发生的材料费用及人工费用、车间经费及企业管理费。包括:

(1)企业非直接生产人员(包括管理人员)的办公费、差旅费、工资、奖金、津贴及补贴、福利费、保险费、劳动保护费。

(2)生产厂房使用维修费、取暖费、水电费、运输费、停工损失费、固定资产的租赁费、折旧费与大修理费、物料消耗费及低值易耗品费以及其他费用等。倘若企业内设有辅助性机修车间,还包括该机修车间所发生的各种费用。

由于汽车维修企业的企业规模一般较小,除了将直接消耗的汽车配件费作为企业维修该车辆的直接成本外,其他费用(如汽车维修人员的工资、维修辅助材料费及与维修相关的其他费用)均可作为企业的间接成本,并直到期末后才分配到各维修车辆上,再计算各维修车辆的单车成本。

二 汽车维修企业的期间费用

汽车维修企业的期间费用是难以认定其车辆归属,因而暂不能计入企业经营成本;但可与当期收入配合,按其发生的当期,计入当期企业损益的费用。

汽车维修企业的期间费用包括经营费用、管理费用和财务费用。

(1)经营费用是指汽车维修企业在生产经营过程中所发生的费用,如配件的采购费用、运输费用、销售费用、储存费用和盘亏、保险费、展览费、广告费,以及经营人员的工资、福利费、业务费等。在小型汽车维修企业,企业经营费用通常合并于企业管理费用。

(2)企业管理费是指企业的行政管理部门为管理和组织企业的生产经营活动而发生的各项费用,例如:公司经费、办公费、差旅费、招待费、工会经费、教育费、劳动保险费、绿化排污费、税金、土地费、技术转让费、无形资产摊销、管理人员工资及福利费以及其他管理费用。为了控制企业管理费用,汽车维修企业通常制定有《费用报销管理条例》。

(3)财务费用是指企业财务活动所发生的各项费用,包括企业在生产经营期间发生的利息损益、汇兑损益、金融机构所收取的手续费、坏账损失费,以及企业为筹集资金所发生的其他费用。

汽车维修企业的成本管理与经济核算

汽车维修企业的成本管理与费用管理是企业财务管理中的核心内容。加强企业成本管

理与费用管理可以减少成本与费用开支，提高企业经济效益，从而增强企业的生产竞争能力。

1 汽车维修企业的成本管理

汽车维修企业进行成本管理和控制的目的，就是为了降低生产经营管理成本，以提高企业经济效益。其意义是：①降低生产经营管理成本，可以减少物化劳动和活劳动消耗，从而减少企业资金占用，节约人力和物力消耗；②在销售价格与维修价格不变的情况下，降低生产经营管理成本，这不仅可增加企业利润，而且也提高了企业竞争力；③通过生产经营管理的成本的控制，可以分析企业费用消耗的结构和水平，从而找出差距，并不断改进。

汽车维修企业成本管理的内容包括：成本预测与成本计划、成本控制与成本核算、成本检查与分析等。汽车维修企业成本控制的基本程序为：①制定成本控制标准，即根据成本预测与成本计划制定相应的成本控制标准，并进行相应的成本控制与成本核算；②成本原因分析。即检查与分析实际成本差异的主要原因；③及时纠正偏差。根据成本差异及成本信息，及时进行纠正。为了搞好汽车维修企业的成本管理，应建立相应的原始凭证和核算制度，确定成本控制的时间和程序等。

汽车维修企业生产经营管理者在成本管理中应重点抓好以下各项工作：

(1)加强企业成本管理的思想教育和组织领导；落实成本管理责任制，明确各职能人员岗位责任。

(2)加强各项技术经济定额管理，并严格考核各职能部门技术经济定额的执行情况。

所谓技术经济定额是汽车维修企业在一定的生产条件下，进行生产经营管理活动所应遵守或达到的限额，也是汽车维修企业实行经济核算、分析经济效益和考核经营管理水平的依据，汽车维修企业的技术经济定额指标有：①各类车型、各级汽车维修作业的劳动工时定额；②各类车型、各级汽车维修作业的物资消耗定额；③各类车型、各级汽车维修作业的费用定额。

在制定技术经济定额时，应考虑企业的实际环境与实际条件、所维修车型及人员素质等，并参照汽车维修行业的平均先进水平。

(3)合理编制成本目标与成本计划，严格控制和监督成本与费用的执行情况。明确成本与费用的责任单位，实施各类成本与费用的分级归口管理(如管理科室负责其管理费用，配件部门负责其仓储费用，财务部门负责其财务费用等)，并严格控制各类费用定额的开支范围(不得超范围超额支出)。其中，要严格控制汽车销售成本与汽车维修成本，关键是要做好存货控制和采购控制，防止销售或采购的不正之风等。

成本和费用的计提一般应按其实际消耗数量和账面单价进行计算。例如汽车维修企业在生产经营活动中所发生的各项费用，应按其受益期内的实际发生数直接计入或分摊计入。既不得将不属于成本开支范围的费用列为成本，也不得将应该列为成本的费用由其他费用开支；不得将由本期负担的费用计入它期成本，且不得以计划成本、定额成本或估计成本代替实际成本。例如，下列各项支出不得列入生产成本：固定资产的购置或建造费用；无形资产的购入费用；归还固定资产投资借款的本金和在固定资产投入使用前发生的借款利息和

折合差额;职工福利基金中的开支费用;企业对外投资以及分配给投资者的利润;与生产经营业务无关的其他支出(如被没收财物,支付的各种滞纳金、罚金,企业赞助费和捐助费等)。

(4)对于企业的新老产品要规划一定时期的成本目标,并遵照技术与经济相结合的原则,定期开展企业的技术经济活动分析,抓好成本与费用的对比分析,例如分析各种费用的支付情况,并查找各项成本与费用的产生原因及相应控制措施等。

(5)加强企业内部成本核算基础工作。例如在生产过程中做好各种原始记录(如材料消耗记录、工时记录等),做好计量、验收和物资发放工作,并开展企业内部单车核算、车间核算或班组核算。

2 加强汽车维修企业的内部经济核算

所谓企业内部经济核算,是利用会计核算,用价值形式对企业中的物化劳动和活劳动耗费进行统计、监督和比较,从而对企业的生产经营管理成果进行考核和分析。

实行企业内部经济核算是实施现代企业管理、提高企业经济效益的重要原则。为此,企业经济核算也要像全面质量管理一样实行全面经济核算,从而对企业内部的全部生产经营管理活动进行全面的、全员的、全过程的核算。其核算内容包括:①劳动耗费的核算,它是将劳动耗费(活劳动耗费与物化劳动耗费,即企业的生产费用或生产成本)与劳动成果(产值和利润)的比较;②劳动占用的核算,它是将劳动占用(活劳动占用与物化劳动占用,即企业投入资产及资金)与劳动成果(产值和利润)的比较。

在企业内部经济核算中,为了彻底打破大锅饭,必须做好按维修车辆为户头的"单车核算"与按维修班组为户头的"班组核算"。前者是按维修车辆为户头,进行每台维修车辆的收费、耗费与利润的核算;后者是按维修班组为户头,进行每个维修班组的收费、耗费与利润的核算。

为了加强企业内部的全面经济核算,准确地反映企业生产成本和正确地核算企业经济效益,就必须做好企业成本管理的基础工作。包括:①加强计划管理;②实行定额管理;③加强计量验收;④建立资产和物资盘存制度;⑤健全工料消耗考核记录等。

企业财务在考核企业经济效益时的一般原则是:①必须按照国家会计制度进行核算,正确地确定企业的期间收益和成本费用;且不得随意更改会计处理方法;②严格区分收益性支出和资本性支出。如实地反映财务状况和经营成果;③所用的会计记录和会计报表必须清晰、简明、易懂;所提供的会计信息必须真实、全面、准确和及时,并重点列报影响企业经营决策的重要经济业务往来。

任务五　汽车维修企业利润分配

汽车维修企业的利润是企业在一定经营期内,通过汽车维修服务、汽车与配件营销等所

取得的财务成果，它综合反映了汽车维修企业各项技术经济指标的完成情况以及企业生产经营管理的经济效益。

本任务主要学习汽车维修企业利润的概念，汽车维修企业利润的计算方法，汽车维修企业利润分配的原则，影响财务收益分配的因素和收益分配政策。

所谓企业利润，是企业各项业务收入在扣除各项生产成本和税金以后的差额，它通常采用“结账法”算出，即：

产品税后利润 = 产品价值 − 产品成本 − 税金

由上式可知，企业的利润，不仅要依靠汽车维修企业业务收入量的增长（即开源和创收），也要依靠汽车维修企业业务支出量的节约（即节流和降耗），不断降低生产成本。企业利润的增长与企业营业收入的增长成正比，而与企业的生产成本上升成反比。

一　企业利润的计算

汽车维修企业的利润计算公式为：

利润总额 =（营业利润 + 投资净收益 + 营业外收支净额）− 营业外支出

1　营业利润

营业利润是指汽车维修企业的税后营业的业务利润（由汽车维修劳务所取得的基本业务利润和其他业务利润组成）扣除汽车维修中的企业管理费用和财务费用后所取得的经营成果。计算公式为：

营业利润 =（汽车维修利润 + 其他业务利润）− 管理费用 − 财务费用

其他业务利润 = 其他业务收入 − 其他业务支出

其中：

汽车维修利润 = 汽车维修收入 −（汽车维修成本 + 汽车维修经营费用 + 汽车维修营业税及附加费）

2　投资净收益

投资净收益是指汽车维修企业的投资收益扣除投资损失后的净值（税后数额）。计算公

式为：

$$投资净收益 = 企业投资收益 - 投资损失$$

其中，企业投资收益包括企业在对外投资（入股或债券）中所分得的利润或利息、投资到期收回或者中途转让后所取得的净增值等。投资损失包括企业对外投资（入股或债券）在到期收回或者中途转让时出现的损失，以及按照股权投资比例所应分担的亏损额。

3 营业外收支净额

营业外收支净额是指与企业的主营业务无直接关联的额外收入，即营业外收入减去营业外支出后的余额，例如固定资产的盘盈或出售的净收入、罚款收入、教育附加费返还等。营业外支出是指与企业的主营业务无直接关联的额外支出，例如固定资产盘亏和报损、非正常原因的停工损失费、救急和捐赠、赔款与违约金等。

二 企业利润的分配

1 分配原则

汽车维修企业在一定的经营期内所获得的利润，在分配时要正确处理国家、集体、个人三者间的利益关系。

(1)按照现行税法规定，按企业所得利润额与所得税率（企业利润的33%），向国家缴纳所得税。

(2)在交纳所得税后的税后利润中，按照下列次序和原则实行分配：①支付被没收财产损失，支付滞纳金和罚款；②弥补企业以前的亏损；③提取法定公积金和法定公益金；④向投资者分配利润。

2 税后利润的分配及注意事项

在财务报告中应分项列示其利润构成和利润分配项目，并按税后利润减去弥补亏损和扣除有关费用后的余额，计提10%的法定盈余公积金、10%的任意盈余公积金、5%～10%的法定盈余公益金，该三项资金的使用权在总经理。

在计算税后利润分配时应注意的问题是：

(1)若企业以前年度亏损未弥补完的，不得提取盈余公积金和盈余公益金。

(2)提取的盈余公积金用于弥补公司亏损、扩大生产，或转为公司资本转增资本金。但转增资本金后，企业的法定盈余公积金一般不得低于注册资本的15%。提取的盈余公积金可以用于职工集体福利设施。

(3)提取法定盈余公积金及任意盈余公积金后，所剩利润再按股权比例分配；但当所提取的法定盈余公积金已达到注册资本50%时不再提取；当公司法定盈余公积金不足以弥补上年度亏损时，在提取法定盈余公积金及盈余公益金之前应先用当年利润弥补亏损，不得向投资者分配利润。

(4)企业以前未分配利润可以并入本年度的利润分配。

(5)企业在向投资者分配利润前,经董事会决定,可以提取任意盈余公积金。但若企业当年无利润时不得向投资者分配利润。

3 影响财务收益分配的因素

1 法律因素

为了保护债权人权益,我国法律对财务收益的分配做了如下规定:①资本保全,即不得用资本发放股利;②企业积累,规定企业必须提取法定盈余公积金用以企业积累;③净利润。企业只有净利润时才能进行收益分配,并且必须先弥补亏损。

2 股东因素

有些股东希望有稳定收益,而另一些股东希望能避税,但大多数股东为了获得较大收益而希望发放更多股份,其结果却影响了控制权。

3 企业因素

就企业经营需要而言:盈余的稳定性越高,则企业分配政策也就越稳定;资产的成本越低或债务越少,则收益分配的可能性及分配比例可能越大。

4 汽车维修企业的收益分配政策

汽车维修企业的收益分配政策主要有以下三种:

1 剩余股利的分配政策

预先确定企业的资本结构,在先满足资本结构需要的前提下倘若还有剩余,再进行收益分配。这是一种能满足企业发展需要的收益分配政策。

2 固定或持续增长的分配政策

将盈余按照一定比例或一定增长比例发放股利。这种分配政策有利于稳定人心并获得市场认可,但需要与收益脱钩,否则多盈多分可能会造成企业不稳定。

3 低于正常股利加额外股利的分配政策

每年保持一个较低正常股利,当盈余额较高时再额外加发部分股利。这种政策具有较大的灵活性,有利于吸收股东投资。

任务六 汽车维修企业财务报告

目前我国会计的记账方式通常都采用"复式记账法"。它是在记账时对于每项经济业务往来都需要同时在左侧借方(或增加)和右侧贷方(或减少)的多个会计科目中进行登记,以

便全面地反映资金的占用与资金来源的增减变动。复式记账法是根据资金占用和资金来源相平衡的原理建立的,有借必有贷,有贷必有借,资金占用与资金来源的总额相等。因此,在资金占用科目中,借方反映金额增加,贷方反映金额减少;而在资金来源科目中,借方反映金额减少,贷方反映金额增加。

本任务主要学习汽车维修企业财务报告的作用与分类,财务报告的编制。

企业财务报告的作用与分类

汽车维修企业的财务报告是反映企业财务状况和经营成果的书面报告,它是把经过完整登记的、核对无误的账簿记录及其他有关资料集中起来归类整理,使之更集中、更概括、更有条理地反映出企业的经营状况和经营成果。

1 汽车维修企业财务报告的作用

企业通过编制财务报表来报告企业的财务状况。其作用是:

(1)帮助企业管理者通过财务报表了解本企业的资产负债情况及企业的经营成果和经济效益,并分析和考核企业财务的成本计划和费用预算,从中发现问题和采取措施,改进企业经营管理,提高企业经济效益。

(2)帮助企业投资者和债权人通过企业财务报表了解企业的经营状况和经济效益,并预测趋势,制定正确的投资决策和信贷决策。

(3)有利于财政、税务、行政等部门,通过财务报表了解企业的财政信贷情况、税金上缴和利润分配情况,以及财经纪律执行情况,从而对企业实施有效的管理和监督。

(4)有利于国家经济综合管理部门,通过企业财务报表测算综合国力,制定国民经济发展规划,调整和完善市场经济体制。

2 汽车维修企业的财务报告的要求

(1)及时而客观地编制财务报告,定期按时地向企业管理者提供《资产负债表》、《损益表》、《财务状况变动表》,企业内部经营管理所需的《内部财务管理报表》,及有关附表和财务状况说明书等。

(2)登记完整、核对无误的会计账簿和其他有关会计资料是编制财务报告的主要依据。编制时不仅要在会计计量和填表方法上应该保持前后一致,不可随意变动,而且要求数据真实、计算准确、内容完整、报送及时。对其中的重大问题应单项说明,从而使阅读者不产生误解和偏见,能准确有效地满足企业管理的决策需要。

(3)应严格按项目属性,选用会计科目填报会计报表,并准确完整地反映各项目性质和补充资料。

3 汽车维修企业财务报告的分类

企业财务报告的主要种类有:

(1)列举期末企业资产和资产权益归属及其资金来源的《资产负债表》。

(2)概述企业在本年度获利绩效的《损益表》。

(3)概述本年度企业的《财务状况变动表》。

除此以外,还有《现金流量表》、《利润分配表》、《主要业务收支明细表》和《财务情况说明书》等。

根据财务报告的目的不同,各种财务报告都可以分为“外部报告”与“内部报告”两类。其中,外部财务报告的目的是为了让企业债权人或所有者更好地参与企业管理,为此不仅要求格式正规、简明扼要(只有结果而无分析),而且要求按公认的会计原则编制且编制后经公正的会计师事务所查核,以使外部财务报告具有公正性。内部财务报告的目的则仅是为了让企业管理者能够更好地掌握和分析企业的经营环境和财务状况,因此其格式不仅要方便于企业管理者的阅读和使用,而且还要有详尽的分析与说明等。

财务报告的编制

1《资产负债表》

《资产负债表》是用以概括反映企业在某会计期末、在该会计期内的财务状况(即提供资产存量和权益存量)的静态报表,故又称《财务状况报表》。

根据现行制度规定,《资产负债表》通常采用复式账户结构(表7-1)。即在左栏的企业资产栏目中,说明企业资产的项目组成(包括流动资产、长期投资、固定资产、无形资产及递延资产、其他资产六类);在右栏的负债和所有者权益栏目中,说明企业在资产运作过程中,企业资产是如何取得、如何运作和如何变动的,包括流动负债、长期负债、所有者权益三类。这种分类方式和排列形式不仅能使项目关系十分清晰,而且还便于提供企业财务状况的重要信息。

《资产负债表》不仅汇总了企业的营业收入、营业费用和期末营业利润,而且还反映了企业期末的资产、负债和所有者权益的平衡状况。其基本会计式是:“资产 = 负债 + 所有者权益”。由此可知,增加营业收入可以直接增加资产或减少负债;成本费用的增加会减少资产或增加负债。它与《损益表》的关系是:当销售收入增加时资产增加而负债减少;若成本费用提高时则资产减少而负债增加。

《资产负债表》中同时设置的年初数和期末数两栏,用以分别反映本企业两个财务年度

的财务状况，从而可通过比较找出其变动的原因和趋势。倘若将表内的流动资产合计减去流动负债合计后的净值，可以说明企业的财力状况；将净利减去现金股利后的余值称为保留盈余，它是企业生产经营管理活动所增值的资金，与外来股东资本和负债都不同。

某汽车维修厂的资产负债表(外部财务报告)　　表 7-1

资　产	行次	年初数	期末数	负债及所有者权益	行次	年初数	期末数
一、流动资产				一、流动负债			
货币资金	1	150600	378900	短期借款	46	300000	650000
短期投资	2			应付票据	47	320000	200000
应收票据	3	120000	148000	应付账款	48	42000	40000
应收账款	4	10000		其他应付款	50		
其他应收款	8	25000		应付工资	51		
存货	9	670000	819475	应付福利费	52	8000	21000
待摊费用	10	2400	5600	未交税金	53	2400	59031
待处理流动资产净损失	11			未付利润	54	110000	100000
流动资产合计	20	955500	1351975	预提费用	56	15000	21000
二、长期投资				流动负债合计	65	797400	1091033
长期投资	21	150000	120000	二、长期负债			
三、固定资产				长期借款	66		
固定定期资产原值	24	2300000	2000000	应付债券	67		
减：累计折旧	25	600000	562000	长期负债合计			
固定资产净值	26	1700000	1438000				
待处理固定资产净损失	29			三、所有者权益			
固定资产合计	35	1700000	1438000	实收资本	78	1800000	1600000
四、无形资产及递延资产				资本公积金	79	65600	12000
无形资产	36	25000	9000	盈余公积金	80	62500	111900
递延资产	37	10000	3000	未分配利润	81	115000	107044
无形资产及递延资产合计	40	35000	12000	所有者权益合计	85	2043100	1830944
资产总计	45	2840500	2921975	负债及所有者权益合计	90	2840500	2921975

专门为企业管理者编制的内部《资产负债表》如图 7-4 所示，它与外部《资产负债表》的差别是，它对其中的项目和程序都进行了为方便于企业管理者阅读和分析的导向性安排。它在表中首先列出公司的营业资产，随后减去营业负债，得到净营业资产。以此说明企业为了开展正常的生产经营活动，必须先要拥有资产，这就需要企业筹措资本，结果使企业出现了债务。为了界定债务的款项，在新式的《资产负债表》中，企业负债包括了所有的付息负债，而不包括无息营业性负债。因为从财务管理的角度看，不同形态的负债需要采取不同的对策。例如大多数营业性负债是不需要支付利息的，因此可以利用其作为短期性投资以赚取利息；但倘若是企业借款或所有者入股资金等在超过了原定信用期而未付清应付账款的，都是要支付罚款和利息的。为此企业管理者必须清楚知道企业营运中所必需的资产与负债，以及企业的营销规模和企业必须筹集的资金总额等。

期末	今年	去年	说明
运营资产			
现金	¥2053304	¥2503440	现金通常在一或多个支票存款账户里(国内多半还包括活期存款户，售后店柜台里的)。可变现金，则是把可变性的潜在资金、短期持有的有价证券也包括在现金余额里。
应付账款	4630032	3858800	三种基本的短期营运资产，其周转周期一般为1~3个月，某些企业甚至为%5~6个月
存货	7824752	662104	
预付费用	937408	742680	
土地、厂房、设备的原始成本	15891600	12776400	这些长期营运资产的耐用年限自3~5年，至建筑物的30年以上都有。其原始购入成本（土地例外）依所估计的耐用年限摊提折旧。
减：累计折旧	（3617120）	（2714784）	这是自购买日开始，资产原始成本已提列折旧费用的累积余额。
营运资产总计	¥27719976	¥23787440	
营运负债			
应付账款			
存货	¥2407616	¥2146400	这些是自二中营运来源产生的无息短期负债：（1）以信用交易方式购买存货；（2）先入账后付款的费用报销。简言之，这些是未付的账单。
营运费用	703056	497728	
应付账款总计	¥1508312	¥1186048	
应计费用			
营运费用	1406112	1103200	这些非来自采购的费用都已登录，其目的在将当期所有的费用与销售收入比较，好评估当期的利润绩效。例如应计员工假期、生病给付和年末尚未支付的福利津贴等。
利息费用	102200	82848	
总应计费用	¥1508312	¥2644128	
应付所得税	¥107052	¥93392	不一定指那些年末已缴的所得税。这是一个未付款项，通常在2~3个月内要支付。
营运负债总计	¥4726135	¥3923568	
净营运资产	¥22993840	¥19863872	
资金来源			
短期借款	¥3400000	¥3000000	来自于借款的计息负债。短期即一年或一年内；长期可从2~20年，甚至更多。附注披露了长期票据或公司发行的债券的到期日。
长期借款	4400000	3800000	
计息债务总计	¥7800000	¥6800000	
股本	5800000	5000000	股东权益来源：（1）业主投资的资金，并获得配股；（2）为发放的股利，继续保留在该企业里。
保留盈余	9393840	8063872	
股东权益总计	¥14473840	¥13063872	
负债和股东权益总计	¥22993840	¥19863872	

图7-4　某汽车维修厂的资产负债表(内部财务报告)

2《损益表》

《损益表》是反映企业最近期间的经营情况和企业获利的状况表，见表7-2，又称《利润表》。《损益表》的最终结果是本期净利，其计算公式为：

企业利润＝营业收入（或销售收入）－成本及费用

我国的《损益表》多采用上下加减的多表式报告结构，它是按利润总额的形成过程逐步计算得出利润总额的。其计算步骤是：①计算汽车维修利润：汽车维修利润＝汽车维修收入－汽车维修成本－汽车维修经营费用－营业税金及附加；②计算企业营业利润：企业营业利润＝汽车维修利润＋其他业务利润－管理费用－财务费用；③计算企业利润总额：企业利润总额＝营业利润＋投资收益＋营业外收入－营业外支出。

某汽车维修厂损益表（外部财务报告）　　表7-2

项　　目	行　　次	本　月　数	本年累计数
一、汽车维修收入	1	342000	4100000
减：汽车维修成本	2	220000	2670000
减：汽车维修经营费用	3	1350	25000
减：营业税及附加	4	34200	410000
二、汽车维修利润	7	86450	995000
加：其他业务利润	9	1400	10000
减：管理费用	10	18950	237000
减：财务费用	11	13240	160000
三、营业利润	14	55660	608000
加：投资收益	15	80000	85000
加：营业外收入	16	3000	45000
减：营业外支出	17	2000	38000
四、利润总额	20	64660	700000

在《损益表》的本月数与本年累计数两栏目中，本月数反映本月所发生的实际数；月末数是将各收支账户发生额填入《损益表》后，再按照利润计算公式进行计算所确定的利润总额。

企业内部《损益表》不仅要为企业管理者提供必需的各项基本费用数额及其解释，而且还要如实地反映企业销售收入、成本费用和企业利润、资产与负债，由此决定着企业的营运资产和营运负债，决定着企业的利润，因而内部《损益表》是企业管理者分析企业经营情况，做出财务决策的最重要财务报告。

企业内部《损益表》的分析过程，将营业收入减去固定营业费用（即固定营业成本＋固定折旧费用）和生产费用后，得到营业毛利（即税前利润）；将营业毛利减去利息和所得税后得到税后利润或净利润。

其中，固定营业成本是指不随着营业收入变化的固定费用支出（如职工薪资、办公室租金、年度财产税，各种保险费和保证费，会计师签证费等）。固定折旧费用是指除土地外的长期或固定的营业资产在账面价值上采用年度平均法进行平均摊提的必须专款专用的费用。生产费用是指随营业额增大而变小的经营成本。需要摊销或摊提的还有存货损失（如处理存货，库存盘亏等）、坏账损失（成为死账或呆账的应收账款）。其中，存货损失应包括在销售成本里，而坏账损失应列入固定营运费用中。需要扣除的税费是指在目前税制中常用的

企业固定所得税。利息则须在内部损益表中单独列出，并区分企业所有借款的短期和长期借款利息，以便分析借款的结构类型。营运负债是指为了获得利润所必需的负债。

3 《现金流量表》

《现金流量表》是用以反映当期现金的用途及动态的流量报表。外部《现金流量表》见表7-3，与内部《现金流量表》两者尽管格式不同，但其最终结果都是现金的净增减差额。其计算公式是：现金变动金额 = 收入现金 - 现金支出。其中，现金收入包括营销收入、企业内部现金收入、借款和股东投资等其他来源现金；现金支出包括分派给所有者的现金股利、偿还债务、投资资本支出等。

现金流量表（外部财务报告）

××××年度　　　　表7-3

现金流量	数量	增减	现金流量	数量	增减
营业活动产生的现金流量			营业活动的净现金流入		
本期净利	2079968		投资活动的现金流量		-3115200
营运资产及负债的变动	-771232		购买土地、厂房及设备		
应收账款	-1203834		投资活动产生的现金流量	400000	
存货	-194728		短期借款增加	60000	
预付费用	466544		长期借款	80000	
应付账款	322264		现金入股	-750000	1050000
应计费用	13760		发放现金股利		-450136
应付所得税	902336	-464904	本期现金净减少		
折旧费用		1615064			

现金流量与营运资产的变动方向相反，而与营运负债的变动方向相同。即营运资产增加或营运负债减少时其现金流量减少；营运资产减少或营运负债增加时其现金流量增加。但现金余额并非就是净利。为此在财务分析时需要将应收账款、存货及预付费用的期初余额与期末余额进行比较，以分析现金流量对营运资产和营运负债的影响。

《现金流量表》可以指导企业管理者运用可动现金，帮助其投资和理财。需要注意的是，尽管折旧费用的加回计算将使可动现金流量似乎增多，但绝不能挪用，因为这是准备用于固定资产更新或留作企业破产时营运现金的余额，或者偿还借款/股本等。为了预防舞弊，企业管理者应该特别对《现金流量表》中的应收账款、存货及应付账款保持警觉。

4 《内部财务控制报表》

为了完成企业原定的计划目标，需要企业管理者通过一系列的财务决策和财务控制。为此需要编制《内部财务控制报表》，以掌握企业在生产经营管理过程中反馈的必要信息。例如销售额、售价折让、产品成本、费用预算、现金流量等。除此之外，该报表还应有评价企业投资绩效及其成败原因的解释。

当然，要编制《内部财务控制报表》，首先就要编制内部《损益表》，并分析企业利润的变化，列举明显影响企业利润的主要因素。在编制企业内部的《资产负债表》、《现金流量表》时，还应密切注意资产和负债的变化情况（特别是营运资产和营运负债的比率变动）。一般

而言,来自营运利润的现金流量应等于公司营运资产和负债的变动。

为使企业管理者能够很好地应用《内部财务控制报表》以实施有效的管理和控制,会计人员应根据管理者的职责分别编制(例如为采购经理编制存货和供应商控制报告,为业务经理编制应收账款和客户控制报告,为销售经理编制销售和销售人员控制报告等),并附加摘要和附录等,以提供更多的详情和细节,甚至还包括计算过程、解释及分析;包括过期的应收账款清单、过久的存货清单、客户高退换率的产品清单,以及经常超预算的费用开支等。除此以外,不仅应当反映当期情况,而且还要与上期比较,以说明企业的发展趋势。报告的编制间隔有的是每天编报,但常见的是按月或按季编报。

《内部财务控制报表》相当于企业内部的审计报告,属于企业内部机密会计文件。因为在此报告中可能会披露企业生产经营管理者的决策失误及其主客观原因,包括查核物品、审查账目、侦测企业内部可能存在的非法行为等。

任务七 汽车维修企业财务分析

任务导入

汽车维修企业财务分析是以企业财务报告等会计资料为基础,对企业的财务状况和经营进行分析和评价的一种方法。财务分析是财务管理的重要方法之一,它既是对已完成的财务活动的总结,又是财务预测的前提。通过财务分析可以评价企业一定时期的财务状况,揭示企业生产经营活动中存在的问题,总结财务管理工作的经验教训,为企业生产经营决策和财务决策提供重要的依据;通过财务分析可以对企业投资者提供系统完整的财务分析资料,便于他们了解企业的财务状况和经营成果,为他们做出投资决策提供依据;通过财务分析,可以检查企业内部各职能部门和单位完成财务计划指标的情况,考核各部门和单位的工作业绩,以便揭示管理中存在的问题,总结经验教训,提高管理水平。

财务分析的基本内容,可以简要地概括为:依据财务报告和资料,运用财务分析方法和财务指标进行财务能力的分析与评价。

学习指引

本任务主要学习以下内容:财务报告和资料;财务报告的分析方法;财务分析的常用指标;财务分析和成本控制。

相关知识

一 财务报告和资料

进行财务分析所依据的主要资料是企业的财务报告。企业财务报告是反映企业财务状况和经营成果的书面文件。它包括会计报表主表、附表、会计报表附注和财务情况说明书。会计报表主表有资产负债表、利润表、财务状况变动表(或现金流量表)。会计报表附表有利润分配表、主营业务收支明细表等。会计报表附注是为了帮助理解会计报表的内容而对报表项目等所作的解释,其内容主要包括:所采用的主要会计处理方法;会计处理方法的变更情况、变更原因以及对财务状况和经营成果的影响;非经常性项目的说明;会计报表中有关重要项目的明细资料;其他有助于理解和分析会计报表需要说明的事项。会计报表附注能够为财务分析提供许多重要的具体情况,在具体分析中应予以重视。财务情况说明书是为了评价企业财务状况和经营成果所提供的书面资料,主要说明企业的生产经营状况、利润实现和分配情况、资金增减和周转情况、税金缴纳情况、各项财产物资变动情况;对本期或者下期财务状况发生重大影响的事项;资产负债表编制日至报出财务报告前发生的重大财务事项;其他需要说明的事项。

进行财务分析所依据的资料,除了财务报告以外,还包括日常核算资料(凭证、账簿等)、计划资料、生产技术资料、同行业其他企业发布的财务报告、调查研究所收集到的资料等。

二 财务分析的基本方法

常用的财务分析方法有比较法、比率分析法、趋势分析法和因素分析法。

1 比较法

比较法是通过经济指标数量上的变化来揭示它的数量关系和数量差异的一种方法。其主要作用在于揭示财务活动中的数量关系和存在的差距,从中发现问题,为进一步分析原因、挖掘潜力指明方向。它是财务分析最基本的方法。根据分析的目的和要求的不同,比较法有以下三种形式。

(1)实际指标同计划(定额)指标比较。可以揭示实际与计划或定额之间的差异,了解该项指标的计划或定额的完成情况。

(2)本期指标同上期指标或历史最好水平比较。可以确定前后期不同时期有关指标的变动情况,了解企业生产经营活动的发展趋势和管理工作的改进情况。

(3)本单位指标同国内外先进单位指标比较。可以找出与先进单位之间的差距,推动本单位改善经营管理,赶超先进水平。

应用比较法对同一性质指标进行数量比较时,要注意所利用指标的可比性,双方的指标在内容、时间、计算方法、计价标准上口径应当一致。必要时,可以对所用的指标按同一口径进行调整换算。

2 比率分析法

比率分析法是通过计算经济指标的比率来确定经济活动变动程度的分析方法。应用时,把分析对比的数值变成相对数,计算出各种比率指标,然后进行比较,从确定的比率差异中发现问题。因此,能够把在某些条件下的不可比指标变为可比较的指标进行分析比较。

常用方法有以下三种类型：

(1)构成比率，又称结构比率。用以计算某项经济指标的各个组成部分占总体的比重，反映部分与总体的关系。如固定资产占总资产的比重，负债占总权益的比重等都属于构成比率指标。利用此项指标可以考察总体中某个部分的形成和安排是否合理，以便协调各项财务活动。

(2)效率比率。用以计算某项经济活动中所耗费与所得到的比例，反映投入与产出的关系。如成本费用与销售收入的比率、成本费用与利润比率等。利用效率比率指标，也可以进行得失比较、考查经营成果、评价经济效益的水平。

(3)相关比率。用以计算在部分与总体关系、投入与产出关系之外的具有相关关系指标的比率，反映有关经济活动的联系。如资产总额与负债总额的比率、流动资产与流动负债的比率等。利用相关比率指标，可以考查有联系的相关业务安排得是否合理，以保障生产经营活动能够顺畅运行。

采用比率分析法要注意的问题：①比率指标中对比指标要有相关性；②比率指标中对比指标的计算口径要一致；③采用比率指标要有对比的标准。

常用的标准有：预定目标、历史标准、行业标准及公认标准四种，可根据具体要说明的问题选用。

3 趋势分析法

趋势分析法是将两期或连续数期财务报告中的相同指标或比率进行对比，求出它们增减变动的方向、数额和幅度的一种方法。采用这种方法可以揭示企业财务状况和生产经营情况的变化，分析引起变化的原因、变动的性质，并预测企业未来的发展前景。常用以下三种方法：

(1)重要财务指标的比较。将不同时期财务报告中的相同指标或比率进行比较，直接观察，其绝对额或比率的增减变动情况及变动幅度，考查有关业务的发展趋势，预测其发展前景。

(2)会计报表金额的比较。将连续数期的会计报表的金额数字并列起来，比较其相同指标的增减变动金额和增减变动幅度，用此来说明企业财务状况和经营成果发展变化的一种方法。如对资产负债表、利润表及财务状况变动表等所作的比较。

(3)会计报表构成的比较。它是以会计报表中的某个总体指标作为100%，再计算出其各组成指标占该总体指标的百分比，比较各个项目百分比的增减变动，以此来判断有关财务活动的变化趋势。其既可用于同一企业不同时期财务状况的纵向比较，也可用于不同企业之间或行业平均数之间的横向比较。这种方法能消除不同时期(不同企业)之间业务规模差异的影响，有利于分析企业耗费水平和盈利水平。

4 因素分析法

因素分析法是用来确定几个相互联系的因素对分析对象——某个经济指标的影响程度的一种分析方法。采用这种方法的出发点是：当有若干因素对分析对象发生影响时，假定其

他各个因素都无变化，按顺序确定每一个因素单独变化所产生的影响。差额计算法是其中常用的一种形式，它利用各个因素实际数同标准数的差额来计算各项因素脱离标准对分析对象的影响。

设财务指标 P 由 a、b、c 三个因素的乘积构成，其计划指标和实际指标同有关因素的关系如下：

计划指标：　$P_0 = a_0 b_0 c_0$

实际指标：　$P_n = a_n b_n c_n$

以实际与计划的差异 $P_n - P_0$ 为分析对象，它同时受 a、b、c 三个因素的影响，运用差额计算法可确定各因素的影响程度如下：

a 因素变动的影响：　$(a_n - a_0) b_0 c_0 = P_1 - P_0$

b 因素变动的影响：　$a_n (b_n - b_0) c_0 = P_2 - P_1$

c 因素变动的影响：　$a_n b_n (c_n - c_0) = P_n - P_2$

影响合计：　$P_n - P_0$

上式中带下标0 的各字母为计划数，带下标 n 的字母为实际数，P_1、P_2 分别为第一、第二个因素变动后的结果。

因素分析法既可以全面分析各因素对某一经济指标的影响，也可以单独分析某个因素对某一经济指标的影响。后者可以用于计算由于流动资金周转天数缩减而对流动资金计划需要量减少的影响；应收账款收款天数缩短，降低坏账损失率对企业坏账损失减少的影响等。它是财务分析的一种常用方法。

三　财务分析的常用指标

对企业财务状况和经营成果的评价指标主要包括反映企业偿债能力、经营能力和盈利能力三大类指标。常用的指标有：

1　反映企业偿债能力的指标

(1)流动比率。

(2)速动比率—反映短期偿债能力。

(3)现金比率。

(4)负债比率—反映长期偿债能力。

(5)股东权益比率。

(6)负债与股东权益比率。

2　反映企业经营能力的指标

(1)应收账款周转率。

(2)存货周转率—反映流动资产周转情况。

(3)流动资产周转率。

(4)固定资产周转率——反映固定资产及总资产周转情况。

(5)总资产周转率。

3 反映企业盈利能力的指标

(1)销售利润率。

(2)成本费用利润率。

(3)资产总额利润率。

(4)资本金利润率。

(5)股东权益利润率。

上述指标构成了企业财务指标的一个有机整体,既可以满足企业所有者、债权人和投资者的需要,也可以满足政府部门从不同的侧面对企业财务状况和经营成果了解的需要。

一 汽车维修企业财务分析

汽车维修企业财务分析的内容包括偿债能力、经营能力和盈利能力分析以及财务状况的趋势分析和综合分析。

1 偿债能力分析

偿债能力是指企业偿还到期债务的能力。偿债能力分析包括短期偿债能力的分析和长期偿债能力的分析两个方面。

1 短期偿债能力分析

短期偿债能力是企业的流动资产偿还流动负债的能力。它反映企业偿还日常到期债务的实力。企业能否及时偿还到期的流动负债,是反映企业财务状况好坏的重要标志。短期偿债能力是企业的债权人、投资者、材料、配件供应单位等所关心的重要问题。对债权人来说,企业要具有充分的偿还能力,才能保证其债权的安全,按期取得利息,到期收回本金。对投资者来说,如果企业的短期偿债能力发生问题,就会牵制企业经营管理人员的大量精力去筹资,应付还债,同时也会增加企业筹资的难度或加大临时性紧急筹资的成本,影响企业的盈利能力。对供应单位来说,则可能影响应收账款的收取。因此,企业短期偿债能力是企业本身及有关方面都很关心的重要问题。评价企业短期偿债能力的主要指标有:流动比率、速动比率及现金比率。

(1)流动比率:流动比率是流动资产与流动负债的比率。它是企业每元流动负债有多少流动资产作为偿还的保证,反映了企业在短期内转变为现金的流动资产偿还到期流动负债的能力。其计算公式为:

$$流动比率=\frac{流动资产}{流动负债}\times 100\%$$

一般情况下，流动比率越高，反映企业短期偿债能力越强，债权人的权益越有保证。经验认为流动比率以2:1为适宜。它表明企业财务状况稳定可靠，除了满足日常生产经营的流动资金需要外，还有足够的财力偿付到期的短期债务。如果比例过低，则表示企业可能捉襟见肘，难以如期偿还债务。但是，流动比率也不能过高，过高表明企业流动资产占用较多，会影响资金的使用效率和企业的获利能力。流动比率过高还可能是由于应收账款占用过多的结果。

流动负债主要包括短期借款、应付票据、应付账款、应付工资、应付利润、应缴税金、其他应付款、预提费用等。其数额和结构都会影响到对流动资产的需要程度。因此，分析流动比率时，也应对不同性质的流动负债分别加以考查和分析。

(2)速动比率：速动比率是企业速动资产与流动负债的比率。速动资产包括货币资金、短期投资、应收票据、应收账款、其他应收款项等流动资产。存货、预付账款、待摊费用等则不应计入。用此指标衡量企业流动资产中可以立即用于偿付流动负债的财力。其计算公式为：

$$速动比率=\frac{流动资产}{流动负债}\times 100\%=\frac{流动资产-存货}{流动负债}\times 100\%$$

计算速动资产时，所以要扣除存货，因为存货是流动资产中变现较慢的部分，它通常要经过产品的售出和账款的回收两个过程才能变为现金。存货中还可能包括不适销对路而难以变现的产品。

速动比率可用作流动比率的辅助指标与之配合应用。有时企业流动比率虽然较高，但流动资产中易于变现、可用于立即支付的资产很少，则企业的短期偿债能力仍然较差。因此，速动比率更能反映企业的短期偿债能力。经验认为速动比率的比值为1:1比较合适。它表明企业的每一元的负债，都有一元易于变现的资产作为抵偿。值得注意的是速动比率指标与行业有密切的关系。对于汽车维修企业由于业务发生以现金的交易为多，应收账款相对少些，所以速动比率相对较低。但是如果速动比率过低，说明企业的偿债能力存在问题；如果速动比率过高，则又说明企业因拥有过多的货币性资产，而可能失去一些有利的获利机会。

(3)现金比率：现金比率是企业现金类资产与流动负债的比率。现金类资产包括企业所拥有的货币资金和持有的有价证券(指易于变为现金的有价证券)。它是速动资产扣除应收账款后的余额。由于应收账款存在着发生坏账损失的可能，某些到期的账款也不一定能按期收回。因此，速动资产扣除应收账款后计算出来的金额，最能反映企业直接偿付流动负债的能力。现金比率的计算公式为：

$$现金比率=\frac{现金+有价证券}{流动负债}\times 100\%$$

现金比率虽然能反映企业的直接支付能力，但在一般情况下，企业不可能、也没有必要保留过多的现金类资产。若这一比率过高，就意味着企业所筹集的流动负债未能得到合理的运用，而经常以获利能力较低的现金类资产保持着。

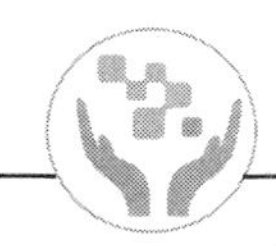

2 长期偿债能力分析

长期偿债能力是指企业偿还长期负债的能力。企业的长期负债包括长期借款、应付长期债券等。评价企业长期偿债能力，应从两个方面考虑：其一，从偿债的义务看，包括按期支付利息和到期偿还本金两个方面；其二，从偿债的资金来源看，则应是企业经营所得的利润。在这里，仅从债权人考查借出款项的安全程度，以及企业考查负债经营的合理程度出发，来分析企业对长期负债还本与付息的能力。

（1）资产负债率：资产负债率是企业负债总额对资产总额的比率，又称负债比率，它表明企业资产总额中，债权人提供资金所占的比重以及企业资产对债权人权益的保障程度。这一比率越小，表明企业的长期偿债能力越强，其计算公式如下：

$$资产负债率=\frac{负债总额}{资产总额}\times100\%$$

（2）股东权益比率：股东权益比率是所有者权益同资产总额的比率，又称所有者权益比率。该比率反映企业资产中有多少是所有者投入的。其计算公式为：

$$股东权益比率=\frac{所有者权益总额}{资产总额}\times100\%$$

股东权益比率与负债比率之和按同一口径计算应等于1。前者越大，后者越少，企业的财务风险也就越少。股东权益比率是从另一个侧面来反映企业长期财务状况和长期偿债的能力。

（3）负债与股东权益比率：负债与股东权益比率又称产权比率，是负债总额与所有者权益之间的比率。它反映了企业投资者权益对债权人权益的保障程度。这一比率越低，表明企业的长期偿债能力越强，债权人权益的保障程度越高，承担的风险越少。在这种情况下，债权人才愿意向企业增加借款。其计算公式如下：

$$负债与股东权益比率=\frac{负债总额}{所有者权益总额}\times100\%$$

2 经营能力分析

经营能力是指通过企业生产经营资金周转速度的有关指标所反映出来的企业资金利用的效率。它表明企业管理人员经营管理、运用资金的能力。企业生产经营资金周转的速度越快，表明企业资金利用的效果越好，效率越高，企业管理人员的经营能力越强。经营能力分析包括流动资产周转情况分析、固定资产周转情况分析和总资产周转情况分析。

1 流动资产周转情况分析

对汽车维修企业，反映流动资产周转情况的指标主要有两个，即应收账款周转率和存货周转率。

（1）应收账款周转率是企业在一定时期内赊销收入净额与应收账款平均余额的比率。在一定时期内应收账款周转的次数越多，表明应收账款回收速度越快，其计算公式为：

$$应收账款周转率=\frac{赊销收入净额}{应收账款平均余额}\times100\%$$

$$应收账款平均余额 = \frac{期初应收账款 + 期末应收账款}{2}$$

按上述方式计算的应收账款周转速度，不仅反映企业的经营能力，而且由于应收账款是企业流动资产的重要组成部分，其变现速度和变现程度是企业流动比率的重要补充，也反映企业的短期偿债能力。

（2）存货周转率是一定时期内企业销货成本与存货平均余额的比率。它是反映企业销售能力和流动资产流动性的一个指标，也是衡量企业生产经营各个环节中存货运营效率的一个综合性指标。其计算公式为：

$$存货周转率 = \frac{销售成本}{平均存货} \times 100\%$$

$$平均存货 = \frac{期初库存余额 + 期末库存余额}{2}$$

汽车维修企业的流动资产中，存货往往占有相当的比重，而存货中汽车配件一般占有绝大比重，企业的存货应该保持在一个合理水平。存货数额过大，除了会增加存货投资之外，还会增加企业的储存费用，给企业带来一定的损失；如果存货数量过低，又会影响维修业务的正常开展。所以，既要维持一个恰当的库存水平，又应加速存货周转，提高存货的利用效果。另外，存货的质量和流动性对企业的流动比率具有举足轻重的影响，并进而影响企业的短期偿债能力。

2　固定资产周转情况分析

固定资产周转率是指企业年销售收入净额与固定资产平均净值的比率。它是反映企业固定资产周转情况、衡量固定资产利用效率的一项指标。该指标越高，则表明企业固定资产利用越充分，同时也能表明企业固定资产投资得当，结构合理，能够充分发挥其效率。反之，如果固定资产周转率不高，则表明固定资产使用效率不高，企业的经营能力不强。

3　总资产周转情况的分析

反映总资产周转情况的指标是总资产周转率，它是企业销售收入净额与资产总额的比率。其可用来分析企业全部资产的使用效率。当该比率较低时，说明企业运用全部资产进行经营的效率较低，最终会影响企业的获利能力。因此，企业应千方百计提高总资产的利用程度。

3　盈利能力分析

盈利能力是指企业赚取利润的能力，又称获利能力。盈利是企业的重要经营目标，是企业生存和发展的物质基础，它不仅关系到企业所有者的利益，也是企业偿还债务的一个重要来源。反映企业盈利能力的指标主要有销售利润率、成本费用利润率、总资产利润率、资本金利润率及股东权益利润率。

（1）销售利润率是企业利润总额与企业销售收入净额的比率。其计算公式为：

$$销售利润率 = \frac{利润总额}{销售收入净额} \times 100\%$$

在销售收入中，销售利润率主要反映企业职工为社会新创造价值所占的份额。该项指标越高，表明企业为社会所创造的价值越多，贡献就越大，也反映企业在增产的同时，为企业多创造了利润，实现了增产增收。汽车维修企业在计算此指标时，可以将销售收入指标换为汽车维修收入指标，销售利润率可称为维修收入利润率。

(2)成本费用利润率是企业利润总额与成本费用总额的比率。它是反映企业生产经营过程中发生的耗费与获得的收益之间关系的指标。其计算公式为：

$$成本费用利润率 = \frac{利润总额}{成本费用总额} \times 100\%$$

该比率越高，表明企业所取得的收益越高。这是反映增收节支、增产节约的指标。

(3)总资产利润率是企业利润总额与企业资产平均总额的比率，即过去所说的资金利润率。其计算公式为：

$$总资产利润率 = \frac{利润总额}{资产平均总额} \times 100\%$$

总资产利润率指标反映了企业资产综合利用效果，是衡量企业利用债权人的所有者权益总额所取得盈利的重要指标。其值越高，表明资产利用的效益越好，整个企业获利能力越强，经营管理水平越高。

(4)资本金利润率是企业的利润总额与资本金总额的比率，是反映投资者投入企业资本金的获利能力的指标。其计算公式为：

$$资本金利润率 = \frac{利润总额}{资本金总额} \times 100\%$$

资本金利润率指标越高，说明企业资本金的利用效果越好。企业资本金是所有者投入的主权资金，资本金利润率的高低直接关系到投资者的权益，是投资者最关心的问题。

(5)股东权益利润率是企业利润总额与平均股东权益的比率。它是反映股东投资收益水平的指标。其计算公式为：

$$股东权益利润率 = \frac{利润总额}{平均股东权益} \times 100\%$$

股东权益是股东对企业净资产所拥有的权益，净资产是企业全部资产减去全部负债后的余额。平均股东权益为年初股东权益额与年末股东权益额的平均数。

股东权益利润率指标越高，表明股东投资的收益水平越高，获利能力越强。

4 财务状况的趋势分析

财务状况的趋势分析主要是通过对比较企业连续几个会计期间的财务指标、财务比率和财务报告，来了解财务状况的变动趋势，并以此来预测企业未来财务状况，判断企业的发展前景。趋势分析主要从以下三个方面进行：

(1)比较财务指标和财务比率。这种方法是分析企业主要的财务指标和财务比率，从前后数年的财务报告中选出指标后，对指标进行必要的计算加工，直接观察其金额或者比率的变动数额和变动幅度，分析其变动趋势是否合理，并据此预测未来。

(2)比较会计报表的金额。这种方法是将相同会计报表中的连续数期的金额并列起来，

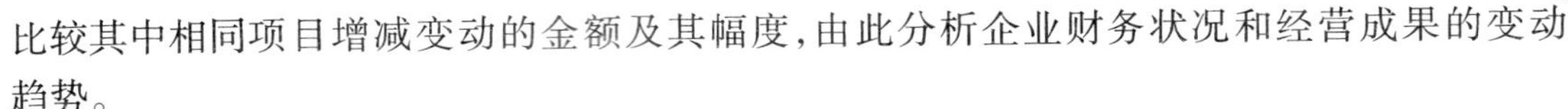

比较其中相同项目增减变动的金额及其幅度，由此分析企业财务状况和经营成果的变动趋势。

(3)比较会计报表的构成。这种方法是以会计报表中的某一总体指标作为100%，计算其各组成部分指标占该总体指标的百分比，然后比较若干连续时期的该项构成指标的增减变动趋势。常用的形式是销售收入百分比法，就是以产品销售收入作为100%，计算其他指标占销售收入的百分比，分析各指标所占百分比的增减变动对企业利润总额的影响。

5 财务状况的综合分析

单独分析任何一类财务指标，都难以全面评价企业的财务状况和经营效果。因此，应采用适当的标准，进行综合分析，这样才能获得对企业财务状况的经营成果的综合性总评价。常用的方法为财务比率综合评价法。

财务比率综合评价法可以通过指数法编制综合分析表来进行，其程序为：

(1)选择评价企业财务状况的比率指标。通常要选择能够说明问题的重要指标，即在反映企业偿债能力、营运能力和获利能力三类比率指标中选择若干具有代表性的指标。

(2)确定各项指标的相对重要性系数。其值应为小于1的小数值，各项指标的重要性系数之和应等于1。系数的确定要依据各项指标的相对重要程度，重要程度的判断要根据企业经营状况、一定时期的管理要求，以及企业所有者、债权人和经营者的意向而定。

(3)确定各项比率指标的标准值。财务比率指标的标准值是指在本企业现时条件下各项指标最理想的数值，即最佳值。

(4)计算企业在一定时期各项比率指标的实际值。

(5)计算关系比率。即各项指标实际值与标准值的比率。注意三种不同情况的计算方法：

①当最佳值为实际值大于标准值时：

$$关系比率=\frac{实际值}{标准值}\times 100\%$$

②当最佳值为实际值等于标准值时：

$$关系比率=\frac{标准值-(标准值-实际值)}{标准值}\times 100\%$$

③当最佳值为实际值小于标准值时：

$$关系比率=\frac{标准值-|实际值-标准值|}{标准值}\times 100\%$$

(6)求出各项比率指标的综合指数及其合计数。

二 成本控制

1 成本预测与成本计划

成本预测是企业为了更好的控制成本，做到心中有数，避免盲目性，减少不确定性，为更

好地进行决策提供依据而对企业发生的成本进行预测。

成本计划是通过货币形式，以及其实际达到的水平为基础，参照计划期的业务量，对计划期内成本的耗费水平加以预先计划和规定。

维修企业的成本预测和成本计划，一般参照上期的实际情况，分析本期影响成本的各种因素，考虑其影响的大小，制定出基本合理的方案。

2 成本控制的基本程序

(1)制定控制的标准。应根据成本预测与成本计划，制定出控制的标准，确定标准的上下限。

(2)揭示成本差异，分析差异产生的原因。将实际消耗和标准进行比较，计算成本差异，分析产生差异的原因。

(3)反馈成本信息，及时纠正偏差。为及时反馈信息，应建立相应的凭证和表格，确定信息反馈的时间和程序，并对反馈的信息进行分析，揭示差异产生的原因，并及时加以纠正，明确纠正的措施、执行的人员及时间，以达到成本控制的目的。

3 成本控制的方法

成本控制的方法取决于成本控制的对象，对象不同，控制的方法也不一样，即使是同样的控制对象，也要视其不同的情况，采取不同的措施。

(1)生产成本(商品销售成本)的控制方法：

①做好存货的控制。存货的控制方法，前面已经提到，这里不再说明。

②做好材料采购的控制。要货比三家，在保证质量的前提下，采购价格最低的材料。对于采购发生的费用，要制定一定的限制，要提高采购人员的素质，防止采购中的不正之风，严格考核采购的业务成果。

(2)对营业费用，管理费用，财务费用的控制办法。

按照现行规定，营业费用的主要项目包括运输费、包装费、保险费、展览费、广告费，以及为销售配件而专设销售机构的职工工资、福利费、业务费等经常费用。

管理费用的主要项目包括管理人员的工资及福利费、折旧费、修理费、物料消耗、低值易耗品消耗、办公费、差旅费、工会经费、保险费、会议费、咨询费、诉讼费、招待费、各种税金及附加、存货的盘盈盘亏等。

财务费用的主要项目有利息收入及支出、汇兑损益、金融机构的手续费、筹集资金发生的各种费用等。

对这些费用进行控制应做到以下几点：

(1)对不同的费用实现不同的归口管理，明确责任单位，如管理费用由管理科室负责，仓储费用由配件部门负责，财务费用由财务部门负责。

(2)编制费用定额，制定预算，严格地执行预算，对超出范围的支出，不予支付。

(3)建立费用分析制度，分析各种费用的支付情况，查找费用产生的原因，采取相应的控制措施。

参考文献

[1] 刘同福.汽车维修企业8项管理[M].北京:机械工业出版社,2008.

[2] 胡建军.汽车维修企业创新管理[M].2版.北京:机械工业出版社,2007.

[3] 王生昌.汽车服务企业管理[M].北京:人民交通出版社,2007.